Management Principles

工业和信息化普通高等教育"十三五"规划教材立项项目

21世纪高等院校经济管理类规划教材

管理学原理
（第2版）

☐ 杨锐　杨静　主编
☐ 殷晓彦　王燕　李蕊　副主编

人民邮电出版社

北京

图书在版编目（CIP）数据

管理学原理 / 杨锐，杨静主编. -- 2版. -- 北京：
人民邮电出版社，2018.2
21世纪高等院校经济管理类规划教材
ISBN 978-7-115-47462-9

Ⅰ. ①管… Ⅱ. ①杨… ②杨… Ⅲ. ①管理学－高等
学校－教材 Ⅳ. ①C93

中国版本图书馆CIP数据核字(2017)第303158号

内 容 提 要

　　管理既是一门科学，也是一门艺术。本书共 9 章，从"计划、组织、领导、控制"四个管理学
的重要概念入手来介绍管理学的各种理论，主要内容包括绪论、管理道德与社会责任、管理思想的
演进、计划职能、决策、组织、领导、控制、团队与团队管理。

　　本书不仅可以作为本科院校经管类专业的教材，也可作为各类企事业单位管理人员的培训用书，
还可作为企业领导和管理人员的参考资料和自学读本。

　◆ 主　编　杨　锐　杨　静
　　　副主编　殷晓彦　王　燕　李　蕊
　　　责任编辑　刘　琦
　　　责任印制　焦志炜
　◆ 人民邮电出版社出版发行　　北京市丰台区成寿寺路 11 号
　　　邮编　100164　电子邮件　315@ptpress.com.cn
　　　网址　http://www.ptpress.com.cn
　　　固安县铭成印刷有限公司印刷
　◆ 开本：787×1092　1/16
　　　印张：18.25　　　　　　　2018 年 2 月第 2 版
　　　字数：445 千字　　　　　　2025 年 1 月河北第 11 次印刷

定价：49.80 元
读者服务热线：(010)81055256　印装质量热线：(010)81055316
反盗版热线：(010)81055315
广告经营许可证：京东市监广登字20170147号

前言

管理既是一门科学，也是一门艺术。管理活动源远流长，自古即有，但真正成为一门科学，具有自己一套比较完整的理论体系，则始于 20 世纪初以"泰罗制"为代表的科学管理理论。至今在世界上任何一个成功企业的经验中，都能发现"泰罗制"的影子。编者在本书中所倡导的管理理念和方法，正是众多人生活、工作与管理第一线实践经验的总结，所以本书具有如下特点。

一、在编写体例上，形式新颖，凸显新亮点

管理学的教材很多，其中很大一部分内容的设置是条框式的，只注意讲述理论，而本书按照"学习目标、案例导入、学习内容、关键概念、综合练习"的模式设置内容，条理清晰、重点突出，使读者能够轻松掌握所学知识。

二、在编写内容上，删繁就简，瞄准关键点

管理既然是一门科学，就具有普遍性和规律性，因此读者可以通过学习提高管理水平，通过实践积累管理经验。管理同时又是一门艺术，没有一成不变的模式，没有放之四海而皆准的准则。面对众多的管理学理论和流派，本书从"计划、组织、领导、控制"四个重要概念入手，把管理学的各种理论娓娓道来，既通俗易懂，又抓住了重点。

三、在编写理念上，与时俱进，抢占制高点

读者阅读本书之后会发现，"道德"和"社会责任"这两个概念被引入到管理中来。本书通过对"三鹿奶粉"事件的深入分析，指出一个管理有方的企业应该具备怎样的道德观，应该履行怎样的社会责任，这一点在管理学教材中是不多见的。

本书是烟台大学文经学院管理学优秀课程组和管理学在线课程组集体智慧的结晶，由杨锐、杨静任主编，殷晓彦、王燕、李蕊任副主编，姜琳、孙经纬、陈艳丽参编。其中杨锐负责第二章、第六章、第七章和第九章的编写工作，杨静负责第一章（部分）、第三章（部分）和第四章的编写工作，殷晓彦负责第一章（部分）和第五章的编写工作，王燕负责第三章（部分）的编写工作，姜琳负责第八章的编写工作，孙经纬参与第四章的编写工作，陈艳丽参与第六章的编写工作。全书的案例由李蕊搜集并整理，习题由杨锐整理完成，PPT 课件由杨静全程制作。本书最后由杨锐、杨静统誉定稿。本书借鉴了许多专家的观点，在此一并表示诚挚的感谢。感谢各位领导在编写过程中的支持和指导，感谢各位同仁在编写过程中的辛勤付出。正是因为有各位的鼎力支持，本书的编写工作才能够顺利完成。

管理的科学研究是无止境的，期待读者通过学习本书，对管理学能有进一步的了解，也希望本书能给广大管理人员一些启发。

由于作者水平有限，本书难免存在一些不足之处，敬请读者批评指正。

编　者
2017 年 7 月

目　　录

第一章 绪 论

【知识目标】

- 管理的定义、性质和职能
- 管理人员的分类、角色和管理者的技能
- 管理学的原理与方法
- 学习管理学的意义
- 管理环境的含义和特点

【能力目标】

- 能够运用理论知识分析管理者的技能和角色
- 能够对管理环境进行分析和概括

拉里·佩吉：领导谷歌走出中年危机

虽然谷歌在埃里克·施密特的带领下获得了巨大成功，但拉里·佩吉在谷歌的发展中留下了深深的烙印。正是由于佩吉的长远眼光，谷歌才会去研发自动驾驶汽车，去拍卖无线移动频段；佩吉想让全人类共享知识，谷歌才会设立谷歌图书项目；而收购Android也是佩吉的决定。虽然谷歌的规模日益庞大，但佩吉仍然想方设法让谷歌和初创公司一样灵活。

谷歌是由佩吉和布林于1998年创立的。2001年，他们聘请IT界资深高管埃里克·施密特担任公司CEO。在施密特的领导下，谷歌成长为世界上最成功的企业之一。2011年，38岁的拉里·佩吉接替施密特出任谷歌公司CEO。

佩吉是一个内向的人，他不喜欢媒体，不喜欢长时间的会议和严格的时间表。然而，作为CEO，佩吉不得不走向前台，与投资者和媒体打交道。他表示自己最关心的问题是"5年后谷歌应当是什么样的？我们会做些什么？谁来做？我们应当如何组织？应当拥有怎样的员工？"

面对Facebook等新兴社交网络企业的竞争以及产品创新放慢的局面，佩吉强调，自己的职责是为谷歌注入创新时的速度与敏捷，加快决策和新产品的开发。一位高管说，与前任CEO相比，佩吉更愿意接受一个还算好的决策，而不是等到它变成完美决策。佩吉相信，一个真正管用的产品理念应当可以用不超过60个词来描述，这应该已经让人们足以做出支持与否定的决定。

在被问到谷歌想做什么样的产品时，佩吉回答说："（产品开发）应当激励世界上最优秀的人。例如自动驾驶汽车，这是技术能够真正对人类产生重大积极影响的理念。""仅仅为了市场竞争而诞生的优秀产品很少。如果你倾尽全力只是为了击败做同样工作的其他公司，这样的工作怎么会令人兴奋？"佩吉上任后，很快将谷歌的产品整合为7个代表未来方向的产品群：搜索、广告、YouTube、Android、Chrome、电子商务和社交网络，取消了25种非核心或绩效不佳的产品业务，"我们不想要那些只是够好但没有希望成就伟大的产品"。

董事Ram Shriram说："（佩吉）十分清楚自己想要哪种类型的组织，他亲手挑选这些重要业务方向的负责人并为他们规定了目标。"他为企业带来了清晰的发展目标和实现目标的决心。每周一下午，佩吉会主持召开由十几位高管参加的"execute"会议，讨论如何将各产品部门的工作与公司整体目标进行协同，并做出快速的决定。佩吉并不规定实现这些目标的途径，而是授权给下属自行探索。"我在事先往往设想得非常深入，接下来试图为这些项目配备合适的团队，确保他们的方向是正确的，然后我就会走开，有时一个季度也不会过问。"

佩吉坚持签署员工的招募批准。至今他已经签署了超过3 000人。人力资源部门用专门的软件将候选人的资料进行压缩，这样他就可以快速浏览最重要的数据。每周他都会收到这样一个数据集，通常他会在3~4天内回复同意或否决。他说，"这有助于我了解公司正在发生的事情"。

员工经常用"没有耐心"来形容佩吉，他不喜欢低效率的E-mail往返，他要求管理者面对面讨论并及时解决问题。YouTube副总裁Salar Kamangar回忆说："当看到我和另一位高管在邮件中发生争执后，他会像一个严厉的校长那样把我们两个人叫到办公室，命令我们在离开办公室之前达成解决方案。"

佩吉对谷歌在社交网络产品上落后于Facebook感到焦虑，他将自己的办公室从搜索产品大楼转移到更靠近Google+产品的地点，他命令所有员工的年度奖金都必须与公司在社交网络领域中的绩效相联系。

为了应对日益发展的专利侵权诉讼，他大胆决策，以125亿美元买下摩托罗拉移动部门，从而获得了后者手中大量的专利，用于应对苹果和其他竞争对手，实现交互授权。

前首席信息官Douglas Merrill认为，佩吉非常善于激励员工，"他走到某个项目组，在简短的交谈中对项目的方向提出新的思路，让开发人员获得极大的教益"。2011年，在Glassdoor网站的投票中，谷歌员工对自己企业的满意度首次超过了Facebook员工的满意度。

在佩吉领导下，谷歌保持了自己在搜索中的主导地位，在移动网络方面取得了极大的进展。Android系统在智能手机的市场份额接近80%，为谷歌在未来移动市场的竞争中占据了极其有利的地位。但是，在社交网络方面，尽管Google+取得了很大的成功，Facebook主导这一业务领域的局面仍没有显著改变。

然而，佩吉所采用的方法也令人联系到传统的自上而下的管理。离职的工程总监James Whittaker在博客中批评谷歌在佩吉领导下从一家技术创新企业变成了一家"广告"公司。由于过分关注Facebook的竞争，可能导致其他创新机会的损失。佩吉面临的另一个重大挑战是，以往谷歌往往被视为创新者和挑战者，而今天，谷歌已经强大到令消费者担心，从个人隐私到数据安全，越来越多的政府开始对谷歌的商业行为施加严格的监管。

启示：管理的真谛在"理"不在"管"。管理者的主要职责就是建立一个像"轮流分粥，分者后取"那样合理的游戏规则，让每个员工按照游戏规则自我管理。游戏规则要兼顾公司利益和个人利益，并且要让个人利益和公司整体利益统一起来。责任、权力和利益是管理平台的三根支柱，缺一不可。缺乏责任，公司就会产生腐败，进而衰退；缺乏权力，管理者的命令就会变成废纸；缺乏利益，员工的积极性就会下降，消极怠工。只有管理者把"责、权、利"的平台搭建好，员工才能"八仙过海，各显其能"。

管理是现今社会的一个热点话题，它可以分为很多的种类，比如行政管理、社会管理、工商企业管理、人力资源管理等。不同的组织也都需要管理，如企业管理、学校管理、军队管理、医院管理等，那么究竟什么是管理？管理和管理学是不是一回事呢？管理者都扮演着哪些角色，应该具有哪些技能？我们为什么要学习管理？这些问题构成了本章的重点。

1.1　管　理

要了解管理，我们首先要知道什么是管理，管理有哪些性质，管理的职能是什么，因此，本节将重点介绍管理的定义、性质和职能。

1.1.1　管理的定义

由于每个人的视角不同，对于管理所下的定义都有其各自的侧重点，因此，迄今为止国内外学者对于管理所下的定义可谓数不胜数，由于篇幅所限，这里不能一一罗列，仅介绍几个典型的定义。

1. 国外学者的定义

（1）赫伯特·西蒙：管理就是决策。

（2）法约尔：管理是由计划、组织、指挥、协调及控制等职能为要素组成的活动过程。

（3）斯蒂芬·P·罗宾斯：管理是指同别人一起，或通过别人使活动完成得更有效的过程，是同时追求效率（手段）与效果（结果）的活动。

（4）弗雷德里克·泰罗：管理确切地知道你要别人去干什么，并使他用最好的方法去干。

（5）哈罗德·孔茨：管理就是设计并保持一种良好的环境，使人们在群体里高效率地完成既定目标的过程。

（6）丹尼尔·A·雷恩：管理是利用自然和人力资源实现目标的指导艺术。

（7）沃伦·R·普伦基特和雷蒙德·F·阿特纳把管理者和管理分别定义为"对资源的使用进行分配和监督的人员"和"一个或多个管理者单独或集体通过行使相关职能（计划、组织、人员配备、领导和控制）和利用各种资源（信息、原材料、货币和人员）来制订并达到目标的活动"。

2. 国内学者的定义

（1）芮明杰：管理是对组织的资源进行有效整合以达到组织的既定目标与责任的动态创造性活动。管理的核心在于对现实资源的有效整合。

（2）戴淑芬：管理是指一定组织中的管理者，通过实施计划、组织、领导和控制等职能来协调他人的活动，使别人同自己一起实现既定目标的活动过程。

（3）周三多：管理是管理者为了有效地实现组织目标、个人发展和社会责任，运用管理职能进行协调的过程。

综上所述，我们认为，管理是指为了实现一定的组织目标，通过实施计划、组织、领导、控制等职能来协调他人的活动，有效利用组织内外的资源，使组织更高效率地完成既定目标的过程。对于这个定义，我们可以从以下几个方面来理解。

（1）管理是为了实现一定的目标，是一个有意识、有目的的过程。

（2）管理需要借助一系列的管理职能来实施。这些职能包括计划、组织、领导、控制等，它们成为管理的基本职能。

（3）管理的核心是协调他人的活动。任何组织都是由不同的人所组成，千差万别的个体形成了很多差异，管理就是要把不同特征的人协调起来，共同实现组织的目标。

（4）管理的结果是要更高效率地完成既定目标。

（5）管理工作是在一定的环境条件下开展的，环境既提供了机会，也构成了威胁。

1.1.2　管理的性质

1. 管理的二重性

马克思对管理的属性作过精辟的论述，他在《资本论》中写道，"……说资本主义的管理就其内容来说是二重的，因为它所管理的生产过程本身具有二重性：一方面是制造产品的社会劳动过程，另一方面是资本的价值增值过程。"从马克思对资本主义管理的论述中可以看出，管理既有同生产力、社会化大生产相联系的自然属性，又有同生产关系、社会制度相联系的社会属性。因此，管理的第一种属性就是管理的二重性，包括自然属性和社会属性。

自然属性指管理不以人的意志为转移，也不因社会制度形态的不同而有所改变，这完全是一种客观存在。社会属性是指管理是在一定的生产关系条件下进行的，总是为一定的统治阶级服务的，始终是同生产关系、社会制度相联系的。

2. 管理的普遍性与层次性

管理具有普遍性。首先，管理活动是普遍存在的，基本上所有的群体活动都需要管理。其次，在不同的层次、不同的组织，甚至不同的国家中，管理者所从事的活动存在着高度一致性。这主要表现在：组织中不同层次的管理活动在本质上是相同或类似的；不同类型组织中的管理活动也基本上一样；不同国家和地区之间可以相互学习、相互参照。

管理具有层次性。任何一个组织的管理都有一定的层次划分，最基本的划分有三层，首先是高层管理，就一个管理系统或管理单位而言，它是对整个系统或单位的发展方向和成败负有责任的决策集团。其次是中层管理，其职责是执行最高管理层制定的决策、总任务，并结合高层总任务创造性地制定本单位、本部门的工作任务，同时，对基层管理进行监督，检查任务完成的情况，并向最高管理层提出报告。最后是基层管理，直接向中层管理机构负责，其职责是对基层工作人员执行上级政策的情况进行监督，并完成高层或中层管理机构交给的任务。管理工作层层分工，相互协调，形成一个有机联系的整体。

3. 管理的科学性与艺术性

管理的科学性表现在，管理经过一个世纪的研究、探索和总结，已经逐步形成了一套比较完整的，能够反映管理过程客观规律的理论知识体系，为指导管理实践提供了基本的原理和方法。另外，在管理的研究过程当中，科学的、量化的及现代电子技术的方法被越来越多地应用起来，这些方法及技术手段的运用较之以往的主观性、经验式的研究，大大增强了管理的科学性。但是同自然科学相比，管理学又不是一门精确的学科，当然也不能成为精确的学科，这就导致它不能为管理者提供解决一切问题的技术和标准。

管理的艺术性表现在，管理在实践过程中需要创新。管理更多的是一种实践，在实践过程中，管理者在具体的环境中会遇到各种各样表象不一的问题，那么此时管理者就要像其他工作者一样，利用学过的原理和基本知识，根据实际情况加以创造性地发挥，这样才能取得更好的效果。

案例 1-1　美国麦考密克公司的起死回生

美国麦考密克公司创始人W·麦考密克是个个性格豪放、带有江湖义气的经营者。公司成立之初利润增长较快，员工的收入也与日俱增。随着公司的发展，其经营理念和经营方法逐渐落后，越来越不适应时代的要求。W·麦考密克虽苦心经营，但公司还是不景气，最后陷入裁员减薪的困境，走到濒临倒闭的边缘。

C·麦考密克在公司危难时刻继任总裁，员工把死里逃生的希望全都寄托在新总裁身上。C·麦考密克也壮志满怀，承诺不把公司搞好决不罢休。万事开头难，从何处突围成为首要问题，他认为提高士气是振兴公司之本。他对员工庄严地宣布："本公司生死存亡的重任落在诸位肩上，希望大家同舟共济，协力渡过难关。"他出人意料地决定，从本月起，全体员工的薪水每人增加10%，工作时间适当缩短。

柳暗花明又一村。绝路逢生的员工被新总裁的决心和决定所感动，士气大振，全公司共同努力，仅用一年的时间就实现了扭亏为盈，公司得救了，员工又有了盼头。

启示：管理是科学，也是艺术。公司的成败在于员工的积极性能否发挥，员工积极性的发挥在于领导艺术。对于管理者来说，掌握管理的科学知识可以更好地理解管理现象，但是解决管理问题的技巧需要在管理实践当中磨练和提高。

1.1.3　管理的职能

管理职能是管理者在实施管理中所体现出的具体作用及实施程序或过程。管理职能有多种说法，有三职能、四职能、五职能、六职能等。最早关于管理职能的阐述是在 20 世纪初，法国工业家亨利·法约尔在其著作《工业管理与一般管理》中写道，所有管理者都行使 5 种管理职能：计划、组织、指挥、协调和控制。后来到了 20 世纪 50 年代中期，美国的哈罗德·孔茨和西里尔·奥唐内尔把管理的职能划分为 5 种：计划、组织、人员配备、指导和控制。近年来，在一些教科书中，管理职能一般被压缩为 4 种：计划、组织、领导和控制。周三多等的《管理学原理》教材指出，管理的职能为计划、组织、领导、控制、创新，增加了一个"创新"职能。我们通过表 1-1 把这些提法进行归纳。

表 1-1　管理职能

管理职能	古典的提法	常见的提法
计划（planning）	√	√
组织（organizing）	√	√
用人（staffing）		
指导（directing）		
指挥（commanding）	√	
领导（leading）		√
协调（coordinating）	√	
沟通（communicating）		
激励（motivating）		
代表（representing）		
监督（supervising）		
检查（checking）		
控制（controlling）	√	√
创新（innovating）		

尽管管理职能的提法多种多样，但本书认为，管理职能采用最经典的四职能说法即可，即管理的职能包括计划、组织、领导和控制。

（1）计划，指"制定目标并确定为达成这些目标所必需的行动"。一份经过缜密思考的完善的计划会为我们的后续工作减少很大的工作量。因此，它是管理职能中的首要职能。

（2）组织，既可按名词指称一个单位，也可按动词组织指称"确定所要完成的任务、由谁来完成任务及如何管理和协调这些任务的过程"。在组织的过程中，我们往往要通过设计岗位，通过授权和分工，将适当的人安排到适当的岗位上，用制度规定成员的职责和相互关系，形成一个有机的组织结构。

（3）领导，指"激励和引导组织成员以使他们为实现组织目标做贡献"。每一个团队或组织都需要一个领军人物，这个领军人物的重要作用就是要引导、协调和激励成员，但由于每个领导者个人的目标、需求、性格及素质、能力方面都各不相同，因而出现了多种领导方式。管理的领导职能是极具艺术性的，其中的奥妙与内容吸引着大批学者专门研究"领导"这门"科学"。

（4）控制，要求管理者识别当初所计划的结果与实际取得的结果之间的偏差。当一个组织的实际运行状况偏离计划时，管理者必须采取纠偏行动，确保组织朝向其目标迈进。因此，控制的目的就是保证实践活动更好地实现目标。在控制的过程中，我们可以采用多种方法。随着科学的进步和发展，量化的及电子化的方法越来越多地被应用在控制的过程中，这无疑大大加强了我们对整个管理活动的掌握。

这 4 项管理职能之间并非是相互独立的关系。我们知道每一项工作都是从计划开始，然后经过组织，通过领导协调实施的过程，在这个过程中又少不了控制的检查和调整。因此，管理的各项职能是相互联系、相互渗透的。

1.2　管　理　者

管理者在组织中扮演何种重要的角色？一个管理者应该具备哪些技能？对不同层次的管理者在管理技能的要求上有何差别？本节将一一介绍。

1.2.1 管理者的分类

著名的管理学大师彼得·德鲁克认为，管理是一个能把一群"乌合之众"变为一个有效率、有目的、有生产力的团队的特殊过程，而管理者是负责一个团队所有成员工作绩效的人。他拥有分配组织资源的正式权限，如工厂的厂长、商店的经理、学校的校长等。管理者是组织的心脏，其工作绩效的好坏直接关系着组织的成败兴衰。

1．按层次分类

按管理者的层次可分为高层管理者、中层管理者和基层管理者。

（1）高层管理者。即对整个组织的管理负有全面责任的人，他们的主要职责是：制定组织的总目标、总战略，掌握组织的大政方针并评价整个组织的绩效。高层管理者通常有总裁、副总裁、校长、总监、总经理、首席执行官、董事会主席等。

（2）中层管理者。其主要职责是：贯彻执行高层管理者制定的重大决策，监督和协调基层管理者的工作。与高层管理者相比，中层管理者特别注意日常的管理工作。中层管理者可能有部门或办事处主任、项目经理、单位主管、地区经理、系主任、部门经理等头衔。

（3）基层管理者。通常称为监工，其主要职责是：给下属作业人员分派具体工作任务，直接指挥和监督现场作业活动，保证各项任务的有效完成。在制造工厂中，基层（或最低层）管理者可能被称为领班。在运动队中，基层管理者被称为教练。

具体如图 1-1 所示。

一般而言，高层管理者花在组织和控制工作上的时间要比基层管理者多，而基层管理者花在领导工作上的时间要比高层管理者多。

2．按领域分类

按管理者从事的领域可分为综合管理者和专业管理者。

（1）综合管理者。即负责管理整个组织或组织中某个事业部的全部活动的管理者。对于一般的中小型企业来讲，可能只有一个综合管理者——厂长或总经理，负责产、销、研究、开发、人事、财务等多个方面，而对于大型的企业集团而言，会根据产品类别或地区设立分公司，此时，综合管理者包括集团的总裁、分公司的总经理，分别管理总部和分部的活动。

（2）专业管理者。即仅仅负责管理组织中某一类活动的管理者，如生产经理、财务经理等。

具体如图 1-2 所示。

图 1-1　管理者的层次

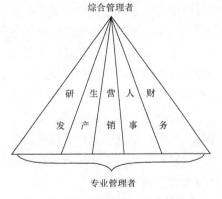

图 1-2　综合管理者和专业管理者

1.2.2 管理者的角色

管理者的角色是指特定的管理行为类型。亨利·明茨伯格研究发现，管理者扮演着 10 种角色，这 10 种角色又可被归纳为三大角色：人际角色、信息角色和决策角色，如图 1-3 所示。

1. 人际角色

人际角色直接产生于管理者的正式权力基础，管理者在处理与组织成员和其他利益相关者的关系时，就是在扮演人际角色。人际角色又包括挂名首脑、领导者和联络者 3 种角色。

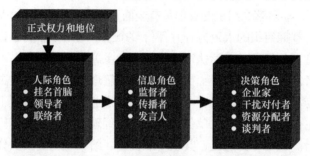

图 1-3　管理者的角色分类

（1）挂名首脑角色。作为所在单位的首脑，管理者必须履行一些法律性或社会性的例行任务。如管理者有时出现在社区的集会上，参加社会活动，或宴请重要客户、签署法律文件等，在这样做的时候，管理者行使着挂名首脑的角色。

（2）领导者角色。由于管理者对所在单位工作的成败负重要责任，他们必须在工作小组内扮演领导者角色。对这种角色而言，管理者需要激励下属，承担人员配备、培训及有关的事宜。

（3）联络者角色。管理者无论是在与组织内的个人和工作小组一起工作时，还是在与外部利益相关者建立良好关系时，都起着联络者的作用。管理者必须对重要的组织问题有敏锐的洞察力，从而能够在组织内外建立关系和网络。

2. 信息角色

在信息角色中，管理者负责确保和其一起工作的人员具有足够的信息，从而能够顺利完成工作。由管理责任的性质决定，管理者既是所在单位的信息传递中心，又是组织内其他工作小组的信息传递渠道。整个组织的人依赖于管理结构和管理者以获取或传递必要的信息，以便完成工作。管理者必须扮演的信息角色，具体又包括监督者、传播者、发言人 3 种角色。

（1）监督者角色。管理者持续关注组织内外环境的变化以获取对组织有用的信息，以便透彻地理解组织与环境。根据这种信息，管理者可以发现组织的潜在机会和威胁。主要的活动包括阅读期刊和报告，与有关人员保持私人接触等。

（2）传播者角色。管理者将从外部人员和下级那里所获取的大量信息分配出去。主要的活动形式如举行信息交流会、打电话等。

（3）发言人角色。管理者必须把信息传递给单位或组织以外的个人，如召开董事会、向媒体发布信息等。

3．决策角色

在决策角色中，管理者处理信息并得出结论。如果信息不用于组织的决策，这种信息就失去其应有的价值。决策角色具体又包括企业家、干扰对付者、资源分配者和谈判者 4种角色。

（1）企业家角色。管理者密切关注组织内外环境的变化和事态的发展，以便发现机会，制定"改进方案"以利用这些机会。

（2）干扰对付者角色。管理者必须善于处理冲突或解决问题，如平息客户的怒气、同不合作的供应商进行谈判，或者对员工之间的争端进行调解等。

（3）资源分配者角色。负责分配组织的各种资源，制定和批准所有有关的组织决策。

（4）谈判者角色。管理者把大量时间花费在谈判上，管理者的谈判对象包括员工、供应商、客户和其他工作小组。

1.2.3　管理者的技能

根据罗伯特·卡茨的研究，管理者要具备如下 3 类技能。

（1）技术技能。指运用管理者所监督的专业领域中的过程、惯例、技术和工具的能力，如监督会计人员的管理者必须懂会计知识。

（2）人际技能。指成功地与别人打交道并与别人沟通的能力。

（3）概念技能。指产生新想法并加以处理，以及将关系抽象化的思维能力。

各种技能对于各种层次管理的重要性各不相同，可以用图 1-4 来表示。

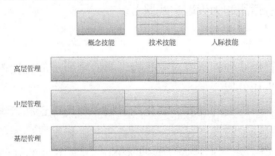

图 1-4　管理技能与管理层次

由图 1-4 看出，高层管理者的概念技能最为重要，技术职能要求并不高。基层管理者的技术技能最为重要。中层管理者 3 种技能要求比例均等。概念技能和技术技能都是随着管理层次的变化而变化的，但人际技能对于所有管理层次的重要性大体相同，由此可见人际技能在管理中的重要性。

案例 1-2　寻觅瞬间商机

2002年11月7日，美国举行第54届总统选举，候选人小布什与戈尔得票数十分接近，由于佛罗里达州计票程序引起争议，结果新总统迟迟不能产生。对此原拟发行新千年美国总统纪念币的威廉造币公司，面对美国总统难产的政治危机灵机一动，化危机为商机，利用早已准备好的布什和戈尔的雕版像，抢先推出"美国总统难产纪念银币"，全球限量发行90 000枚。银币为纯银铸造，直径3英寸（1英寸=2.54厘米）半，不分正反面，一面是小布什肖像，一面是戈尔肖像，每枚定购价79美元。结果，短短几天时间，纪念银币就被定购一空，该公司利用美国总统难产的时机，大赚了一笔。

启示：威廉造币公司高层管理者把握住了危机中的商机，果断推出美国总统难产纪念银币而大获成功。可见，作为高层管理者，其洞察组织与环境相互影响因素的能力，以及权衡不同方案的优势、劣势和对待风险的能力，直接关系到企业的经济效益和社会效益。

1.3 管 理 学

管理活动存在于人类活动之初，可以说有了人类活动便有了管理，但管理真正上升为学科也就是近一百多年来的事。本节将重点介绍管理学的内容与特点、原理与方法，以及我们为什么要学习管理学等知识。

1.3.1 管理学的内容与特点

管理学是一门系统地研究管理活动的基本规律和一般方法的科学。它作为一门科学，是随着科技的进步和生产力的发展，直到 19 世纪末 20 世纪初才真正发展起来的。管理学是人们长期从事管理实践活动的理论总结。它是在管理实践经验的基础上，吸收和运用其他相关学科的研究成果，经归纳、提高而形成的管理的系统知识。管理学源于管理实践，反过来又指导管理活动，为管理所运用和为管理实践服务。

1. 管理学的内容

根据管理的性质和管理原理的研究对象，管理学原理研究的主要内容包括如下几方面。

（1）管理理论的产生和发展

管理理论与方法是一个历史的发展和演化的过程。管理理论和管理思想的形成与发展，反映了管理科学从实践到理论的发展过程，研究它的产生和发展是为了继往开来，继承、发展和建设现代的管理理论。本书通过对管理理论的产生和发展的介绍，可以使读者更好地理解管理学的发展历程，有助于掌握管理的基本原理。

（2）现代管理的一般原理与原则

任何一门科学都有其基本的原理，管理科学也不例外。管理的基本原理是指带有普遍性的、最基本的管理规律，是对管理的实质及其基本运动规律的表述，如决策的制定、计划的编制、组织的设计、过程的控制等，这些活动都有一个基本的原理和原则，是人们进行管理活动都必须遵循的基本原则。我们必须学习和掌握它，做到活学活用。

（3）管理过程及相应的职能

管理过程主要研究管理活动的过程和环节、管理工作的程序等问题。此外，它还要研究管理活动的效益、效率与管理的职能之间的密切联系。管理职能主要是计划、组织、领导与控制。

（4）管理者及其行为

管理者是管理活动的主体。管理活动成功与否，与管理者有着密切关系。管理者的素质高低、领导方式、领导行为、领导艺术和领导能力对管理活动的成功起着决定性的作用。

2．管理学的特点

（1）一般性

管理学是从一般原理、一般情况的角度对管理活动和管理规律进行研究的，不涉及管理分支学科的业务与方法的研究；管理学是研究所有管理活动中的共性原理的基础理论科学，无论是"宏观原理"还是"微观原理"，都需要管理学的原理作为基础来加以学习和研究，管理学是各门具体的或专门的管理学科的共同基础。

（2）多科性或综合性

从管理内容上看，管理学涉及的领域十分广阔，它需要从不同类型的管理实践中抽象概括出具有普遍意义的管理思想、管理原理和管理方法；从影响管理活动的各种因素上看，除了生产力、生产关系、上层建筑这些基本因素外，还有自然因素、社会因素等；从管理学科与其他学科的相关性上看，它与经济学、社会学、心理学、数学、计算机科学等都有密切关系，是一门非常综合的学科。

（3）实践性

实践性也称实用性，管理学所提供的理论与方法都是实践经验的总结与提炼，同时管理的理论与方法又必须为实践服务，才能显示出管理理论与方法的强大生命力。

（4）社会性

构成管理过程主要因素的管理主体与管理客体都是社会最有生命力的人，这就决定了管理的社会性；同时，管理在很大程度上带有生产关系的特征，因此没有超阶级的管理学，这也体现了管理的社会性。

（5）历史性

管理学是对前人的管理实践、管理思想和管理理论的总结、扬弃和发展，割断历史，不了解前人对管理经验的理论总结和管理历史，就难以很好地理解、把握和运用管理学。

1.3.2 管理学的原理与方法

1．管理学的原理

（1）系统原理

系统原理包括整体性原理、动态性原理、开放性原理、环境适应性原理、综合性原理等。

① 所谓整体性原理，是指系统要素之间的相互关系及要素与系统之间的关系以整体为主进行协调，局部服从整体，使整体效果为最优。理解整体性原理要明确3点内容：整体的观点是该原理的核心与基础，不从整体出发的分工必然是盲目、混乱的；分工是该原理的关键，没有分工的系统是杂乱无章、缺乏效率的，没有分工就没有专业化，人类历史的发展早就证明了这一点；对分工的结果进行有效的综合是保障系统目标实现的必经之路。

② 所谓动态性原理，是指系统作为一个运动着的有机体，其稳定状态是相对的，运动状态则是绝对的，系统不仅作为一个功能实体存在，而且作为一种运动存在。

③ 所谓开放性原理，是指任何有机系统都是耗散结构系统，系统与外界不断交流物质、能量和信息，才能维持其生命。现代企业作为一个系统，如果能够实现内部子系统与外部环境要素的不断交流、良性互动，并根据环境的变化调整好系统要素的配置，就可以达到对环

境的动态适应，实现持续发展。

④ 所谓环境适应性原理，是指系统不是孤立存在的，它要与周围发生各种联系。这些与系统发生联系的周围事物的全体就是系统的环境，环境也是一个更高级的大系统。如果系统与环境进行物质、能量和信息的交流，能够保持最佳适应状态，就说明这是一个有活力的理想系统。否则，一个不能适应环境的系统是无生命力的。

⑤ 所谓综合性原理，是指把系统的各部分、各方面和各种因素联系起来，考察其中的共性和规律性。

（2）人本原理

人本原理主要包括职工是企业的主体，职工参与是有效管理的关键，使人性得到最完美的发展是现代管理的核心，服务于人是管理的根本目的等观点。

人是社会发展的决定性因素，一切科学技术的进步，所有物质财富的创造，以及社会生产力的发展和社会经济系统的运行，都离不开人的劳动、人的服务及人的管理。在管理活动中，最重要的、对管理效果起决定因素的是人。所以人本原理就是以人为中心的管理思想，现代组织竞争的关键是人的竞争，而人的竞争在于组织能充分发挥和利用人的潜力。它体现了现代社会对人的认识和对人性的深刻理解，是管理理论发展到今天的主要特点。

人本原理的实质就在于充分肯定人在管理中的主体作用，通过研究人的需要、动机和行为，并同时激发人的积极性、主动性和创造性，实现管理的高效益。按照人本原理，人是做好整个管理工作的根本因素，一切管理制度和方法都是由人建立的，一切管理活动都是由人来进行的，最大限度地发掘和调动人的潜力是提高管理效益的关键。因此，贯彻人本原理就必须把人看成是企业管理的主体，掌握行为科学理论，正确地认识人，科学地研究人，准确识别人的主导需要和主导动机，发现未满足的需要并将其作为激励的起点。

（3）责任原理

责任原理是指在管理活动中，为了实现管理的效率和效益，在合理分工的基础上明确各部门与个人必须完成的工作任务和必须承担的相应责任，从而提高人的潜能的有效办法。责任原理的本质是保证及提高组织的效益和效率，主要包括如下几方面。

① 明确每个人的职责。职责的含义是指在合理分工的基础上确定每个人的职位，明确规定各职位应担负的任务。职责是在数量、质量、时间、效益等方面有严格规定的行为规范，表达职责的形式主要有各种规格、条例、范围、目标、计划等。职责界限要清楚、内容要具体；相互联系明确；职责要落实到每一个人，做到有人负责。

② 合理设计职位和委授权限。职责和权限、利益、能力之间的关系遵守等边三角形定理。

③ 奖惩要分明、公正而及时。公正的奖惩要以准确的考核为前提，对于有成绩有贡献的，要及时肯定和奖励，而对于惩罚要及时而公正。

（4）效益原理

任何组织的管理都是为了获得某种效益，效益的高低直接影响着组织的生存和发展。管理应确立正确的效益观，把经济效益与社会效益有机结合起来，尽可能客观、公正地评价效益等。

所谓效益原理，就是指在任何系统的管理中，都必须讲求实效，用尽可能少的资源投入来实现系统的总目标，即经济效益和社会效益的提高。在考察效益时必须把经济效益与社会效益统一起来，经济效益指的是既能节约消耗、降低成本、提高产量、增加收益，又能符合市场交换需要和人民生活消费需要的效益，如利润、缴纳的税金、收入等；而社会效益指的是从长远和全局看，是否符合人民生活、国家建设和社会发展的根本利益，社会效益往往是无形的、长期的、难以用货币来计量的，如生态环境、社会文化、精神文明、后代幸福等。

价值原则就是指在管理过程的各个环节、各项工作中都要紧紧围绕提高社会和经济效益这个中心，有效地使用自己的财力资源、物力资源、人力资源、技术资源和时间资源以创造最大的经济价值和社会价值。效益原理认为追求效益要遵循以下规律。

① 确立以效益为中心的管理观念。管理活动应以效益为第一行为准则和一切工作的出发点。以"生产为中心"的时代已经过去，但这种思想在许多管理者头脑中根深蒂固，盲目追求产值、无视市场需求、为提高用户本不要求的质量指标浪费大量的资源导致成本增加的例子屡见不鲜。美国"铱星"可以为每个消费者提供在地球任何一个角度进行通信的手机，但高昂的价格使大多数消费者不敢问津，没有用户保有量的"铱星"最终只能以破产而告终。可见，效益才是"硬道理"。

② 经济效益与社会效益并重。效益可以从社会和经济两个不同的角度来考察，即社会效益和经济效益。经济效益是效益表现的最直接形态。任何一个企业都是为了追求一定程度上的赢利才进行投入产出活动的，所以我们要明确追求利润是工商企业天经地义的使命。另外，我们不能无视社会效益，即不能为赢利忽视环境保护，要积极、义不容辞地处理"三废"，保护环境；不能为了经济利益生产假冒伪劣产品，进行不正当竞争；不能私自生产，出售，走私黄、赌、毒产品等。无视社会效益的行为只能是短期、局部获利，对社会及企业的未来迟早会造成致命的影响。

③ 追求短期效益不能忽视长期效益。信息时代的企业每时每刻都面临着激烈的竞争，但这种竞争在考验企业爆发力的同时，又要考验企业的持续发展能力。如果企业只满足于眼前的经济效益水平，而忽视技术开发和人员的培训等企业创新必要条件的创造，就随时有被淘汰的危险。所以企业经营者必须有远见卓识，随时想着明天的发展。如果不惜竭泽而渔，寅吃卯粮，不保持必要的储备，不进行设备维护和必要的技术改造，不爱惜人才，不培养自己的品牌，不保持自己的个性，就必然损害今后的利益，不能适应环境的变化。像"巨人""三株""秦池"等昙花一现的企业就是违背这一思想的"牺牲品"。只有不断创新，用可持续发展的观点来经营企业，积极进行新产品的开发和所在领域的探索，才能保证企业有长期、稳定的高效益，才能使企业得到长足的发展。

（5）伦理原理

一个组织并不是孤立存在的，总以这样那样的方式同组织内外的个人和其他组织发生联系，从而其行为不可避免地牵涉到伦理问题。我们认为一个组织要想维持足够长的生命力，不仅需遵守法律，还需要讲究伦理或遵守伦理规范。伦理是指人与人相处的各种道德准则。伦理的特征如下。

① 非强制性。伦理靠社会舆论、传统习惯和内心信念起作用，体现了自觉性和内在性。社会舆论通过普遍存在于社会成员中的一种特殊心理机制——荣辱心，对个人产生强大的约束力。除了荣辱心之外，良心和义务也是使社会舆论起作用的个人自我控制的道德心理机制。伦理虽然没有法律那样的强制性，但其作用不可低估。常言道，"人言可畏""众口铄金"。

② 非官方性。伦理是约定俗成的，不像法律那样需要通过行政命令或法定程序来制定或修改。个人的伦理评判也无须官方的批准。

③ 普适性。除了少数不具备行为意识的人以外，所有人都要受伦理的指导、调节和约束。虽然法律面前人人平等，但法律真正规范、约束的只是违法的那部分人。就是说，法律只对违法者起作用。伦理则对包括违法者在内的一切人起作用。

④ 扬善性。伦理既指出什么是恶的、不应该的，也指出什么是善的、应该的。它不仅对不符合伦理的行为予以批评、谴责，也对符合伦理的行为，尤其是高尚的行为，予以褒奖、鼓励。而法律一般只规定人们不应该如何行动，对不该这样行动的人予以惩罚。

（6）弹性原理

管理弹性是指管理在客观环境下为达到组织目标而必须增强的应变能力。管理应根据外部条件的变化，采用不同的方法来解决问题。弹性原理是指在管理工作中，为使系统同外部环境之间保持积极的动态适应关系，考虑到各种变化的可能性，从而使管理系统整体或内部诸要素、层次在各个环节和阶段上保持适当的弹性。管理弹性可分为：局部弹性，指任何一种管理，必须在一系列管理环节中保持可以适当调节的弹性；整体弹性，指管理系统作为一个整体，对环境的适应能力或生存本领，包括优化系统内各个要素的素质，优化管理系统诸要素的结构，提高管理系统及其要素和层次同环境的沟通频率和强度（物质、能量、信息等）。

2. 管理学的方法

学习和研究一门科学，要掌握正确的方法。管理方法是实现管理目标所不可缺少的。管理的方法很多，如行政方法、经济方法、法律方法等。一般而言，凡是有助于管理目标实现的各种程序、手段、技术都可以归于管理方法的范畴。具体如下。

（1）理论联系实际法

理论联系实际法有两个方面，一是把已有的管理理论与方法运用到实践中去，通过实践来检验这些理论与方法的正确性与可行性；二是通过管理实践和试验，把实践经验加以概括和总结，使之上升为理论，去补充和修正原有的管理理论。

（2）历史研究法

就是对以往的管理理论与方法及管理实践进行研究，以便从中发现和概括出规律性的东西，做到"古为今用，洋为中用"。中华民族是一个具有悠久历史的伟大民族，我国历史上的管理思想和管理经验为世界所瞩目，这些思想与经验有待于我们去总结和发扬。

（3）调查研究法

管理的理论和方法来自于实践，调查研究是我们进行管理活动的一个最基本要求，是搜集第一手材料的好办法。通过调查才能掌握全面、真实的材料，弄清管理中的经验、问题、发展趋势，并从大量事实中概括出规律性的东西，作为理论的依据。

（4）试验研究法

这也是一种常用的研究方法，是在一定的环境条件下，经过严格的设计和组织，对研究对象进行某些试验考察，从而揭示管理的规律、原则和方法。试验研究法是一种有目的、有约束条件的研究方法，应事先做好计划和安排，方能收到良好效果。

（5）比较研究法

比较研究法是研究管理的一个重要方法，是当今比较管理学产生与发展的基础之一。通过历史的纵向比较和各个国家的横向比较，寻其异同，权衡优劣，取长补短，以探索管理的规律。这一方法对当今世界管理科学的发展和先进的管理经验、方法、理论的传播起着巨大的作用，推动了管理科学和管理实践的迅速发展。

（6）定量分析法

任何事物（包括管理现象），不仅有其质的规定性，还有其量的规定性，量的变化突破了一定的临界点之后，就会引起质的变化。现代管理离不开数量分析的方法。在研究管理问题时，应尽可能地进行定量分析。一门科学只有同数学相结合，才能成为较完善的精确科学。

（7）案例分析法

案例分析法通过对管理活动的典型案例进行全面分析，从而总结出理论、经验和规律。这一方法在西方国家的管理教学中被广为采用，无论在理论上还是在实践上效果都很好。

1.3.3　学习管理学的意义

1．什么是管理学

（1）管理学（思维）是智慧之学

管理活动不是人类一般的生存活动，它是人们有目的地改造现实世界的活动，而且任何管理活动都会面对各种复杂情况，它需要人们充分发挥自己的智慧。因此，管理学首先应该给管理者提供管理智慧，应该使管理者具备三种能力：敏锐的观察力、卓越的创造力、高超的整合力。

（2）管理学是关于管理的科学技术之学

管理学强调科学的规律性、严密的程序性、先进的技术性。科学、技术与管理三者是紧密地结合在一起的。科学技术的进步离不开科学的管理；管理的发展同样需要科学技术的支持。

（3）管理学（实践）是艺术之学

由于管理对象的复杂性、管理环境的多变性、管理活动中的非理性和非制度因素的影响，使得管理者完全使用理性化的科学手段是不可能完成管理任务的。这就需要管理者具有很强的随机应变能力。权变性是管理学的一个非常重要的属性，它具体包括以下 3 种性质：巧妙的应变性、灵活的策略性、完美的协调性。

2．为什么要学习管理

（1）管理的重要性

在当前社会经济不断发展的过程中，管理已经成为现代社会存在与发展的重要支柱，无论是一个国家还是一个地区的社会、经济发展，都越来越依赖于管理的发展，管理与科技是社会发展的两个车轮。科学管理能使科学技术真正转化为生产力，是决定企业成败存亡的关键，管理无处不在，它正在通过信息技术改变着人类活动的方式、方法和内涵。

人们对管理的认识经历了一个由忽视管理到意识到管理、由意识到管理到重视管理的过程。这种认识发展的结果导致第二次世界大战后"管理热潮"的兴起。这股热潮席卷了整个世界，它使管理成为全世界关注的热点。彼得·德鲁克说："在当今世界，管理者的素质、能力决定企业的成败存亡。""没有管理者的领导，生产资源就只是资源，永远也不会变成生产。"他把管理者及其管理活动放在公司运营的核心地位。

（2）管理的必要性

① 从资源的角度来讲，资源是有限的。资源包括人力资源、金融资源、物质资源、信息资源、关系资源，但不管是哪种资源都是有限的。管理就是要将有限的资源进行合理配置和利用，形成有效的社会生产力。

② 从人性的角度来讲，人性是复杂的。人是学术论文的研究对象，是传奇故事的两足无毛动物，是亚里士多德的"政治人"，是卢梭的"社会立约者"，是林奈的"智人"，是乌纳穆诺的"有血有肉的人"，是马克思的"社会关系的总和"，是斯芬克斯之谜的谜底。针对不同的人，需要采用不同的管理方式。

③ 组织、协调高度专业化的社会分工。人们通过管理可以把各局部目标引向组织的目标，把无数分力组成一个方向一致的合力。

3．学习管理学的意义

（1）管理和科技是促进社会发展的两大因素

科学技术水平决定了社会生产力水平，科学技术能推动社会发展的进程。但是，仅有先进的科学技术，没有先进的管理水平，没有相应的管理科学的发展，先进的科学技术是无法得到推广和有效运用的，它的作用也不可能得到充分的发挥，而且还会阻碍社会生产力的提高。因此，在当代，人们普遍认为，先进的科学技术和先进的管理科学是推动现代社会发展的"两个车轮"，缺一不可。这一点，已为许多国家的发展经验所证明。还有人认为，管理是现代社会文明发展的三大支柱之一，它与科学和技术三足鼎立。19世纪时经济学家特别受欢迎，而20世纪40年代以后，却是管理人才的天下。这些都表明管理在现代社会的发展中占有很重要的地位和起着很大的作用。

（2）学习管理学是培养管理者的重要手段之一

判定管理是否有效的标准是管理者的管理成果。通过实践可验证管理是否有效，因此，实践是培养管理者的重要一环。而学习、研究管理学也是培养管理者的一个重要环节。只有掌握扎实的管理理论与方法，才能很好地指导实践，并可缩短或加速管理者的成长过程。学习现代管理知识，可以开阔视野，跟上时代发展的步伐；一个企业，领导带头扎扎实实地学习，并且带动员工学习，才有可能实现创新并创造一个朝气蓬勃的企业。目前我国的管理人才，尤其是合格的管理人才是缺乏的，因此，学习、研究管理学，培养高质量的管理者成为当务之急。

（3）未来的社会更需要管理

管理是人类不可缺少的重要活动，随着未来社会共同劳动的规模日益扩大，劳动分工协作更加精细，社会化大生产日趋复杂，管理就更加重要了。在人类经历了农业革命、工业革命这样两个文明浪潮以后，以全新技术为主要特征的"第三次浪潮"不久就会冲击到我们。可以预测，全新的技术、高速度的发展必将需要一套更科学的管理体系，才能使新的技术、新的能源、新的材料充分发挥作用。比起过去和现在，未来的管理在未来社会中将处于更加重要的地位。

1.4 管 理 环 境

管理始终都是处在一定的环境当中的，环境对管理起着至关重要的作用。本节将重点介绍管理环境的含义与内容、管理环境的特点与类型、管理与环境的关系等内容。

1.4.1 管理环境的含义与内容

任何组织都不是孤立存在的，都是在一定环境中从事活动的，这个环境就是管理环境。因此，管理环境是指存在于社会组织内部与外部的影响管理实施和管理功效的各种力量、条件和因素的总和。管理环境的变化要求管理的内容、手段、方式、方法等随之调整，以利用机会，趋利避害，更好地实施管理。管理环境包括一般环境和具体环境。

1．一般环境

一般环境指对某一特定社会中所有组织都产生影响的环境要素，包括以下几方面内容。

（1）政治法律环境

政治法律环境包括一个国家的政治制度，社会制度，执政党的性质，国际关系，政府的方针、政策、法律、法规等。政治环境引导着企业经营活动的方向，法律环境则为企业规定经营活动的行为准则。政治与法律相互联系，共同对企业经营活动产生影响和发挥作用。

政治环境对企业经营活动的影响主要表现为政府所制定的方针政策，如人口政策、能源政策、物价政策、财政政策、货币政策等，这些都会对企业的经营活动带来影响。例如，国家通过征收个人收入所得税调节消费者收入的差异，从而影响人们的购买行为；通过增加产品税，如对香烟、酒等商品征税来抑制人们的消费需求。

法律环境对企业经营活动的影响主要表现在国家或地方政府所颁布的各项法规、法令和条例等，它是企业经营活动的准则，企业只有依法进行各种经营活动，才能受到国家法律的有效保护。近年来，为适应经济体制改革和对外开放的需要，我国陆续制定和颁布了一系列法律法规，例如《中华人民共和国产品质量法》《企业法》《经济合同法》《涉外经济合同法》《商标法》《专利法》《广告法》《食品卫生法》《环境保护法》《反不正当竞争法》《消费者权益保护法》《进出口商品检验条例》等。企业的管理者必须熟知有关的法律条文，才能保证企业经营的合法性，运用法律武器来保护企业与消费者的合法权益。

（2）经济环境

经济环境不仅包括经济体制、经济增长、经济周期与发展阶段及经济政策体系等大的方面的内容，也包括收入水平、市场价格、利率、汇率、税收等经济参数和政府调节取向等内容。例如，近些年来，随着我国经济的高速发展，居民可支配收入不断提高，随之而来的旅游热、房地产投资热、证券投资热等现象给相关行业带来了机会。

（3）技术环境

技术环境是指将资源转化为产品或服务的方法。新技术的产生能够引发社会性技术革命，创造出一批新产业，同时推动现存产业的变迁。在 21 世纪的今天，互联网成为影响所有企业技术环境中最重要的因素之一。正是由于互联网技术的快速发展，团购、外卖、网约车、共享单车、网络购物才成为可能，由此催生了一大批互联网新兴企业，例如淘宝、京东、美团、ofo、滴滴打车、小猪短租等。同时互联网技术的发展对传统的金融行业和零售行业也产生了影响，使得这些传统行业纷纷开始转型以适应新时代的发展。

（4）社会文化环境

社会文化环境包括一个国家或地区的居民文化水平、宗教信仰、人口状况、教育程度、风俗习惯、道德观念、价值观念等。不同的国家有着不同的文化传统、不同的社会习俗和道德观念，从而会影响人们的消费方式和购买偏好。

由此可知，社会文化环境不仅建立了人们日常行为的准则，也形成了消费者态度和购买动机的取向模式。所以，企业在经营活动中应该"入乡随俗"，注意不同国家、不同地区的社会文化环境对企业经营方式的影响。

2．具体环境

具体环境指与组织直接发生联系的那些环境要素，包括顾客、竞争者、供应商和劳动等因素。

（1）顾客。人的需求是不断变化的，对于企业而言，只有不断满足顾客的需求，才能在市场中获得生存与发展。因此，企业提供的产品和服务，都是为了满足顾客的需求。企业能否成功，关键也在于是否能满足顾客的需求。

（2）竞争者。任何组织，包括寡头垄断组织在内，都会存在竞争者，竞争者的一举一动都会对组织的经营决策产生影响。基于顾客的竞争一般发生在同一类型的组织之间，或许这些组织提供的产品和服务不同，但它们的服务对象是相同的，这样就会发生竞争。

（3）供应商。企业的生存发展需要资源，供应商提供各种原材料、零部件、能源、劳动力和资金等资源。供应商提供的资源的价格、品种及交货期直接制约着企业产品的成本、利润、销售量及生产进度的安排。慎重选择供应商、不断拓宽供应渠道、与供应商保持良好的生产协作关系，对企业的生产经营具有重要的意义。

（4）劳动力。劳动力资源是一个重要的资源，而且是现在企业竞争中必不可少的关键部分。劳动力资源是否廉价决定了企业是否能够获得更多的利润。在某种程度上说，我国的外资企业越来越多和我国具有丰富的劳动力资源是分不开的。

1.4.2 管理环境的特点与类型

环境是不断变化的，著名组织理论家汤姆森用环境的变化程度和复杂程度来反映组织所处的环境。从变化程度来看，变化剧烈的组织环境被称为动荡的环境，变化不大的组织环境被称为稳定环境；从复杂程度来看，组织与外界打交道越少，环境的复杂性就越低，反之，组织与外界打交道越多，环境的复杂性就越高，根据这两个维度划分出如下 4 种典型的管理环境。

1．相对稳定和简单的环境

在这种环境中的组织会处于相对稳定的状态。在这种环境下，管理者对内部可采用强有力的组织结构形式，通过计划、纪律、规章制度及标准化生产等来管理。一般的日用品生产企业，如容器制造商、软饮料生产商和啤酒经销商大都处于此种环境。

2．动荡而简单的环境

在这种环境中的组织一般都处于相对缓和的不稳定状态之中。面临这种环境的组织一般都采用调整内部组织管理的方法来适应变化中的环境。纪律和规章制度仍占主要地位，但也可能在其他方面，如市场销售方面采取强有力的措施，以对付快速变化中的市场形势。如唱片公司、玩具制造商和时装加工业就处于这种环境之中。

3．相对稳定但极为复杂的环境

一般来说，处于这种环境中的组织为了适应复杂的环境都采用分权的形式，强调根据不同的资源条件来组织各自的活动。不管怎样，它们都必须面对众多的竞争对手、资源供应者、政府部门和特殊利益代表组织，并做出管理上的相应改变。如大学、医院、保险公司和汽车制造商就处于这种环境之中。

4．动荡而复杂的环境

一般环境和具体环境因素的相互作用有时会形成极度动荡而复杂的环境。面对这样的环境，管理者就必须更强调组织内部各方面及时、有效的相互联络，并采用权力分散下放和各自相对独立决策的经营方式。如电子行业、计算机软件公司、电子仪器制造商就处于这种环境之中。

1.4.3 管理与环境的关系

管理与所处的环境（主要指外部环境）存在着相互依存、相互影响的 3 种关系。

1．对应关系

以一家企业为例，社会上的环境可以划分为经济、技术和社会三大环境，那么，企业内部就与之相对应，存在着经营、作业和人际关系三大管理领域。

2．交换关系

组织与环境之间不断地进行着物质、能量和信息的交换。例如，一家生产企业，从市场上搜集情报信息，购进原材料，再将加工完的产品到市场上销售，并通过广告等形式向社会广泛传递有关产品的信息，而组织、协调和控制这些活动的管理行为也必然同环境之间存在交换关系。

3．影响关系

首先，组织的管理受外部环境的决定与制约；其次，组织的管理也会反作用于外部环境。两者之间存在着极为密切的决定、影响和制约关系。

 本章要点

- 管理是指为了实现一定的组织目标，通过实施计划、组织、领导、控制等职能来协调他人的活动，有效利用组织内外的资源，使组织更高效率地完成既定目标的过程。
- 管理的职能包括计划、组织、领导和控制。
- 按管理人员的层次可分为高层管理者、中层管理者和基层管理者。按管理人员从事的领域可分为综合管理者和专业管理者。
- 亨利·明茨伯格研究发现管理者扮演着 10 种角色，这 10 种角色可被归入三大类：人际角色、信息角色和决策角色。
- 管理的方法很多，如行政方法、经济方法、法律方法等。一般而言，凡是有助于管理目标实现的各种程序、手段、技术都可以归于管理方法的范畴。

- 管理在现代社会中的地位和作用决定了学习管理学的必要性和重要性。学习管理学是培养管理者的重要手段之一。未来的社会更需要管理。
- 管理环境的变化要求管理的内容、手段、方式、方法等随之调整，以利用机会，趋利避害，更好地实施管理。管理环境包括一般环境和具体环境。

 ## 关键概念

管理　管理职能　管理的二重性　人际技能　技术技能　概念技能　管理环境　一般环境　具体环境

 ## 综合练习

一、选择题

1. 下列表述不科学的是（　　　）。
   A. 组织的环境影响到组织职权配置的集中或分散
   B. 经济体制、政治体制、法律制度都会对特定组织的职权配置的集中或分散形态选择造成影响
   C. 特定的组织是选择集权形态还是分权形态有利，具有统一的评价标准
   D. 组织环境对于组织职权配置的影响甚至是根本性的

2. 在组织所面临的外部环境要素中，属于一般环境中最为活跃、变化最快的环境要素是（　　　）。
   A. 竞争者环境　　　B. 供应商环境　　　C. 科技环境　　　D. 顾客环境

3. 管理同生产关系相联系而表现出的属性是（　　　）。
   A. 政治属性　　　B. 社会属性　　　C. 自然属性　　　D. 文化属性

4. 下列几种组织外部环境的类型中，不确定性最高的是（　　　）。
   A. 简单和稳定的环境　　　　　　　B. 复杂和稳定的环境
   C. 简单和动态的环境　　　　　　　D. 复杂和动态的环境

5. 管理系统中最活跃、最能动、最积极的因素是（　　　）。
   A. 物财　　　B. 人员　　　C. 信息　　　D. 制度

6. 管理的核心是（　　　）。
   A. 管理者　　　　　　　　　　　　B. 被管理者
   C. 管理的任务、职能与层次　　　　D. 处理好人际关系

7. 管理是由许多人协作劳动而产生的，它是有效组织共同劳动所必需的。管理具有同生产力、社会化大生产相联系的属性是（　　　）。
   A. 自然属性　　　B. 社会属性　　　C. 技术属性　　　D. 人文属性

8. 协调是管理的重要职能，管理协调归根结底是正确处理（　　　）。
   A. 人与资源的关系　　　　　　　　B. 人与事的关系
   C. 人与人的关系　　　　　　　　　D. 组织与事的关系

9. 管理学的目标和任务是（　　　　）。

    A. 对管理资源的研究与整合   B. 探求管理现象的发展规律

    C. 形成独立学科，具有自己的学科特征   D. 建立交叉学科、应用学科、发展学科

10. 决定管理系统的性质、特点、结构和功能的首要因素是（　　　　）。

    A. 组织目标   B. 组织规模   C. 管理环境   D. 管理人员

二、填空题

1. 管理的首要职能是＿＿＿＿＿。

2. 管理活动的根本职能是＿＿＿＿＿。

3. 管理过程中最为关键、最经常的职能是＿＿＿＿＿。

4. 在管理活动中起着承上启下作用的职能是＿＿＿＿＿。

5. 按管理者的层次可分为高层管理者、中层管理者和＿＿＿＿＿。

6. 亨利·明茨伯格研究发现管理者扮演着 10 种角色，这 10 种角色可被归入三大类：人际角色、＿＿＿＿＿和决策角色。

7. 根据罗伯特·卡茨的研究，管理者要具备如下 3 类技能，包括技术技能、＿＿＿＿＿和人际技能。

8. ＿＿＿＿＿和科技是促进社会发展的两大因素。

9. 一般环境包括政治法律环境、经济环境＿＿＿＿＿、社会文化环境。

10. 管理与环境的关系包括对应关系、＿＿＿＿＿和影响关系。

三、简答题

1. 管理的定义是什么？谈谈对它的理解。

2. 简述管理的二重性。

3. 管理的职能有哪些？

4. 亨利·明茨伯格研究发现管理者扮演哪些角色？

5. 管理学包含哪些内容与特点？

6. 简述学习管理学的方法。

7. 什么是管理学？

8. 学习管理学有哪些意义？

9. 什么是管理环境？它包含哪些内容？

四、案例分析题

想打一句古诗词或者热门的网络词汇，只要简单输入几个声母就能实现，这是搜狗输入法用户再熟悉不过的体验。从输入法入手建立清晰的品牌，积累起 3 亿多的用户资源，搜狗称得上是中国互联网行业为数不多的"创新"样本。

在 IT 界，搜狗 CEO 王小川的职业路线显得相对简单。1999 年，还是清华学生的他进入 ChinaRen 实习，2000 年随 ChinaRen 进入搜狐，2005 年出任搜狐副总裁，2010 年任搜狗公司 CEO。2004 年，王小川负责搜狗搜索引擎发布。当时搜索市场已经有了强大的百度、谷歌、雅虎。很长时间里，搜狗搜索落在三名以外。"我那时想，是否可以通过一些新的产品来辅助推动搜索引擎的市场份额。"

2005 年，新毕业的大学生马占凯加入搜狗搜索团队，这名没有技术和互联网产品背景的年轻人向王小川建议搜狗做输入法。他的理由简单而深刻，在网络时代，只有做搜索的公司

才能做最好的输入法。搜索公司可以通过观察用户的搜索行为不断改进输入法，以往的输入法不具备这样的能力。

2006年，搜狗输入法上线，定位为"网民使用的输入法"。它把互联网的词汇和语音习惯融合到输入法产品中去，运用搜索技术每天抓取超过100亿网页，再做分词、索引，不断更新输入法的词库。2005年，《超级女声》火爆全国，搜狗输入法因能够一次打出超女冠军李宇春的名字而声名大噪。与互联网内容和文化的结合，让搜狗输入法与中国网民形成了亲密互动的关系。

输入法属于底层软件，开发上难度很大，需要跟Windows打很多交道，还要与其他各种软件进行适配，工作繁杂而琐碎。此时，王小川表现出了他性格方面的韧性，搜狗团队死磕技术障碍，最终逐一解决了底层开发、兼容性等各种技术难题。

2007年，王小川准备发力浏览器，通过浏览器为搜索带来流量。意外的是，开发浏览器的建议遭到搜狐高层的极力反对，搜索业务也交由他人负责。此后差不多2年时间，王小川被"打入冷宫"。他不得不将浏览器的研发员工配额挂在搜狗输入法里，相同的成本干两件事。2008年年底，搜狗浏览器发布，输入法（用户）、浏览器（流量）和搜索（收益）成为推动搜狗发展的三级火箭。2010年，搜狗公司开始独立运营，王小川出任CEO。

回顾过去，王小川表示，挫折并不总是坏事。"我知道面临困难的时候怎么去跟老板沟通，怎么去表达，怎么理解大家的意图，什么时候该等待。"他也习惯了与不同风格的下属和团队的合作。同样是搞定客户，有的人通过严谨的PPT，有的则通过吃饭喝酒先拉近距离。他更熟悉前者，但也尊重后者。他时刻告诫自己，管理团队的核心理念就是互相信任、互相尊重。他特意让市场部门宣传马占凯是"搜狗输入法之父"，鼓励创新，物质和精神都得有。王小川说：我巴不得搜狗将来有好多××之父。

谈起领导的经验，王小川总结说，"通常项目出好成绩是因为我们大家最终做出来的东西和大家的理解是一致的，知道你要什么"。现在搜狗的员工已经超过1 000人，如何保持公司文化不变形，王小川认为，"首先要使高管有全面的能力。过去做事情总是想得太清楚，安排工作也非常具体，没给他们留空间去思考、去创造。我希望他们能自己站在一个很高的高度去想公司要做哪种事情，我要激发他们全面思考的意愿。"

过去，搜狗参照搜狐的考核体系。对于大公司而言，这种管理方式很科学，但是王小川明显感到对于一家高速成长的创新公司再这样管理就会显得过于理性和死板，没有把市场的变化和创新的东西糅在里面一起去看，甚至在某些时候会阻碍创新。但他也承认，当所有人都已经适应了一个状态的时候，调整和改革都是不易的。

思考：

1. 作为管理者的王小川，承担了哪些角色？
2. 作为管理者的王小川，表现出哪些管理技能？
3. 王小川为什么说大公司的考核体系可能"阻碍创新"？

五、补充阅读材料

海尔集团的成功崛起

1985年，在电视机、电冰箱、洗衣机等极为抢手的第一次家电消费的狂潮中，不少家电企业加班加点生产产品，而海尔集团的张瑞敏却领着工人砸了76台质量有问题的冰箱。那一刻，海尔人流泪了。几年后，冰箱行业第一块国优金牌拿到手时，海尔人又笑了。其产品名称从"琴岛—利勃海尔"到"利勃海尔"再到"海尔"是一个质量日臻提高的过程，也是一个海尔人日益自信的过程。

在不少家电企业幡然醒悟狠抓质量时，海尔则开始了扩张。1989年兼并了青岛电镀厂，改造成现在的微波炉厂；1991年兼并了青岛冷柜厂、青岛空调机厂，还兼并了青岛冷凝器厂，改造成现在的冷冻设备公司；1995年兼并了红星电器厂。这些企业共亏损2.95亿元，但海尔通过兼并盘活了6.9亿元资产，吸纳员工上万人，使洗衣机、空调、冷柜产量急剧增加（1995年还收购了武汉希岛冷柜公司60%的股份，1997年又出资60%在广东顺德新建洗衣机厂）。同时，海尔与意大利梅洛尼合资生产滚筒洗衣机，与日本三菱重工合资生产柜机空调，与日本东芝公司合作生产微波炉，与意大利企业合作生产商用展示柜，共吸引外资3 000多万美元，海尔经历了一个质变的过程。

幸存的家电企业在产品质量上基本难分高下，一些大型企业通过扩张显示经济效益。于是，人们把降价作为竞争的取胜之道，海尔似乎置身事外，反而去完善售前、售中、售后的"国际星级服务一条龙"，张瑞敏把服务看成是产品链条上最重要的环节。"卖信誉不是卖产品""您的满意就是我们的工作标准"，为每个用户建立30秒全方位信息速查档案，实现"信用卡制度""四个不漏"等。根据35个大中城市109家有代表性大商场的销售统计，海尔空调和电冰箱的市场占有率遥遥领先，洗衣机和冷柜也名列前茅。这不能不归功于"真诚到永远"的优质服务。现在，一些人为家电产品轮番降价而焦灼不安时，海尔却自豪地跟跨国公司比谁的产品价格高。

在国内家电厂家惊呼跨国公司瓜分中国市场之际，海尔却显得很镇静。早在我国刚刚提出"复关"申请时，张瑞敏就敏感地意识到国内市场国际化是不可避免的大趋势。经过一段"热身赛"后，海尔提出了市场国际化的"三个1/3"战略，即国内生产国内销售1/3，国内生产国外销售1/3，国外生产国外销售1/3，体现了海尔以世界市场为出发点的远见卓识。到1996年，海尔在30多个国家和地区建立了5 000多个代理经销点，1996年出口冰箱22.6万台，洗衣机11万台，空调4.1万台，创汇5 442万美元。在印度尼西亚投资的年产10万台冰箱的合资企业已经投产，在中东、南美、波兰、南非等地合作建厂计划正在进行。西方不亮东方亮，海尔的市场回旋空间恐怕是国内任何家电企业都无法比拟的。

"作为大型企业集团，海尔不是一列火车，加挂的车厢越多，车头的负担就越重，海尔是一支联合舰队，下属企业都是有广阔驰骋疆域、有很强战斗力的战船，各自为阵，但不各自为政，服从旗舰的统一指挥，发挥整体优势。"这是张瑞敏的"战略图"。

"以永远的忧患意识追求永远的活力"的张瑞敏说："生活里没直通车，我们是螺旋式上升的，战战兢兢，如履薄冰，经历了否定之否定的过程。因为市场唯一不变的就是永远在变。审时度势，抓住机遇，变在市场前面，就能创造市场。"

海尔从濒临倒闭的集体小厂发展壮大成为知名的跨国企业，2002年实现全球营业额711亿元，跃居中国电子信息百强之首，海尔品牌价值评估为489亿元，跃居中国第一品牌。2016年，海尔实现全球营业额2 016亿元，同比增长6.8%，利润实现203亿元，同此增长12.8%，利润增速是收入增速的1.8倍。美国《家电》杂志统计显示海尔是全球增长最快的家电企业，并对美国企业发出了"海尔击败通用电气"这样的警告。美国《财富》杂志选出在"美国以外全球最具影响力的25名商界领袖"中，海尔的首席执行官张瑞敏排在第19位。1998年3月25日张瑞敏登上了哈佛大学商学院讲台,海尔文化激活休克鱼的案例也被选进了哈佛大学的案例库。

第二章 管理道德与社会责任

学习目标

【知识目标】

- 管理道德的含义与类型
- 管理者道德行为的影响因素
- 提升员工道德修养的途径
- 社会责任的含义
- 企业社会责任的发展阶段
- 企业社会责任的类型

【能力目标】

- 能够根据所学内容对企业现状进行分析
- 能够通过比较分析，找出提高企业管理道德和社会责任的途径

案例导入

三鹿奶粉事件

三鹿始建于1956年，从乳业合作社发展成为中国知名的大型乳品企业集团，连续6年入选中国企业500强，2006年位居国际知名杂志《福布斯》评选的"中国顶尖企业百强"乳品行业第一位，三鹿奶粉、液体奶双双蝉联中国名牌产品称号。经权威机构评定，三鹿品牌价值达149.07亿元。

2008年6月28日，兰州市解放军第一医院收治首例患"肾结石"病症的婴幼儿，家长们反映孩子从出生起就一直食用三鹿婴幼儿奶粉。随着相似症状患儿的增加，7月中旬，甘肃省卫生厅随即展开了调查，并报告卫生部。随后短短两个多月，该医院收治的患婴人数就迅速扩大到14名。9月11日，除甘肃省外，陕西、宁夏、湖南、湖北、山东、安徽、江西、江苏等地都有类似案例发生。

9月11日晚卫生部指出，经相关部门调查高度怀疑三鹿牌婴幼儿配方奶粉受到三聚氰胺污染。三聚氰胺是一种化工原料，可导致人体泌尿系统产生结石。当晚，三鹿集团发布产品召回声明称，经公司自检发现2008年8月6日前出厂的部分批次三鹿牌婴幼儿奶粉受到三聚氰胺的污染，市场上大约有700吨。为对消费者负责，该公司决定立即对该批次奶粉全部召回。

截至2008年12月底，全国累计免费筛查2 240.1万人，累计报告患儿29.6万人，住院治疗52 898人，已治愈出院52 582人。从9月14日到16日，河北全省损失生鲜奶5 936吨，平均3 000元人民币一吨的牛奶，除少量以200元一吨便宜卖外，绝大多数都被奶农忍痛无奈地倒掉。

问题的一个关键环节是奶农到乳企之间的奶站。随着问题奶粉事件调查的不断深入，奶源作为添加三聚氰胺最主要的环节越来越被各界所关注。根据9月18日河北省公安厅新闻发言人史贵中的通报，截至18日凌晨，问题奶粉事件中，河北省被检察机关批准逮捕的涉案犯罪嫌疑人已达18名，其中6名属于非法销售三聚氰胺的人员，另12人则全部来自奶站（场、厅）。

2009年1月22日，石家庄市中级人民法院做出一审判决，被告人原三鹿集团董事长田文华犯生产、销售伪劣产品罪，被判处无期徒刑，剥夺政治权利终身，并处罚金人民币2 468.741 1万元。一审判决后，三鹿集团原副总经理王玉良、杭志奇，原奶事业部经理吴聚生等3名涉案的原高管也均于1日提起上诉，被告单位三鹿集团股份有限公司没有提出上诉。

思考：

1．为什么会出现此类事件？原因是什么？

2．采取什么措施能够避免此类事件的发生？

2.1　管　理　道　德

2.1.1　管理道德概述

1．管理道德的含义与类型

管理道德是指判别管理行为是非的规范、原则或惯例。管理者在做出某项决策的过程中，需要认真考虑这项决策是否符合某种道德的规范，这项决策可能产生的后果，可能影响到哪些利益群体，特别是会对哪些利益群体产生负面影响和不良后果。

管理道德具有如下类型。

（1）功利主义道德观

功利主义道德观认为决策要完全按照决策后果作为行为准则，如直接的效率或效果，其目标是试图提供最大的利益和效果。

功利主义道德观一方面能够促进生产率和效率的提高，实现利润最大化的目标；另一方面也可能造成资源配置的扭曲，尤其是会忽视缺少代表和缺少话语权的利益群体，甚至损害这些利益群体的利益，如被解雇员工的正当权益。

（2）权利至上道德观

权利至上道德观认为决策要尊重和维护个人自由和人的基本权利，包括隐私权、人身自由、言论自由和法律规定的各种权利。权利至上的道德观的积极作用是保护了个人的自由和隐私，消极作用主要是对于组织而言，付出的成本要更大些。能够接受这种观点的管理者认为个人权利的保护要比完成工作更重要，从而在组织中产生对生产率和效率不利的氛围。

（3）公平、公正道德观

公平、公正道德观要求管理者公平和公正地加强和贯彻规则。这种道德观的优点是保护了弱势群体，但可能造成创新和效率降低的情况。

在现实生活中，许多管理者对道德观念持功利态度，这与管理者的身份以及追求效率和生产力的工作目标是相符合的。然而，功利主义可能为一部分群体的利益牺牲了另一部分群体的利益。社会的发展，人民民主意识的增强，对道德权利观和公正观的意识逐步增强，要求管理者按人的基本权利和社会公正角度开展决策，这是一种大的趋势，也是一种新的挑战。

2．崇尚道德的管理的特征

（1）把遵守道德规范看成责任

崇尚道德的管理不仅把遵守道德规范视为组织获取利益的一种手段，更把其视为组织的一项责任。如果遵守道德规范会带来利益而不遵守道德规范会带来损失，组织当然会选择遵守道德规范。但是如果遵守道德规范会带来损失，而不遵守道德规范会带来利益，组织仍然选择遵守道德规范，这就是责任。承担责任意味着要付出额外的成本。

（2）以社会利益为重

崇尚道德的管理不仅需要从组织自身角度更需要从社会整体角度思考问题。有时，为了社会整体的利益，甚至需要不惜在短期内牺牲组织自身的利益。

（3）重视利益相关者的利益

崇尚道德的管理尊重相关者利益，善于处理组织与利益相关者的关系，也善于处理管理者与一般员工之间及一般员工内部的关系。崇尚道德的管理者知道，组织与利益相关者是相互依赖的。

（4）视人为目的

崇尚道德的管理者不仅把人看成手段，更把人看成目的。组织行为的目的是为了人。德国著名伦理学家弗里德里希·包尔生说："所有的技艺根本上都服务于一个共同的目的——人生的完善。""人生的完善"包括物质和精神两个方面。康德指出，"人应该永远把他人看成目的，而永远不要把他人只看成实现目的的手段。"他把"人是目的而不是手段"视为"绝对命令"，应无条件遵守。

（5）超越法律

崇尚道德的管理超越了法律的要求，能让组织取得卓越的成就。法律是所有社会成员必须共同遵守的最起码的行为规范。一个组织如果奉行"只要守法就行了"的原则，就不大可能积极地从事那些"应该的""鼓励的行为"，实际上也就等于放弃了对卓越的追求。

相反，崇尚道德的管理虽不把自身利益放在第一位，但常常能取得卓越的业绩。企业成功的秘诀在于懂得人的价值观、崇尚道德，并懂得如何把它们融合到公司战略中。追求卓越实质上就是崇尚道德。

（6）自律

崇尚道德的管理有自律的特征。有时，社会舆论和内心信念能唤醒人们的良知、羞耻感和内疚感，从而对其行为进行自我调节。

（7）以组织的价值观为行为导向

组织的价值观不是个人价值观的简单汇总，而是组织所推崇的并为全体（或大多数）成员所认同的价值观，组织的价值观有时可以替代法律来对组织的某些行为作"对错""应该不应该"的判断。崇尚道德的管理者通常为组织确立起较为崇高的价值观，以此来引导组织及其成员的一切行为。这种价值观一般能够激发成员去做出不平凡的贡献，从而给组织带来生机和活力。

2.1.2 管理者道德行为的影响因素

管理者的道德行为受到很多因素的影响，主要包括以下几个方面。

1．道德发展阶段

研究表明，人类的道德发展要经历 3 个层次，每个层次又有两个不同的阶段。随着阶段的上升，个人的道德判断越来越不受外部因素的制约。道德发展所经历的 3 个层次和 6 个阶段如表 2-1 所示。

表 2-1　道德发展的 3 个层次和 6 个阶段

3 个层次	6 个阶段
前惯例层次：只受个人利益的影响。决策的依据是本人利益。这种利益是由不同行为方式带来的奖赏和惩罚决定的	1．遵守规则以避免受到物质惩罚 2．只在符合自己的直接利益时才遵守规则决定的阶段
惯例层次：受他人期望的影响，包括对法律的遵守，对重要人物期望的反应，以及对他人期望的一般感觉	3．做周围的人所期望的事 4．通过履行允诺的义务来维持平常秩序
原则层次：受个人用来辨别是非的道德准则的影响。这些准则可以与社会的规则和法律一致，也可以与社会的规则或法律不一致	5．尊重他人的权利。在自身价值观和权利的选择上置多数人意见于不顾 6．遵守自己选择的道德准则，即使这些准则是违背法律的

道德发展的最低层次是前惯例层次，在这一层次，个人只有在其利益受到影响的情况下才会做出道德判断；道德发展的中间层次是惯例层次，在这一层次，道德判断的标准是个人是否维持平常的秩序并满足他人的愿望；道德发展的最高层次是原则层次，在这一层次，个人试图在组织或社会的权威之外建立道德准则。

有关道德发展阶段的研究表明：人们渐进地通过这 6 个阶段，而不能跨越；道德发展可能中断，也可能停留于任何一个阶段；多数成年人的道德发展处于第 4 阶段。

2．个人特征

每个人在进入组织时，都带着一套相对稳定的价值准则。这些准则是受到父母、老师、朋友、同学等影响，并逐渐发展起来的。组织的不同管理者常常有着不同的个人准则。尽管价值准则和道德发展阶段看起来相似，但它们其实不一样：前者牵涉面广，包括很多问题；而后者专门来度量独立于外部影响的程度。

除价值准则外，人们发现还有两个变量也影响着个人行为。这两个变量是自我强度和控制中心。

自我强度用来度量一个人的信念强度。一个人的自我强度越高，克制冲动并遵守其信念的可能性越大。这就是说，自我强度高的人更加可能做他们认为正确的事。我们可以推断，对于自我强度高的管理者，其道德判断和道德行为会更加一致。

控制中心用来度量人们在多大程度上是自己命运的主宰。具有内在控制中心的人认为他们控制着自己的命运，而具有外在控制中心的人则认为他们生命中发生什么事都是由运气或机会决定的。从道德角度看,具有外在控制中心的人不大可能对其行为后果负责,更可能依赖外部力量。相反,具有内在控制中心的人则更可能对后果负责,并依赖自己内在的是非标准指导行为。与具有外在控制中心的管理者相比,具有内在控制中心的管理者的道德判断和道德行为可能更加一致。

3. 结构变量

良好的组织结构有助于管理者行为的产生。正式的规章制度可以降低模糊程度,职务说明书和明文规定的道德准则是正式指导的例子。在不同的结构中,管理者在时间、竞争和成本等方面的压力也不同。压力越大,管理者越可能降低其道德标准。

4. 组织文化

组织文化的内容和强度也会影响道德行为。最有可能产生高道德标准的组织文化是那种有较强控制能力及具有承受风险和冲突能力的组织文化。处在这种文化中的管理者,具有进取心和创新精神,意识到不道德行为会被发现,敢于对不现实或不合意的需要或期望发起挑战。

在弱组织文化中,管理者可能以亚文化准则作为行为的指南。工作小组和部门的标准会对弱文化组织中的道德行为产生重要影响。

5. 问题强度

影响管理者道德行为的最后一个因素是道德问题本身的强度。所谓问题强度,是指该问题如果采取不道德的处理行为可能产生后果的严重程度。行为造成的伤害越大,越多的人认为行为是邪恶的,行为发生并造成实际伤害的可能性越高,行为的后果越早出现,观测者感到行为的受害者与自己离得越近,行为的后果越集中,道德问题的强度就越大。道德问题越重要,管理者越有可能采取道德行为。

2.1.3 提升员工道德修养的途径

1. 招聘高道德素质的员工

要提升员工道德修养,首先可以通过招聘高素质的员工来实现。管理者在招聘过程中将低道德素质的求职者挡在门外。招聘也可以促使管理者了解求职者的个人道德发展阶段、个人价值观、自我强度和控制中心。

2. 确立道德准则

道德准则是表明组织的基本价值观和组织期望员工遵守的道德规则的正式文件。道德准则既要相当具体以便让员工明确应该以什么样的精神来从事工作、以什么样的态度来对待工作,也要相当宽泛,以便让员工有判断的自由。

管理者对道德准则的态度(是支持还是反对)及对违反者的处理方式对道德准则的约束效果有重要影响。如果管理者认为这些准则很重要,经常宣讲其内容,并当众训斥违反者,那么道德准则就能为道德计划提供坚实的基础。

3. 设定工作目标

员工应该有明确和现实的目标。如果目标对员工的要求不切实际,即使目标是明确的,也会产生道德问题。在不现实的目标的压力下，即使道德素质较高的员工也会感到迷惑，很难在道德和目标之间做出选择，甚至有时为了达到目标而不得不牺牲道德。而明确和现实的目标可以减少员工的迷惑，并能激励员工而不是惩罚他们。

4．对员工进行道德教育

组织中的高层管理者要以身作则，通过一言一行来感化员工，让他们树立起高的道德标准。高层管理者还可以通过奖惩机制来影响员工的道德行为。选择什么人和什么事作为提薪和晋升的对象和原因，会向员工传递强有力的信息。管理者在发现错误行为时，不仅要严惩当事人，而且要把事实及时公布于众，让组织中所有人都认清后果。

越来越多的组织开始意识到对员工进行适当的道德教育的重要性，并积极采取各种方式来提高员工的道德素质。在员工中，树立先进道德员工的典型，并增加宣传，提高员工的整体道德素质。

5．对绩效进行全面评估

如果仅以经济成果来衡量绩效，那人们为了取得较好的绩效，就会不择手段，从而可能产生不道德行为。如果管理者想让员工坚持高的道德标准，在绩效评价过程中就必须把道德方面的要求考虑进去。例如，在评估业绩时，不仅要考虑行为的经济成果，还要考察行为的道德后果。

6．建立正式的保护机制

正式的保护机制可以使那些面临道德问题的员工在不用担心受到斥责与报复的情况下自主行事。组织可以建立专门的渠道，使员工能放心地举报道德问题或告发践踏道德准则的人。

综上所述，高层管理者可以采取多种措施来提高员工的道德素质，单个措施的作用可能是有限的，但若把它们综合起来，就很可能收到预期的效果。

2.2 社 会 责 任

2.2.1 社会责任的含义及发展

社会责任是指企业追求有利于社会的长远目标的一种义务，它超越了法律和经济所要求的义务。这种义务高于他们对业主或者股东应尽的经济义务，也高于那些由法律或者合同规定的义务。道德责任和社会责任与组织的优秀品质或者道德相关。这种社会责任包括影响社会、环境和有其他利益团体的行为。

20 世纪 60 年代，随着西方社会运动的广泛开展，社会责任问题日益引起学者们的兴趣。从一开始，学者们在企业的社会责任问题上就存在着较为严重的分歧，逐渐形成两大阵营。一种观点是"古典观"或"纯经济观"，主张企业应对股东负责，企业只要使股东的利益得到满足，就是具有社会责任的表现，至于其他人的利益，则不是企业所要管的和所能管的，另一种观点是"社会经济观"，主张企业要对包括股东在内的所有利益相关者（如消费者、供应商、债权人、员工乃至政府等）负责，两种对企业承担社会责任的观点比较分析如表 2-2 所示。

表 2-2 古典观与社会经济观的比较

项目	古典观	社会经济观
利润	一些社会活动白白消耗企业的资源；目标的多元化会冲淡企业的基本目标——提高生产率，因而利润减少	企业参与社会活动会使：自身的社会形象得到提升；与社区、政府的关系更加融洽因而增加利润，特别是增加长期利润
股东利益	企业参与社会活动实际上是管理者拿股东的钱为自己捞取名声等方面的好处，因而不符合股东利益	承担社会责任的企业通常被认为其风险低且透明度高，其股票因符合股东利益而受到广大投资者的欢迎
权利	企业承担社会责任会使基本已十分强大的权利更加强大	企业在社会中的地位与所拥有的权利均是有限的，企业必须遵守法律，接受社会舆论的监督
责任	从事社会活动是政治家的责任，企业家不能"越俎代庖"	企业在社会上有一定的权利，根据权责对等的原则，它应承担相应的社会责任
社会基础	公众在社会责任问题上意见不统一，企业承担社会责任缺乏一定的社会基础	企业承担社会责任并不缺乏社会基础，近年来舆论对企业追求社会目标的呼声很高
资源	企业不具备/拥有承担社会责任所需的资源，如企业领导人的视角和能力基本上是经济方面的，不适合处理社会问题	企业拥有承担社会责任所需的资源，如企业拥有财力资源、技术专家和管理才能，可以为那些需要援助的公共工程和慈善事业提供支持

1．古典观

古典观的代表人物首推诺贝尔经济学奖得主米尔顿·费里德曼。他认为当今的大多数管理者是职业管理者，这意味着他们并不拥有所经营的企业。他们是员工，仅向股东负责，从而他们的主要责任就是最大限度地满足股东的利益。费里德曼认为股东只关心一件事，那就是财务收益。

费里德曼认为当管理者自行决定将公司的资源用于社会目标时，他们是在削弱市场机制的作用。有人必然为此付出代价，如果社会责任行动使企业利润下降，则损害了股东利益；如果社会行动使工资和福利下降，则损害了员工的利益；如果社会行动使价格上升，则损害了顾客的利益，如果顾客不愿支付或支付不起较高的价格，销售额就会下降，从而企业很难维持下去。在这种情况下，企业所有的利益相关者都会遭受或多或少的损失。

2．社会经济观

持社会经济观的人提出了不同的看法。他们指出，时代发生变化，社会对企业的期望也发生变化。公司的法律形式可以对此进行说明。公司的设立和经营要经过政府的许可，政府也可以撤销许可。因此，公司不是仅对股东负责的独立实体，还要对产生和支持它的社会负责。

在社会经济的支持者看来，古典观的主要缺陷在于其时间框架。社会经济观的支持者认为，管理者应该关心长期财务收益的最大化。为此，他们必须从事一些必要的社会行动并承担相应的成本。他们必须以不污染、不歧视、不发布欺骗性广告等方式来维护社会利益。他们还必须在增进社会利益方面发挥积极的作用，如参加所在社区的一些活动和捐钱给慈善组织等。

3．社会责任与利润取向

社会责任与利润取向在不同的观点下也有自身的相容性，主要体现在以下方面。

（1）古典观下的社会责任与利润取向

古典观所指的企业社会责任的范围是相当狭窄的，企业只需并且只能对股东承担责任，因此社会责任就是最大限度地满足股东的利益。如果企业转移资源从事一些社会活动不仅损害股东的利益，而且同时损害其他社会群体的利益。这种社会责任的观念是不符合企业要求的。所以，在古典观的作用下，企业的社会责任指的就是利润取向，企业的唯一目标是追逐利润，使股东的利益达到最大，在这样做的过程中就自然给社会带来最大的福利。

（2）社会经济下的社会责任与利润取向

社会经济观所指的企业社会责任的范围很广，它包括了所有的利益相关者，企业不仅要对股东负责，还要对其他利益相关者负责。企业在力所能及的范围内进行一些社会责任活动相当于投资。虽然短期内这种投资牺牲了企业的经营业绩，但从长期看，这种投资由于改善了企业的社会形象和生存环境，吸引了大量优秀人才等，可以使企业的收益增加，并且所增加的收益足以抵补企业当初所额外支付的成本。从这种意义上讲，企业在利他的同时也在利己。

2.2.2 企业社会责任的具体体现

企业社会责任的内涵十分丰富和广泛，除了法律规定的企业行为规范以外，所有可能影响社会福利的企业行为都应该纳入企业社会责任之内。20 世纪 80 年代，企业社会责任运动开始在欧美发达国家逐渐兴起，它包括环保、劳工和人权等方面的内容，由此导致消费者的关注点由单一关心产品质量，转向关心产品质量、环境、职业健康和劳动保障等多个方面。一些涉及绿色和平、环保、社会责任和人权等的非政府组织以及舆论也不断呼吁，要求社会责任与贸易挂钩。迫于日益增大的压力和自身的发展需要，很多欧美跨国公司纷纷制定对社会做出必要承诺的责任守则（包括社会责任），或通过环境、职业健康、社会责任认证应对不同利益团体的需要。

企业社会责任主要体现在以下方面。

1．对环境的责任

实践证明，工业文明在给人类社会带来前所未有的繁荣的同时，也给我们赖以生存的自然环境造成了灾害性的影响。企业对自然环境的污染和消耗起了主要的作用。近半个世纪以来的环境革命改变了企业对待环境的态度——从矢口否认对环境的破坏转为承担起不再危害环境的责任，进而希望对环境施加积极的影响。然而，环境日渐好转的情况仅仅发生在少数国家，整个人类并未走上可持续发展的道路。造成这种局面的根源，在于新兴国家人口和经济的飞速增长。虽然这些政治和社会问题超出了任何一个企业的管辖和能力范围，但是集资源、技术、全球影响以及可持续发展动机于一身的组织又只有企业，所以企业应当承担起建立可持续发展的全球经济这个重任，进而利用这个历史性转型实现自身的发展。

对许多企业来说，环境主义已经成了组织战略不可分割一部分。企业与环境激进主义者团体之间的关系已经从对立走向协作。企业要在保护环境方面发挥主导作用，企业要以"绿色产品"为研究和开发的主要对象，那些污染环境的企业要采取切实有效的措施来治理环境，坚持"谁污染、谁治理"的原则。

2．对员工的责任

企业对员工的责任属于内部利益相关者问题。企业必须以相当大的注意力来考虑雇员的地位、待遇和满足感。在全球化背景下，劳动者的权利问题得到了世界各国政府及各社会团体的普遍重视。

组织对员工要负的社会责任就是为员工制订工作和生活计划，目的是帮助员工过一种更平衡的生活，使他们在工作时更满意、更有效率。这种对员工的责任包括不歧视员工，定期或不定期地进行员工培训，营造一个良好的工作环境以及善待员工的其他举措，如弹性工作时间、社会休假和社区再发展项目。

3．对顾客的责任

企业与消费者是一对矛盾统一体。企业利润的最大化最终要借助于消费者的购买行为来实现。作为通过为消费者提供产品和服务来获取利润的组织，提供物美价廉、安全、舒适、耐用的商品和服务，满足消费者的物质和精神需求是企业的天职，也是企业对消费者的社会责任。对消费者的社会责任要求企业对提供的产品质量和服务质量承担责任，履行对消费者在产品质量和服务质量方面的承诺，不得欺诈消费者和牟取暴利，在产品质量和服务质量方面自觉接受政府和公众的监督。企业的一些经营管理行为也应符合道德规范的约束，包括企业内部管理、产品设计、制造、质量保证、广告用语、营销手段、售后服务、公关工作等方面。

4．对竞争对手的责任

市场竞争是激烈的、残酷的，但并不意味着企业可以不择手段地同其他企业进行竞争。实践表明，竞争很残酷，但必须是公平的、合法的。企业应承担起对其他竞争对手的责任，主要是保证公平、公正的竞争环境。

5．对股东的责任

现代社会股东队伍越来越庞大，遍及社会生活的各个领域，企业与股东的关系逐渐具有了企业与社会的关系的性质，企业对股东的责任也具有了社会性。首先，企业应严格遵守有关法律规定，对股东的资金安全和收益负责，力争给股东以丰厚的投资回报。其次，企业有责任向股东提供真实、可靠的经营和投资方面的信息，不得欺骗投资者。

6．对所在社区的责任

企业是社会的组成部分，更是所在社区的组成部分，与所在社区建立和谐融洽的相互关系是企业的一项重要社会责任。企业对社区的责任就是回馈社区，比如为社区提供就业机会，为社区的公益事业提供慈善捐助，向社区公开企业经营的有关信息等。有社会责任的企业意识到通过适当的方式把利润中的一部分回报给所在社区是其应尽的义务。世界著名的管理大师孔茨和韦里克认为，企业必须同其所在的社会环境进行联系，对社会环境的变化做出及时反应，成为社区活动的积极参加者。

社会对企业的上述活动不应该通过法律的方式来规范企业的行为，而应该通过企业管理者的价值观、道德观及企业内部治理结构做出选择。

2.2.3 企业履行社会责任的作用

1．有助于解决就业问题

除通过增加投资，新增项目，扩大就业外，更为重要的是提倡各企业科学安排劳动力，扩大就业门路，创造不减员而能增效的经验，尽量减少把人员推向社会而加大就业压力。过去只有 ISO 9000 和 ISO 140000 国际认证，这一标准明确规定了企业需保证工人工作的环境干净卫生，消除工作安全隐患，不得使用童工等，切实保障了工人的切身利益，不仅可以吸引劳动力资源，激励他们创造更多的价值，更重要的是通过这种管理可以树立良好的企业形象，获得美誉度和信任度从而实现企业长远的经营目标。从这个意义上说，企业履行社会责任，有助于解决就业问题。

2．有助于保护资源和环境，实现可持续发展

企业作为社会公民对资源和环境的可持续发展负有不可推卸的责任，而企业履行社会责任，通过技术革新可以减少生产活动各个环节对环境可能造成的污染，同时也可以降低能耗、节约资源、降低企业生产成本，从而使产品价格更具竞争力。企业还可通过公益事业与社区共同建设环保设施，以净化环境、保护社区及其他公民的利益。这将有助于缓解城市尤其是工业企业集中城市的经济发展与环境污染严重、人居环境恶化间的矛盾。

3．有助于缓解贫富差距，消除社会不安定的隐患

一方面，大中型企业可集中资本优势、管理优势和人力资源优势对贫困地区的资源进行开发，既可扩展自己的生产和经营，获得新的增长点，又可弥补贫困地区资金的不足，解决当地劳动力和资源闲置的问题，帮助当地脱贫致富。另一方面，企业也可通过慈善公益行为帮助落后地区的人民发展教育、社会保障和医疗卫生事业，既解决当地政府因资金困难而无力投资的问题，帮助落后地区逐步发展社会事业，又可通过公益事业实现无与伦比的广告效应，提升企业的形象和消费者的认可程度，提高市场占有率。

 本章要点

- 道德观的类型包括功利主义道德观，权利至上道德观，公平、公正道德观。
- 管理者道德行为的影响因素包括道德发展阶段、个人特征、结构变量、组织文化、问题强度。
- 社会责任是指企业追求有利于社会的长远目标的一种义务，它超越了法律和经济所要求的义务。这种义务高于他们对业主或者股东应尽的经济义务，也高于那些由法律或者合同规定的义务。
- 企业社会责任具体体现在 6 个方面，即对环境的责任、对员工的责任、对顾客的责任、对竞争对手的责任、对股东的责任、对所在社区的责任。

 关键概念

管理道德　社会责任　功利主义道德观　权利至上道德观　公平、公正道德观　社会责任　古典观　社会经济观

 综合练习

一、选择题

1．下面不属于管理道德类型的是（　　　　）。

A. 权利至上道德观   B. 功利主义道德观

C. 公平、公正道德观   D. 社会契约观

2. 多数成年人的道德发展处于第（　　）阶段。

A. 3   B. 4   C. 5   D. 6

3. 管理道德的前惯例层次决策的依据是（　　）。

A. 本人利益   B. 法律

C. 重要人物的期望   D. 道德准则

4. 社会责任古典观的代表人物是诺贝尔经济学奖得主（　　）。

A. 詹姆斯·钱皮   B. 梅奥

C. 米尔顿·费里德曼   D. 罗宾斯

5. 下面不属于道德发展的层次（　　）。

A. 前惯例层次   B. 惯例层次   C. 后惯例层次   D. 原则层次

6. 人的道德发展需要经历（　　）个阶段。

A. 5 个   B. 6 个   C. 7 个   D. 8 个

7. 下列选项中不属于个人特征对道德影响的因素是（　　）。

A. 价值准则   B. 自我强度   C. 控制中心   D. 组织文化

8. 下列属于社会经济观的是（　　）。

A. 一些社会活动白白消耗企业的资源；目标的多元化会冲淡企业的基本目标——提高生产率，因而利润减少

B. 企业参与社会活动实际上是管理者拿股东的钱为自己捞取名声等方面的好处，因而不符合股东利益

C. 从事社会活动是政治家的责任，企业家不能"越俎代庖"

D. 企业拥有承担社会责任所需的资源，如企业拥有财力资源、技术专家和管理才能，可以为那些需要援助的公共工程和慈善事业提供支持

9. 下列属于古典的社会责任的观点是（　　）。

A. 从事社会活动是政治家的责任，企业家不能"越俎代庖"

B. 承担社会责任的企业通常被认为其风险低且透明度高，其股票因符合股东利益而受到广大投资者的欢迎

C. 企业在社会中的地位与所拥有的权利均是有限的，企业必须遵守法律，接受社会舆论的监督

D. 企业参与社会活动会使：自身的社会形象得到提升；与社区、政府的关系更加融洽因而增加利润，特别是增加长期利润

10. 20 世纪（　　）年代，企业社会责任运动开始在欧美发达国家逐渐兴起，它包括环保、劳工和人权等方面的内容。

A. 60 年代   B. 70 年代   C. 80 年代   D. 90 年代

二、填空题

1. 功利主义道德观的目标是_____。

2. 古典观所指的企业社会责任的范围是相当狭窄的，企业只需并且只能对_____承担责任。

3. 社会经济观所指的企业社会责任的范围很广，它包括了所有的利益相关者，企业不仅要对股东负责，还要对_____负责。

三、简答题

1. 管理者道德行为的影响因素是什么？
2. 管理者道德经历的层次和阶段有哪些？
3. 社会责任的发展阶段包括哪些？
4. 企业社会责任具体体现在哪些方面？
5. 企业社会责任的作用有哪些？

四、案例分析题

案例1：食品安全事件频发案例

"吃荤的怕激素，吃素的怕毒素，喝饮料怕色素，吃什么心里都没数。"这是一句网络上流行的话，也曾被政协委员在两会期间引用。这句貌似夸张的调侃，在频繁出现的食品安全事件面前，透露出的是公众的无奈。

1. 海南毒豇豆——农药残留

海南"毒豇豆"事件算是2010年第一起影响广泛的食品安全事件。1月至2月初，武汉市农检中心对武汉市的多家农贸市场进行抽查时，连续发现豇豆含有禁用农药水胺硫磷。水胺硫磷是一种高毒性农药，禁止用于果、茶、烟、菜、中草药植物上。它能经由食道、皮肤和呼吸道，引起人体中毒。早在2002年，农业部就将水胺硫磷列入高毒农药禁售名单。

武汉市农业局发现，这些毒豇豆样本均来自海南省凌水县英洲镇和三亚市崖城镇，遂于2月6日向海南省农业厅出协查函，三个月内禁止海南生产的豇豆进入武汉市场。此后，上海、深圳等地陆续查出含有高毒农药的毒豇豆，海南豇豆在很多省市被拒门外。事件越闹越大，到两会期间，毒豇豆成为媒体向农业部官员提问的热点话题。

实际上，毒豇豆事件可以看作是蔬菜水果等农药残留超标的一个缩影。在我们日常接触的蔬菜水果中，残留有高毒农药的不仅仅是豇豆，生产地也不独是海南。最近两年，国际环保组织"绿色和平"对北京、青岛等大超市售卖的蔬菜水果进行随机抽取并送到第三方独立实验室检测时，经常发现一种蔬菜或者水果上同时有几种农药残留，有的甚至是国家禁用的高毒农药。没有哪个部门能够明确说明，我们每天吃进去多少残留的农药，其中哪些是高毒的。毒豇豆事件更像一个警钟，敲给农民，敲给监管者，也敲给无法知道真相的消费者。

2. 麦当劳"橡胶门"——食品添加剂

麦当劳的"橡胶门"有点像一场虚惊，不过，虚惊过后，不安犹在。

2010年7月，美国媒体报道，快餐巨头麦当劳出售的麦乐鸡含有化学消泡剂"聚二甲基硅氧烷"，以及从石油中提炼的抗氧化剂"特丁基对苯二酚"。美国麦当劳解释称，在麦乐鸡中加入这些添加剂，是用以防止炸鸡块的食油起泡，同时保持麦乐鸡的质感和方块形状。但是业内人士指出，这种橡胶类的食品添加剂如果服用过量，会出现反胃、耳鸣、作呕等副作用，甚至会使人感到窒息和虚脱。

消息一出，在中国引起强烈关注。不过麦当劳中国有限公司随后发表声明，表示麦当劳在中国售卖的麦乐鸡中聚二甲基硅氧烷、特丁基对苯二酚两种物质的含量完全符合现行国家食品添加剂使用卫生标准，对消费者的健康无害。随后，我国相关部门也证实，麦当劳所使用的这两种食品添加剂没有超标。

这场"虚惊"背后，是人们对于食品添加剂的深度担忧。此后不断爆出的行业内幕也证实了公众的担忧并非空穴来风：2010年8月，神秘的"一滴香"因为被媒体披露而进入公众视线。餐饮业长期使用这种化工合成的食品添加剂，只需要在清水里滴上那么一点，就可以调制出各种口味。专家警告，长期食用"一滴香"调制的汤料，会损伤肝脏。

2010年11月，氢化植物油广泛用于蛋糕、饼干等食品中的行业内幕被媒体报道出来，因为氢化植物油富含会引发人体多种疾病的反式脂肪酸，一时之间，公众闻蛋糕色变。

在2010年8月份闹得沸沸扬扬的圣元奶粉导致婴儿性早熟事件中，圣元公司应该算是比较冤枉的。因为国家相关部门检测后称，奶粉是安全的。而在此后有养殖户主动向媒体爆料，用人工养殖奶牛产出的牛奶为原料生产的奶粉中含有激素不可避免——我国60%以上的奶牛处于散养，奶牛大多是12个月不断挤奶，如果不保持一定的激素水平，很难达到规定的产奶量。

中国科学院植物研究所研究员蒋高明说，为了追求利润最大化，人们严重改变了动物的生长习性，牛奶生产要借助于药物已成为行业公开的秘密。国家乳品研究中心高级工程师李涛博士也曾透露，奶粉中含激素并非个案，对不孕奶牛注射催奶液追求高出奶率已成行业潜规则。李涛介绍说，"我国当前的奶牛饲养方式与传统不一样，差别体现在出奶率上。因为奶牛分泌乳汁的多少与身体内的激素含量有关。为追求更高的出奶率，一般就是对奶牛进行肌肉注射。"

除了激素，抗生素同样也被广泛用于奶牛养殖过程中。有专家调查发现，目前我国奶牛养殖场中，奶牛乳腺炎的患病率在30%左右，而治疗的方法就是打抗生素。治疗奶牛乳腺炎的药物一般是青霉素、链霉素等抗生素。

在"三聚氰胺"事件之后，消费者刚刚树立起来的小小信心又一次被摧毁。更让人担忧的是，就在不久前，媒体再次揭开行业内幕：激素和抗生素广泛应用于畜禽养殖业。每天喝奶吃肉，就相当于每天吃下一定剂量的抗生素和激素。面对餐桌，我们可以选择的安全食品是那样的少。

思考：为什么会出现对食品安全的"虚惊"？原因是什么？与我们所讲的管理道德和社会责任是否有关系？

案例2：惠普的"3·15"冲击案例

2010年3月16日下午4点，中国惠普总裁兼总经理张永利面对闪光灯说："过去几年，惠普扩张过快，导致服务和管理有失误。"这是惠普第一次向中国消费者郑重道歉。张永利和他背后的危机公关团队已经忙得两夜没有合眼了，因为惠普正在遭遇进入中国25年来最大的一次品牌信任危机。这家公司总共有10个新闻发言人，但张永利觉得事情的严重性已经到了必须由他出面才能解决的程度。

从表面上看，这场危机是由惠普客户体验管理专员袁明的一句话引起的。在收视率颇高的央视3·15晚会上，惠普的笔记本电脑产品质量问题（闪屏、过热）遭到曝光。暗访镜头里的袁明说："这个问题我们谁都解决不了的，是中国学生宿舍的蟑螂，那是非常恐怖的。"他把笔记本电脑的质量问题归咎于进了异物。这句话激怒了很多消费者，也把惠普——这家占据全球PC市场近1/5市场份额的全球第一大笔记本电脑厂商推到了风口浪尖。

惠普QQ维权群的群主简盼秋说，袁明这句话被曝光不到3个小时，请求加入群的人数一度达到了700多人，以至于她的电脑都卡崩了。3月16日早上起床的时候，申请入群的人又有 100 多个。她发给《第一财经周刊》的一份统计材料显示，在维权 QQ 群里，因为惠普笔记本电脑屏幕闪屏问题而加入的消费者已经达到 2 800 多人，因问题显卡导致黑屏的维权者为 2 300 多人。

参与此次维权的北京市盈科律师事务所律师王昱丰则透露：截至 3 月 17 日，惠普用户集体维权已近 500 队，仅一周时间，他们收到的维权意向就增加了 3 700 份。"蟑螂说"的出现，让用户之前对惠普产品质量的质疑、对惠普服务的不满，甚至对惠普整个品牌的不信任程度达到了最高点。

3 月 10 日，张永利第一次知道了这件事，也马上意识到事态的严重性。而在此两天前，法易网的 CEO 王丰昌代表 170 名消费者，向中国国家质量监督检验检疫总局提交了针对惠普的申诉。英国《金融时报》中文网站对申诉事件进行了报道："全球最大个人计算机品牌首次面对海外消费者的有组织行动，这个迹象表明，世界上人口最多的市场的消费者越来越了解自己的权利，并愿意付诸行动捍卫这些权利。"这条新闻引来了中国其他媒体的跟进报道，这时惠普的相关部门才意识到问题的严重性，并上报给张永利。

张永利的道歉来得有些迟，同时迟到的还有惠普的一份"客户关怀增强计划"——为受影响的客户提供延长保修期限的服务。在一些维权的消费者看来，这些行为更像是惠普用来弥补 3·15 晚会造成的不良影响的。但是张永利已经为这份补充计划忙了四五天。

其实早在 2008 年 2 月，惠普就发现其所使用的芯片厂商英伟达的显卡存在问题，可能导致部分笔记本电脑产品在使用过程中出现大规模的闪屏故障和过热现象。为此，惠普曾在全球（包括中国市场）出台了提供两年延长保修期的特别服务。但这个曾经的延保服务在中国市场并没有得到很好的执行，导致中国消费者陆续发起投诉，焦点主要集中在 DV2000 和 V3000 两大系列产品上。

惠普目前的"金牌服务体系"及经销商渠道提供的维修服务，均以"授权加盟"的方式提供给用户，维修服务非惠普自己的员工负责，即这些维修服务商每年收取惠普固定的报酬，负责惠普计算机的售后维修工作，维修的零配件都由惠普公司的库房发到金牌服务中心。

这种方式比起自建售后服务体系可以节约不少成本，但是，惠普却因此而减弱了对渠道服务的管理和控制能力，也给这些金牌服务商提供了"暗箱操作"的独立空间。

引发了"蟑螂说"的袁明所担任的客户体验管理专员一职，正是惠普用来巡视和监督售后服务中心的。他要了解客户购买惠普产品在经销商、售后服务那里所体验到的服务水平，要随时对后者进行监督，并对消费者的投诉进行统计整理，汇报给惠普中国总部，提出修改意见，以完善服务流程，提高消费者的满意度。而每个客户体验管理专员要负责几家至十几家店面，他们的精力不足将使监督无法到位。这正是此次危机的根源所在。

惠普本来有足够的时间来化解这次危机。早在 2009 年年底，惠普就已经发现有数量庞大的消费者在投诉，按照惠普的售后服务系统的组织构架，这些投诉本可以通过惠普分布在中国各地的服务网点将维修问题迅速反馈到惠普的信息系统，经过统计和分析后，告知惠普总部，然后服务部门及时给出解决方案。但在过去的几年中，惠普在中国扩张迅速，其 2009 年 Q4 财报显示，在中国市场，惠普整体销售额同比增长 20%，PC 销售额更是增长 40%，增幅高居同行首列。惠普授权的售后服务中心迅速增加，这个由 450 个服务网点、成百上千的客户体验管理专员、服务工程师、认证经销商组成的售后服务系统已经成为一个庞然大物，惠普售后服务系统的内部沟通制度变得不合时宜。

在那长达 3 个月的时间里，惠普的售后服务部门甚至没有从维修渠道获知消费者投诉的问题是什么、有多严重。他们甚至还要通过公关部门找到媒体，从后者口中才能了解是哪个批次的产品、哪家维修中心的服务出了问题，而这样做，只能头痛医头，脚痛医脚。

上海的王驰伟对这种缓慢感到不满。2009 年 3 月 15 日，王驰伟在上海徐家汇百脑汇计算机广场花了 5 700 元买了一款 HP6531S 计算机，3 个月后，PC 屏幕下端出现一条亮线，只要一开机，这条亮线就在底部的任务栏开始不停地跳动，在用台式计算机的显示器测试确定不是系统而是屏幕的问题之后，他把笔记本拿到惠普在上海莘庄的金牌服务中心维修。服务工程师给出的回复是，要维修换屏必须留下计算机，因为屏幕短缺，所以订配件的周期需要30 至 60 个工作日。由于自己从事 IT 工作，急需笔记本工作，所以经过协商，他带走了笔记本，并给服务中心留下了自己的联系方式，让后者在配件来了之后通知他换屏。

但是经过两个月的等待，王驰伟并没有收到服务中心的电话。一直拖到 10 月，他两次带着自己的计算机去惠普莘庄维修中心却都没有修成，不是因为不符合维修流程，就是因为要维修的人太多，屏始终没有换上。后来，通过拨打 11315 的维权热线，向 3·15 投诉，惠普得到 3·15 的通知后，才安排 945 号客服专员帮忙解决问题。经过这一番折腾时间已经到了2010 年 2 月，这其中，惠普客服热线 800 的电话基本上半天接不通，加之换的还是同参数、同批次、同生产年份的库存旧屏，他再也不放心惠普的服务，于是加入了惠普 QQ 维权群，避免笔记本电脑再出问题时不知道怎样解决。

推诿、扯皮、低效率、以次充好……在售后服务中遇到的这些烦心事，让越来越多的像王驰伟这样的用户找到 3·15 的渠道去投诉，加入 QQ 群维权。

所有这些事情，张永利都是在 3 月 10 日那天才知道。为了解决眼前最急迫的延保服务问题，张永利开始频繁地向亚太区及美国总部打越洋电话沟通，请求公司允许推出针对中国市场的新保修服务。但按照这家大型跨国公司的规定，所有针对全球统一出台的政策，很难在短时间内做出更改。

张永利知道如果此事不能尽快得到解决，就可能引发更大的危机。他以中国区总裁的身份亲自出面，但整个沟通的过程也让他感觉十分烦琐和艰难——直到 15 日凌晨 12 点左右，总部那边才批准了张永利的申请。而为了及时看到总部的批示，张永利在 3 月 14 日一夜未眠。

凌晨 2 点 8 分，惠普通过伟达公关向媒体发布了"客户关怀增强计划"新闻稿。张永利通过书面形式向消费者表达了郑重道歉，还具体公布了问题笔记本电脑的型号、延保服务，并为此开通客户支持专线、投诉电话、绿色通道用户邮箱，将所有的服务中心的运营时间延长到晚上 8 时 30 分或 9 点。

3 月 15 日晚 9 点，当张永利在电视上看到袁明说的那句话时，他感到有点措手不及，尽管他已做好心理准备。几分钟后，张永利拨通惠普公司公关经理从明的电话，要她立即召集服务、市场、公关三个部门最高负责人进行电话会议。议题内容就是晚会对惠普品牌产生的影响，以及怎么面对接下来媒体的质疑。

之前主抓销售工作的张永利，从那一刻开始，亲自担任此次危机小组的组长。他要求所有的人都行动起来，找出惠普服务体系中真正的问题——不管是被曝光的还是没曝光的——不能放过服务体系中的任何一个环节，从维修工程师的培训，到对维修中心合作伙伴的激励政策，都要给出更详细的解决方案和具体时间表。

惠普内部用"战斗"二字来形容公司此时的状态，用他们的话说，"战斗"的目的不再是赢得收入和利润，而是挽回用户对于惠普品牌的信心，这其中包括像简盼秋这样对惠普的服务极度不满的用户。

3月15日晚上9点看过电视之后，张永利召集相关部门举行了长达9个小时的电话会议。他决定亲自站出来承认错误，进行整改，并提出要向外界表态欢迎媒体的监督。为了以最快速度把惠普的道歉声明传达出去，负责此次危机公关的伟达公关公司仅邀请了网络媒体和电视台。

从3月16日早上6点惠普的电话会议结束后，到下午3点新闻发布会正式召开，位于北京市朝阳区国贸桥东南角的中国惠普大厦的三层会议室成了一个忙碌的地方。张永利和伟达公司的公关们一起敲定了所有的细节，从每一个道歉用语，到整个声明的内容，再到如何回答记者尖锐的提问。

张永利在记者发布会上说，惠普将在从3月16日起的30天内，开展一项综合整顿计划。惠普有庞大的服务体系，包括管理人员、认证经销商，目前确实存在一些内部管理、沟通和监督问题。例如，惠普一直有沟通制度，让维修问题可以直接反馈到总部，但以往对这个渠道的利用和管理不善。

该计划包括五项举措，分别是加强内部服务人员的培训和指导、完善用户服务记录追踪系统、完善甄别保修范围的全新决策支持机制、加强并完善合作伙伴审查机制及建立更有效的卓越用户服务激励计划。他同时表示，惠普不排除重新筛选服务商。

一场争分夺秒的危机公关行动看似进入了收尾阶段，但对惠普来说，真正的难题才刚刚开始。就在记者会结束后，张永利再次召集服务部门的人开会，开始着手解决问题，并重建惠普的内部沟通制度。惠普即将重新培训那些维修工程师，缩短服务流程，并打算改变与维修服务合作伙伴之间的激励机制。

张永利要看到一个新面貌。从3月16日这一天开始，张永利要求所有的服务中心都要进行改变，对维修工程师进行为期六个月的培训。

为了拯救客服监督机制，这家公司还开始着手完善自己的用户服务记录追踪系统。惠普调整了服务工程师的考核标准，不再只是让用户在维修单上选择"认同"或"不认同"，而是通过对每个顾客的维修单进行追踪的方式来考核。这些服务工程师至少在一段时间内要被套上"夹板"了，他们负责填写的维修单上，不仅要注明每个笔记本电脑的问题所在，并提供解决方案，而且还要附上消费者的评价，而这些信息都要及时反馈给惠普总部。

看上去，惠普还是对维修中心不完全放心。这家公司为了监督这些维修中心，开通了客户支持专线。比如，像王驰伟这样的用户，现在如果他对服务中心感到不满意，只要向惠普总部投诉即可。而为了缩短流程，避免来回踢球，惠普允许用户在拨通服务专线号码后直接拨9，就不用再转来转去，客服专员会直接帮他解决笔记本电脑的质量问题。惠普为此设立了一个专门的团队来接听电话，处理投诉问题。

此外，为了确保张永利辛苦争取来的"客户关怀增强计划"不像上一次那样流于形式，惠普还决定在北京、上海、广州、杭州等16个城市陆续设立所谓的"绿色窗口"。

此次品牌危机的影响仍在持续。3月19日上午10时45分，30余名消费者在惠普大厦门前集会，手举A5幅面打印纸，纸上大多为使用篆体打印出的抗议标语，他们希望惠普能够召回问题笔记本，而非只是执行客户关怀计划和三包法案。截至3月20日，在百度搜索框内输入"惠普""蟑螂"两个关键词，搜索结果已经高达 22.4 万条。

张永利承认，短时间内，惠普的业务可能会受到影响。要快速消除这些消费者的不满已不太现实。对张永利来说，更大的问题还是"长远"的问题，这一次 3·15，伤害的不仅仅是几千名消费者，还包括他们自己的品牌。

思考：

1. 惠普对消费者投诉的反应合乎社会责任的要求吗？
2. 惠普出现本次危机的原因是什么？

五、补充阅读材料

烟台丰金集团用善行义举温暖整座城市

烟台丰金集团是一家集地产开发、商贸运营、投资管理、文化教育和公益服务五大产业于一体的综合性、跨地域企业。多年来，丰金集团开展了一系列公益慈善活动，用善行义举温暖烟台这座城市。

2016 年 12 月，在烟台市牟平区通海路上新开了一家 300 平方米的爱心免费超市，这是丰金集团投资 100 多万元开办的。超市设有爱心衣物区、爱心食品区、爱心阅览区、爱心家电区、环卫工人休息处等区域，还为困难群众提供四季衣裤鞋帽、米面粮油等食品、正能量的书籍、玩具、文具、床上用品和家用电器等，并长期为环卫工人提供免费的热水供应及休息场所。超市门前放置的两台装满食品的大型保鲜冰箱，24 小时全时段为无劳动能力的残疾人和其他有需求的过往路人提供帮助。在这里，凡是低收入家庭、孤寡老人、留守儿童和无劳动能力的社会弱势群体，都可以免费领取衣服、鞋帽和生活学习用品。

在烟台市牟平区，丰金集团除了开设爱心超市之外，还开办了免费的素食餐厅。每天中午 11 点半，市民可以在这里享受免费午餐，但有一个条件，就是不能浪费。

免费素食餐厅自 2016 年 5 月 14 日开办以来，已累计投入资金 30 多万元，接待群众 6 万多人次。爱心志愿者倪福强说："这些人群中有一多半是孤寡老人和残疾老人，每次看到他们来这里吃完饭以后露出的开心笑脸，我们就感到我们的付出是值得的。"

多年来，丰金集团注册了"牟平区国学文化协会""烟台丰金书院""牟平区爱心公益协会"等公益组织，并以"丰金爱心在线"为平台，积极开展"大病救助""爱心助学""素食餐厅""免费超市"等一系列公益慈善活动，目前，丰金集团已为牟平区 5 000 多个困难家庭发放善款 1 000 多万元。烟台丰金集团董事长李林才说："希望通过我们的行为，给社会增加一份爱的力量，让全社会体验到爱的价值和爱的力量。"

第三章　管理思想的演进

学习目标

【知识目标】

- 亚当·斯密等早期代表人物的管理思想
- 泰罗科学管理理论的主要内容
- 法约尔一般管理理论的主要内容
- 韦伯的行政组织体系理论的主要内容
- 霍桑实验、梅奥"社会人"概念及人际关系学说的内容
- 现代管理理论的新趋势

【能力目标】

- 掌握战略管理的基本内容
- 掌握企业再造的流程
- 掌握学习型组织的内容
- 熟练掌握各管理阶段涌现出的主要管理思想的核心内容

穆藕初：中国现代企业管理的先驱

　　1915年，穆藕初在上海中华书局出版了《工厂适用学理的管理法》，这是他基于美国科学管理先驱泰罗的《科学管理原理》（1911年）一书编译的，出版时间早于这部经典名作的欧洲译本。穆藕初是中国最早认识到科学管理法价值的人，也是最早系统介绍科学管理法的管理者，在留学美国学习棉花种植和纺织技术期间曾经几次拜访泰罗进行探讨。

　　回国后，穆藕初运用在美国学到的技术和管理方法创办了上海德大纱厂、厚生纱厂、郑州豫丰纱厂，与张謇、荣家兄弟、周学熙并列为棉纱业"四大天王"。穆藕初倡导了棉花种植品种和技术的改良，还根据科学管理的思想对工厂管理实行了创新。他编制了一套各车间生产统计报表，技术设备运行、维修状况报表，各部门原料消耗成品及成本统计表等，并设计了适合于纱厂内部的簿记格式。他还建立严格的报表统计和财务管理制度，一日一报，以便及时掌握耗材、用工、用时、数量、质量等动态情况。穆藕初设计的报表逐渐被各企业所采用，他也因之成为中国施行西方科学管理的第一人。时人评论说："德大纱厂开工，出品之佳，为上海各纱厂之冠。""国人欲新办纱厂者，皆自参观先生之厚生纱厂入手。"

　　1919年9月，穆藕初发表《纱厂组织法》，总结了办纱厂应注意的技术和管理事项，包括资本、厂基、建筑、机械、用人、管理、贸易等10个方面。他根据中国的管理经验归纳出科学管理的四大原则：无废才、无废材、无废时、无废力。对于工厂经理，他概括出当经理的8条标准：会自己找事情做、有能力解决疑难、度量大、有事业心、懂得爱惜机器、恰如其分节约花钱、善于把握机会等，并进一步简化为经理的"5个会用"：会用人、会用物、会用时、会用钱、会利用机会。

当时一般企业生产现场主要依靠工头进行管理，方式极为落后粗暴。穆藕初取消了工头制，改用工程师和技术人员治厂。德大纱厂制定了《共人约则》《厂间约则》《罚例》等制度化管理工具，其中总罚例多达81条。在这些规则中也不乏人性化的因素，比如工人偶有过失，不要大声呼斥，使其在众人面前失去体面等。工人进厂一律要经过厂方统一考试，工头推荐的工人也要通过考试。他对工人进行培训，使工人能够熟练操作新式机器，提高了工作效率。

为尝试科学管理法，减少劳力，提高效率，穆藕初在德大挑出40名精干女工。将原来两个人管一部车改为一人管，工资则由每天4角提高到6角，也就是一人做原来两人的工作，结果出品数量、质量一样。但是，3天后，这些女工纷纷抵制，不愿这样做，说再这样做下去要生病，一再换人都是如此。经调查发现，原来是其他400名女工不许她们做，如果一人抵两人，就会有一半工人失业。因此，如果她们再坚持自己能够做到则可能受到报复。这一结果出乎穆藕初的意外，他随之作了妥协，放弃减少工人的计划，转而推出减少废花的奖励制度，给每人加工资，让她们极力减少废花，也就是奖励工人节约原材料，效果显著。工资支出虽然加大，但废花少了，质量提高后给企业带来更大的效益。相对于劳动力缺乏的西方国家，人力成本很低的中国更适合通过节约物料成本的方式来提高效率，穆藕初在科学管理原则的运用上体现出高度的灵活性。

穆藕初在办厂实践中逐步将泰罗的科学管理法本土化，与泰罗强调时间、动作不同，他更强调人的因素。他把自己的管理法归纳为"5个化"，即纪律化、标准化、专门化、简单化和艺术化，其中艺术化就是要使人在工作中感到乐趣，从而提高效率。

管理活动源远流长，人类进行有效的管理活动已有数千年的历史，但从管理实践到形成一套比较完整的理论，则是一段漫长的历史发展过程。回顾管理学的形成与发展，了解管理先驱对管理理论和实践所作的贡献，以及管理活动的演变和历史，对每个学习管理学的人来说都是必要的。本章将按中西方管理思想的演进、古典管理理论、行为科学理论、现代管理理论和管理理论的新发展5个方面来阐述管理思想的具体演进。

3.1　中西方管理思想的演进

3.1.1　中国管理思想的演进

中国是一个有几千年历史的文明古国，有着光辉灿烂的民族文化，有优秀的管理实践活动，在长期的生产实践中，形成了丰富的文化典籍和管理思想。如《周礼》《墨子》《孙子兵法》等书对于计划、组织、指挥、用人等都有不少到今天仍然适用的精辟见解。美国、欧洲、日本、韩国等地掀起了“中国热”，《论语》《孙子兵法》《老子》《三国演义》成为日本企业家的必读书。在韩国，《孙子兵法》的销量创韩国出版史上的最高纪录，孙子提出的“智信仁勇严”治军五德在韩国被视为企业家德道的信条。

案例 3-1 “一举三得”

祥符中，禁火。时丁晋公主营复宫室，患取土远，公乃令凿通衢取土，不日皆成巨堑。乃决汴水入堑中，引诸道竹木排筏及船运杂材，尽自堑中入至宫门。事毕，却以斥弃瓦砾灰壤实于堑中，复为街衢。一举而三役济，计省费以亿万计。

——沈括《梦溪笔谈》

启示：“挖沟取土，解决土源；引水入沟，运输建材；废土填沟，处理垃圾”的施工方案，不仅一举三得，还省了很多钱。在今人眼中看来，丁渭主持的该项皇宫修建工程堪称运用系统管理、统筹规划的范例。

1．中国古代管理思想

中国古代管理思想的内容是极其广泛的，涵盖政治、军事、经济、工程等各个领域，但在漫长的历史过程中，并没有形成一个独立存在的体系，而是零散地存在于浩若烟海的古代政治、军事、历史等著作中，需要我们去发掘和研究。

（1）政治管理

中国古代政治管理思想主要有两个特点：一是宗法思想渗透一切，等级观念浓厚，“三纲五常”“跪拜行礼”；二是实行“仁”“德”之治，重德轻刑，重义轻利。儒家极力倡导的“仁、义、礼、智、信”观念贯穿于政治管理思想中，主张“德主刑辅”和“重义轻利”，强调“德治”和“仁政”。

其用人思想如下。

① 识别人才。唐朝魏徵提出了“六观法”：“贵则观其所举，富则观其所养，居则观其所好，习则观其所言，穷则观其所不受，贱则观其所不为。”乃是在人们地位、处境变化中，观察人的举止、言谈、兴趣、修养和追求，来识别人的本质。

② 用人所长避其所短。《管子·形势解》指出：“明主之官物也，任其所长，不任其所短。故事无不成，而功无不立。乱主不知物之各有所长所短也。而责必备。”另外，《晏子春秋·内篇问上》说：“任人之长，不强其短；任人之工，不强其拙。此任人之大略也。”

③ 用人不疑。宋代政治家欧阳修指出：“任人之道，要在不疑。宁可艰于择人，不可轻任而不信。”意为宁可择人时多费一些精力，看准了再用，也不可轻易任用却不信任，不敢放手让其施展才干。

④ 考核用人。《管子》中有一句名言：“成器不课不用，不试不藏。”即对于人才，不经过考核不加任用，不经过试用，不作为人才储备。考核的办法是“听其言而观其行”，“循名实而定是非，因参验而审言辞”。

奖惩：《韩非子·五蠹》中指出：“是以赏莫如厚而信，使民利之，罚莫如重而必，使民畏之；罚莫如一而固，使民知之。故主施赏不迁，行诛无赦，誉辅其赏，毁随其罚，则贤不肖俱尽其力矣！”就是说，奖赏最好是重赏，而且该赏的一定要赏，使人们得到好处；惩罚最好是重罚，而且该罚的一定要罚，使人们感到害怕；法律要统一固定，使人们都知道。

诸葛亮也提出："赏罚之政，谓赏善罚罪也。赏以兴功，罚以禁奸。赏不可不平，罚不可不均。赏赐知其所施，则勇士知其所死；弄罚知其所加，则邪恶知其所畏。"（《便宜十六策·常罚第十》）

唐太宗李世民用最精练的语言阐述了赏罚严明的原则："赏当其劳，无功者自退。罚当其罪，为严者咸惧。"（《贞观政要》）

在组织管理上，《韩非子·扬权》指出："事在四方，要在中央，圣人执要，四方来效"。其区分决策层与执行层两个组织层次：中央政府制定政策，地方政府执行。这其中最高决策者十分关键，应该是"圣人"来进行决策，然后地方竞相效法、执行。"威不两错，政不二门"，管子这句话强调了统一指挥、不能政出二门的原则。

（2）军事管理

与政治管理思想发展相联系，古代的军事管理思想也得到了较充分的发展。古代军事管理思想中最有代表性的，首推我国战国时代的军事著作《孙子兵法》。《孙子兵法》对战争规律和军事管理做了哲学概括，因而不仅对于军事管理具有经典性的指导意义，对于管理决策的研究也有重要意义。

《孙子兵法》中"知彼知己，百战不殆""得道多助，失道寡助""不战而胜，是为上策"的战略思想；"避实而击虚""因敌变化而取胜"的应变策略；"令之以文，齐之以威""千军易找，一将难求""将者，智、信、仁、勇、严也"，在现代管理中，仍被很多人奉为经典。

（3）经济管理

白圭是战国时期商业致富之术的鼓吹者，被后世商贾奉为商业的祖师。其经营原则是"乐观时变"，即善于预测市场行情，并根据预测进行动态决策。"乐观时变"的主要内容就是后来的需求供给理论的雏形。

荀子提出："田野县鄙者，财之本也，垣窖仓廪者，财之末也；百姓时和、事业得叙者货之源也，等赋府库者，货之流也。"他强调富国必须从发展经济、增加生产着手。

（4）工程管理

我国古代工程建设和管理的实践很多，其中最具代表性的莫过于万里长城和都江堰水利工程，两者集中体现了我国古代人民在工程组织中的系统管理思想。

万里长城的历史可以追溯到公元前5世纪的战国时期，各诸侯国为了防御别国入侵，修筑烽火台，并用城墙连接起来，形成最早的长城。以后历代君王几乎都增修加固。它因长达几万里，故又称"万里长城"。它东起山海关，西至嘉峪关，从东向西行经10个省、区、市。长城的总长度为8 851 800米，建筑在地势险峻的山巅，工程复杂而浩大，而当时施工仅凭肩挑手抬，其困难可想而知。这样浩大的工程是靠严密的组织和完善的管理才得以完成的。

据《春秋》记载，当时的计划十分周到细致，不仅计算了城墙的土石方量，连所需的人力、材料，以及从何处征集劳力，他们往返的路程、所需口粮，各地应担负的任务也都一一明确分配。在工程上，明代是由镇城、路城、卫城、关城、堡城、城墙、放台、烟墩等不同等级、不同形式、不同用途的建筑，组合形成的一个完整的防御工程体系。在管理上，沿线设9个镇，每镇设总兵，上受兵部指挥，每镇之下又分别设"路""关"堡城和墩台。这种"金字塔式"的管理系统，使命令可以自上而下地传达，又能使敌情信息可以自下而上地层层反馈。在工程验收方面规定，在一定距离内用箭射墙，箭头碰墙而落，工程才算合格，否则返工重建。可见长城的整个建造、使用、管理构思充分体现了系统工程和系统管理的思想。

都江堰工程是系统工程的又一杰作。在工程修建之前，岷江洪水无法控制，人民深受其害。修建后，都江堰使成都平原"沃野千里，号为陆海"，灌溉面积历史上曾达 300 万亩。工程分为 3 部分，每部分不仅各自独立完成承担的任务，而且总体上配合，形成一个有机的整体。概括都江堰的指导思想是"乘势利导，因时制宜"。乘势利导，就是充分利用自然规律和地理环境，对洪水进行疏导，既起到排洪作用，又有利于灌溉，这是强调空间结构的协调。因时制宜，就是合理规定不同时间来截流或放水，并制定一系列的协调措施来管理都江堰，这是突出过程结构的协调。

2．中国近代管理实践

近代的中国社会是一个半殖民地半封建的社会，处于外国列强入侵、封建制度没落的内外交困之中。近代企业是在这种独特的环境下生长起来的，其生存和发展的过程是不断与帝国主义、封建主义及后来形成的官僚垄断资本做斗争的过程。

（1）中国近代企业管理的发展

《海国图志》一书中提出"师以长技以制夷"的思想，产生久远的影响，几乎成了整个近代工业兴起的理论基础。

① 官办军用企业。从 19 世纪 60 年代起，在曾国藩、李鸿章、左宗棠、张之洞等一批有实力的督抚的倡导和支持下，一个官办军用工业运动兴起了。从 1861 年曾国藩开始建立安庆军械所到 1890 年张之洞创办湖北枪炮厂的 30 年间，共建军用企业 24 个，产品基本上都是枪炮弹药。官办军用企业的管理体制和组织机构与以前历代皇朝的官营手工业制度具有明显的沿袭性，除了传统管理工人的手段外，还加上了统帅军队的经验。

② "官督商办"和"官商合办"企业。在官办军用工业的带动下，与之配套的冶金工业、煤炭工业及运送这些物资的铁路和航运事业成为必须优先发展的工业，而清政府的财政力量却难以承担这一重任。于是清政府放松对工业部门的要求，倡导兴办民用工业。从 19 世纪 70 年代起，一批有民间资本参加的企业出现了，但直到甲午战争之前，基本上所有民用工业均采用"官督商办"形式。由于官府坐收官利，入股商民在经营管理方面没有任何权力，商人很快就丧失了积极性。后来"官商合办"的管理体制取代"官督商办"形式，但在实际操作中，企业大权仍操纵于官方委派的人手中，商人依然常视官商合办为畏途。

③ 股份有限公司。由于"官商合办"和"官督商办"形式越来越失去吸引力，人们开始谋求私营企业的发展。1904~1908 年，向公司注册局申请注册的公司达 272 家，其中一半以上采用的是股份有限公司形式。在这些企业中，家长式管理是最为普遍的管理模式，也有少数民族资本家从提高企业效率和增进员工的主动性和积极性角度采取了一定程度的民主化措施。

（2）管理思想意识上的特点

① 品牌意识。民族资本企业为了在竞争中取胜，力求创造名牌，在国内外市场上赢得声誉，打开销路。范旭东经营的天津永利碱厂生产的"红三角"牌纯碱，因质量优良获万国博览会金质奖章；吴蕴初经营的上海天厨味精厂生产的"天厨"牌味精，朱裴卿经营的天津东亚毛纺厂生产的"抵羊"牌毛线，五洲皂厂生产的"固本"牌肥皂，三友实业生产的"铁锚"牌毛巾，这些都是畅销全国的名牌产品。

② 质量意识。民族资本企业以"国人愈爱国货，国货愈宜精良"自勉。汉阳的周恒顺机器厂积极倡导"精工明料"，在生产上建立了一套严格的质量管理制度。

③ 成本意识。尽力降低成本，"造费节减"，有助于增强产品竞争能力。工业资本家刘鸿生提出，"只有降低成本，才能提高竞争能力，增加企业利润。每一个企业负责人，必须重视成本核算，分析企业盈亏原因。"并首先推行了一套完整的成本会计制度，作为加强管理的措施。

④ 市场意识。注重研究市场动向，根据市场的变化和趋势及时修订产销计划，掌握企业经营的主动权，做到以销定产，以销定进，加速资金周转。

著名实业家穆藕初曾提出：企业必须积极采取措施，对原料之多寡、产品之优劣、社会之需要等进行精密的调查，并在这个基础上不断改善经营管理，才能做到"来源出路，节节灵通"，使企业发展立于不败之地。

⑤ 服务意识。民族资本主义企业在激烈的市场竞争中取胜，不仅要注重产品质量，还要把"服务周到热情"作为经营活动中的最重要的准则。永安企业的资本家郭乐、郭泉总结出的"服务七方面"规定，在当时的商业界有很高的信誉；民生航运公司的卢作孚提出的"服务高于一切"的口号，深受客户和货主的欢迎，影响很大。

⑥ 科学和人才意识。民族企业家范旭东的创业成功是与其对科学和人才的重视密不可分的。还在永利制碱公司筹备之时，范旭东就已理解了事业的真正基础是人才，他委托陈调甫去美国物色人才，陈调甫罗致了侯德榜、余啸秋、刘树杞、吴承洛、徐允钟、李德庸等一批高级技术人才，范旭东自己则在国内罗致了李烛尘、陈调甫、孙学悟、阎幼甫、傅冰芝等一批具有真才实学的实干家。为了获得技术熟练的员工，范旭东还成立了艺徒班。

荣氏企业很重视人才问题。它在 1919～1927 年曾开办公益工商中学，从中择优录用了很多毕业生；1928～1932 年又开办职员养成所，培养了一批中等纺织技术人才；从 1936 年起，还较大规模地开展了对技术和管理人员的在职培训。1940 年，申新九厂办起一所三年专科制的中国纺织染工业专科学校，后又改为四年大学制的中国纺织染工程学院。

⑦ 制度建设。近代企业大多制定并实施了严格的规章制度，其内容主要包括：要求员工听从指挥，服从调遣；要求员工不得玩忽职守；要求员工提高工作效率；要求员工改善服务态度等。这些制度既有剥削压迫工人的作用，又有加强企业经营和管理的作用。但就今天看来，不少制度仍是必不可少的。

⑧ 企业精神。这是企业文化的重要组成部分。民生实业股份有限公司 1926 年创办时就提出了"服务社会，便利人群，开发产业，富强国家"的宗旨。东亚毛呢纺织品有限公司则提出了更为系统、完整的"东亚精神"：在公司大楼上悬挂着"己所不欲，勿施于人""你愿人怎样待你，你就怎样待人"等大字；员工食堂墙上则绘有中英文对照的"军事纪律，基督精神"字样。右边悬挂着东亚公司的厂歌，左边悬挂着公司的"主义"；还编制了《东亚精神》一书、《东亚声》期刊及格言式的《东亚铭》。

3. 中国当代管理实践

从 1949 年 10 月 1 日中华人民共和国宣告成立起，中国步入社会主义建设和管理时期。早在革命根据地时期，中国共产党就开始了社会主义企业管理的实践与探索。

党的十一届三中全会后，工作中心转移到经济工作上来，企业管理出现了许多新局面。

企业模式向自主经营、自负盈亏方向发展，企业由生产型管理向生产经营型管理转变，管理方式由粗放型向集约型转变，企业领导体制和组织机构向厂长负责制和现代企业领导制度转变，管理重点由"以物为中心"的管理向"以人为中心"的管理转变等。

3.1.2 西方早期的管理思想演进

1．西方古代的管理实践活动

人类社会已有 6 000 年的管理实践活动历史，西方社会早期的管理实践活动更多地体现在古代文明古国。无论是实践活动还是管理思想发展都是比较早的，并各具特点。

埃及在公元前 5 000 年到 525 年期间建造了大批金字塔，巨大的方石如何采集、搬运、堆砌，众多人员如何安排吃、住、行等，都对计划和管理能力提出了很高的要求。

古巴比伦王国于公元前 2 000 年左右发布了一部法典——汉谟拉比法典。法典全文 282 条，对个人财产、不动产、商业活动、个人行为、人与人的关系、工资报酬、职责和其他民事与刑事等，都做了具体规定。

叶忒罗是人类最早的管理咨询人员之一，古罗马帝国的兴盛反映了组织思想的进一步深化。罗马帝国强盛时期的疆域，西起英国，东至叙利亚，包括整个欧洲和北非，人口约 5 000万。这个庞大帝国的统治为后人提供了许多管理方面的经验，最主要的是如何把分权和集权结合起来。

2．中世纪的管理实践活动

中世纪（17 世纪前）的管理活动及思想以威尼斯商人的管理经验和威尼斯兵工厂管理为代表。

（1）威尼斯商人的管理经验

当代的历史学家弗雷德里克·莱恩曾经写了两本书介绍 11 世纪到 16 世纪时威尼斯的工商业管理经验。

① 企业组织类型。当时的企业组织有合伙企业和合资企业两种类型。合伙企业主要用于工商业公司；合资企业则用于一次性交易、矿藏勘探或冒险事业。合伙企业通常由一个拥有大量资本的人同一个拥有较少资本的人合伙组成，在合伙契约中详细载明合伙期限。通常的合伙期限为 3～5 年，但一般会延长。合资企业由两个以上的所有主组成，其中每个所有主只负有限责任。合资企业向政府申请，经批准后获得营业执照。合资企业中的每个股东按资本份额分摊企业的费用和利润。

② 会计制度。复式簿记制度最早于 1340 年应用于热内亚银行界，其后逐渐推广到佛罗伦萨、威尼斯等地。复式簿记的实质在于应用分类账，日记账的主要作用是作为分类账的依据。威尼斯商人先把所有的交易记在流水账上，再记入日记账，然后再转到分类账上去。这样，如果由于被盗、失火、船舶失事等意外事故而遗失分类账，仍可利用日记账补上丢失的分类账项目。在有些账簿中，我们还可以找到有关成本会计的资料，详细地记载着纺工、织工和染工的工资。

（2）威尼斯兵工厂的管理实践

意大利水城威尼斯为了保护它日益重要的海上贸易地位，在 1436 年建立了政府的造船厂（即兵工厂），以改变依靠私人造船的情况。到 16 世纪时，威尼斯兵工厂成为当时最大的工厂，占有陆地和水面面积 80 平方米，雇佣工人一万六千人。

① 组织机构和管理体制。兵工厂设有一位正厂长和两位副厂长。威尼斯元老院除了有时直接过问兵工厂的事务以外，还派了一位特派员作为与兵工厂的联系者。兵工厂内部分成各个巨大的作业部门，由工长和技术人员领导。正副厂长和特派员主要负责财务管理、采购等职能，生产和技术问题则由各作业部门的工长和技术人员负责。兵工厂的管理工作，较好地体现了互相协作和制约的原则。

② 装配线生产。兵工厂在安装舰船时采用了类似于现代装配线生产的方式，各种部件和备品仓库都安排在运河的两岸，并按舰船的安装顺序排列。当舰船在运河中被拖引着经过各个仓库时，各种部件和武器等从各个仓库的窗口被传出来进行组装。兵工厂中的职员也是按部件和装备的种类安排在各个部门的。如一个工长负责木器，另一个工长负责桅杆，第三个工长负责捻船缝，第四个工长负责船桨等。

1570 年 1 月 28 日，当得知土耳其人准备进攻塞浦路斯岛时，威尼斯元老院命令在 3 月中旬安装好 100 只舰船，结果兵工厂在 3 月初就完成了。装配线的生产效率相当高，一般来说，在 3～9 小时内，可以安装好 10 条全副武装的舰船。法国的亨利三世于 1574 年参观威尼斯兵工厂时，看到在 2 个小时内就安装并下水了一条全副武装的舰船，感到非常惊讶。

③ 部件储存。兵工厂的任务不只是造船，而是有着三重任务：制造军舰和武器装备；储存装备，以备应用；装备和整修储备中的舰船。为了接到通知后可以立即安装舰船，兵工厂必须储存必需的船具和索具。如仓库中必须常备有以下部件：5 000 块坐板，100 个舵，100 根桅杆，200 根圆材，5 000 副足带，5 000 根到 15 000 根桨，再加上相应的索具支架、沥青、铁制品等，把这些部件都编上号码并储存在指定的地方，这样有助于实行装配线作业和精确计算存货，节省时间和劳力，加快了安装舰船的速度。为了提高效率，兵工厂后来连木料的储存也加以分类并有次序地存放。

④ 部件标准化。兵工厂当时已经认识到部件标准化在装配和操作舰船方面的好处：既能提高生产速度和降低成本，也能以同样的方式、同样的速度和灵敏程度来操纵，使得舰队中的各个船只能相互配合。这反映在兵工厂计划委员会发布的政策中。它指出：所有的弓都应使所有的箭适用；所有的船尾柱应按统一设计建造，以便每一个舵无须特别改装即可适合船尾柱；所有的索具和甲板用具应该统一。

⑤ 人事管理。兵工厂有着严密的人事管理制度，严格规定上下工和工间休息的时间。它规定了休息喝酒的时间，每天供应五六次酒。按照工作的性质，工人分别按计件工资或计时工资付给报酬。制造装备的技术工人在特别的手艺作坊中工作，由具有手艺的工长领导。工长主要负责技术工作，如计算工时、维持纪律等，其他工作由其助手处理。兵工厂中设有一个委员会，每年 3 月和 9 月开会评定每个工人师傅的成绩并决定是否提升工资，学徒是否晋升为师傅等。

⑥ 会计制度。威尼斯兵工厂中所用的会计和簿记制度同威尼斯工商企业中所用的会计和簿记制度有同样的重要性，但在使用上有所不同，兵工厂把会计作为一种管理控制的手段，对入厂和出厂的每件事物都有着细致的记录和账目，其中包括从公开市场上购买的产品，按合同用材料和工资向手工工人换取的产品，所用的金钱、材料和人工等。

兵工厂规定所有的账目合并为两本日记账和一本分类账。其中一本日记账由负责保管现金的厂长保存，另一本日记账由会计把账户过到分类账中去，然后由另一位会计保管。兵工厂中的这两位负责人每隔几个月就在一起核对日记账和分类账，每年的 9 月结算分类账。兵工厂把所有的费用分成三类：第一类是固定费用；第二类是金额不定的费用；第三类是额外的费用。收入则按不同用途而划分成几种资金。兵工厂的这种会计制度使它能追踪并评价所有的费用，进行管理控制。

⑦ 成本控制。兵工厂还利用成本控制和计量方法来帮助做出管理决策。一位会计员发现，在早期由于木料堆放没有秩序，寻找一块木料所花的成本相当于木料价值的 3 倍。另一位会计员用资料表明，每年寻找和在厂中搬运木料所花的劳动相当于 500 个杜卡（一种金币）。而当船只下水时，又必须清理木料，以便让出路来，每年又要花费 1 200 个杜卡。通过这些成本研究，兵工厂领导决定专门设立一个木料场，有秩序地堆放各种木料，既节省了寻找木料的时间和劳动，又能确切知道库存木料的价值。

⑧ 存货控制。威尼斯兵工厂必须储存相当的舰船以供急需。在 14 世纪时，只要有 6 只舰船的储备就够了，以后增加到 50 只，16 世纪时又增加到 100 只。在武器方面，兵工厂中的武器管理员有着存货控制方面的详细记录：什么武器，何时发送等。出厂成品由门卫负责检查，入厂材料由检查员负责检查并由专人记录。

3．18—19 世纪末的管理思想

西方的管理实践和管理思想也有着悠久的历史，特别是从 18 世纪下半叶开始，伴随着科学技术的发展，英、美等国先后爆发了工业革命。正如恩格斯所说："分工、动力，特别是蒸汽力的利用、机器的应用，这就是从 18 世纪中叶起工业用来摇撼旧世界的 3 个伟大的杠杆。"工业革命引起了生产组织方式的变化，促进了生产力的大发展，使社会发生巨大变革。随着人们对自然的认识水平的提高、生产工具的不断改进、生产组织方式的变化，工业企业的效率问题、控制问题、对企业中人的管理问题更加突出，使当时的人们不得不深入思考，如何通过努力来获得高效率和最大的利润。在这种情况下，不少对管理理论的建立和发展具有重大影响的管理实践和管理思想应运而生，本章在此仅选取最有代表性的几个略作介绍。

（1）亚当·斯密的劳动分工理论

亚当·斯密（1723—1790 年），英国古典经济学的杰出代表和理论体系的建立者，于 1776 年出版了他的最重要的著作《国民财富的性质和原因的研究》（也称《国富论》），著作中有不少关于管理方面的论述，其中对管理理论发展有较大影响的是他的劳动分工理论和"经济人"的概念。

亚当·斯密对管理理论发展的一个贡献是他的劳动分工理论。他在著作中以大头针的制造为例，论述了劳动分工及其经济效果，认为分工在管理上对于提高劳动生产率有 3 个好处：第一，分工可以使劳动者技术熟练程度很快地提高；第二，分工可以使某个人专门从事某种作业，可以减少从一个工种转到另一个工种所失去的时间；第三，分工可以使专门从事某项作业的劳动者经常改革劳动工具和发明机器。

亚当·斯密的另一个贡献是"经济人"的观点。他认为人们在经济活动中追求的是个人利益，每个人利益的实现都需要他人的协助，而社会利益是由于个人利益之间的相互牵制而产生的。

（2）大卫·李嘉图的劳动价值理论

大卫·李嘉图（1772—1823 年），19 世纪初英国资产阶级古典经济学的杰出代表和完成

者，他的代表作是 1817 年出版的《政治经济学及赋税原理》。李嘉图在经济理论上的最大贡献是坚持和发展了劳动价值理论，并由此分析了资本主义社会中阶级对立关系在分配领域中的经济表现。

（3）罗伯特·欧文对人事管理的探索

罗伯特·欧文（1771—1858 年），英国的空想社会主义者，被称为"现代人事管理之父"，也是对管理思想做出过重要贡献的实践家。他创造性地提出在工业管理中要关注人的因素，建议废除惩罚，强调人性化管理。在他看来，工厂的文明程度、住房和生活的优雅环境及社区儿童的教育条件与一个健康和有生产力的社会是密不可分的。为了改善由于工业革命而造成的苛刻的劳动条件，欧文提出了缩短劳动时间、禁止招收童工、改善工人的生产条件和生活条件等社会改良政策，并最早通过工厂立法和管理者善行来缓和工业化对资本主义社会的影响。

（4）查尔斯·巴比奇的管理思想

查尔斯·巴比奇（1792—1871 年）是英国的数学家、发明家和科学管理的先驱者。巴比奇在管理学上的贡献是多方面的，他的名著《论机器和制造业的经济》于 1832 年出版。查尔斯·巴比奇的管理思想可以归纳为如下几个方面。

① 巴比奇制定了一种"观察制造业的方法"，这与对作业的科学而系统的研究方法很类似。观察者利用一种事先印好的标准提问表，表中的内容包括生产所用的材料、正常的耗费，工具、价格、最终市场、工人工资、工作周期等。观察者经过严密调查而获得数据，并用这些数据来管理企业。

② 他进一步发展了亚当·斯密关于劳动分工的思想，分析了分工能提高效率的原因。即：节省了学习所需要的时间；节省了学习中所耗费的材料；节省了一道工序转变到另一道工序所耗费的时间，肌肉得到了锻炼就更不容易疲劳；节省了改变工具所耗费的时间；由于经常重复同一操作，技术熟练工人工作速度加快；促进了工具和机器的改进，从而提高了劳动生产率。他还指出脑力劳动和体力劳动一样可以进行劳动分工。

③ 在劳资关系方面，巴比奇是工厂制度的保护者，强调工人要认识到工厂制度对他们有利的地方，提出了一种固定工资和利润分享的制度。他认为这种制度有以下好处：每个工人的利益同工厂的发展和利润的多少直接挂钩；每个工人都会关心浪费和管理不善的问题；促使每个部门改进工作；鼓励工人提高技术和品德，表现不好者减少分享的利润；由于工人和雇主的利益是一致的，能够消除隔阂，共同繁荣。

巴比奇在对制造业的研究中采取了科学分析的方法，认识到为争取工人的合作必须提供新的刺激，他努力寻求在管理人员和工人之间建立新的和谐关系，所有这些使他在管理方面成为一个具有远见卓识的人。

这些早期的管理理论仅仅是零散的分布在资本主义工厂制度形成以后至泰罗的"科学管理理论"出现以前这段时间的资本主义企业实践和经济学家的个别论述中。由于缺少系统的管理理论的指导，管理工作及管理思想呈现的重点就是解决分工与协作问题，单纯依靠经验从事管理，管理成功与否也取决于管理人员的个人经验、个性特点和工作作风。没有形成完整的系统，也未出现专门研究管理理论的学者和独立的管理著述。但是，以后的管理理论的"参天大树"正是从这些先驱们的管理思想之上逐渐成长和壮大起来的。

3.2 古典管理理论

人类长期的管理实践为管理理论的产生打下了基础，而早期的管理思想和近代管理理论的萌芽则为管理理论的系统建立创造了必要的条件。就管理理论的发展来看，国内外一般认为最早形成的比较系统的管理理论是 19 世纪末到 20 世纪初的"古典管理理论"。它主要包括以泰罗为代表的古典科学管理理论、法约尔的一般管理理论和以韦伯为代表的行政组织体系理论等。

3.2.1 泰罗及其科学管理理论

1. 泰罗简介

弗雷德里克·温斯洛·泰罗（1856—1915 年），美国古典管理学家，科学管理理论的创始人，被管理界誉为"科学管理之父"。1878 年进入米德维尔工厂工作，在这里他从一名学徒工开始，先后被提拔为车间管理员、技师、小组长、工长、设计室主任和总工程师。在这家工厂的经历使他了解了工人们普遍怠工的原因，他感到缺乏有效的管理手段是提高生产率的严重障碍。为此，泰罗开始探索科学的管理方法和理论。

1898 年，泰罗以顾问的身份进入伯利恒钢铁厂，在此期间，泰罗和助手进行了著名的"生铁搬运"实验，为科学管理理论的提出奠定了基础。

2. 生铁搬运实验

1898 年，由于生铁的价格急剧上涨，伯利恒钢铁厂希望将储存的生铁尽快卖掉。当时由于条件的限制，这些生铁完全靠工人人工搬运。当时工厂里有一个 75 人的生铁搬运小组，工人都是计日工，也就是按照工作天数赚钱，每名工人每天的工作就是从生铁堆上搬起一块重约 92 磅（1 磅=0.45 千克）的生铁，走上木板，把生铁撂在车厢里，搬运距离为 30 米，每个工人每天可以挣到 1.15 美元。尽管每个工人都十分努力，但工作效率并不高，每人每天平均只能搬运 12.5 吨的铁块。

泰罗对工人搬运生铁的动作进行观察分析，最后测算出，如果按照一套标准的搬运动作搬运生铁，一个好的搬运工每天应该能够搬运 47 吨，而且不会危害健康。为了验证自己的推断，泰罗从工人中挑选了一个强壮的荷兰移民，叫施密特。泰罗用金钱来激励施密特，使他按规定的方法装运生铁。

泰罗的一位助手按照泰罗事先设计好的时间表和动作对这位工人发出指令,如搬起铁块、开步走、放下铁块、坐下休息等。泰罗试着转换各种工作因素，以便观察它们对施密特的日生产率的影响。例如，在一些天里让施密特弯下膝盖搬生铁块；而在另一些天，可能直立膝盖去搬。在随后的日子里，泰罗还实验了行走的速度、持握的位置和其他变量。通过长时间的试验，施密特平均每天工作量从原来的 12 吨～13 吨猛增至每天装运 48 吨，工资也增加到1.85 美元，于是其他人也渐渐要求泰罗指导他们掌握新的工作方法。从这以后，搬运工作的定额就提高到了 47.5 吨。

泰罗的这项研究把工作定额一下提高了三倍，工人的工资也有所提高。期间泰罗几乎完成了每一项重要工作的动作研究，为制定合理的工作定额打下了良好的基础。

3．科学管理理论的主要内容

1911 年，泰罗在他的主要著作《科学管理原理》中阐述了科学管理理论，使人们认识到了管理是一门建立在明确的法规、条文和原则之上的科学。泰罗的科学管理主要有两大贡献：一是管理要走向科学；二是劳资双方的精神革命。泰罗的科学管理理论的内容主要如下。

（1）科学管理的中心问题是提高效率

泰罗认为，要制定出有科学依据的工人的"合理的日工作量"，就必须进行工时和动作研究。方法是选择合适且技术熟练的工人，把他们的每一项动作、每一道工序所使用的时间记录下来，加上必要的休息时间和其他延误时间，就得出完成该项工作所需要的总时间，据此定出一个工人"合理的日工作量"，这就是所谓工作定额原理。

（2）为了提高劳动生产率，必须为工作挑选"第一流的工人"

所谓"第一流的工人"，泰罗认为："每一种类型的工人都能找到某些工作使他成为第一流的，除了那些完全能做好这些工作而不愿做的人。"在制定工作定额时，泰罗是以"第一流的工人在不损害其健康的情况下维护较长年限的速度"为标准的。这种速度不是以突击活动或持续紧张为基础，而是以工人能长期维持的正常速度为基础。泰罗认为，健全的人事管理的基本原则是：使工人的能力同工作相配合，管理当局的责任在于为雇员找到最合适的工作，培训他成为"第一流的工人"，激励他尽最大的努力来工作。

（3）要使工人掌握标准化的操作方法，需使用标准化的工具、机器和材料，并使作业环境标准化，这就是所谓标准化原理

泰罗认为，必须用科学的方法对工人的操作方法、工具、劳动和休息时间的搭配，机器的安排和作业环境的布置等进行分析，消除各种不合理的因素，把各种最好的因素结合起来，形成一种最好的方法，他把这叫作管理当局的首要职责。

（4）实行刺激性的计件工资报酬制度

为了鼓励工人努力工作、完成定额，泰罗提出了这一原则。这种计件工资制度包含 3 点内容：通过工时研究和分析，制定出一个有科学依据的定额或标准；采用"差别计件制"的刺激性付酬制度，即计件工资率按完成定额的程度而浮动，例如，如果工人只完成定额的80%，就按 80%工资率付酬；如果超过了定额的 120%，则按 120%工资率付酬；工资支付的对象是工人而不是职位，即根据工人的实际工作表现而不是根据工作类别来支付工资。泰罗认为，这样做既能克服消极怠工的现象，更重要的是能调动工人的积极性，从而促使工人大大提高劳动生产率。

（5）工人和雇主两方都必须认识到提高效率对双方都有利，都要来一次"精神革命"，相互协作，为共同提高劳动生产率而努力

在泰罗的生铁搬运实验中，每个工人每天的平均搬运量从 12.5 吨提高到 47.5 吨；工人每日的工资从 1.15 美元提高到 1.85 美元。对雇主来说，关心的是效率的提高；而对工人来说，关心的则是工资的提高，所以泰罗认为这就是劳资双方进行"精神革命"，从事协调与合作的基础。

（6）把计划职能同执行职能分开，变原来的经验工作法为科学工作法

所谓经验工作法是指每个工人用什么方法操作，使用什么工具等，都由他根据自己的或别人的经验来决定。泰罗主张明确划分计划职能与执行职能，由专门的计划部门来从事调查

研究，为定额和操作方法提供科学依据；制定科学的定额和标准化的操作方法及工具；拟订计划并发布指示和命令；比较"标准"和"实际情况"，进行有效的控制等工作。至于现场的工人，则从事执行的职能，即按照计划部门制定的操作方法和指示，使用规定的标准工具，从事实际的操作，不得自行改变。

（7）实行"职能工长制"

泰罗主张实行"职能管理"，即将管理的工作予以细分，使所有的管理者只承担一种管理职能。他设计出 8 个职能工长，代替原来的一个工长，其中 4 个在计划部门，4 个在车间。每个职能工长负责某一方面的工作。在其职能范围内，可以直接向工人发出命令。泰罗认为这种"职能工长制"有 3 个优点：对管理者的培训所花费的时间较少；管理者的职责明确，因而可以提高效率；由于作业计划已由计划部门拟订，工具与操作方法也已标准化，车间现场的职能工长只需进行指挥监督，因此非熟练技术的工人也可以从事较复杂的工作，从而降低整个企业的生产费用。后来的事实表明，一个工人同时接受几个职能工长的多头领导，容易引起混乱。所以，"职能工长制"没有得到推广。但泰罗的这种职能管理思想为以后职能部门的建立和管理的专业化提供了参考。

（8）在组织机构的管理控制上实行例外原则

泰罗等人认为，规模较大的企业组织和管理必须应用例外原则，即企业的高级管理人员把例行的一般日常事务授权给下级管理人员去处理，自己只保留对例外事项的决定和监督权。这种以例外原则为依据的管理控制原理，以后发展成为管理上的分权化原则和实行事业部制管理体制。

泰罗在管理方面的主要著作有《计件工资制》（1895 年）、《车间管理》（1903 年）、《科学管理原理》（其中包括在国会上的证词，1911 年）。泰罗通过这一系列的著作，总结了几十年实验研究的成果，归纳了自己长期管理实践的经验，概括出一些管理原理和方法，经过系统化整理，形成了"科学管理"的理论。泰罗在管理理论方面做了许多重要的开拓性工作，为现代管理理论奠定了基础。由于他的杰出贡献，他被后人尊为"科学管理之父"，这个称号还被铭刻在他的墓碑上。

案例 3-2　UPS 的科学管理

美国联合包裹服务公司（简称UPS）起源于1907年在美国西雅图成立的一家信差公司。它以传递信件及为零售店运送包裹起家，由于以"最好的服务、最低的价格"为业务原则，逐渐在整个美国西岸打开局面。该公司曾雇用了15万名员工，平均每天将900万个包裹发送到美国各地和其他180个国家和地区。为了实现公司的宗旨，"在邮运业中办理最快捷的运送"，UPS的管理当局系统地培训了员工，使他们以尽可能高的效率从事工作。让我们以送货司机的工作为例，介绍一下它的管理风格。

工业工程师们对每一位司机的行驶路线进行了时间研究，并对每种送货、暂停和取货活动都设立了标准。这些工程师们记录了红灯、通行、按门铃、穿院子、上楼梯、中间休息喝咖啡的时间，甚至上厕所的时间，将这些数据输入计算机，从而给出每一位司机每天工作的详细时间标准。

要完成每天取送130件包裹的目标，司机们必须严格遵循工程师设定的程序。当他们接近发送站时，他们松开安全带，按喇叭，关发动机，拉起紧急制动，把变速器推到1挡上，为送货完毕的启动离开做好准备，这一系列动作严丝合缝。然后，司机从驾驶室下到地面上，右臂夹着文件夹，左手拿着包裹，右手拿着车钥匙。他们看一眼包裹上的地址把它记在脑子里，然后以每秒1米的速度快步跑到顾客的门前，先敲一下门以免浪费时间找门铃。送完货后，他们在回到卡车上的路途中完成登录工作。

UPS的时间表是不是看起来有点烦琐？也许是，它真能带来高效率吗？毫无疑问！生产率专家公认UPS是世界上效率最高的公司之一。联邦捷运公司平均每人每天不过取送80件包裹，而UPS却是130件。在提高效率方面的不懈努力，对UPS的净利润产生了很积极的影响。虽然在当时未上市，但人们普遍认为它是一家获利丰厚的公司。而现阶段它已发展成为拥有300亿美元资产的大公司，是一家全球性的公司，其商标是世界上最知名、最值得景仰的商标之一。作为世界上最大的快递承运商与包裹递送公司，UPS同时也是专业的运输、物流、资本与电子商务服务的领导性的提供者。

启示：科学管理理论的中心问题是提高劳动生产率。实现最高劳动效率的方法是用科学的管理手段代替传统的管理。

由于泰罗的自身条件、背景及当时所处的社会条件的限制，不可避免地会影响到其进行"科学管理"研究的方法、效率、思路等，使得其对管理较高层次的研究相对较少，理论深度也相对不足。而"科学管理理论"或称"泰罗制"也并非泰罗一个人的发明，就像英国管理学家林德尔·F·厄威克所指出的："泰罗所做的工作并不是发明某种全新的东西，而是把整个19世纪在英、美两国产生、发展起来的东西加以综合而成的一整套思想。他使一系列无条理的首创事物和实验有了一个哲学体系，称之为'科学管理'。"

4．科学管理理论的其他代表人物

泰罗的科学管理理论在20世纪初得到了广泛的传播和应用，影响很大。因此在他同时代和以后的年代中，有许多人也积极从事管理实践与理论的研究，丰富和发展了"科学管理理论"。其中比较著名的有如下几位。

（1）卡尔·乔治·巴思

卡尔·乔治·巴思（1860—1939年），美籍数学家，他是泰罗最早、最亲密的合作者，为科学管理工作做出了很大贡献。他是个很有造诣的数学家，其研究的许多数学方法和公式为泰罗的工时研究、动作研究、金属切削实验等工作提供了理论依据。

（2）亨利·L·甘特

亨利·L·甘特（1861—1919年），美国管理学家、机械工程师，是泰罗在创建和推广科学管理时的亲密合作者，他与泰罗密切配合，使"科学管理理论"得到了进一步的发展。他在"一战"期间发明的"甘特图"，又叫横道图、条状图，是以图示的方式通过活动列表和时间刻度形象地表示出任何特定项目的活动顺序与持续时间。甘特图内在思想简单，基本是一条线条图，横轴表示时间，纵轴表示活动（项目），线条表示在整个期间计划和实际的活动完成情况。它直观地表明任务计划在什么时候进行及实际进展与计划要求的对比。管理者由此极为便利地弄清一项任务（项目）还剩下哪些工作要做，并可评估工作进度。该图是当时计划和控制生产的有效工具，并为当今现代化方法PERT（计划评审技术）奠定了基石。他还提出了"计件奖励工资制"，即除了按日支付有保证的工资外，超额部分给予奖励；完不成定额的，可以得到原定日工资，这种制度补充了泰罗的差别计件工资制的不足。此外，甘特还很重视管理中人的因素，强调"工业民主"和更重视人的领导方式，这对后来的人际关系理论有很大的影响。

（3）吉尔布雷斯夫妇

美国工程师弗兰克·B·吉尔布雷斯（1868—1924 年）与夫人心理学博士莉莲·B·吉尔布雷斯（1878—1972 年）在动作研究和工作简化方面做出了特殊贡献。他们采用两种手段进行时间与动作研究：将工人的操作动作分解为 17 种基本动作，用拍影片的方法记录和分析工人的操作动作，寻找合理的最佳动作，以提高工作效率。通过这些手段，他们纠正了工人操作时某些不必要的多余动作，形成了快速、准确的工作方法。与泰罗不同的是，吉尔布雷斯夫妇在工作中开始注意到人的因素，在一定程度上试图把效率和人的关系结合起来。吉尔布雷斯毕生致力于提高效率，即通过减少劳动中的动作浪费来提高效率，被人们称之为"动作专家"。莉莲·M·吉尔布雷斯被誉为"管理学的第一夫人"。

（4）哈林顿·埃默森

哈林顿·埃默森（1853—1931 年），美国早期的科学管理研究工作者，从 1903 年起就同泰罗有紧密的联系，并独立地发展了科学管理的许多原理。如他对效率问题做了较多的研究和实践，提出了提高效率的 12 条原则，即明确的目的，注意局部和整体的关系，虚心请教，严守规章，公平，准确、及时、永久性的记录，合理调配人、财、物，定额和工作进度，条件标准化，工作方法标准化，手续标准化，奖励效率。在组织机构方面，他提出了直线和参谋制组织形式等。另外，他还在员工的选择和培训、心理因素对生产的影响、工时测定等方面做出了贡献。

（5）亨利·福特

亨利·福特（1863—1947 年），美国汽车大王、汽车工程师与企业家、世界最大的汽车企业之一福特汽车公司的建立者。他也是世界上第一位将装配线概念实际应用而获得巨大成功者，并且以这种方式让汽车在美国真正普及。这种新的生产方式使汽车成为一种大众产品，不但促进了工业生产方式的变革，而且对现代社会和文化有着巨大的影响，因此有一些社会理论学家将这一段经济和社会历史称为"福特主义"。

5．科学管理理论的贡献

科学管理理论是管理思想发展史上的一个里程碑，它是使管理成为科学的一次质的飞跃。作为一个较为完整的管理思想体系，科学管理理论对人类社会的发展做出了自己独特的贡献。

（1）泰罗将科学引入管理领域，提高了管理理论的科学性

泰罗等人做了大量的科学实验，并在此基础上提出了系统的理论和一整套的方法措施，为管理理论的系统形成奠定了基础。从本质上讲，科学管理理论突破了工业革命以来一直延续的传统的经验管理方法，是将人从小农意识、小生产的思维方式转变为现代社会化大工业生产的思维方式的一场革命。

（2）科学管理理论推动生产力的发展，大幅度提高了劳动生产率

科学管理理论提出的有科学依据的作业管理、管理者同工人之间的职能分工、劳资双方的精神革命等，为作业方法和作业定额提供了客观依据，使得劳资双方有可能通过提高劳动生产率、扩大生产成果来协调双方的利害关系，从而推动了生产力的发展，使劳动生产率有

了大幅度的提高。

（3）科学管理运动促进经营管理的科学研究

科学管理运动加强了社会公众对消除浪费和提高效率的关心，促进了经营管理的科学研究，其后的运筹学、成本核算、准时生产制等，都是在科学管理理论的启发下产生的。

6. 科学管理理论的局限性

（1）科学管理理论的一个基本的假设就是：人是"经济人"

在泰罗和他的追随者看来，人最为关心的是自己的经济利益，企业家的目的是获取最大限度的利润，工人的目的是获取最大限度的工资收入，只要使人获得经济利益，他就愿意配合管理者挖掘出他自身最大的潜能。这种人性假设是片面的，因为人的动机是多方面的，既有经济动机，也有许多社会和心理方面的动机。

（2）科学管理理论的诸项原则并没有被很好地贯彻

科学管理的本意是应用动作研究和工时研究的方法来进行分析，以便发现和应用提高劳动生产率的规律，但很多企业的工时研究没有建立在科学的基础上，往往受到企业主和研究人员主观判断的影响，由此确定的作业标准反映了企业主追求利润的意图，为工人确定的工资率也是不公正的。此外，泰罗主张的职能工长制和差别计件工资制也没有得到广泛应用。

（3）泰罗对工会采取怀疑和排斥的态度

在泰罗看来，工会的哲理和科学管理的哲理是水火不相容的，工会通过使工人和管理部门不和，加紧进行对抗和鼓励对抗，而科学管理则鼓励提倡利益的一致性。所以泰罗认为，如果工人参加工会，组织起来，就容易发生共谋怠工的情况。但实际上，在通过工时研究和动作研究来确定作业标准和定额及工资时，如果没有工会的参与，很难建立起真正协调的劳资关系。

尽管泰罗的科学管理理论存在局限性，但有一点是没有疑问的，泰罗确实是管理思想演进过程中一个重要时代的领路人，正如丹尼尔·雷恩所说："科学管理反映了时代精神，科学管理为今后的发展铺下了光明大道。"

3.2.2 法约尔及其一般管理理论

亨利·法约尔（1841—1925 年），法国人，1860 年从圣艾帝安国立矿业学院毕业后进入康门塔里-福尔香堡采矿冶金公司，成为一名采矿工程师，并在此度过了整个职业生涯。从采矿工程师后任矿井经理直至公司总经理，由一名工程技术人员逐渐成为专业管理者，他在实践中逐渐形成了自己的管理思想和管理理论，对管理学的形成和发展做出了巨大的贡献。

1916 年问世的法约尔名著《工业管理与一般管理》是他一生管理经验和管理思想的总结。他认为他的管理理论虽然是以大企业为研究对象，但除了可应用于工商企业之外，还适用于政府、教会、慈善团体、军事组织及其他各种团体。所以，人们一般认为法约尔是第一个概括和阐述一般管理理论的管理学家。他的理论概括起来大致包括以下内容。

1. 企业的基本活动

法约尔指出，任何企业都存在着 6 种基本的活动，而管理只是其中之一。这 6 种基本活动是：技术活动（指生产、制造、加工等活动）、商业活动（指购买、销售、交换等活动）、财务活动（指资金的筹措和运用）、安全活动（指设备维护和员工安全等活动）、会计活动（指货物盘存、成本统计、核算等）和管理活动（其中又包括计划、组织、指挥、协调和控制 5 项职能活动）。在这 6 种基本活动中，管理活动处于核心地位，即企业本身需要管理，同样，其他 5 项属于企业的活动也需要管理。

2．法约尔的 14 条管理原则

法约尔根据自己的工作经验，归纳出简明的 14 条管理原则。

（1）分工

他认为这不仅是经济学家研究有效使用劳动力的问题，而且也是在各种机构、团体、组织中进行管理活动所必不可少的工作。

（2）职权与职责

他认为职权是发号施令的权力和要求服从的威望。职权与职责是相互联系的，在行使职权的同时，必须承担相应的责任，有权无责或有责无权都是组织上的缺陷。

（3）纪律

纪律是管理所必需的，是对协定的尊重。这些协定以达到服从、专心、干劲以及尊重人的仪表为目的。就是说组织内所有成员通过各方所达成的协议对自己在组织内的行为进行控制，它对企业的成功与否极为重要，要尽可能做到严明、公正。

（4）统一指挥

统一指挥是指组织内每一个人只能服从一个上级并接受他的命令。

（5）统一领导

统一领导是指一个组织，对于目标相同的活动，只能有一个领导、一个计划。

（6）个人利益服从整体利益

即个人和小集体的利益不能超越组织的利益。当二者不一致时，管理者必须想办法使它们一致起来。

（7）个人报酬

报酬与支付的方式要公平，给雇员和雇主以最大可能的满足。

（8）集中化

这主要指权力的集中或分散的程度问题。要根据各种情况，包括组织的性质、人员的能力等，来决定"产生全面的最大收益"的那种集中程度。

（9）等级链

等级链指管理机构中，最高一级到最低一级应该建立关系明确的职权等级系列，这既是执行权力的线路，也是信息传递的渠道，一般情况下不要轻易地违反它。但在特殊情况下，为了克服由于统一指挥而产生的信息传递延误，法约尔设计出一种"跳板"，也叫"法约尔桥"，如图 3-1 所示。"法约尔跳板"原理意指在层级划分严格的组织中，为提高办事效率，两个分属不同系统的部门遇到只有协作才能解决的问题时，可先自行商量、自行解决，只有协商不成时才报请上级部门解决。

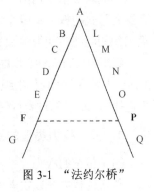

图 3-1 "法约尔桥"

（10）秩序

秩序主要是指组织中的每个成员应该规定其各自的岗位，"人皆有位，人称其职"。

（11）公正

管理者对其下属仁慈、公平，就可能使其下属对上级表现出热心和忠诚。

（12）保持人员的稳定

如果人员不断变动，工作将得不到良好的效果。

（13）首创精神

这是提高组织内各级人员工作热情的主要源泉。

（14）团结精神

团结精神指必须注意保持和维护每一集体中团结、协作、融洽的关系，特别是人与人之间的相互关系。

法约尔强调指出，以上 14 条原则在管理工作中不是死板和绝对的东西，这里全部是尺度问题。在同样的条件下，几乎从不两次使用同一原则来处理事情，应当注意各种可变因素的影响。因此，这些原则是灵活的，是可以适应一切需要的，但其真正的本质在于懂得如何运用它们。这是一门很难掌握的艺术，它要求智慧、经验、判断和注意尺度（也即"分寸"）。法约尔认为，人的管理能力可以通过教育来获得，也应该像技术能力一样，首先在学校里得到，然后在车间里得到。为此，他提出了一套比较全面的管理理论，首次指出管理理论具有普遍性，可以用于各个组织之中，他把管理视为一门科学，提出在学校设置这门课程，并在社会各个领域宣传、普及和传授管理知识。

综上所述，法约尔关于管理过程和管理组织理论的开创性研究，特别是其中关于管理职能的划分及管理原则的描述，对后来的管理理论研究具有非常深远的影响。此外，他还是一位概括和阐述一般管理理论的先驱者，是伟大的管理教育家，后人称他为"管理过程之父"。

3.2.3 韦伯及其行政组织体系理论

马克斯·韦伯（1864—1920 年）是德国的社会学家，对法学、经济学、政治学、历史学和宗教学都有广泛的兴趣。韦伯在管理方面的研究主要集中在组织理论方面，主要的贡献是提出"理想的行政组织体系理论"，这主要反映在他的代表作《社会组织与经济组织》一书中。这一理论的核心是组织活动要通过职务或职位而不是通过个人或世袭地位来管理。

马克斯·韦伯指出，任何组织都必须以某种形式的权力作为基础才能实现目标，如果没有这种形式的权力，组织的生存都是非常危险的，就更谈不上实现组织的目标，权力可以消除组织的混乱，使得组织有秩序地运行。

组织中具有 3 种类型的权力，即传统的权力、超凡的权力和基于法律和理性的权力。只有第 3 种权力最适合于现代组织，因为它为管理的连续性提供了基础，担任管理职位的人是按照其能力选拔出来的，管理者行使权力具有法律基础，所有的职权都有着明确的规定和严格的划分。

1. 关于权力类型的划分

（1）传统的权力

传统的权力是以古老的、传统的、不可侵犯的和执行这种权力的人的地位和正统性为依据的。对于传统权力，韦伯认为：人们对其服从是因为领袖人物占据着传统所支持的权力地位，同时，领袖人物也受着传统的制约。但是，人们对传统权力的服从并不是以与个人无关的秩序为依据，而是在习惯义务领域内的个人忠诚。领导人的作用似乎只为了维护传统，因而效率较低，不宜作为行政组织体系的基础。

（2）超凡的权力

超凡的权力是来源于别人的崇拜与追随，对这种权力的服从是基于追随者对这种领袖人物的信仰，而不是基于某种强制力量。超凡权力的合法性，完全依靠对于领袖人物的信仰，他必须以不断的奇迹和英雄之举赢得追随者，超凡权力过于带有感情色彩并且是非理性的，不是依据规章制度，而是依据神秘的启示。所以，超凡的权力形式也不宜作为行政组织体系的基础。

（3）法理的权力

法理的权力是依法任命，并赋予行政命令的权力。对这种权力的服从是依法建立的一套等级制度，这是对确认职务或职位的权力的服从。如果说所有其他类型的权力都是归于个人——不论是族长、君主，还是领袖，则法理型的权力便是归于法规，而不是归于个人。对这种权力的服从，实际上是对合法建立起来的客观秩序的服从。如果把这种服从延伸到行使权力的个人，则只是基于他在组织内所处的地位，因而这种服从也只是对依据法律建立起来的等级制度规定的职位的服从。因此，这种权力是合法的，其范围是由行使权力的人所处的职位严格限定的。

韦伯认为在这3种权力当中只有法理的权力是行政组织的基础，因为这种权力能保证经营管理的连续性和合理性，能按照人的才干来选拔人才，并按照法定的程序来行使权力。这是保证组织能健康发展的最好的权力形式。

2．行政组织体系理论的内容

这一理论的核心是组织活动要通过职务或职位而不是通过个人或世袭地位来管理。韦伯也认识到个人魅力对领导作用的重要性，他所讲的"理想的"，不是指最合乎需要，而是指现代社会最有效和最合理的组织形式。之所以是"理想的"，因为它具有如下一些特点。

（1）明确的分工

即每个职位的权利和义务都应有明确的规定，人员按职业专业化进行分工。

（2）自上而下的等级系统

组织内的各个职位，按照等级原则进行法定安排，形成自上而下的等级系统。

（3）人员的任用

人员的任用要完全根据职务的要求，通过正式考试和教育训练来实行。

（4）职业管理人员

管理人员有固定的薪金和明文规定的升迁制度，是一种职业管理人员。

（5）遵守规则和纪律

管理人员必须严格遵守组织中规定的规则和纪律以及办事程序。

（6）组织中人员之间的关系

组织中人员之间的关系完全以理性准则为指导，只是职位关系而不受个人情感的影响。这种公正不已的态度，不仅适用于组织内部，而且适用于组织与外界的关系。

韦伯认为，这种高度结构的、正式的、非人格化的理想行政组织体系是人们进行强制控制的合理手段，是达到目标、提高效率的最有效形式。这种组织形式在精确性、稳定性、纪律性和可靠性方面都优于其他组织形式，能适用于各种管理工作及当时日益增多的各种大型组织，如教会、国家机构、军队、政党、经济企业和各种团体。韦伯的这一理论，对泰罗、法约尔的理论是一种补充，对后来的管理学家们，尤其是组织理论学家则有很大的影响，他被称为"组织理论之父"。

综上，泰罗的科学管理理论、法约尔的一般管理理论和韦伯的行政组织体系理论等管理思想是相通的，都强调要集中权力，明确劳动分工，严格执行规章制度，实现垂直领导和职能的相互配合，认为严格管理才能提高效率。他们所涉及的研究领域基本上仅限于正式组织的结构和管理过程。因此，人们把他们的思想归入一类，称为"古典管理理论"。

3.3 行为科学理论

从 20 世纪 20 年代末开始，行为科学管理理论开始孕育并出现。行为科学是指运用心理学、社会学、人类学等理论和科学方法，从人的工作动机、情绪、行为与工作、环境之间的关系来探索影响生产率因素的管理理论，目的在于激发人的积极性。20 世纪 30 年代，美国学者梅奥的霍桑实验为行为科学奠定了基础。从行为科学的发展看，它基本上可分为两大时期，前期叫作人际关系学说（或人群关系学），后期是行为科学。"行为科学"是 1949 年在美国芝加哥讨论会上第一次提出的，提倡研究人类行为规律，以提高对人们行为的预测和控制能力。在 1953 年美国福特基金会召开的各大学科学家参加的会议上，行为科学这一名称正式确定。行为科学理论研究的内容主要包括人的本性和需要、行为动机、生产中的人际关系等。

3.3.1 霍桑实验及人际关系学说

1. 霍桑实验

霍桑实验是一项以科学管理的逻辑为基础的实验。这一系列在美国芝加哥西方电气公司所属的霍桑工厂进行的心理学研究是由哈佛大学的心理学教授梅奥主持的。霍桑工厂是一个制造电话交换机的工厂，具有较完善的娱乐设施、医疗制度和养老金制度，但工人们仍愤愤不平，生产业绩很不理想。为找出原因，美国国家研究委员会组织研究小组开展实验研究。

从 1924 年开始到 1932 年结束，在将近 8 年的时间内，实验前后共进行过两个回合：第一个回合是从 1924 年 11 月至 1927 年 5 月，在美国国家科学委员会赞助下进行；第二个回合是从 1927 年至 1932 年。整个实验前后经过了如下 4 个阶段。

（1）车间照明实验——"照明实验"

当时关于生产效率的理论占统治地位的是劳动医学的观点，认为也许影响工人生产效率的因素可能是疲劳和单调感等，于是当时的实验假设便是"提高照明度有助于减少疲劳，使生产效率提高"。

实验开始时，研究人员设想，增加照明度会使产量提高，于是把参加实验的 12 名女工分成两个组，每组 6 人，分别在两个房间工作；其中一组为实验组，另一组为对照组。两组工人的工作性质完全相同：都是单调而重复的工作。开始时，两个小组的照明条件一样，然后将实验小组的照明度逐渐从 24 烛光增加到 46 烛光和 76 烛光。研究人员对两组女工的工作情况进行了详细的观察和精确的记录。结果发现，不仅实验小组的产量随照明度的加强而提高，而且对照组的产量也出乎意料地增加了，其增长率同实验组大致相同。随后，他们又采取了相反的措施，逐渐降低实验组的照明度，从 10 烛光降到 3 烛光。根据设想，实验组的产量会随之而下降，然而结果却是仍然保持在较高的水平上，甚至仍有上升。对照组的情况亦然。只有当照明度降低到接近月光水平的 0.06 烛光的时候，实验小组才出现了产量下降的情况。

因此，在两年多的实验过程中，研究人员发现照明度的改变对生产效率并无影响。研究人员面对此结果感到茫然，并对继续研究失去了信心。从 1927 年起，以梅奥教授为首的一批哈佛大学心理学工作者将实验工作接管下来，继续进行。

（2）继电器装配实验——"福利实验"

1927 年梅奥接受了邀请，并组织了一批哈佛大学的教授成立了一个新的研究小组，开始了霍桑的第二阶段的"福利实验"。专家小组中包括他的主要助手罗特利斯伯格（1898—1974年）。他是霍桑实验的重要人物之一，也是在此基础上产生的人际关系理论的主要阐述者之一。

"福利实验"的目的是为了能够找到更有效影响员工积极性的因素。梅奥他们对实验结果进行归纳，排除了 4 种假设：在实验中改进物质条件和工作方法，可导致产量增加；安排工间休息和缩短工作日，可以解除或减轻疲劳；工间休息可减少工作的单调性；个人计件工资能促进产量的增加。该实验最后得出"改变监督与控制的方法能改善人际关系，能改进工人的工作态度，促进产量的提高"的结论。

（3）大规模的访谈计划——"访谈实验"

既然实验表明管理方式与员工的士气和劳动生产率有密切的关系，那么就应该了解员工对现有的管理方式有什么意见，为改进管理方式提供依据。于是梅奥等人制定了一个征询员工意见的访谈计划，在 1928 年 9 月到 1930 年 5 月不到两年的时间内，研究人员与工厂中的两万多名的员工进行了访谈。

在访谈计划的执行过程中，研究人员对工人在交谈中的怨言进行分析，发现引起他们不满的事实与他们所埋怨的事实并不是一回事，工人在表述自己的不满与隐藏在心理深层的不满情绪并不一致。比如，有位工人表现出对计件工资率过低不满意，但研究人员深入地了解以后发现，这位工人是在为支付妻子的医药费而担心。

根据这些分析，研究人员认识到，工人由于关心自己的个人问题而会影响到工作的效率。所以管理人员应该了解工人的这些问题，为此，需要对管理人员，特别是要对基层的管理人员进行训练，使他们成为能够倾听并理解工人的访谈者，能够重视人的因素，在与工人相处时更为热情、更为关心他们，这样能够促进人际关系的改善和员工士气的提高。

（4）继电器绕线组的工作室实验——"群体实验"

这是一项关于工人群体的实验，其目的是要证实在以上的实验中研究人员似乎感觉到在工人当中存在着一种非正式的组织，而且这种非正式的组织对工人的态度有着极其重要的影响。

研究人员为了系统地观察实验群体中工人之间的相互影响，在车间中挑选了 14 名男工人，其中有 9 名是绕线工，3 名是焊接工，2 名是检验工，让他们在一个单独的房间内工作。

实验开始时，研究人员向工人说明，他们可以尽力地工作，因为在这里实行的是计件工资制。研究人员原以为，实行这一套办法会使得工人更为努力地工作，然而结果却是出乎意料的。事实上，工人实际完成的产量只是保持在中等水平上，而且每个工人的日产量都是差不多的。根据动作和时间分析，每个工人应该完成标准的定额为 7 312 个焊接点，但是实际上工人每天只完成了 6 000~6 600 个焊接点就不干了，即使离下班还有较为宽裕的时间，他们也自行停工不干了。这是什么原因呢? 研究者通过观察，了解到工人们自动限制产量的理由是: 如果他们过分努力地工作，就可能造成其他同伴失业，或者公司会制定出更高的生产定额。

研究者为了了解他们能力的差别，还对实验组的每个人进行了灵敏度和智力测验，发现 3 名生产最慢的绕线工在灵敏度的测验中得分是最高的。其中 1 名最慢的工人在智力测验上排行第一，灵敏度测验排行第三。测验的结果和实际产量之间的这种关系使研究者联想到群体对这些工人的重要性。1 名工人可以因为提高他的产量而得到小组工资总额中较大的份额，而且减少失业的可能性，然而这些物质上的报酬却会带来群体非难的惩罚，因此每天只要完成群体认可的工作量就可以相安无事了。即使在一些小的事情上也能发现工人之间有着不同的派别。绕线工就一个窗户的开关问题常常发生争论，久而久之，就可以看出他们之间不同的派别了。

通过 4 个阶段历时近 8 年的霍桑实验，梅奥等人认识到，人们的生产效率不仅要受到生理方面、物理方面等因素的影响，更重要的是受到社会环境、社会心理等方面的影响，这个结论的获得是相当有意义的，这对“科学管理理论”只重视物质条件，忽视社会环境、社会心理对工人的影响来说，是一个重大的修正。

2. 梅奥的人际关系学说

乔治·埃尔顿·梅奥（1880—1949 年），是美国哈佛大学的心理学教授。第一次世界大战期间，他曾用心理疗法帮助士兵疗伤。1927 年，梅奥应邀参加并指导在芝加哥西方电气公司霍桑工厂进行有关科学管理的实验，研究工作环境、物质条件与劳动生产率的关系，通常称“霍桑实验”。实验结果表明，生产率提高的原因不在于工作条件的变化，而在于人的因素; 生产不仅受物理、生理因素的影响，而且受社会环境、社会心理因素的影响。梅奥的代表作为《工业文明的人类问题》，他总结了亲身参与并指导的霍桑实验及其他几个实验的成果，并阐述了他的人际关系理论的主要思想，主要内容包括如下几个方面。

（1）工人是“社会人”，而不是单纯追求金钱收入的“经济人”

作为复杂社会系统的成员，金钱并非刺激积极性的唯一动力，他们还有社会、心理方面的需求，因此社会和心理因素等方面所形成的动力，对效率有更大影响。

（2）企业中除了“正式组织”之外，还存在着“非正式组织”

这种非正式组织是企业成员在共同工作的过程中，由于具有共同的社会感情而形成的非正式团体。这种无形组织有它特殊的感情、规范和倾向，左右着成员的行为。古典管理理论仅注重正式组织的作用，这是很不够的。非正式组织不仅存在，而且同正式组织是相互依存的，对生产率的提高有很大影响。

（3）新型的领导方式在于通过对员工“满足度”的增加，来提高工人的“士气”，从而达到提高效率的目的。

生产率的升降主要取决于工人的士气，即工作的积极性、主动性与协作精神，而士气的高低则取决于社会因素特别是人群关系对工人的满足程度，即他的工作是否被上级、同伴和社会所承认。满足程度越高，士气也越高，生产效率也就越高。所以，领导的职责在于提高士气，善于倾听下属工人的意见，使正式组织的经济需求和工人的非正式组织的社会需求之间保持平衡。这样就可以解决劳资之间乃至整个"工业文明社会"的矛盾和冲突，提高效率。

梅奥等人的人际关系学说的问世，开辟了管理和管理理论的一个新领域，并且弥补了古典管理理论的不足，更为以后行为科学的发展奠定了基础。

3.3.2 行为科学理论

第二次世界大战以后，管理学的研究重点转移到对工人在生产中的行为及这些行为产生的原因进行分析上来。这一阶段研究的内容包括：人的本性和需要、行为的动机，特别是生产中的人际关系（包括领导同工人之间的关系），代表性的理论主要如下。

1. 马斯洛的需要层次理论

美国心理学家亚伯拉罕·马斯洛（1908—1970年）提出了需要层次理论。他认为，人类的需要是以层次的形式出现的，由低级的需要开始逐级向上发展到高级需要。他还认为，当一级需要得到满足时，这级需要就不再成为激励因素了。由于每个人的需要各不相同，因此，主管人员必须用随机制宜的方法对待人们的各种需要。在工作中，主管人员要注意决定这些需要的各个特性、愿望和欲望，在任何时候，主管人员都应考虑到人的各种需要。因为，在绝大多数人中，尤其在现代社会里，都具有马斯洛需要层次中所列的全部需要，如图3-2所示。

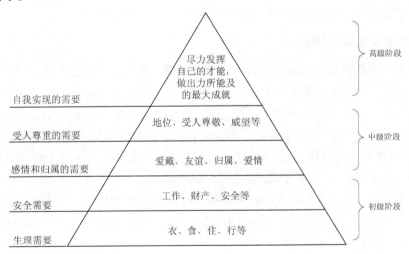

图 3-2　需要层次理论

该理论将需要分为5种，像阶梯一样从低到高，按层次逐级递升，分别为生理需要、安全需要、感情和归属的需要、受人尊重的需要、自我实现的需要。

马斯洛的需要层次理论，在一定程度上反映了人类行为和心理活动的共同规律。马斯洛从人的需要出发探索人的激励和研究人的行为，抓住了问题的关键；马斯洛指出了人的需要是由低级向高级不断发展的，这一趋势基本上符合需要的发展规律。因此，需要层次理论对企业管理者如何有效地调动人的积极性有启发作用。

但是，马斯洛是离开社会条件、离开人的历史发展及人的社会实践来考察人的需要及其结构的。其理论基础是存在主义的人本主义学说，即人的本质是超越社会历史的抽象的"自然人"，由此得出的一些观点就难以适合其他国家的情况。

2．赫茨伯格的双因素理论

弗雷德里克·赫茨伯格（1923—2000 年），美国心理学家、管理理论家、行为科学家，双因素理论的创始人。20 世纪 50 年代末期，他和同事们对匹兹堡附近一些工商业机构的约 200 位专业人士做了一次调查。在调查访问中他发现，使员工感到满意的都是属于工作本身或工作内容方面的因素；使员工感到不满的都是属于工作环境或工作关系方面的因素。他把前者叫作激励因素，后者叫作保健因素。

他通过调查发现，人们对诸如成就、赏识（认可）、艰巨的工作、晋升和工作中的成长、责任感等，如果得到则感到满意，人就会受到极大的激励。这就是他所称的"激励因素"。人们对诸如本组织的政策和管理、监督、工作条件、人际关系、薪金、地位、职业安定以及个人生活所需等，如果得到后则没有不满，得不到则产生不满。这类因素就是他所称的"保健因素"。

保健因素通常与工作条件和工作环境有关，它不能直接起激励员工的作用，但能防止员工产生不满的情绪；保健因素改善后，员工的不满情绪会消除，但不能带来满意，员工处于一种既非满意、又非不满意的中间状态；激励因素才能产生使员工满意的积极效果。这一理论提示人们，现实中确有不能激励人的因素，要给予关注。如果主管人员能够提供某些条件以及满足保健性需要，也可能会保持组织中人们一定的士气水平。

3．麦格雷戈的 X-Y 理论

道格拉斯·麦格雷戈（1906—1964 年）是美国著名的行为科学家，他在 1924 年还是一名服务员，后在韦恩大学取得文学学士学位；1935 年，他取得哈佛大学哲学博士学位，随后留校任教；1937—1964 年在麻省理工学院任教，但其中有 6 年（1948—1954 年）在安第奥克学院任院长。任院长期间，他对当时流行的传统的管理观点和对人的特性的看法提出了疑问。其后，他在 1957 年 11 月号的美国《管理评论》杂志上发表了《企业的人性方面》一文，提出了有名的"X-Y 理论"，该文 1960 年以书的形式出版。

麦格雷戈认为，有关人性和人的行为的假设对于决定管理人员的工作方式来讲是极为重要的。各种管理人员以他们对人性的假设为依据，可用不同的方式来组织、控制和激励人们。基于这种思想，他提出了 X-Y 理论。

（1）X 理论的主要内容

① 人生下来就厌恶工作，只要可能就逃避工作。

② 人生下来就缺乏进取心，工作不愿负责任，没有什么抱负。

③ 人生下来就习惯于明哲保身，反对变革，把对安全的要求看得高于一切。

④ 人缺乏理性，容易受外界和他人的影响，做出一些不适宜的举动。

⑤ 人生下来就以自我为中心，无视组织的需要，所以对多数人必须使用强迫甚至惩罚、胁迫的办法，去驱使他们工作，方可达到组织目标。

⑥ 只有极少数人，才具有解决组织问题所需要的想象力与创造力。

由于人性具有上述的特点，因此企业管理的唯一激励办法，就是以经济报酬来激励生产，只要增加金钱奖励，便能取得更高的产量。所以这种理论特别重视满足员工生理及安全的需要，同时也很重视惩罚，认为惩罚是最有效的管理工具。

从上述的假设出发，管理者必然要采取"命令与统一""权威与服从"的管理方式。管理者把人看成物件，忽视人的自身特征和精神需要，只注意人的生理需要和安全需要的满足，把金钱作为主要的激励手段，把惩罚作为有效的管理方式，采用软硬兼施的管理办法。

（2）Y 理论的主要内容

X 理论把人放在被动的位置，强调外因和客观因素，远远不能适应人类科学文明水平不断提高的需要。随着社会科学的发展，麦格雷戈对人的需要、行为的动机进行了重新的研究，又提出另一种新的假设，即 Y 理论。

① 一般人本性不是厌恶工作，如果给予适当机会，人们喜欢工作，并渴望发挥其才能。

② 多数人愿意对工作负责，寻求发挥能力的机会。

③ 能力的限制和惩罚不是使人去为组织目标而努力的唯一办法。

④ 激励在需要的各个层次上都起作用。

⑤ 想象力和创造力是人类广泛具有的。

以这种理论为指导思想的管理实践必然是：能充分利用企业的人、财、物等生产要素，实现企业的经营目标；按照每个人的爱好，安排对其具有吸引力的工作，发挥其主动性和创造性；重视人的自身特征，把责任最大限度地交给工作者，相信他们能自觉地完成任务；外部控制、操纵、说服、奖惩不是促使人们努力工作的唯一办法，应该采用启发与诱导的方式，对每个工作人员都要信任。Y 理论强调人的主观因素，注意发挥人的主观能动作用，适应工业化社会经济发展的需要。Y 理论在西方很流行，在管理中应用很广。X-Y 理论应用于管理实践，取得了一定的效果。

4．期望理论

期望理论，又称"效价—手段—期望"理论，是由美国著名心理学家和行为科学家 V·H·弗鲁姆于 1964 年在《工作与激励》中提出来的激励理论。弗鲁姆的期望理论认为：只有当人们预期到某一行为能给个人带来有吸引力的结果时，个人才会采取这一特定行为。

期望理论是以 3 个因素来反映需要与目标之间的关系的，要激励员工，就必须让员工明确：工作能提供给他们真正需要的东西；他们欲求的东西是和绩效联系在一起的；只要努力工作就能提高他们的绩效。这种需要与目标之间的关系用公式表示为

激励力=期望值×效价

这种需要与目标之间的关系用过程模式表示，如图 3-3 所示。

在这个期望模式中的 4 个因素，需要兼顾以下 3 个方面的关系。

（1）努力——绩效关系

如果我付出了最大努力，能否达到组织要求的工作绩效水平？是否会在绩效评估中体现出来？人们总是希望通过一定的努力达到预期的目标，如果个人主观认为达到目标的概率很

高，就会有信心，并激发出很强的工作力量；反之如果他认为目标太高，通过努力也不会有很好的绩效时，就失去了内在的动力，导致工作消极。

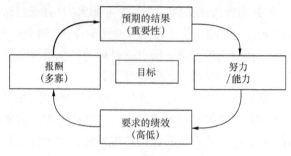

图 3-3　期望理论

（2）绩效——奖励关系

如果达到这一绩效水平，组织会给我什么样的奖赏或报酬？即指个体经过努力取得良好工作绩效所带来的对绩效的奖赏性回报的期望。人总是希望取得成绩后能够得到奖励，当然这个奖励也是综合的，既包括物质上的，也包括精神上的。如果他认为取得绩效后能得到合理的奖励，就可能产生工作热情，否则就可能没有积极性。

（3）报酬——个人需要关系

这一报酬是否是我所急需的？对我重要吗？任何结果对个体的激励影响的程度，取决于个体对结果的评价，即奖励与满足个人需要的关系。人总是希望自己所获得的奖励能满足自己某方面的需要。然而由于人们在年龄、性别、资历、社会地位和经济条件等方面都存在着差异，他们对各种需要要求得到满足的程度就不同。因此，对于不同的人，采用同一种奖励办法能满足的需要程度不同，能激发出的工作动力也就不同。

期望理论给管理的启示如表 3-1 所示。

表 3-1　期望理论给管理的启示

理论元素	给管理的启示
效价	识别员工的需求；按照员工的需求调整奖励体系
手段工具	业绩和奖励的紧密联系；严格维持薪酬承诺
期望	人力选择，人力进修，阐明业绩目标

5. 成就需要理论

成就需要理论又称"三种需要理论"，是由美国哈佛大学教授戴维·麦克利兰（1917—1998年）通过对人的需求和动机进行研究，于 20 世纪 50 年代在一系列文章中提出的。经过 20多年的研究，戴维·麦克利兰认为在生存需要基本得到满足的前提下，人的最主要的需要有成就需要、权力需要、社交需要等 3 种平行的需要，其中成就需要的高低对人的成长和发展起到特别重要的作用。

（1）成就需要

成就需要指追求优越感的驱动力，或者参照某种标准去追求成就感、寻求成功的欲望。成就需要高的人具有以下几个特点。

① 有较强的责任感。他们不仅仅把工作看成是对组织的贡献，而且希望从工作中实现和

体现个人的价值，因此对工作有较高的投入热情。

② 喜欢能够得到及时的反馈，看到自己工作的绩效和评价结果，因为这是产生成就感的重要方式。

③ 倾向于选择适度的风险。他们既不甘于去做那些过于轻松、简单而无价值的事，也不愿意冒太大的风险去做不太可能做到的事，因为如果失败就无法体验到成就感。

高成就需要者在创造性的活动中更容易获得成功。但是，成就需要强的人并不一定能成为一名优秀的经理，特别是在大的企业中。因为成就需要高的人通常只关注自己的工作业绩，而不关心如何影响他人并使其干出优秀的业绩来。从实际情况来看，企业里杰出的总经理往往没有很高的成就需要。

（2）权力需要

权力需要是指促使别人顺从自己意志的欲望。权力需要较高的人喜欢支配、影响别人，喜欢对人"发号施令"，十分重视争取地位与影响力。这些人喜欢具有竞争性和能体现较高地位的场合或情境。

研究表明，杰出的经理们往往都有较高的权力欲望，而且一个人在组织中的地位越高，其权力需要也越强，越希望得到更高的职位。高权力需要是高管理效能的一个条件，甚至是必要的条件。

如果权力需要强的人获得权力是为了整个组织的好处而去影响他人行为的，他们会成为优秀的管理者。具有这种需要的人如果是通过正常手段获取权力，通过成功的表现被提升到领导岗位，那么他们就能够得到别人的认可。但是，如果其目的仅仅是为了获得个人权力，则难以成为成功的组织管理者。

（3）社交需要

社交需要是指寻求与别人建立友善且亲近的人际关系的欲望。社交需要强的人往往重视被别人接受、喜欢，追求友谊、合作。这样的人在组织中容易与他人形成良好的人际关系，易被别人影响，因而往往在组织中充当被管理的角色。

许多出色的经理的社交需要相对较弱，因为社交需要强的管理者虽然可以建立合作的工作环境，能与员工真诚、愉快地工作，但是在管理上过分强调良好关系的维持通常会干扰正常的工作程序。

在对员工实施激励时需要考虑这 3 种需要的强烈程度，以便提供能够满足这些需要的激励措施。例如，成就需要强的个人更希望工作能够提供个人的责任感、承担适度的风险以及及时得到工作情况的反馈。

成就需要理论对于我们把握管理者的高层次需要具有积极的参考意义。但是，在不同国家、不同文化背景下，成就需要的特征和表现也不尽相同，对此，麦克利兰未做充分表述。

3.4　现代管理理论的发展

20 世纪 50 年代以后，随着社会生产力和现代科学技术的迅速发展，世界各国，特别是发达国家对管理理论、方法、手段的研究也日臻深入，形成了各具特色、流派纷呈的现代管理思想丛林，对各国生产力的发展起到了进一步的推动作用。

3.4.1 现代管理理论和管理思想的新特点

1．广泛地运用了现代自然科学和技术的最新成果

例如，现代系统论、控制论、信息论的理论和观点已被作为重要的指导思想运用于管理理论与方法的研究；在数学领域内，概率论、运筹学及模糊数学的发展，大大促进了现代管理学管理模型和定量分析方法的研究和运用，特别是计算机科学的发展，对现代管理方法和手段的改进起到了巨大的推动作用，加速了企业信息的采集、加工和运用。许多企业已经开始从建立数据处理系统向管理信息系统及决策支持系统发展。现代科学技术在管理学科上的普遍运用，其实质是泰罗提出的科学管理的进一步发展和延伸。

2．更加重视人的因素

由于行为科学的产生和发展，管理者更加重视对组织中人的行为的分析和研究。从研究个体行为发展到研究群体行为乃至整个企业文化。同时，管理者也开始重视社会文化对人的心理与行为的影响，以人为中心的现代管理思想已经成为管理者的共识。

3．系统理论和权变理论的发展与运用

现代管理注意运用系统的、动态的、开放的观点去研究组织与管理，即把组织看成是以管理为核心的若干子系统的组合。它们相互影响、相互制约，推动组织的发展和改革。组织处在特定的环境之中，并且不断地与外界进行物质、能源和信息的交换，组织的发展必须与外部环境的发展与变化相互协调一致，才会有巨大的生命力。

3.4.2 现代管理学派的划分

1961 年 12 月，美国管理学家哈罗德·孔茨（1908—1984 年）发表了《管理理论的丛林》，标志着西方现代管理理论的形成。19 年后他又发表《再论管理理论的丛林》，对现代诸多的管理学派进行了梳理和分类，指出管理已由 6 个学派发展形成了 11 个学派。

1．管理过程学派

管理过程学派也称人类行为学派，是在法约尔管理思想的基础上发展起来的，其代表人物有美国的哈罗德·孔茨等人。该学派认为管理是一个过程，此过程包括计划、组织、领导、控制等若干个职能。这些管理职能对任何组织的管理都具有普遍性。管理者可以通过对各个职能的具体分析，归纳出其中的规律与原则，指导管理工作，提高组织的效率和效益。他们把管理看成是在组织中通过别人或同别人一起完成工作的过程。管理者应该分析这一过程，从理论上加以概括，确定一些基础性的原理，并由此形成一种管理理论。有了管理理论，就可以通过研究，通过对原理的实验，通过传授管理过程中包含的基本原则，改进管理的实践。

2．人际关系学派

人际关系学派是从 20 世纪 60 年代的人类行为学派演变来的。这个学派认为，既然管理是通过别人或同别人一起去完成工作，那么，对管理学的研究就必须围绕人际关系这个

核心来进行。这个学派把有关的社会科学原有的或新近提出的理论、方法和技术用来研究人与人之间和人群内部的各种现象，从个人的品性动态一直到文化关系，无所不涉及。这个学派注重管理中"人"的因素，认为在人们为实现其目标而结成团体一起工作时，应该互相了解。

3．群体行为学派

群体行为学派是从人类行为学派中分化出来的，因此同人际关系学派关系密切，甚至易于混同。但它关心的主要是群体中人的行为，而不是人际关系。它以社会学、人类学和社会心理学为基础，而不以个人心理学为基础。它着重研究各种群体行为方式，从小群体的文化和行为方式，到大群体的行为特点，都在它的研究之列。它也常被叫作"组织行为学"。"组织"一词在这里可以表示公司、政府机构、医院或其他任何一种事业中一组群体关系的体系和类型，有时则按切斯特·巴纳德的用法，用来表示人们间的协作关系。而所谓正式组织则指一种有着自觉的精心筹划的共同目的的组织。克里斯·阿吉里斯甚至用"组织"一词来概括"集体事业中所有参加者的所有行为"。

4．经验（案例）学派

经验（案例）学派亦称经验主义学派或经验主义，这一学派的基本管理思想是：有关企业管理的科学应该从企业管理的实际出发，特别是以企业的管理经验为主要研究对象，将其加以理论化和概括化，然后传授给管理人员或向企业经理提出实际的建议。简言之，这个学派通过分析经验（常常就是案例）来研究管理。他们认为，管理学者和实际管理工作者通过研究各种各样的成功的或失败的管理案例，就能理解管理问题，就自然学会了进行有效的管理。

经验（案例）学派的主要代表人物有彼得·德鲁克、欧内斯特·戴尔、艾尔弗雷德·斯隆、威廉·纽曼等。

5．社会协作系统学派

社会协作系统学派的创始人是切斯特·巴纳德。这个学派对管理学做出过许多值得注意的贡献。把有组织的企业看成是一个受文化环境的压力和冲突支配的社会有机体，这对管理的理论和实际工作人员都是有帮助的。而在另外一些方面，如对组织职权的制度基础的认识，对非正式组织的影响的认识，以及对怀特·巴基称之为"组织黏合剂"的一些社会因素的认识，则帮助更大。巴纳德还有其他一些颇有教益的见解，如他的关于激励的经济性的思想，把社会学认识引入管理实践之中等。

6．社会技术系统学派

社会技术系统学派的创始人是特里司特及其在英国塔维斯托克研究所中的同事。他们通过对英国煤矿中长壁采煤法生产问题的研究，发现只单纯分析企业中的社会方面是不够的，还必须注意其技术方面。他们发现，企业中的技术系统（如机器设备和采掘方法）对社会系统有很大的影响。个人态度和群体行为都受到人们在其中工作的技术系统的重大影响。因此，他们认为，必须把企业中的社会系统同技术系统结合起来考虑，而管理者的一项主要任务就是要确保这两个系统相互协调。

7．系统学派

系统学派主要代表人物是卡斯特等人。该派理论是以系统为基础来研究管理的，强调任何组织都是由若干子系统所构成的。企业的经营系统可以划分为战略子系统、协调子系统和作业子系统。在管理工作中，该学派强调通过各个子系统之间的协调，以实现组织大系统的整体优化。

近年来，许多管理学家都强调管理学研究与分析中的系统方法。他们认为系统方法是形成、表述和理解管理思想最有效的手段。所谓系统，实质上就是由相互联系或相互依存的一组事物或其组合所形成的复杂统一体。这些事物可以像汽车发动机上的零件那样是实物的，也可以像人体诸组成部分那样是生物的，还可以像完整综合起来的管理概念、原则、理论和方法那样是理论上的。尽管我们给理论规定出界限，以便更清楚地观察和分析它们，但是所有的系统（也许只有宇宙除外）都同它们的环境在相互起作用，因而都受到其环境的影响。

8．决策理论学派

决策理论学派的管理思想的基本观点是：企业管理问题的主要研究对象不是作业而是决策；决策贯穿管理的全过程，管理就是决策；应该按"令人满意"的准则来决策，而不是按"最优化"准则来决策。

决策理论学派的代表人物是美国的经济学家和社会学家赫伯特·西蒙与詹姆士·马奇。他们以社会系统理论为基础，吸收了行为科学、系统理论、运筹学和计算机科学的有关成果，创立了决策理论学派。西蒙在《管理决策新科学》一书中提出了"管理的关键是决策""管理就是决策"，决策贯穿管理的全过程，决策程序就是全部的管理过程等思想，以及企业中所有成员都是"决策人"的思想，突出了决策的重要性并扩大了其时空范围。这种主张否定了传统的决策观。传统的决策观仅仅把决策看成组织上层管理者的职能，以及仅仅把决策看成是决断的瞬间行为。西蒙等人的这种管理思想有利于调动下属的积极性和责任感，使其参与管理即参与决策，容易加速决策和减小贯彻时的阻力，实现个人目标与企业目标的一致。

9．数学学派或"管理科学"学派

尽管各种管理理论学派都在一定程度上应用数学方法，但只有数学学派把管理看成是一个数学模型和程序的系统。一些知名的运筹学家或运筹分析家就属于这个学派。这个学派的人士有时颇为自负地给自己取上一个"管理科学家"的美名。这类人的一个永恒的信念是，只要管理组织、计划或决策是一个逻辑过程，就能用数学符号和运算关系来予以表示。

这个学派的主要方法就是模型。借助于模型可以把问题用它的基本关系和选定目标表示出来。由于这个学派将数学方法大量应用于最优化问题，可以说，它同决策理论有着很密切的关系。当然，编制数学模型决不限于决策问题。

10．权变学派

权变学派也称权变理论学派，有的管理学者还称之为因地制宜理论。权变管理即权宜管理和应变管理的合称。这一学派基本的管理思想是：在企业管理中，没有什么一成不变、普遍适用的、"最好的"管理理论和管理方法，企业管理必须随着企业所处的内外条件变化而随机应变。管理者应做什么及怎么做，要取决于当时的既定情况。

权变学派的主要代表人物是美国的管理学者约翰·莫尔斯、杰伊·洛希和弗莱德·E·菲德勒等。

这个学派强调管理者的实际工作取决于所处的环境条件。权变管理同情境管理的意思差不多，常常通用。但有的学者还是认为应该加以区别，情境管理只是说管理者实际上做些什么取决于既定情境，而权变管理则意味着环境变化同管理对策之间存在着一种积极的相互关系。按权变的观点，管理者可以针对一条装配线的具体情况来确定一种适应于它的高度规范化的组织形式，并考虑二者之间的相互作用。

11．经理角色学派

经理角色学派是最新的一个学派，同时受到管理学者和实际管理者的重视，其推广得力于亨利·明茨伯格。明茨伯格根据他自己和别人对经理实际活动的研究，认为经理扮演着 10 种角色：人际关系方面的角色有 3 种，即挂名首脑角色（作为一个组织的代表执行礼仪和社会方面的职责）、领导者角色、联系人角色（特别是同外界联系）；信息方面的角色有 3 种，即信息接受者角色（接受有关企业经营管理的信息）、信息传播者角色（向下级传达信息）、发言人角色（向组织外部传递信息）；决策方面的角色有 4 种，即领导者角色、干扰对付者角色、资源分配者角色、谈判者角色（与各种人和组织打交道）。

明茨伯格系统地研究了不同组织中 5 位总经理的活动，得出结论说，总经理们并不按人们通常认为的那种职能分工行事，即只从事计划、组织、协调和控制工作，而是还进行许多别的工作。

3.5　管理理论的新发展

20 世纪 80 年代以后，随着社会、经济、文化的迅速发展，特别是信息技术的发展与知识经济的出现，世界形势发生了极为深刻的变化。面对信息化、全球化、经济一体化等新的形势，企业之间竞争加剧，联系增强，管理理论出现了深刻的变化与全新的格局。正是在这样的形势下，管理理论出现了一些全新的发展趋势。

3.5.1　战略管理理论

20 世纪 80 年代前后，世界进入到科技、信息、经济全面飞速发展时期，同时竞争加剧、风险日增。为了谋求企业的长期生存发展，人们开始注重新构建竞争优势。这样，在经历了长期规划、战略规划等阶段之后，形成了较为系统的战略管理理论。

1．战略的含义

"战略"最早是军事方面的概念，指军事将领指挥军队作战的谋略，战略的特征是发现智谋的纲领。在中国，"战略"一词历史久远，"战"指战争，"略"指"谋略"。春秋时期孙武的《孙子兵法》被认为是中国最早对战略进行全局筹划的著作。在现代，"战略"一词被引申至政治和经济领域，其含义演变为泛指统领性的、全局性的、左右胜败的谋略、方案和对策。

著名管理大师迈克尔·波特认为，战略的本质是抉择、权衡和各适其位。在管理学领域，人们通常将战略定义为，组织为适应外部环境的变化，谋求长期的生存和发展，有效地运用组织的内部资源，对组织全局性的目标、方针进行运筹规划。

明茨伯格认为，人们在不同的场合可以用不同的方式赋予战略不同的内涵，即人们可以根据需要来接受各种不同的战略含义。明茨伯格认为，从企业未来发展的角度来看，战略表现为一种计划（Plan），而从企业过去发展历程的角度来看，战略则表现为一种模式（Pattern）。如果从产业层次来看，战略表现为一种定位（Position），而从企业层次来看，战略则表现为一种观念（Perspective）。此外，战略也表现为企业在竞争中采用的一种计谋（Ploy）。这是关于企业战略比较全面的看法，即著名的 5P 模型。这一理论认为，所有的战略都是一种抽象概念，它存在于需要战略的人们的头脑之中，体现于战略家们对客观世界固有的认识方式。

从战略在经济管理活动中的地位和作用的本质特点来考虑，可以将企业战略定义为：企业根据市场状况，结合自身资源，通过分析、判断、预测，设立远景目标，并对实现目标的发展轨迹进行总体性和指导性的谋划。企业战略界定了企业存在的使命、产品与市场范围、发展方向经营、竞争优势和协同作用等坐标，明确了企业的经营目标和行动方案。

2．战略的特征

基于战略的定义，战略的特征主要表现在全局性、风险性、系统性、竞争性和相对稳定性 5 个方面。

（1）全局性

所谓企业战略，简单地说，就是"做什么才能指导企业经营全局，使企业得以生存和发展"。因此企业战略是以企业全局的发展规律为研究对象的，它是指导整个企业一切活动的总谋划。我国企业战略的全局性特征不仅表现在企业自身的全局上，而且表现在企业战略要与国家的经济、技术、社会发展战略相协调一致，与国家发展的总目标相适应。否则，企业战略就不会取得成功。同时，它还应与世界的经济、技术发展相适应，否则外向型企业战略也不会取得成功。

（2）风险性

战略是企业面向未来的行动计划，是确定企业未来发展方向的行动方案，而组织的内部和外部环境是不断变化的，环境的变化可能会在一定程度上使得原来制定的战略不再合理，进而可能会给组织带来损失。因而，战略带有很大的风险性。

（3）系统性

制定战略本身就是一个系统工程，制定的战略不仅应包括经营环境分析、未来发展预测、远景目标设定、远景目标轨迹规划和战略策略制定等诸多因素，而且还应包括实现战略的行动计划和战略措施。

（4）竞争性

制定企业战略的目的就是要在激烈竞争中壮大自己的实力，使本企业在与竞争对手争夺市场和资源的斗争中占有相对优势。因此企业战略就是针对来自环境及竞争对手等各方面的冲击、压力、威胁和困难，为迎接这些挑战而制定的长期行动方案。它与那些不考虑竞争、挑战而单纯以改善企业现状、增加经济效益、提高管理水平为目的的行动方案不同，只有当这些工作与强化企业竞争力量和迎接挑战直接相关时，才能构成战略的内容，因此企业必须使自己的战略具有竞争性特征，以保证自己战胜竞争对手，保证自己的生存和发展。

（5）相对稳定性

战略必须在一定时期内具有稳定性，才能在企业经营实践中具有指导意义，如果朝令夕改，就会使企业经营发生混乱，从而给企业带来损失。当然企业经营实践又是一个动态的过程，指导企业经营实践的战略也应该是动态的，以适应外部环境的多变性，因而企业战略更应具有相对稳定性的特征。

3. 战略的层次

战略的层次是企业根据对未来经营环境的判断，在选择的目标层面上确定的战略意图和战略行动。按照执行战略行动活动的领域，可以将战略分为公司层战略、事业层战略和职能层战略。

（1）公司层战略

如果公司拥有一种以上的事业（业务）就需要一种公司层战略。其关心的问题是：公司的事业（业务）是什么？公司应拥有什么样的事业（业务）组合？其战略行为一般涉及拓展新的业务，如事业单元、产品系列的增加（或剥离），以及在新的领域与其他企业组建合资企业等。公司层战略应当决定每一种事业（业务）在组织中的地位。公司的战略的绝大部分可以从公司的实际行动和公开发布的消息中获得。不过公司的战略有些部分是对外界保密的，公司之外的人只能猜测公司管理者要采取的行动和对策。公司的战略一部分是规划出来的，一部分是对变化的环境做出的反应。

（2）事业层战略

当一个组织从事多种不同事业时，建立事业单元更便于计划和控制。事业单元代表一种单一的事业或相关的业务组合，每一个事业单元应当有自己独特的使命和竞争对手。这使得每一个事业单元应该有自己独立于公司其他事业单元的战略。因此，公司的经营可以看成是一种事业组合，每一个事业单元都有其明确定义的产品和细分市场，并具有明确定义的战略。事业组合中的每一个事业单元按照自身能力和竞争的需要开发自己的战略，同时还必须与整体的组织能力和竞争需要保持一致。

事业层战略关心的问题是：在我们的事业领域里如何进行竞争？事业层战略规定该事业单元提供的产品或服务及向哪些顾客提供产品或服务。其战略行为包括广告宣传、研究与开发（研究是指通过发明新技术来创造一种新产品或新工艺，或改进现有产品；开发则是将已有发明推广于生产过程或其他产品）、设备条件的改善及产品系列拓展、收缩的方向和程度。全部事业单元的战略必须符合公司作为一个整体的利益，在可接受和控制的风险水平下，使销售、收益和资产结构获得均衡发展。

（3）职能层战略

职能层战略是为贯彻、实施和支持公司层战略与事业层战略而在企业特定的职能管理领域制定的战略。职能层战略回答这样的问题：我们如何支持事业层战略？职能层战略的重点是提高企业资源的利用效率，使企业资源的利用效率最大化。职能层战略一般可分为营销战略、人事战略、财务战略、生产战略、研究与开发战略、公关战略等。

公司层战略、事业层战略与职能层战略一起构成了企业战略体系。在一个企业内部，企业战略的各个层次之间是相互联系、相互配合的。企业每一层次的战略都构成下一层次的战略环境，同时，低一级的战略又为上一级战略目标的实现提供保障和支持。所以，一个企业要想实现其总体战略目标，必须把 3 个层次的战略结合起来。

4．战略管理的含义与特征

（1）战略管理的含义

战略管理一词最初是由美国学者安索夫在其 1976 年出版的《从战略规则到战略管理》一书中提出的，安索夫在 1979 年又专门写了《战略管理论》一书。安索夫认为，企业战略管理是指将企业日常业务决策同长期计划决策相结合而形成的一系列经营管理业务。而美国学者斯坦纳在其 1982 年出版的《管理政策与战略》一书中则认为，企业战略管理是确立企业使命，根据企业外部环境和内部经营要素设定企业组织目标，保证目标的正确落实，并使企业使命最终得以实现的一个动态过程。

在安索夫和斯坦纳提出各自的战略管理定义后，其他许多战略研究学者也提出了不同的见解。概括起来，各学者的主张可以归纳为两种类型，即广义的战略管理和狭义的战略管理。广义的战略管理是指运用战略对整个企业进行管理，其主要代表人物是安索夫；狭义的战略管理是指对企业战略的制定、实施、控制和修正进行管理，其主要代表人物是斯坦纳。目前，战略管理研究中狭义战略管理的学者占主流。

（2）战略管理的特征

以往的企业管理是将企业的活动分成多种职能，如生产、营销、研发等，对不同的职能进行不同的管理，即"职能管理"，而战略管理则强调，在对企业外部环境的变化进行分析，对企业内部条件和素质进行审核的基础上，为企业的发展制定战略并主动实施战略。战略管理主要包括以下特征。

① 战略管理具有全局性。企业的战略管理是以企业的全局为对象，根据企业总体发展的需要而制定的。它所管理的是企业的总体活动，所追求的是企业的总体效果。虽然这种管理也包括企业的局部活动，但是这些局部活动是作为总体活动的有机组成在战略管理中出现的。具体地说，战略管理不是强调企业某一事业部或某一职能部门的重要性，而是通过制定企业的使命、目标和战略来协调企业各部门自身的表现。这样也就使战略管理具有综合性和系统性的特点。

② 战略管理的主体是企业的高层管理人员。由于战略决策涉及企业活动的各个方面，虽然它也需要企业上、下层管理者和全体员工的参与和支持，但企业的最高层管理人员介入战略决策是非常重要的。这不仅是由于他们能够统观企业全局，了解企业的全面情况，而且更重要的是他们具有对战略实施所需资源进行分配的权力。

③ 战略管理涉及企业大量资源的配置问题。企业的资源，包括人力资源、实体财产和资金，或者在企业内部进行调整，或者从企业外部来筹集。在任何一种情况下，战略决策都需要在相当长的一段时间内致力于一系列的活动，而实施这些活动需要有大量的资源作为保证。因此，这就需要为保证战略目标的实现，对企业的资源进行统筹规划，合理配置。

④ 战略管理从时间上来说具有长远性。战略管理中的战略决策是对企业未来较长时期（5 年以上）内，就企业如何生存和发展等进行统筹规划。虽然这种决策以企业外部环境和内部条件的当前情况为出发点，并且对企业当前的生产经营活动有指导、限制作用，但是

这一切是为了更长远的发展，是长期发展的起步。从这一点上来说，战略管理也是面向未来的管理，战略决策要以管理者所期望或预测将要发生的情况为基础。在迅速变化和竞争性的环境中，企业要取得成功必须对未来的变化采取预应性的态势，这就需要企业做出长期性的战略计划。

⑤ 战略管理需要考虑企业外部环境中的诸多因素。现今的企业都存在于一个开放的系统中，受到企业的外部环境因素的影响，但更通常地是受那些不能由企业自身控制的因素的影响。因此在未来的竞争环境中，企业要使自己占据有利地位并取得竞争优势，就必须考虑与其相关的因素，这包括竞争者、顾客、资金供给者、政府等外部因素，以使企业的行为适应不断变化中的外部力量，企业能够继续生存下去。

5. 战略管理的主要理论

20 世纪 80 年代初，以哈佛大学商学院的迈克尔·波特为代表的竞争战略理论取得了战略管理理论的主流地位。波特教授提出了"5 种竞争模型"和"3 种竞争战略"等诸多竞争战略理论观点。

（1）5 种竞争力模型

波特认为决定企业获利能力的首要因素是"产业吸引力"。企业在拟订竞争战略时，必须深入了解决定产业吸引力的竞争法则。竞争法则可以用 5 种竞争力来具体分析，这 5 种竞争力包括新加入者的威胁、客户的议价能力、替代品或服务的威胁、供货商的议价能力及既有竞争者。

这 5 种竞争力能够决定产业的获利能力，它们会影响产品的价格、成本与必要的投资，也决定了产业结构。企业如果要想拥有长期的获利能力，就必须先了解所处的产业结构，并塑造对企业有利的产业结构。

（2）3 大竞争战略

波特认为，在与 5 种竞争力的抗争中，蕴涵着 3 种成功的竞争战略，这 3 种战略是：总成本领先战略，是指企业通过在内部加强成本控制，在研究开发、生产、销售、服务和广告等领域里把成本降到低于行业当中的低成本制造商和供应者；差异化战略，是指将产品或公司提供的服务差别化，满足顾客的特殊需求，树立起一些全产业范围中具有独特性的东西；专一化战略，是指企业集中精力服务于一个范围较小的细分市场。波特认为，这些战略类型的目标是使企业的经营在产业竞争中高人一筹：在一些产业中，这意味着企业可取得较高的收益；而在另外一些产业中，一种战略的成功可能只是企业在绝对意义上能获取些微收益的必要条件。有时企业追逐的基本目标可能不止一个，但波特认为这种情况实现的可能性是很小的。因为贯彻任何一种战略，通常都需要全力以赴，并且要有一个支持这一战略的组织安排。如果企业的基本目标不止一个，则这些方面的资源将被分散。

波特的竞争战略研究开创了企业经营战略的崭新领域，对全球企业发展和管理理论研究的进步都做出了重要的贡献。

6. 战略管理的过程

一个规范性的、全面的战略管理过程可大体分解为 3 个阶段，即战略分析阶段、战略选择及评价阶段、战略实施及控制阶段。

（1）战略分析阶段

战略分析是指对企业的战略环境进行分析、评价，并预测这些环境未来发展的趋势，以及这些趋势可能对企业造成的影响及影响方向。企业战略环境分析可以分企业外部环境分析、企业内部资源和能力分析两部分。

企业外部环境一般包括下列因素：政府法律因素、经济因素、技术因素、社会因素及企业所处行业中的竞争状况。外部环境分析的目的是为了适时地寻找和发现有利于企业发展的机会，以及对企业来说所存在的威胁，做到"知彼"，以便在制定和选择战略中能够利用外部条件所提供的机会而避开对企业的威胁因素。

企业的内部资源和能力即是企业本身所具备的条件，也就是企业所具备的素质，它包括生产经营活动的各个方面，如生产、技术、市场营销、财务、研究与开发、员工情况、管理能力等。企业的内部资源和能力分析的目的是为了发现企业所具备的优势或弱点，以便在制定和实施战略时能扬长避短、发挥优势，有效地利用企业自身的各种资源。

（2）战略选择及评价阶段

战略选择及评价过程的实质是战略决策过程，即对战略进行探索、制定及选择的过程。一个跨行业经营的企业的战略选择应当解决两个基本的战略问题：一是企业的经营范围或战略经营领域，即规定企业从事生产经营活动的行业，明确企业的性质和所从事的事业，确定企业以什么样的产品或服务来满足哪一类顾客的需求；二是企业在某一特定经营领域的竞争优势，即要确定企业提供的产品或服务，要在什么基础上取得超过竞争对手的优势。

（3）战略实施及控制阶段

企业的战略方案确定后，必须通过具体化的实际行动，才能实现战略及战略目标。一般来说可在 3 个方面来推进一个战略的实施：其一，制定职能策略，如生产策略、研究与开发策略、市场营销策略、财务策略等，在这些职能策略中要能够体现出策略推出步骤、采取的措施、项目及大体的时间安排等；其二，对企业的组织机构进行构建，以使构造出的机构能够适应所采取的战略，为战略实施提供一个有利的环境；其三，要使领导者的素质及能力与所执行的战略相匹配，即挑选合适的企业高层管理者来贯彻既定的战略方案。在战略的具体化和实施过程中，要随时进行战略控制，即将经过信息反馈回来的实际成效与预定的战略目标进行比较，如二者有显著的偏差，就应当采取有效的措施进行纠正。当由于原来分析不周、判断有误，或是环境发生了预想不到的变化而引起偏差时，甚至可能会重新审视环境，制定新的战略方案，进行新一轮的战略管理过程。

3.5.2 企业再造理论

企业再造是 1993 年开始在美国出现的关于企业经营管理方式的一种新的理论和方法。它的产生有深刻的时代背景。

1. 企业再造理论的产生背景

20 世纪 60 年代以来，信息技术革命使企业的经营环境和运作方式发生了很大的变化，而西方国家经济的长期低增长又使得市场竞争日益激烈，企业面临着严峻挑战。有些管理专家用 3C 理论阐述了这种全新的挑战。①顾客（customer）——买卖双方关系中的主导权转到了顾客一方。竞争使顾客对商品有了更大的选择余地；随着生活水平的不断提高，顾客对各种产品和服务也有了更高的要求。②竞争（competition）——技术进步使竞争的方式和手段不断发展并发生了根本性的变化。越来越多的跨国公司越出国界，在逐渐走向一体化的全球市场上展开各种形式的竞争，美国企业面临日本、欧洲企业的竞争威胁。③变化（change）——市场需求日趋多变，产品寿命周期的单位已由"年"趋于"月"，技术进步使企业的生产、服务系统经常变化，这种变化已经成为持续不断的事情。因此在大量生产、大量消费的环境下发展起来的企业经营管理模式已无法适应快速变化的市场。

面对这些挑战，企业只有在更高水平上进行一场根本性的改革与创新，才能在低速增长时代增强自身的竞争力。

1993 年原美国麻省理工学院教授迈克·哈默与詹姆斯·钱皮出版了《再造企业》一书，书中提出应在新的企业运行空间条件下，改造原来的工作流程，以使企业更适应未来的生存发展空间。这一全新的思想震动了管理学界，一时间"企业再造""流程再造"成为大家谈论的热门话题，哈默和钱皮的著作以极快的速度被大量翻译、传播。与此有关的各种刊物、演讲会也盛行一时，在短短的时间里该理论便成为全世界企业以及学术界研究的热点。IBM 信用公司通过流程改造，实现一个通才信贷员代替过去多位专才并减少了九成作业时间的故事更是广为流传。

2．企业再造理论的含义

企业再造也叫作流程再造，就是重新设计和安排企业的整个生产、服务和经营过程，使之合理化。通过对企业原来生产经营过程的各个方面、每个环节进行全面的调查研究和细致分析，对其中不合理、不必要的环节进行彻底的变革。

3．企业再造的主要程序

在具体实施过程中，企业再造可以按以下程序进行。

（1）对原有流程进行全面的功能和效率分析，发现存在的问题

根据企业现行的作业程序，绘制细致、明了的作业流程图。一般来说，原来的作业程序是与过去的市场需求、技术条件相适应的，并由一定的组织结构、作业规范作为其保证的。当市场需求、技术条件发生的变化使现有作业程序难以适应时，作业效率或组织结构的效能就会降低。因此，必须从以下方面分析现行作业流程的问题。

① 功能障碍。随着技术的发展，对于技术上具有不可分性的团队工作，个人可完成的工作额度就会发生变化，这就会使原来的作业流程或者支离破碎增加管理成本，或者核算单位太大造成权责利脱节，并会造成组织机构设计不合理，形成企业发展的瓶颈。

② 重要性。不同的作业流程环节对企业的影响是不同的。随着市场的发展，顾客对产品、服务需求在变化，作业流程中的关键环节及各环节的重要性也在变化。

③ 可行性。根据市场、技术变化的特点及企业的现实情况，分清问题的轻重缓急，找出流程再造的切入点。为了对上述问题的认识更具有针对性，还必须深入现场，具体观测、分析现存作业流程的功能、制约因素及表现的关键问题。

（2）设计新的流程改进方案，并进行评估

为了设计更加科学、合理的作业流程，必须群策群力、集思广益、鼓励创新。在设计新的流程改进方案时，可以考虑如下方面。

① 将现在的数项业务或工作组合，合并为一。

② 工作流程的各个步骤按其自然顺序来设置。

③ 给予员工参与决策的权利。

④ 为同一种工作流程设置若干种进行方式。

⑤ 工作应当超越组织的界限，在最适当的场所进行。

⑥ 尽量减少检查、控制、调整等管理工作。

⑦ 设置项目负责人。

对于提出的多个流程改进方案，还要从成本、效益、技术条件和风险程度等方面进行评估，选取可行性强的方案。

（3）制定与流程改进方案相配套的组织结构、人力资源配置和业务规范等方面的改进规划，形成系统的企业再造方案

企业业务流程的实施，是以相应组织结构、人力资源配置方式、业务规范、沟通渠道甚至企业文化作为保证的，所以，只有以流程改进为核心形成系统的企业再造方案，才能达到预期的目的。

（4）组织实施与持续改善

实施企业再造方案，必然会触及原有的利益格局。因此，必须精心组织，谨慎推进，既要态度坚定、克服阻力，又要积极宣传、形成共识，以保证企业再造的顺利进行。

企业再造方案的实施并不意味着企业再造的终结。在社会发展日益加快的时代，企业总是不断面临新的挑战，这就需要对企业再造方案不断进行改进，以适应新形势的需要。

案例 3-3　海尔的流程再造

海尔首席流程官、首席信息官佘敏加入海尔集团之前，在一家咨询公司从事运营管理、流程再造、供应链管理等领域的管理咨询工作，参与了诸多企业的并购、整合等进程。加入海尔之后，佘敏的任务是推动海尔的流程再造。在他的推动下，海尔物流配送团队的工作方式发生了巨大改变。

过去，顾客在网上购买了海尔的产品后，要求货物在某个时间节点送到。订单和顾客的要求传递到公司后，公司会有专门的派单人员，将产品与车辆和司机对应，告诉司机在什么时间将什么货物运送到什么地方；此外，还需要通知商铺仓储等组织提前备货。从顾客下单到产品送装完毕这一系列过程，需要多层级大量管理人员做调度和协调。

然而，从2014年开始，不再需要这些管理人员了。佘敏说，他们转向了更有价值的事情。现在顾客在网上下单后，系统会实时将顾客的订单信息开放给区域内的物流人员。海尔的配送司机们，就像出租车司机使用打车软件一样，了解到用户的配送要求后，可以根据自己的配送计划，使用APP或者在互联网平台上快速填单、抢单。相应的，订单与配送等有关信息也会在第一时间传递到仓储部门，物流平台与仓储平台实现了数据的互通和联动。在过去，顾客如果想要知道物流情况，首先需要拨打服务电话，再由呼叫中心询问司机，然后将进度回复给顾客。现在，顾客和送装司机可以直接沟通。顾客可以通过APP了解到司机何时出发，实时位置，大概还需要多久到货等信息；顾客如果有其他事情，也可以提前告知司机，提早或推迟送货时间。以往，送装完毕后，顾客可以在网上做服务评价，

管理学原理（第2版）

海尔也会有专人电话询问顾客的满意度。这些信息收集回公司之后，再反馈给物流部门和司机，可能需要几天的时间。现在，顾客在产品安装调试完毕后所做出的评价，会实时显示在司机手机的APP上。"如果用户满意度低，等于这一单就白做了。"佘敏说。

以IT创新为支撑，传统的送装业务模式被颠覆了。司机在平台上工作，抢单量和满意度直接关系到其收入的多寡。而平台也能够为司机规划配送路线，不过司机无须完全遵守。因为交通状况瞬息多变，如果遇到拥堵，司机可以根据导航机动改变线路。但所有司机的整个配送过程和路径，平台都能够实时了解到。

启示：企业发展到一定规模，都会遇到"大公司病"，如何提升效率成为关键命题。流程再造的目的，就是要通过流程的优化和变革，对内，减少人力、物力、财力以及时间等的浪费，降低成本，提高企业运转速度；对外，让用户获得更好的体验，增加品牌的黏性，最终支撑业务的增长。

3.5.3 "学习型组织"理论

案例 3-4 联想——中国第一个"学习型组织"

联想集团是1984年由中科院计算所的11名科技人员筹资20万元人民币创办的，是一家在信息产业内多元化发展的大型企业集团，同时是一家富有创新性的国际化的科技公司。从1996年开始，联想电脑销量一直位居中国国内市场首位；2005年，联想集团收购IBM PC（Personal Computer，个人电脑）事业部；2013年，联想电脑销售量升居世界第一，成为全球最大的PC生产厂商。2014年10月，联想集团宣布该公司已经完成对摩托罗拉移动的收购。

作为全球电脑市场的领导企业，联想从事开发、制造并销售可靠的、安全易用的技术产品及优质专业的服务，帮助全球客户和合作伙伴取得成功。联想公司主要生产台式电脑、服务器、笔记本电脑、智能电视、打印机、掌上电脑、主板、手机、一体机电脑等商品。自2014年4月1日起，联想集团成立了4个新的、相对独立的业务集团，分别是PC业务集团、移动业务集团、企业级业务集团、云服务业务集团。2016年8月，全国工商联发布"2016中国民营企业500强"榜单，联想名列第四。

联想的成功原因是多方面的，但不可忽视的一点是，联想具有极富特色的组织学习实践，使得联想能顺应环境的变化，及时调整组织结构、管理方式，从而健康成长。

联想从与惠普的合作中学习到了市场运作、渠道建设与管理方法，学到了企业管理经验，对于联想成功地克服跨越成长中的管理障碍大有裨益；现在，联想积极开展国际、国内技术合作，与计算机界众多知名公司，如英特尔、微软、惠普、东芝等保持着良好的合作关系，并从与众多国际大公司的合作中受益匪浅。

柳传志有句名言："要想着打，不能蒙着打。"这句话的意思是说，要善于总结，善于思考，不能光干不总结。除了能从合作伙伴那里学到东西之外，联想还是一个非常有心的"学习者"，善于通过竞争对手、本行业或其他行业优秀企业及顾客等各种途径学习。

启示：联想是一个非常善于从合作中学习的公司，也是一个非常善于从自己过去的经验中学习的公司，从合作中学习，向他人学习，从自己过去的经验中学习，是联想成功的重要因素。

20 世纪 80 年代以来，随着信息革命、知识经济时代进程的加快，企业面临着前所未有的竞争环境的变化，传统的组织模式和管理理念已越来越不适应环境，其突出表现就是许多在历史上名噪一时的大公司纷纷退出历史舞台。因此，研究企业组织如何适应新的知识经济环境、增强自身的竞争能力、延长组织寿命，成为世界企业界和理论界关注的焦点。在这样的大背景下，以美国麻省理工学院教授彼得·M·圣吉为代表的西方学者，吸收东西方管理文化的精髓，提出了学习型组织理念。

1. 学习型组织的发展历程

最早提出学习型组织概念的学者是 20 世纪 70 年代美国哈佛大学的克里斯·阿吉瑞斯和 D·A·舍恩。1977 年阿吉瑞斯在《哈佛商业评论》上发表了《组织中的双环学习》，首次提出"组织学习"的概念，并于 1978 年与舍恩合著《组织学习：一种行动透视理论》，详细地并正式界定了"组织学习"的概念，同时也对"组织学习"的类型进行了划分。他们认为学习可以划分 3 种类型，即适应性学习、单环学习及创造性学习，并提出创造性学习是组织学习的发展阶段，这种学习方式能对组织规范进行探索与重建。

从 20 世纪 80 年代开始，在企业界和管理思想界出现了推广和研究学习型组织的热潮，并逐渐风靡全球。美国的杜邦、英特尔、苹果、联邦快递等世界一流企业，纷纷建立学习型组织。初步统计，美国排名前 25 名的企业，已有 20 家按照学习型组织的模式改造自己。已经成为时代标志的著名的微软公司，其成功的秘诀就是倾心建立学习型组织。

1994 年，美国麻省理工学院的彼德·M·圣吉所著的《第五项修炼》的出版，使得学习型组织的发展迎来了一个新高度。该书的出版引起了人们对学习型组织更为广泛的兴趣、研究与实践。圣吉认为企业应建立学习型组织，以便在面临剧烈变动的外在环境时，能够力求精简、扁平化、终生学习、不断自我组织再造，从而维持竞争力。

2001 年学习型组织理论在全世界掀起了一个实践的高潮，世界 500 强的许多公司都在试图建立长久的学习架构。之后，由于各方面的原因，更因为实践学习型组织是一项长久的战略安排，很多人和企业在经历了热热闹闹的启动之后，发现很难入手或深入持久地开展下去。学习型组织渐渐地从"热潮"趋于"理智"，这是一种回归理性、回归本色的表现，表明学习型组织将以一种更为成熟的姿态使企业组织保持持久的生命力。

2. 学习型组织的含义及特征

（1）学习型组织的含义

所谓学习型组织，就是指通过弥漫于整个组织的学习气氛而建立起来的一种符合人性的、有机的、扁平化的组织。这种组织具有持续发展的能力，是可持续发展的组织。

（2）学习型组织的特征

学习型组织一般具有以下几个基本特征：有着在周密计划的基础上敢冒风险、带头实践的领导者；分层式的决策和对员工授权；提倡一专多能，考核学习能力；有共享学习并把它应用到工作中去的系统；鼓励员工拥有主动精神的工作和机制；关心长期性成果和对别人工作的影响；经常运用横向式组织功能作业的团队；有从日常经验中学习的机会；提倡信息反馈和信息展示。学习型组织与传统组织的主要区别如表 3-2 所示。

表 3-2　学习型组织与传统组织的主要区别

	传统组织	学习型组织
学习的方法	员工培训和指导	自主的学习和组织范围内的学习
学习的目的	被动地解决现有问题	由组织的各个层面主动发现问题
对竞争优势的看法	资源（财务、技术、人力、市场）	发展组织、发现资源和利用资源的整体能力
对成员的管理	强调控制和程序	支持员工发现和利用机会，鼓励试错
部门间的关系	专业化分工	以创造顾客价值为导向，打破部门界限
对待变革的态度	只在必要时才做出变革	变革是生存的前提

学习型组织不是口号和突击式的活动。对于管理者来说，困难在于如何通过制度设计让组织学习保持效能，以帮助企业增长和保持竞争力。微软和诺基亚在手机操作系统、触摸屏和网上音乐收费下载服务方面都是技术领先者，然而今天在这些领域中占据主导地位的却是苹果公司。在这个例子中，学习能力的差异是导致竞争优势转移的重要因素。

3．学习型组织的 5 项修炼

圣吉提出任何一个组织要成为学习型组织，都必须进行以下 5 项修炼。

（1）建立共同愿景

共同愿景就是要回答我们想要创造什么的问题。建立共同愿景包含 4 项要素：愿景——我们想要的未来图像；价值观——我们如何到达我们的目的地；目的和使命——组织存在的理由；目标——我们期待在短期内达到的里程碑。

共同的愿景可以凝聚公司上下的意志力，通过组织共识，大家努力的方向一致，个人也乐于奉献，为组织目标奋斗。

（2）团队学习

在现代组织中，不仅每个成员需要学习，而且整个组织也需要共同的学习。学习型组织的根本手段就在于学习，而团队学习是其最基本的形式。学习型组织的修炼必须通过团队学习的形式，才能加以组织起来并具体实施。团队智慧应大于个人智慧的平均值，以做出正确的组织决策，透过集体思考和分析，找出个人弱点，强化团队向心力。

（3）改变心智模式

心智模式是根深蒂固于人们心中，影响人们如何了解世界，以及如何采取行动的许多假设、成见，或者是图像、印象等。心智模式决定了人们对世界的看法。组织的障碍，多来自于个人的旧思维，例如固执己见、本位主义，唯有通过团队学习以及标杆学习，才能改变心智模式，有所创新。

（4）自我超越

自我超越是学习型组织的精神基础。这项修炼是学习不断理清并加深个人的真正愿望，集中精力，培养耐心，并客观地观察现实。这项修炼对于组织中整体价值观的形成、组织成员对组织目标的认同、提高组织的学习能力都具有重要作用。

（5）系统思考

系统思考是 5 项修炼的核心。圣吉认为，系统思考就是思考及形容、了解行为系统之间相互关系的方式。系统思考应遵循以下原则：第一要防止分割思考，注意整体思考的原则；第二要防止静止思考，注意动态思考的原则；第三要防止表面思考，注意本质思考的原则。

圣吉认为，在 5 项修炼中第 5 项修炼即系统思考是核心，改变心智模式和团队学习是基础；自我超越和建立共同愿景这两项修炼形成向上的张力。

4．学习型组织的"7C"模式

创建学习型组织应该做到以下 7 个 C。

① 持续不断的学习（Continuous）。

② 亲密合作的关系（Collaborative）。

③ 彼此联系的网络（Connected）。

④ 集体共享的观念（Collective）。

⑤ 创新发展的精神（Creative）。

⑥ 系统存取的方法（Captured and Codified）。

⑦ 建立能力的目的（Capacity building）。

学习型组织有着它不同凡响的作用和意义。它的真谛在于：一方面，学习是为了保证企业的生存，使企业组织具备不断改进的能力，提高企业组织的竞争力；另一方面，学习更是为了实现个人与工作的真正融合，使人们在工作中活出生命的意义。

5．学习型组织的作用

在圣吉的《第五项修炼》出版后，大批优秀企业表示对学习型组织感兴趣，如美国的福特汽车、通用电气、摩托罗拉、科宁、AT&T、联邦快递，欧洲的赛恩斯钢铁、罗福、ABB等，正朝此目标迈进，并取得了明显的成效。我国的联想集团可以说是学习型组织的代表。联想集团在几个组织学习方式中，包括从合作中学习（与惠普、英特尔、微软、东芝等保持良好的合作关系）、向他人学习（前车之鉴、后事之师，以及向顾客学习等）、从自己过去的经验中学习，创新性地形成了联想集团极富特色的组织学习实践，使得联想集团能够顺应环境的变化，及时调整组织结构管理方式，从而健康成长。从这些实践中，我们可以看到学习型组织理论对现代企业实践有一些重要的作用，是对现代管理理论的丰富与发展。

（1）学习型组织理论认为学习是现代企业的一项基本职能

传统的管理理论认为企业的主要目标是生产出产品或提供服务以赚取利润；但现代企业有一项更重要的职能就是成为高效的学习型组织。因为在未来社会，如果没有持续学习，企业将不可能赚到任何利润。在知识信息时代，企业是知识、信息与资源的结合体，企业为求生存，就要求组织不仅是处理信息的机器，而且要善于创造出新知识。学习型组织追求通过不断的学习来实现组织的持续发展。

（2）建立学习型组织是未来组织生存与发展的基础

学习型组织强调个人与组织的自我超越，充分发挥每一位员工的积极性、创造性和潜能。学习型组织的真谛在于使组织成员在组织中"逐渐在心灵上潜移默化，而活出了生命的意义"。只有在学习型组织中，员工和组织才会真正共同发展、共同进步。由于企业组织面临的外部环境出现更大的不确定性，顾客日趋成熟，企业组织承受越来越大的压力。为了促使企业保持竞争优势，各部门的人紧密协调，配合无间，为了一个共同的目标而努力，学习型组织对环境的变化反应更快，而这也是学习型组织提倡建立共同愿景与系统思考的精髓所在。

管理学原理（第 2 版）

82

（3）实践学习型组织可以使企业不断获得发展

在动荡的市场竞争中，唯一的制胜之道就是培养企业组织的竞争优势与核心竞争力，以适应迅速变化的市场和环境条件，所以组织必须不断地强化核心能力。学习型组织理论同时指出有两种途径可以开发核心能力：一是开发和学习新的能力；二是强化现存的能力。而这两种途径都是通过组织学习来实现的，也即从另一个角度来讲，学习型组织通过不断的学习来发展企业的核心竞争力。

在当今社会，创新是任何组织的一项重要职能，不断创新是形成组织核心竞争力的一个最重要方面。学习型组织通过持续的自我超越、不断改善的心智模式及团队学习，从系统方面进行不断的创新，从而实现个人与组织的共同愿景。可以这么说，组织学习就是不断地利用知识创造出新知识的过程，而这个过程显现为企业不断推陈出新的产品与服务，保持和发展企业组织的核心竞争力。

 本章要点

- 早期的管理思想的代表人物及其管理思想分别是：亚当·斯密的劳动分工理论和"经济人"的概念；罗伯特·欧文最早注意到企业中人的因素对于提高劳动生产率的重要性；查尔斯·巴比奇所提出的劳动分工、用科学方法有效地使用设备和原材料等观点。

- 20 世纪 20 年代以前的主要管理思想包括泰罗的科学管理理论、法约尔的一般管理理论和韦伯的行政组织体系理论。

- 梅奥在总结霍桑实验结果后提出的人际关系学说弥补了前期管理理论的不足，使人们看到了"人"的因素的重要性与特殊性，从而激发了行为科学理论的蓬勃发展。

- 行为科学理论代表性的理论主要有亚伯拉罕·马斯洛的需要层次理论、赫茨伯格的双因素理论、弗鲁姆的期望理论等。

- 在知识经济的发展和冲击下，企业将彻底改变工业经济社会处理问题的方式、采用的管理模式，需要进行管理方法的革命。新的管理理念包括战略管理、企业再造、"学习型组织"等理论。

 关键概念

泰罗制　等级链　霍桑实验　X-Y 理论　战略管理　企业再造　学习型组织

 综合练习

一、选择题

1. 管理学成为独立的科学以来，大体经历的 3 个发展阶段是（　　）。
    A. 古典管理理论阶段、现代管理理论阶段、当代管理理论阶段
    B. 古典管理理论阶段、行为科学阶段、现代管理理论阶段
    C. 理论探索阶段、实践应用阶段、理论研究和实践应用相结合阶段
    D. 注重管理资源阶段、注重管理行为阶段、注重管理中人的阶段

2. 泰罗认为科学管理的中心问题是（　　　）。

    A. 实现标准化　　　　　　　　　　　　　B. 制定科学报酬制度

    C. 提高人工素质　　　　　　　　　　　　D. 提高效率

3. 奠定行为科学理论基础的是（　　　）。

    A. 马斯洛的需求层次论　　　　　　　　　B. 赫茨伯格的双因素理论

    C. 麦格雷戈的 X-Y 理论　　　　　　　　D. 梅奥的人际关系学说

4. 最先提出科学管理理论的代表人物是（　　　）。

    A. 法约尔　　　　　　B. 韦伯　　　　　　C. 甘特　　　　　　D. 泰罗

5. 1927 年到芝加哥附近的西方电气公司的霍桑工厂进行一系列实验的是（　　　）。

    A. 梅奥　　　　　　B. 马斯洛　　　　　　C. 麦格雷戈　　　　　　D. 法约尔

6. 霍桑实验表明（　　　）。

    A. 非正式组织对组织目标的达成是有害的

    B. 非正式组织对组织目标的达成是有益的

    C. 企业应采取一切措施来取缔非正式组织

    D. 企业应该正视非正式组织的存在

7. 孔茨提出形成"管理学丛林"的 11 个学派，其中以明茨伯格等为代表的是（　　　）。

    A. 人性行为学派　　　　　　　　　　　　B. 经验学派

    C. 经理角色学派　　　　　　　　　　　　D. 经营管理学派

8. 在领导工作中必须对员工采用强制、惩罚、解雇等手段来迫使他们工作，对员工应当严格监督和控制，在领导模式上采取集权的领导方式。这种认识和做法的理论基础是（　　　）。

    A. 麦格雷戈的 X 理论　　　　　　　　　B. 麦格雷戈的 Y 理论

    C. 理性"经济人"假设理论　　　　　　　D. 领导风格理论

9. 关于 X 理论与 Y 理论，正确的表述是（　　　）。

    A. Y 理论认为下属的个人目标与组织目标是相互矛盾的

    B. X 理论认为下属的个人目标与组织目标应该相互融合

    C. Y 理论主张领导者要创造机会，使下属的智慧潜能得到充分发挥

    D. X 理论强调发挥人的主观能动性，主张实行自我控制

10. 迈克尔·波特提出的理论是（　　　）。

    A. 企业再造理论　　　　　　　　　　　　B. 战略管理理论

    C. 科学管理理论　　　　　　　　　　　　D. 学习型组织理论

二、填空题

1. 霍桑实验是在西方电气公司的工厂进行的一系列的实验，共进行了＿＿＿＿＿年。

2. 法约尔的 5 项职能说包括：计划、组织、指挥、＿＿＿＿＿和控制。

3. 学习型组织理论是由美国的＿＿＿＿＿提出的。

4. 企业再造理论是由美国的迈克尔·哈默和＿＿＿＿＿提出来的。

5. 在管理学发展的过程中，被誉为"科学管理之父"的是＿＿＿＿＿。

6. 在管理学发展的过程中，被誉为"管理过程之父"的是＿＿＿＿＿。

7. 在管理学发展的过程中，被誉为"组织理论之父"的是＿＿＿＿＿。

8. 在管理学发展的过程中，被誉为"管理学的第一夫人"的是＿＿＿＿＿。

9. 梅奥等人认为，提高劳动生产效率的主要途径是_____。

10. 泰罗的代表作是_____。

三、简答题

1. 简要论述亚当•斯密对管理理论发展做出的贡献。

2. 泰罗的科学管理理论的主要内容是什么？

3. 法约尔的一般管理理论的主要内容是什么？

4. 根据霍桑实验，梅奥提出了哪些新概念及新观点？

5. 韦伯的行政组织体系理论的主要内容是什么？

6. "学习型组织"理论中的5项修炼是什么？

7. 波特的战略管理理论的内容是什么？

四、案例分析题

微软如何创建学习型组织

微软是怎样创建学习型企业的？首先要有正确的"学习"理念。微软提出的理念是：学习是自我批评的学习、信息反馈的学习、交流共享的学习。为此，微软提出了4个原则。

第一，系统地从过去和当前的研究项目与产品中学习。其为此开展了五大活动。①事后分析活动。它要求每个项目组、每个部门开发一个产品、完成一个项目都要写一份事后分析报告，着重揭露存在的问题，通过自我批评进行学习。比尔•盖茨十分喜欢看这样的报告。②过程审计。审计，我国单位都在搞，但是仅把审计作为一项重要的工作。而在微软，审计人员在审计过程中，一再告诉被审计对象：我们的审计过程是一个技术交换的过程，是发现先进典型的过程，是学习的过程。③休假会活动。每年一次，主要目的是交流信息、对付难题、提高技巧、学习文件。④小组间资源共享活动。微软鼓励不同部门的人员在不太正式的场合经常交流，举行部门内部和部门之间定期或不定期的午餐会，或者通过电子邮件进行互访交流。⑤"自食其果"活动。微软要求自己的员工首先使用自己开发的产品，通过这种方式来进行自我反思、自我批评，从而得到学习。

第二，通过数量化的信息反馈学习。微软把产品的质量问题分为4个不同的程度：①整个产品不能使用；②一种特性不能运行，并无替代方案；③一个产品不能应用，但是可以代替；④表面的、微小的问题。微软规定要把产品的质量信息公布于众，使公司有关部门的员工从中知道问题的严重性，经过反思，找出问题的关键所在。

第三，以客户信息为依据进行学习。这是外部的信息反馈。学习有两种：一是通过内部获得的信息；二是从外部获得信息，即把客户信息作为重要的学习资源。微软每天获得6 000个用户咨询电话的信息资源。为了鼓励用户提意见和咨询，产品售出90天内，电话费由微软付款。因此，它每天承受的长途电话费相当可观。它之所以这样做，就是为了要发挥用户信息这个重要的学习资源。

还有最终用户满意度调查。微软每年花50万美元进行用户满意度调查，包括3个满意度：①微软产品的满意度；②微软公司的满意度；③售后服务的满意度。微软还开展评选"忠诚客户"活动，条件是：①对3个满意度都满意；②保证以后都买微软的产品；③向别人推荐微软产品。微软为什么会成功？就是因为它想尽办法获得外部学习资源，这是微软的秘密武器。

第四，促进各产品组之间的联系，通过交流共享学习成果。微软的重要理念是通过交流学习实现资源共享。微软公司为了交流共享，采取了 3 个措施。①成立共同操作、沟通系统。微软是个庞大的系统，需要高度的沟通。②开展相互交流活动。③开展"东走西瞧"活动。比尔·盖茨要求员工在工作时间到各产品开发组之间多走一走，看一看，起到沟通、交流、相互学习的作用。

同样，美国苹果电脑公司的办公楼是桶形的，中间是草坪，上面摆着桌子和椅子，员工们工作时间可以通过电话相约一起去喝咖啡，聊聊思路，交流沟通，资源共享，达到相互学习的目的。

思考：

1. 学习型组织是如何产生的？它的内涵是什么？
2. 结合案例说明，如何建设学习型组织？并谈谈你的体会。

五、补充阅读材料

得利斯集团总裁的批示

得利斯集团总裁郑和平酷爱读书，每每看到精彩的文章，总要推荐给员工。一次，某杂志"名牌列传"专栏刊载的一篇文章《"同仁"最是真》引起他的共鸣，郑总一连在 15 处文字下画了着重号。这些内容集中反映在：做精品要严格规范，精益求精；做事要兢兢业业，埋头苦干；做人要认认真真、实实在在……郑总认为同仁堂造药、得利斯生产食品都是吃的东西，都是关系到人身体健康的东西，两者具有很多相似之处。这篇文章郑总不仅自己阅读研究，而且向全体员工推荐，他希望这篇文章对全体员工有所启示。

下面是郑总对此文章画重点号的部分内容及他的批示。

《"同仁"最是真》成药配方独具特色，考料炮制可谓一丝不苟，紫血丹的配方需用金锅银铲，乐家老太收集了各房的金首饰 100 两，放在锅里煮，日夜守候着。一次，老板服用本堂生产的银翘解毒丸时，口感有渣滓，便一追到底，发现是箩底的细绢并丝，造成箩眼过大，他当场用水果刀划破所有箩底，令工人更换……

俗话说：字要习，马要骑，拳脚要踢打，算盘要拨拉，久练即熟，熟能生巧……同仁堂选料是非上乘不买，非地道不购……火候不济，功效难求，火小了，香出不来，香入脾；如果火大，炒焦了，焦气入心经，所以又有火候太过、气味反失一说。一颗牛黄上清丸就有 100 多道工序，药真工细，同仁堂一等品出厂达标率达 100%。

"炮制虽繁必不敢省人工，品味虽贵必不敢减物力。"同仁堂人也琢磨同仁堂老而不衰的谜，说法不一，却有一点共识：传统也罢，现代也罢，兢兢业业、一丝不苟的敬业精神，啥时候都重要。一位女工出远门回来后写道："我深深懂得，踏踏实实工作、认认真真做人才是最根本的，因为我的根基在同仁堂！"

批语：同仁堂造药，得利斯生产食品，都是入口的东西，但愿《"同仁"最是真》这篇文章能给我们的员工一点启示！

第四章 计划职能

【知识目标】

- 理解计划职能的内涵和特征
- 了解制订计划的程序和方法
- 理解目标管理的方法

【能力目标】

- 掌握计划的分类
- 掌握计划的分类标准和类型

案例导入

青岛啤酒的发展

青岛啤酒股份有限公司的前身是日耳曼啤酒公司，它是1903年8月由德国商人和英国商人合资在青岛创建的，是中国历史悠久的啤酒制造厂商。

1949年由青岛市人民政府接管工厂，将工厂名称定为"国营青岛啤酒厂"。青岛啤酒公司于1993年在上海以及香港地区分别上市，这也成为了我国范围内第一家同时在两地上市的啤酒公司；2008年成为北京奥运会官方赞助商。到2013年年底，该公司在国内拥有59家啤酒生产企业，分布在全国20多个省市，营销世界80多个国家和地区，青岛啤酒公司自身的品牌价值已经跃居中国啤酒行业首位，达到了805.85亿元，而且成功地在世界品牌500强中站稳脚跟。青岛啤酒的现代发展，经历如下几个阶段。

一、"外延性扩张"战略时期（1996—2001年）

1996年公司做出"高起点发展，低成本扩张"的发展战略，开始全面实施其"大品牌战略"。从1996年到2001年，它一共并购了48家啤酒生产企业，迅速抢占了北京、上海、西安、深圳等战略的制高点，成为啤酒行业的领导者。八大事业部和50家子公司基本完成在全国的战略布局，青岛啤酒一跃成为全国最畅销的品牌，它从山东的地方企业蜕变为全国性的企业集团。

但是青岛啤酒过快的扩张速度导致公司巨大的财务压力，公司收购的企业基本上是破产或濒临破产、基本丧失生存能力的中小企业，虽然收购成本低，但整合成本巨大。

二、精益求精的阶段：2001年至今

2001年7月，金志国接任青岛啤酒总裁。面对前任总裁彭作义"做大做强"策略导致的效率低、成本高及由于大量收购导致的资金短缺问题，他及时调整策略方针，积极实施内部改革，将"做大做强"策略转变为"做强做大"，以提升公司的核心竞争力。青岛啤酒主要通过架构重组、品牌重组、增减子公司股权及减慢收购等措施进行改革。

1. 架构重组

2000年前，青岛啤酒的每个子公司都是独立营运单位，同一地区内各子公司销售网络和行政单位交叉重叠，资源严重浪费。为解决这一问题，从2000年起，青岛啤酒先后建立8个事业部，对所有子公司进行行政区域划分，纳入各事业部，从而对市场和供销进行统一，实现资源合理、有效配置，节省人力、物流和成本。

2. 品牌重组

上一阶段的兼并收购，使青岛啤酒旗下品牌繁多，导致管理难度增大。因此，金志国决定对青岛啤酒进行品牌重组，从而精简品牌，方便管理，以期在5年内将繁多的品牌数量减至10个以下。

3. 增减子公司的股权

自实施"做大做强"战略以来，青岛啤酒在全国范围内大量收购兼并，自1994年收购扬州啤酒厂以来，青岛啤酒在9年时间内先后收购兼并了国内40多家啤酒企业，仅有三分之一处于盈利状态，还有三分之一处于亏损状态。为扭转这种局势，增加公司收益，减少不必要的损失，青岛啤酒增加了对经营状况较好的公司的投资，减少并注销了一部分经营状况较差公司的投资。

4. 减慢收购

大量收购还导致公司负债累累，资产负债率不断上升，甚至出现借款困难。资金短缺使青岛啤酒不得不减少收购。新任总裁金志国积极实行改革措施，减缓收购，并进行整合。

2002年到2003年，青岛啤酒只进行了两次收购，分别收购了厦口银城股份有限公司和湖南华狮啤酒厂，而且事实证明这是两次成功的收购，给青岛啤酒带来了1.24亿元的高额收益。

通过改革战略思路，青岛啤酒获得了快速的发展。2003年，青岛啤酒成立已经100周年，其品牌价值超过百亿，其产品远销世界40多个国家和地区，而此时此刻青岛啤酒提出了"百岁归零"的发展战略。2005年，青岛啤酒发布了"激情成就梦想"的品牌宣传语，并成为北京奥运会的官方赞助商。2010年11月，在"华樽杯"第二届中国酒类品牌价值评议会上，青岛啤酒的品牌价值已达278.74亿元，位列中国酒类企业第三，啤酒企业第一。2013年，青岛啤酒远销美、日、法、德、巴西、墨西哥等80多个国家地区，占全国啤酒出口总量的50%以上，品牌价值已达805.85亿元，是中国啤酒行业当之无愧的第一品牌。据全球啤酒行业权威报告Barth Report依据产量排名，青岛啤酒是世界第六大啤酒厂商。

启示："凡事预则立，不预则废"，任何组织的管理活动都是从计划开始的，计划工作是全部管理职能中最基本的一个职能，它与其他管理职能有着密切的联系。因为计划工作既包括选定组织和部门的目标，又包括确定实现这些目标的途径。管理者围绕着计划规定的目标，从事组织工作、人员配备、指导与领导及控制工作等活动，以达到预定的目标。

4.1 计 划 概 述

计划大多数情况下从两方面去理解,一方面,计划是一项管理职能,是制定目标并确定为达成这些目标所必需的行动,即确定要做什么、为什么做、由谁做、何地做、何时做和如何做的一种程序;另一方面,计划作为一种行动方案,是指作为组织既定目标的具体行动方案。前者实际上是指计划的编制过程,可以称为计划工作;后者实际上是一种行动方案,它包含了组织目标、策略、政策、程序和预算方案。

4.1.1 计划工作的概念

所谓计划是指管理者确定并选择恰当的组织目标和行动方案的过程。经过计划过程最终形成的组织计划,详细地说明了组织的目标及管理者为实现这些目标所要采取的行动。

计划既是决策所确定的组织在未来一定时期内的行动目标和方式,在时间和空间的进一步展开,又是组织、领导、控制、创新等管理活动的基础,从动词意义上说,计划是指为了实现决策所确定的目标预先进行的行动安排。这项行动安排工作包括:在时间和空间两个维度上进一步分解任务和目标、选择任务和目标实现方式、进度规定、行动结果的检查与控制等。所以,人们有时候用"计划工作"表示动词意义上的计划内涵。

管理者的计划工作就是把计划工作作为一种特定的管理行为,只有组织中每个人都清楚、了解工作的目标和目的,以及实现它们的方法,工作才能取得有效的成果。计划既涉及目标,也涉及达到目标的方法,缺乏计划则会走很多弯路,从而使实现目标的过程失去效率。

计划工作有广义和狭义之分。广义的计划工作是指制订计划、执行计划和检查计划执行情况 3 个紧密衔接的工作过程。狭义的计划工作则是指制订计划。也就是说,根据实际情况,通过科学的预测,权衡客观的需要和主观的可能,提出在未来一定时期内要达到的目标,以及实现目标的途径。它是使组织中各种活动有条不紊地进行的保证。计划工作还是一种需要运用智力和发挥创造力的过程,它要求高瞻远瞩地制定目标和战略,严密地规划和部署,把决策建立在反复权衡的基础之上。

正如哈罗德·孔茨所言,"计划工作是一座桥梁,它把我们所处的这岸和我们要去的彼岸连接起来,以克服这一天堑。"计划工作给组织提供了通向未来目标的明确道路,给组织、领导等管理工作提供了基础,也促进了创新。有了计划工作这一桥梁,本来不会实现的事情就变得可能实现,模糊不清的未来也会变得清晰、实在。

4.1.2 计划工作的任务

计划工作的任务就是根据社会的需要及组织的自身能力,确定组织在一定时期内的奋斗目标;通过计划的编制、执行和检查,协调和合理安排组织中各方面的经营和管理活动,有

第四章 计划职能

效地利用组织的人力、物力和财力等资源，取得最佳的经济效益和社会效益。计划必须清楚地确定和描述这些内容：做什么（What）、为什么做（Why）、何时做（When）、何地做（Where）、谁去做（Who）、怎么做（How），简称为"5W1H"。这 6 个方面的具体含义如下。

1."做什么"

要明确计划工作的具体任务和要求，明确每一个时期的中心任务和工作重点。例如，企业生产计划的任务主要是确定生产哪些产品，生产多少，合理安排产品投入和产出的数量和进度，在保证按期、按质和按量完成订货合同的前提下，使得生产能力得到尽可能充分的利用。

2."为什么做"

要明确计划工作的宗旨、目标和战略，并论证可行性。实践表明，计划工作人员对组织和企业的宗旨、目标和战略了解得越清楚，认识得越深刻，就越有助于他们在计划工作中发挥主动性和创造性。正如通常所说的"要我做"和"我要做"的结果是大不一样的，其道理就在于此。

3."何时做"

规定计划中各项工作的开始和完成的进度，以便进行有效的控制和对能力及资源进行平衡。

4."何地做"

规定计划的实施地点或场所，了解计划实施的环境条件和限制，以便合理安排计划实施的空间组织和布局。

5."谁去做"

计划不仅要明确规定目标、任务、地点和进度，还应规定由哪个主管部门负责。例如，开发一种新产品，要经过产品设计、样机试制、小批试制和正式投产几个阶段。在计划中要明确规定每个阶段由哪个部门负主要责任，哪些部门协助，各阶段交接时，由哪些部门的哪些人员参加鉴定和审核等。

6."怎么做"

制定实现计划的措施，以及相应的政策和规则，对资源进行合理分配和集中使用，对人力、生产能力进行平衡，对各种派生计划进行综合平衡等。实际上，一个完整的计划还应包括控制标准和考核指标的制定，也就是告诉实施计划的部门或人员，做成什么样、达到什么标准、有什么行为规则，才算是完成了计划。

一个好的计划不仅能科学地解决上述 6 个问题，还可以为一个组织的发展奠定基础。

4.1.3　计划工作的性质

计划工作的性质可以概括为 5 个主要方面，即目的性、首位性、普遍性、效率性和创造性。

1．目的性

任何组织任何时候都必须具有生存的价值和使命。计划就是为实现组织的目标服务的，计划把决策工作在时间和空间两个维度上进一步地展开和细化。在时间维度上，计划把决策所确立的组织目标及其行动方式分解为不同时间段的目标及其行动安排；在空间维度上，计划把决策所确立的目标及其行动方案分解为不同层次、不同部门、不同成员的目标及其行动方案。组织正是为了通过有意识的合作来完成群体目标而存在的。

2．首位性

计划工作相对于其他管理职能处于首位，管理的其他职能只有在计划工作确定了目标之后才能进行，而且是以计划为依据展开活动，以计划目标为标准进行考核的。甚至有些计划工作的结果可能得出一个决策，否决以往的某一项管理工作的可行性，即无须进行随后的组织工作、领导工作及控制工作等。计划工作对人员配备的影响可能是需要委任新的部门主管，调整和充实关键部门的人员及培训员工等。而组织结构和员工构成的变化，必然会影响到领导方式和激励方式。计划工作和控制工作尤其是分不开的——它们是管理的一对孪生子。未经计划的活动是无法控制的，因为控制就是纠正脱离计划的偏差，以保持活动的既定方向。没有计划指导的控制是毫无意义的，计划是为控制工作提供标准的。此外，控制职能的有效行使，往往需要根据情况的变化拟订新的计划或修改原计划，而新的计划或修改过的计划又被作为连续进行的控制工作的基础。计划工作与控制工作的这种连续不断的关系通常被称为"计划—控制—计划"循环。

3．普遍性

所有的管理人员，无论是总经理还是一线管理者都要从事计划工作。人们常说，主管人员的主要任务是做决策，而决策本身就是计划工作的核心。如果将主管人员的决策权限制过严，就会束缚他们的思维，使他们无法自由地处置那些本应由他们处置的问题。久而久之，他们就会失去计划工作的职能与职责，养成依赖上级的习惯。这样，他们也就丧失了管理人员的基本特征。

4．效率性

计划工作的任务，不仅是要确保实现目标，而且是要从众多方案中选择最优的资源配置方案，以求得合理利用资源和提高效率。用通俗的语言来表达，就是既要"做正确的事"又要"正确地做事"。显然，计划工作的任务同经济学所追求的目标是一致的。计划工作的效率是以实现企业的总目标和一定时期的目标所得到的利益，扣除为制定和执行计划所需要的费用和其他预计不到的损失之后的总额来测定的。效率这个概念的一般含义是指投入和产出之间的比率，但在这个概念中，不仅包括人们通常理解的按资金、工时或成本表示的投入产出比率，如资金利润率、劳动生产率和成本利润率，还包括组织、个人和群体的动机和程度这一类主观的评价标准。所以，只有能够实现收入大于支出，并且顾及员工发展和社会利益的计划才是一个完美的计划，才能真正体现出计划的效率。

5．创造性

计划工作总是针对需要解决的新问题和可能发生的新变化、新机会而做出决定的，因而它是一个创造性的管理过程。计划工作有点类似于一项产品或一项工程的设计，它是对管理活动的设计。正如一种新产品的成功在于创新一样，成功的计划也依赖于创新。

综上所述，计划工作是一个指导性、预测性、科学性和创造性很强的管理活动，但同时又是一项复杂而又困难的工作。当前，我国企业在对外开放的方针下正面临世界市场的激烈竞争环境，形势要求我们迅速地提高宏观的和微观的管理水平，而加强计划工作、提高计划工作的科学性是全面提高管理水平的前提和关键。

4.1.4　计划工作的原理

所谓原理，通常指某一领域、部门或科学中具有普遍意义的基本规律，计划工作作为一种基本的管理职能活动，有自己的规律自然也应有自己的原理。计划工作的主要原理有限定因素原理、许诺原理、灵活性原理和改变航道原理。

1．限定因素原理

所谓限定因素，是指妨碍组织目标实现的因素，也就是说，在其他因素不变的情况下，仅仅改变这些因素，就可以影响组织目标的实现程度。限定因素原理可以表述如下：主管人员越是能够了解对达到目标起主要限制作用的因素，就越能够有针对性、有效地拟订各种行动方案。限定因素原理又被形象地称为"木桶原理"。其含义是木桶能盛多少水，取决于桶壁最短的那块木板条。限定因素原理表明，主管人员在制订计划时，必须找出影响计划目标实现的主要限定因素或战略因素，有针对性地采取措施。

2．许诺原理

在计划工作中选择合理的期限应当有某些规律可循。许诺原理可以表述为：任何一项计划都是对完成该项工作所做出的许诺，因而，许诺越大，实现许诺的时间就越长，实现许诺的可能性就越小。这一原理涉及计划期限问题。一般来说，经济上的考虑会影响到计划期限的选择。由于计划工作和所依据的预测工作是很费钱的，所以，如果在经济上不合算的话，就不应把计划期限定得太长。当然短期计划也有风险，那么合理的计划期限如何定呢？关于合理的计划期限的确定问题体现在"许诺原理"上，即合理计划工作，确定一个未来的时期，这个时期的长短取决于实现决策中所许诺事务所必需的时间。

按照许诺原理，计划必须有期限要求，事实上，对于大多数情况来说，限期完成往往是对计划的最严厉的要求。此外，必须合理地确定计划期限并且不应随意缩短计划期限。再者，每项计划的许诺不能太多，因为许诺越多，则计划时间越长。如果主管人员实现许诺所需的时间长度比他能正确预见的未来期限还要长，如果他不能获得足够的资源，使计划具有足够的灵活性，那么他就应当断然减少许诺，或是将许诺的期限缩短。例如，如果许诺的是一项投资，他就应当采取加速折旧提存等措施使投资的回收期限缩短，以减小风险。

3．灵活性原理

计划必须具有灵活性，即当出现意外情况时，主管人员有能力改变方向而不必付出太大的代价。灵活性原理可以表述为：计划中体现的灵活性越大，由于意外事件引起损失的危险性就越小。必须注意，灵活性原理就是制订计划要留有余地，至于执行计划，则一般不应有灵活性。例如，执行一个生产作业计划必须严格、准确，否则就会发生组装车间停工待料或在制品大量积压的现象。

对主管人员来说，灵活性原理是计划工作中最重要的原理，在承担的任务重而目标计划期限长的情况下，灵活性便显出它的作用。当然，灵活是有一定限度的，它有 3 个限制条件。第一，不能总是以推迟决策的时间来确保计划的灵活性，因为未来的肯定性是很难完全预料的，如果我们一味等待收集更多的信息，尽量地把将来可能发生的问题考虑周全，当断不断，就会坐失良机，招致失败。第二，使计划具有灵活性是要付出代价的，甚至由此而得到的好处可能补偿不了它的费用支出，这就不符合计划的效率性。第三，有些情况往往根本无法使计划具有灵活性，即存在这种情况，个别派生计划的灵活性可能导致全盘计划的改动甚至有落空的危险。例如，销售计划制定目标过高，在执行过程中遇到困难，可能实现不了既定的目标。如果允许灵活处置，则可能危及全年的利润计划，从而影响到新产品开发计划、技术改造计划、供应计划、工资增长计划、财务收支计划等许多方面，以致主管人员经过反复权衡之后，不得不动员一切力量来确保销售计划的完成。为了确保计划本身具有灵活性，在制订计划时，应量力而行，不留缺口但要留有余地。

4. 改变航道原理

计划制订出来后，计划工作者就要管理计划，促使计划实施，而不被计划所"管理"，不能被计划框住。必要时可以根据当时的实际情况做出检查和修订。因为未来情况随时都可能发生变化，制订出来的计划就不能一成不变。尽管在制订计划时预见了未来可能发生的情况，并制定出相应的应变措施，但正如前面所提到的，一是不可能面面俱到；二是情况是在不断变化；三是计划往往赶不上变化，总有一些问题是不可能预见到的，所以要定期检查计划。如果情况已经发生变化，就要调整计划或重新制订计划，就像航海家一样，必须经常核对航线，一旦遇到障碍就可绕道而行。故改变航道原理可以表述为：计划的总目标不变，但实现目标的进程（即航道）可以因情况的变化随时改变。这个原理与灵活性原理不同，灵活性原理是使计划本身有适应性，而改变航道原理是使计划执行过程具有应变能力，为此，计划工作者就必须经常地检查计划，重新调整、修订计划，以此达到预期的目标。

4.2　计划的种类

计划的种类很多，可以按不同的标准进行分类。主要分类标准有按计划期限分类、按职能分类、按计划涉及的内容分类等。不同的分类方法有助于我们全面地了解计划的各种类型。在实践中，由于一些主管人员认识不到计划的多样性，使得在编制计划时常常忽视某些重要的方面，因而降低了计划的有效性。

4.2.1　按计划期限分类

按计划的期限，我们可以将计划分为短期计划、中期计划和长期计划。人们习惯性地将 1 年以内的计划称为短期计划，2～4 年的计划称为中期计划，5 年以上的计划称为长期计划。当然，这一标准并不是绝对的，或者说，计划期的长短是一个相对的概念。

1．短期计划

短期计划是指在长期计划指导和规定下，做出较短时间内的具体工作安排。短期计划是为实现组织的短期目标而制定的行动方案。短期计划比中期计划更为详尽，更具操作性，在执行中灵活选择的范围较小。它主要说明计划期内必须达到的目标，以及具体的工作要求，要求能够直接指导各项活动的开展。短期计划与长期计划是相对而言的，两者之间并不存在一个严格的分界线。短期计划不仅表现为时间跨度较短，而且与长期计划相比最本质的不同在于，短期计划是长期计划的具体化，它要具体到具有可操作性，并能变成工作任务分解到组织的每一个成员身上。短期计划具体规定组织各个部门在最近时段里应该从事的行动、应该达到的要求，是组织成员近期行动的依据。如果说长期计划的目的是获得与提升未来的发展能力的话，那么短期计划则主要是有效利用组织已经具有的各种能力，以取得预期的工作效果。

2．中期计划

中期计划是根据长期计划提出的战略目标和要求，并结合计划期内实际情况制定的计划。它是长期战略目标的具体化，同时又是短期计划目标的依据。中期计划的时间跨度一般为2~4年。中期计划的时限不长，不确定因素较少，可以较准确地制订计划期间内的各项目标。中期计划按年度分列基本指标，为年度计划提供依据。这可以减少每年确定计划指标的数量，有助于地方、部门和企业保持活动的均衡性和连续性。因此，中期计划是长期计划和短期计划之间的中介。同长期计划相比，中期计划的目标更为明确、具体，指标和措施较为详尽。

3．长期计划

长期计划亦称远景计划，是关系到组织发展远景的计划，是为实现组织的长期目标服务的，其目的是扩大和提升组织的发展能力。长期计划描述了组织在较长时期的发展方向和方针，规定了组织长期的发展蓝图，长期计划只规定组织的长远目标及达到长远目标的总的方法，而不规定具体做法。大量统计研究表明，长期计划工作越来越受到企业的重视，那些有正式长期计划的公司，其业绩普遍胜过没有长期计划或只有一些非正式长期计划的公司。

计划的期限不仅可以作为计划分类的依据，而且可以作为评价计划工作难易程度的标志，因为长期计划持续的时间长，计划的最后成败难于确定。计划期限的跨度既应服从计划目标的要求，也要考虑组织目标的大小、未来的可预测性程度、组织的经济和技术力量等因素，不能千篇一律。一般来说，巨型组织的长期计划是15年，中型组织的长期计划是10年，小型组织的长期计划是5年。

4.2.2　按职能分类

计划可以按职能进行分类，这里的"职能"是指企业的职能，而不是管理的5项职能，例如，可以按职能将某个企业的经营计划分为销售计划、生产计划、财务计划、人力资源计划等。这些职能计划通常就是企业相应的职能部门编制和执行的计划，从而按职能分类的计划体系，一般是与组织中按职能划分管理部门的组织结构体系并行的。

1. 销售计划

销售计划是指企业根据历史销售记录和已有的销售合同，综合考虑企业的发展和现实的市场情况制定的针对部门、人员的关于任何时间范围的销售指标（数量或金额），企业以此为龙头来指导相应的生产计划、采购计划、资金筹措计划及相应的其他计划安排和实施。

2. 生产计划

生产计划是关于企业生产运作系统总体方面的计划，是企业在计划期应达到的产品品种、质量、产量和产值等生产任务的计划和对产品生产进度的安排。它反映的并非某几个生产岗位或某一条生产线的生产活动，也并非产品生产的细节问题及一些具体的机器设备、人力和其他生产资源的使用安排问题，而是指导企业计划其生产活动的纲领性方案。

3. 财务计划

财务计划是企业以货币形式预计计划期内资金的取得与运用和各项经营收支及财务成果的书面文件。它是企业经营计划的重要组成部分，是进行财务管理、财务监督的主要依据。财务计划是在生产、销售、物资供应、劳动工资、设备维修、技术组织等计划的基础上编制的，其目的是为了确立财务管理上的奋斗目标，在企业内部实行经济责任制，使生产经营活动按计划协调进行，挖掘增产节约潜力，提高经济效益。财务计划又分长期财务计划和短期财务计划。长期财务计划是指1年以上的计划，通常企业制定为期5年的长期计划。制定长期计划应以公司的经营理念、业务领域、地域范围、定量的战略目标为基础。长期财务计划是实现公司战略的工具。长期财务计划编制包括以下程序：编制预计财务报表，确认需要的资本，预测可用资本，建立控制资本分配和使用体系，制定修改计划的程序，建立激励报酬计划。短期财务计划是指一年一度的财务预算。财务预算是以货币表示的预期结果，它是计划工作的终点，也是控制工作的起点，它把计划和控制联系起来。各企业预算的精密程度、实施范围和编制方式有很大差异。预算工作的主要用处是促使各级主管人员对自己的工作进行详细的思考和确切的计划。

4. 人力资源计划

人力资源计划包含了在需要的时间和岗位上获得所需要的合格人员；在组织和员工目标达到最大一致的情况下，使人力资源的供给和需求达到平衡；提出在环境变化中的人力资源需求状况，并制定满足这些要求的必要政策和措施等内容。人力资源计划主要包括人力资源补充更新计划、人力资源使用和调整计划、人力资源发展计划、评估计划、员工薪酬计划和员工培训计划等。

将计划按职能进行分类，有助于人们更加精确地确定主要作业领域之间的相互依赖和相互影响关系，有助于估计某个职能计划执行过程可能出现的变化，以及对全部计划的影响，并有助于将有限的资源更合理地在各职能计划间进行分配。

4.2.3 按组织的活动分类

根据组织活动的不同，计划可分为程序性计划和非程序性计划。

程序性计划是为那些经常重复出现的工作或问题而按既定的程序来制定的计划，是针对例行活动的程序化决策而言的。非程序性计划是对不经常重复出现的非例行活动所制定的计划，是针对例外问题的非程序化决策而言的。

西蒙把组织活动分为两类：一类是例行活动，指一些重复出现的工作，如订货、材料的出/入库等。有关这类活动的决策是经常反复的，而且具有一定的结构，因此可以建立一定的决策程序。每当出现这类工作或问题时，就利用既定的程序来解决，而不需要重新研究。这类决策叫作程序化决策，与此对应的计划是程序性计划。另一类活动是非例行活动，不重复出现，比如新产品的开发、生产规模的扩大、品种结构的调整、工资制度的改变等。处理这类问题没有一成不变的方法和程序，因为这类问题或在过去尚未发生过，或因为其确切的性质和结构捉摸不定或极为复杂，或因为其十分重要而需用个别方法加以处理。解决这类问题的决策叫作非程序化决策，与此对应的计划是非程序性计划。

4.2.4 按计划内容的明确性分类

根据计划内容的明确性标准，可以将计划分为具体性计划与指导性计划。

具体性计划是指具有明确的目标，不存在模棱两可，没有容易引起误解的问题的计划。具体性计划具有非常明确的目标和措施，具有很强的可操作性，一般由基层制定。指导性计划是指上级计划单位只规定方向、要求或一定幅度的指标，下达隶属部门和单位参考执行的一种计划形式。

指导性计划能自觉地运用价值规律，运用经济手段，通过调整各方面的经济利益关系，贯彻和实现计划。实行指导性计划，一方面可以体现国家对经济发展的宏观指导和管理；另一方面也可以给企业留有相当大的机动余地，给企业更多的生产和经营的自主权，使它成为自主经营、自负盈亏、自我约束、自我发展的市场主体。因此，在市场经济条件下，指导性计划具有较为广泛的适用性，是国家宏观调控的一项重要内容。

指导性计划只规定某些一般的方针和行动原则，给予行动者较大自由处置权，它指出重点但不把行动者限定在具体的目标上或特定的行动方案上。相对于指导性计划而言，具体性计划虽然更易于执行、考核及控制，但是缺少灵活性，它要求的明确性和可预见性条件往往很难满足。例如，一个增加利润的具体性计划，可能具体规定在未来 6 个月中成本要降低4%，销售额增加 6%；而指导性计划也许只提出未来 6 个月使利润增加 5%～10%。显然，指导性计划具有内在的灵活性，具体性计划则更具有明确性。

4.2.5 按计划涉及的内容分类

按照计划涉及的时间长短和内容范围的广狭的综合性程度标准，可以将计划分为战略性计划和战术性计划。

1．战略性计划

战略性计划是企业根据外部环境和内部资源条件而制定的涉及企业管理各方面（包括生产管理、营销管理、财务管理、人力资源管理等）的带有全局性的重大计划。这种计划一般要定出 5～10 年甚至更长时间的发展方向，但也不是一次完成后就固定不变的，它是随着企业内部和外部环境的变化而不断修正的一种管理过程。它强调企业组织的整体性，而不限于市场营销一个方面。尽管如此，市场营销部门在企业战略计划中仍起着重要的作用。

2．战术性计划

战术性计划是指规定总体目标如何实现的细节的计划，其需要解决的是组织的具体部门或职能在未来各个较短时期内的行动方案。

战略性计划与战术性计划的联系与区别如下。

（1）战术性计划解决的主要是局部的、短期的及保证战略计划实现的问题等。制定这类计划也需要企业外部信息，但主要还是依据企业内部信息，并基本可以按照计划的程序进行，不会有太大的变化。

（2）战略性计划是应用于整个企业组织，为组织设立总体的较为长期的目标，寻求组织在环境中的地位的计划。战略性计划的计划周期较长，涉及面也较广，计划目标具有较大弹性。制定这类计划的主要依据是包括国家政策等在内的企业外部环境所提供的信息，而外部环境是经常变化的、难以捉摸的，所以战略性计划对制定者有较高的要求。

（3）战略性计划是战术性计划的依据，战术性计划是战略性计划的落实。

（4）战略性计划与战术性计划的区别在于：战略性计划的一个重要任务是设立目标，而战术性计划则是假设目标已经存在，而提供一种可按照一定程序来实现目标的方案。

4.2.6　按计划的形式分类

按照不同的表现形式，我们可以将计划分为宗旨、目标、战略、政策、规则、程序、规划和预算等几种类型。这几类计划的关系可描述为一个等级层次，如图4-1所示。

图 4-1　不同层次的计划

1．宗旨

各种有组织的集体经营活动，如果是有意义的话，都至少应当有一个目的或使命。这种目的或使命是社会对该组织的基本要求，我们称之为宗旨。换句话说，宗旨即表明组织是干什么的，应该干什么。以企业为例，毋庸置疑，为了系统地阐明企业在一定时期应达到的目标，就必须首先明确它的宗旨。对于这一点，虽然每一个企业都应当知道自己的企业是干什么的，应该干什么，然而，有许多企业的经理人员却很难清楚地回答这样的问题。这些企业的经理人员还没有体会到深入思考企业的宗旨，并将它明确阐述出来用以指导日常的经营活动的重要意义。相反，当我们把眼光转向一些取得了巨大成功的公司时，我们会发现，它们成功的原因首先在于有明确的宗旨。例如，在电子计算机芯片行业中首屈一指的英特尔公司就有着明确的宗旨："英特尔公司要在工艺技术和营业这两方面都成为并被承认是最好的，是领先的，是第一流的。"著名的日本索尼公司的宗旨是："索尼是开拓者，永远向着那未知的世界探索。"这表示索尼公司绝不步别人后尘的意志。正是从这一宗旨出发，索尼公司把最大限度地发掘人才、信任人才、鼓励人才不断前进视为自己的唯一使命，从而在世界范围内最早发明出家用录像机，首创电视的单枪三束彩色显像管，发明无须使用胶卷的小型磁带式照相机和微型立体声单放机等，并取得了巨大成功。

2．目标

一定时期的目标及各项具体目标是在宗旨指导下提出的，它具体规定了组织及其各个部门的经营管理活动在一定时期内要达到的具体成果。目标不仅是计划工作的终点，而且也是组织工作、人员配备、指导与领导工作和控制活动所要达到的结果。确定目标本身也是计划工作，其方法与制定其他形式的计划类似。从确定目标起，到目标分解，直至最终形成一个目标网络，不但本身是一个严密的计划过程，而且是构成组织全部计划的基础。

3．战略

"战略"这个词来自军事用语，原意是指为实现战争目标对战术的运用，它具有对抗的含义。它总是针对竞争对手（在军队中是敌人）的优势和劣势，以及正在和可能采取的行动而制定的。因此，凡是存在竞争，且竞争获胜取决于优势地位，而优势地位的取得又取决于长期的准备和持续努力的场合，都需要制定战略。战略是为实现组织或企业长远目标所选择的发展方向、所确定的行动方针，以及资源分配方针和资源分配方案的一个总纲。战略是指导全局和长远发展的方针，它不是要具体地说明企业如何实现目标，因为说明这一切是许多主要的和辅助的计划任务。战略是要指明方向、重点和资源分配的优先次序。

对于一个企业来说，制定战略的根本目的，是使公司尽可能有效地比竞争对手占有持久的优势。因此，可以这样说，企业战略就是以最有效的方式，努力提高企业相对于其竞争对手的实力。不仅企业需要战略，一个城市也有城市的发展战略，一个国家要有国家的发展战略。除了长期竞争需要战略以外，那些涉及长远发展、全局部署的管理活动也需要制定战略。因为从实现长远目标的要求来看，选择方向、确定资源分配的优先次序要比其余各种管理工作更加重要。

4．政策

政策是组织在决策时或处理问题时用来指导和沟通思想与行动方针的明文规定。作为明文规定的政策，通常列入计划之中，而一项重大的政策，则往往单独发布。政策有助于将一些问题事先确定下来，避免重复分析，并给其他派生的计划以一个全局性的概貌，从而使主管人员能够控制住全局。制定政策还有助于主管人员把职权授予下级。例如，企业销售部门鼓励顾客用现金支付货款的优惠政策；劳动工资部门对超额完成任务者给予奖励的政策；企业承包中的工资总额与实现利税挂钩的政策；国家对经济特区实行的吸引外资和进出口方面的特殊政策等。

5．规则

规则也是一种计划，是一种最简单的计划。它是对具体场合和具体情况下，允许或不允许采取某种特定行动的规定。规则常常与政策和程序相混淆，所以要特别注意区分。规则与政策的区别在于规则在应用中不具有自由处置权，规则与程序的区别在于规则不规定时间顺序，可以把程序看成是一系列规则的总和。规则和程序，就其实质而言，旨在抑制思考，所以，有些组织只是在不希望它的员工运用自由处理权的情况下才加以采用。

6．程序

程序也是一种计划，它规定了如何处理那些重复发生的例行问题的标准方法。程序是指导如何采取行动，而不是指导如何去思考问题。程序的实质是对所要进行的活动规定时间顺序，因此，程序也是一种工作步骤。制定程序的目的是减轻主管人员决策的负担，明确各个工作岗位的职责，提高管理活动的效率和质量。此外，程序通常还是一种经过优化的计划，它是对大量日常工作过程及工作方法的提炼和规范化。程序是多种多样的，几乎可以这样说，组织中所有重复发生的管理活动都应当有程序。例如，在组织的上层主管部门应当有重大决策程序、预算审批程序、会议程序等；在组织的中层职能管理部门应当有各自的业务管理程序；组织中有些工作是跨部门的，如新产品的开发研制工作，则应当有相应的跨部门管理程序。一般来说，越是基层，所规定的程序也就越细，数量也越多。例如，制造企业的工艺路线就是一种程序，它明确规定某个零件的加工顺序、使用的设备、加工的方法等，它对于保证零件的质量起着关键的作用。管理的程序化水平是管理水平的重要标志，制定和贯彻各项管理工作的程序是组织的一项基础工作。

7．规划

规划是为了实施既定方针所必需的目标、政策、程序、规则、任务分配、执行步骤、使用的资源等而制定的综合性计划。规划有大有小：大的有如国家的科学技术发展规划；小的像企业中质量管理小组的活动规划等。规划有长远的和近期的。如我国国民经济发展的5年规划，以及企业的员工培训规划等。规划一般是粗线条的、纲要性的。大的规划往往派生许多小的规划，而每个小的派生规划都会给总规划带来影响，它们相互依赖，互相影响。由于规划工作的质量总是取决于它的薄弱环节，所以，规划不当或不周的后果会影响整个规划。甚至一个表面看来不重要的程序或规则，如果考虑不当，也会使一个重要的规划遭受失败。例如，我国过去在基本建设中，曾提倡过一种"边勘测、边设计、边施工"的基本建设程序，没有明确的规划和结果预期，就盲目上马，其结果就导致了许多基本建设规划和工程实施的失败或返工。所以，使规划工作的各个部分彼此协调，需要有特别严格、精湛的管理技能，它确实需要严谨地应用系统思想和系统方法。

8．预算

预算作为一种计划，是以数字表示预期结果的一种报告书。它也可称之为"数字化"的计划。如企业中的财务收支预算，也可称之为"利润计划"或"财务收支计划"。预算可以帮助组织或企业的上层和各级管理部门的主管人员，从资金和现金收支角度全面、细致地了解企业经营管理活动的规模、重点和预期成果。例如，某企业的财务预算包括利税计划、流动资金计划、财务收支计划、财务收支明细计划和成本计划等。其中，财务收支明细计划详细地规划出企业各管理部门的主要收支项目的金额数量。

4.3　计划工作的程序和方法

虽然因为组织的性质、宗旨不同，各类组织编制计划的内容差别很大，但科学的编制计划所遵循的步骤和使用的方法却具有普遍性。

4.3.1　计划工作的程序

任何计划工作的程序，即工作步骤都是相似的，依次包括以下内容：估量机会，确定目标，确定前提条件，拟订可供选择的方案，评价各种备选方案，选择方案，拟订派生计划，编制预算，如图 4-2 所示。

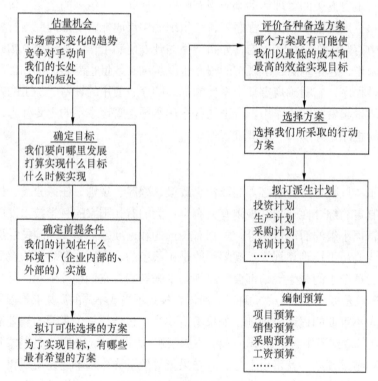

图 4-2　计划工作的程序

1. 估量机会

对机会的估量，要在实际的计划工作开始之前就着手进行，它虽然不是计划的一个组成部分，但却是计划工作的一个真正起点。其内容包括：对未来可能出现变化和预示的机会进行初步分析，形成判断；根据自己的长处和短处搞清自己所处的地位；了解自己利用机会的能力；列举主要的不确定因素，分析其发生的可能性和影响程度；在反复斟酌的基础上，下定决心，扬长避短。

2．确定目标

计划工作的第一步，是在估量机会的基础上，为组织及其所属的下级单位确定计划工作的目标。在这一步上，要说明基本的方针和要达到的目标，说明制定战略、政策、规则、程序、规划和预算的任务，指出工作的重点。

3．确定前提条件

计划工作的第二步是确定一些关键性的计划前提条件，并使设计人员对此取得共识。所谓计划工作的前提条件就是计划工作的假设条件，换言之，即计划实施时的预期环境。负责计划工作的人员对计划前提了解得越细越透彻，并能始终如一地运用它，则计划工作也将做得越协调。

按照组织的内外环境，可以将计划工作的前提条件分为外部前提条件和内部前提条件；还可以按可控程度，将计划工作前提条件分为不可控的、部分可控的和可控的 3 种前提条件。前述的外部前提条件多为不可控的和部分可控的，而内部前提条件大多是可控的。不可控的前提条件越多，不确定性越大，就越需要通过预测工作确定其发生的概率和影响程度的大小。

4．拟订可供选择的方案

计划工作的第三步是调查和设想可供选择的行动方案。通常，最显眼的方案不一定就是最好的方案。在过去的计划方案上稍加修改和略加推演也不会得到最好的方案。这一步工作需要发挥创造性。此外，方案也不是越多越好。即使我们可以采用数学方法和借助电子计算机的手段，还是要对候选方案的数量加以限制，以便把主要精力集中在对少数最有希望的方案的分析上面。

5．评价各种备选方案

计划工作的第四步是按照前提和目标来权衡各种因素，比较各个方案的利弊，对各个方案进行评价。评价实质上是一种价值判断。它一方面取决于评价者所采用的标准；另一方面取决于评价者对各个标准所赋予的权数。显然，确定目标和确定计划前提条件的工作质量直接影响到对方案的评价。在评价方法方面，我们可以采用运筹学中较为成熟的矩阵评价法、层次分析法及在条件许可的情况下采用多目标评价方法。

6．选择方案

计划工作的第五步是选定方案。这是在前四步工作的基础上做出的关键一步，也是决策的实质性阶段——抉择阶段。可能遇到的情况是，有时会发现同时有两个可取的方案。在这种情况下，必须确定首先采用哪个方案，而将另一个方案也进行细化和完善，并作为后备方案。

7．拟订派生计划

派生计划就是总计划下的分计划。总计划要靠派生计划来保证，派生计划是总计划的基础。例如，一家公司年初制定了"当年销售额比上年增长 15%"的总销售计划，为了完成总销售计划，需要一系列派生计划支持，如采购计划、生产计划、促销计划等；再如当一家公司决定开拓一项新业务时，这个决定是要制定很多派生计划的信号，比如雇佣和培训各种人员的计划、筹集资金的计划、广告计划等。

8．编制预算

计划工作的最后一步是把计划转化为预算，使之数字化。预算实质上是资源的分配计划，准确的预算可以成为汇总和综合平衡各类计划的一种工具，也可以成为衡量计划完成进度的重要标准。

4.3.2　计划工作的方法

计划工作的方法有很多，这里仅简要介绍两种常用的有效方法，即运筹学方法和滚动式计划方法。

1．运筹学方法

计划工作的最全面的分析方法之一就是运筹学，它是"管理科学理论"的基础。就内容来讲，运筹学又是一种分析的、实验的和定量的科学方法，用于研究在物质条件（人、财、物）已定的情况下，为了达到一定的目的，如何统筹兼顾整个活动所有环节之间的关系，为选择一个最好的方案提供数量上的依据，以便能为最经济、最有效地使用人、财、物做出综合性的合理安排，取得最好的效果。

运筹学实际上起源于 20 世纪初叶的科学管理运动。像泰罗和吉尔布雷斯夫妇等人首创的时间和动作研究，甘特发明的"甘特图"，以及丹麦数学家厄兰 1917 年对丹麦首都哥本哈根市电话系统排队问题的研究等，应当看成是最早的"运筹学"。第二次世界大战中，为适应战争的需要，发展出了现代运筹学的一个最成熟的分支——线性规划。随后，随着计算技术的进步和计算机的普及，像非线性规划、动态规划、整数规划、图论、排队论、对策论、库存论、模拟等一系列重要分支也逐步发展和完善起来。

在计划工作中应用运筹学的一般程序包括以下主要步骤。第一，建立问题的数学模型。首先根据研究目的对问题的范围进行界定；确定描述问题的主要变量和问题的约束条件，然后根据问题的性质确定采用哪一类运筹学方法，并按此方法将问题描述为一定的数学模型。为了使问题简化和突出主要的影响因素，需要做各种必要的假定。第二，规定一个目标函数，作为对各种可能的行动方案进行比较的尺度。第三，确定模型中各参量的具体数值。第四，求解模型，找出使目标函数达到最大值（或最小值）的最优解。通常，即使是求一个很简单的管理问题模型的最优解，也要编制计算机程序上机运算。

20 世纪 50 年代和 60 年代是运筹学研究和应用的鼎盛时期，但也有一些管理学家对运筹学的作用提出怀疑。他们对运筹学的批评大多集中在如下两个根本的问题上。

（1）任何模型的应用都必须满足一定的条件，在究竟是让模型适合问题、还是让问题适合模型这一点上，许多运筹学家实际上是在让管理问题"削足适履"。他们将原始问题加以抽象，直到数学难点或计算难点都被舍去为止，从而使问题的解答失去实际应用价值。

（2）运筹学最终要得到问题的最优解，而从管理实践的角度来看，由于决策目标通常有多个，且各目标间又存在冲突，因此，最终的解决方案只能是一种折中。只要能给出一个近似的、比不用数学方法而单靠经验和直觉所得出的足够好的结果来就很令人满意了。管理者实际需要的是这种"满意解",而不是附加了各种假定条件的"最优解"。

目前,批评的观点正促使运筹学家们改进运筹学的方法。计算机模拟技术的发展和应用就是向着更加实用方向的一种巨大进步。不过,对于计划工作人员有一点需要提醒注意的是,认为某个问题在本质上就是定性的,在未作定量分析的尝试之前就武断地认为不可能用数学模型来描述,是不负责任的管理观念。

2.滚动式计划方法

滚动式计划方法是一种将短期计划、中期计划和长期计划有机结合起来,根据近期计划的执行情况和环境变化情况,定期修订未来计划并逐期向前推移的方法,是一种编制具有灵活性的、能够适应环境变化的长期计划方法。其编制方法是:在已编制出的计划的基础上,每经过一段固定的时期(如一年或一个季度等,这段固定的时期被称为滚动期)便根据变化了的环境条件和计划的实际执行情况,从确保实现计划目标出发对原计划进行调整。每次调整时,保持原计划期限不变,而将计划期限顺序向前推进一个滚动期,具体如图4-3所示。

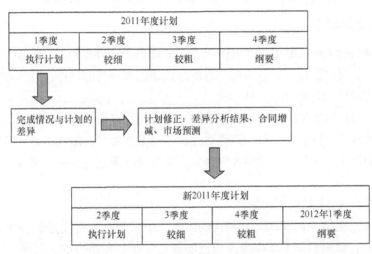

图 4-3　短期滚动计划

由于长期计划的计划期较长,很难准确地预测到各种影响因素的变化,因而很难确保长期计划的成功实施。而采用滚动式计划方法,就可以根据环境条件变化和实际完成情况,定期地对计划进行修订,使组织始终有一个较为切合实际的长期计划作指导,并使长期计划能够始终与短期计划紧密地衔接在一起。

滚动式计划方法的优点在于:第一,推迟了长期计划的决策,增加了计划的准确性,提高了工作的质量;第二,使短、中、长期计划能够相互衔接,即保证了长期计划的指导作用,使各期计划能够基本保持一致;第三,使计划具有很好的弹性,有助于提高组织的应变能力。滚动式计划方法的缺点在于,无形之中加大了计划制定的工作量。

4.4　目标管理

目标管理方法最早是由管理学家彼得·德鲁克于 1954 年在《管理实践》一书中提出的,

它是德鲁克所发明的最重要、最有影响的概念，并已成为当代管理体系的重要组成部分。他认为："企业的使命和任务，必须转化为目标"，企业的各级主管必须通过这些目标对下级进行领导，以此来达到企业的总目标。如果一个范围没有特定目标，则这个范围必定会被忽视，如果没有方向一致的分目标来指导各级主管人员开展工作，则企业规模越大，人员越多时，发生冲突和浪费的可能性就越大。

4.4.1 目标管理的含义和特点

1. 目标管理的含义

目标管理是以目标的设置和分解、目标的实施及完成情况的检查、奖惩为手段，通过员工的自我管理来实现企业的经营目的的一种管理方法。所谓目标管理，就是指组织的最高领导层根据组织面临的形势和社会需要，制定出一定时期内组织经营活动所要达到的总目标，然后层层落实，要求下属各部门主管人员以至于每个员工根据上级制定的目标和保证措施，形成一个目标体系，并把目标完成的情况作为各部门或个人考核的依据。

2. 目标管理的特点

从目标管理的含义可以看出，目标管理是以 Y 理论为指导思想的，即认为在目标明确的条件下，人们能够对自己负责。它与传统管理方式相比有鲜明的特点，具体可概括如下。

（1）目标管理是参与管理的一种形式

目标的实现者同时也是目标的制定者，即由上级与下级在一起共同确定目标。首先确定出总目标，然后对总目标进行分解，逐级展开，通过上下协商，制定出企业各部门、各车间直至每个员工的目标；用总目标指导各分目标，用分目标保证总目标，形成一个"目标—手段"链。

（2）强调"自我控制"

目标管理既重视科学管理，又重视人的因素，强调员工的自我控制。德鲁克认为，员工是愿意负责的，是愿意在工作中发挥自己的聪明才智和创造性的，如果我们控制的对象是一个社会组织中的"人"，则我们应"控制"的必须是行为的动机，而不应当是行为本身，也就是说必须以对动机的控制达到对行为的控制。目标管理的主旨在于，用"自我控制的管理"代替"压制性的管理"，它使管理人员能够控制他们自己的成绩。这种自我控制可以成为更强烈的动力，推动他们尽自己最大的努力把工作做好，而不仅仅是"过得去"就行了。

（3）促使下放权力

集权和分权的矛盾是组织的基本矛盾之一，唯恐失去控制是阻碍大胆授权的主要原因之一。推行目标管理有助于协调这一对矛盾，促使权力下放，有助于在保持有效控制的前提下，活跃组织工作气氛。

（4）注重成果

采用传统的管理方法，管理者往往容易根据本人的主观印象等定性因素来评价员工的表现。实行目标管理后，由于有了一套完善的目标考核体系，管理者从而能够按员工的实际贡献大小如实地评价一个人。目标管理还力求组织目标与个人目标更密切地结合在一起，以增强员工在工作中的满足感。这对于调动员工的积极性、增强组织的凝聚力起到了很好的作用。

总之，目标管理是让组织的主管人员和员工亲自参加目标的制定，在工作中实行"自我控制"并努力完成工作目标的一种管理制度或方法。

4.4.2　目标管理的基本过程

哈罗德·孔茨认为，目标管理是一个全面的管理系统，它用系统的方法使许多关键管理活动结合起来，而且有意识地瞄准，有效和高效地实现组织目标和个人目标。在理想状态下，目标管理过程从组织的最高层开始，并且由总经理为组织进行指导，但是，目标设置始于最高层并不是实质的，它往往从分公司一级开始，也可以在某一职能部门一级甚至更低一级开始。例如，某公司的目标管理首先开始在一个分公司建立，逐级建立到分公司最基层，形成一个互相联系、互相支持的目标网络。在分公司经理的指导下，该分公司在获利性、成本降低、经营状况上都取得了成功，那么不久之后，其他分公司和总经理也会产生兴趣并力推这种管理方法。

由于各个组织活动的性质不同，目标管理的步骤可以不完全一样，但一般来说，可以分为 5 个步骤，如图 4-4 所示。

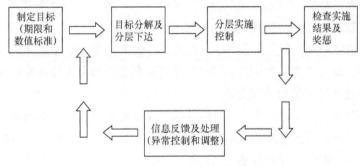

图 4-4　目标管理的步骤

1．制定目标

包括制定企业的总目标、部门目标和个人目标，同时要制定完成目标的标准，以及达到目标的方法和完成这些目标所需要的条件等多方面的内容。

2．目标分解及分层下达

建立企业的目标网络，形成目标系统，通过目标系统把各个部门的目标信息显示出来，就像看地图一样，任何人一看目标网络图就知道工作目标是什么，遇到问题时需要哪个部门来支持。

3．分层实施控制

目标既定，主管人员就应放手把权力交给下级成员，而自己去抓重点的综合性管理，完成目标主要靠执行者的自我控制。如果在明确了目标之后，作为上级主管人员还像从前那样事必躬亲，便违背了目标管理的主旨，不能获得目标管理的效果。当然，这并不是说，上级在确定目标后就可以撒手不管了。上级的管理应主要表现在指导、协助，提出问题，提供情报及创造良好的工作环境方面。

4．检查实施结果及奖惩

对各级目标的完成情况，要事先规定出期限，定期进行检查。检查的方法可灵活地采用自检、互检和责成专门的部门进行检查。检查的依据就是事先确定的目标。对于最终结果，应当根据目标进行评价，并根据评价结果进行奖罚。

5．信息反馈及处理

在考核之前，还有一个很重要的问题，即在进行目标实施控制的过程中，会出现一些不可预测的问题，如目标是年初制定的，年尾发生了经济危机，那么年初制定的目标就不能实现。因此在实行考核时，要根据实际情况对目标进行调整和反馈。

4.4.3　目标管理的优势与不足

目标管理概念自提出以来，在管理学界产生了很大的反响，是当前被普遍认可的一种计划方法和管理制度。但也有人认为，根据目前的研究状况，目标管理的空论多于有效实施，因此要客观分析目标管理的优、缺点，以求达到实效。

1．目标管理的优点

（1）推动了管理的改进，使各项活动的目的性更明确

目标管理法迫使企业管理人员去考虑计划的执行效果，而不仅仅是计划本身。而且有了一套明确的目标，就有了控制的标准，同时也是评价各部门和个人绩效的标准。

（2）有助于改进组织结构和职责分工

目标管理法要求尽可能把完成一项组织目标的成果和责任划归一个职位或部门。这条原则的实施，常常使我们发现组织的缺陷——授权不足与职责不清。此外，目标管理法是促进分权管理使组织具有弹性的最好办法。

（3）能够启发自觉，激发员工的积极性，具有激励作用

由于目标是商定的，员工明确了自己的工作在整体工作中的地位和作用，并且参与了讨论和做出承诺，同时取得了授权和支持。通过目标和奖励，将个人利益和企业利益紧密联系在一起，这时他不再是只听从命令、等待指示的盲从的工作者，而是一个可以自我控制的在一个领域内施展才华的积极工作者。

（4）有利于改善人际关系

在制定各级目标时，上级为了让员工真正了解组织希望达到的目标，必须和员工进行协商，必须有良好的上下沟通和取得一致的意见，才能使组织各项活动有序进行，因此组织上下级之间的沟通会有很大的改善。

（5）有利于开展有效的控制工作

目标管理本身也是一种控制的方式，即通过目标分解后的实现最终保证组织总目标实现的过程就是一种结果控制的方式。目标管理并不是目标分解下去便没有事了，事实上组织高层在目标管理过程中要经常检查、对比目标，进行评比，看谁做得好，如果有偏差就及时纠正。从另一个方面来看，一个组织如果有一套明确的可考核的目标体系，那么其本身就是进行监督控制的最好依据。

2．目标管理的不足

（1）目标难以确定

组织内的许多目标难以定量化、具体化；组织环境的可变因素越来越多，变化越来越快，组织的内部活动日益复杂，使组织活动的不确定性越来越大。这些都使得组织的许多活动制定数量化目标是很困难的。

（2）对目标管理法的原理理解得不够深刻

目标管理法的原理是建立在自我控制和自我指导的概念基础上的，目的在于使管理人员成为内行。实践中，管理人员对下属进行解释的过程中也容易发生偏离。

（3）给予目标设置者的指导准则不够

管理人员必须知道企业的战略目标是什么，以及他们自己的活动怎样适应这些目标。如果企业的一些目标含糊不清、不现实或不协调，那么管理人员想同这些目标保持一致，实际上是不可能的。

此外，目标管理法在推行过程中，往往强调短期目标，可能会损害企业的长期规划的安排；片面追求目标的可考核性而过分使用定量目标，在不宜定量的领域也力图使用数字，从而降低了目标的等级；管理人员在需要改动目标时犹豫不决，等等。了解目标管理的局限性，对于有效地实施目标管理是很重要的。目标管理在我国的管理发展中还是一种新的趋势，各类组织的主管人员还需不断探索，使之不断完善。

 本章要点

- 计划是指管理者确定并选择恰当的组织目标和行动方案的过程。经过计划过程最终形成的组织计划，详细说明了组织的目标以及管理者为实现这些目标所要采取的行动。
- 计划的种类很多，按不同标准进行分类：按计划涉及的内容进行分类、按职能进行分类和按计划期限进行分类等。
- 计划工作程序的工作步骤都是相似的，依次包括：估量机会，确定目标，确定计划工作的前提条件，拟订可供选择的方案，评价各种备选方案，选择方案，拟订派生计划，编制预算。
- 目标管理是以目标的设置和分解、目标的实施及完成情况的检查、奖惩为手段，通过员工的自我管理来实现企业的经营目的的一种管理方法。

 关键概念

计划　程序性计划　非程序性计划　战略性计划　战术性计划　目标　目标管理

 综合练习

一、选择题

1．目标管理概念的最初提出者是（　　　）。

　　A．亨利·莱文森　　　B．德鲁克　　　　　C．西勒　　　　　　D．泰罗

2. 计划工作原理中，目的是使计划执行过程具有应变能力的原理是（　　）。

    A. 限定因素原理   B. 许诺原理

    C. 灵活性原理   D. 改变航道原理

3. （　　）是先于其他管理活动的工作，在管理工作中处于重要的地位。

    A. 组织工作   B. 控制工作   C. 计划工作   D. 领导工作

4. （　　）是指应用于整体组织，为组织设立总体目标和寻求组织在环境中的地位的计划。

    A. 指导性计划   B. 具体性计划   C. 战略性计划   D. 基层性计划

5. 下面选项中不属于按照计划的期限进行分类的是（　　）。

    A. 短期计划   B. 中期计划   C. 长期计划   D. 具体性计划

6. 根据组织活动不同，计划可分为程序性计划和（　　）。

    A. 非程序性计划   B. 长期计划   C. 战略计划   D. 指导性计划

7. 被称为数字化的计划的是（　　）。

    A. 政策   B. 预算   C. 规则   D. 战略

8. 目标管理是 20 世纪（　　）年代在美国出现的一种管理制度。

    A. 40   B. 50   C. 60   D. 70

9. 中期计划一般是指时间在（　　）的计划。

    A. 5 年以上   B. 1 年以内   C. 2～4 年   D. 10 年以上

10. 长期计划一般是指时间在（　　）年以上的计划。

    A. 4 年   B. 5 年   C. 6 年   D. 10 年

二、填空题

1. "计划工作是一座桥梁，它把我们所处的这岸和我们要去的彼岸连接起来，以克服这一天堑。" 这句话是_____提出的。

2. 计划工作的性质可以概括为 5 个主要方面，即目的性、首位性、普遍性、_____和创造性。

3. 计划工作的主要原理包括限定因素原理、许诺原理、灵活性原理和_____。

4. 短期计划是指_____年以下的计划。

5. _____是关于企业生产运作系统总体方面的计划，是企业在计划期应达到的产品品种、质量、产量和产值等生产任务的计划和对产品生产进度的安排。

6. _____是企业以货币形式预计计划期内资金的取得与运用和各项经营收支及财务成果的书面文件。

7. _____是针对例行活动的程序化决策而言的。

8. _____是针对例外问题的非程序化决策而言的。

9. _____是战术性计划的依据，战术性计划是战略性计划的落实。

10. _____是一种最简单的计划。

三、简答题

1. 怎样理解计划工作的含义。

2. 计划的种类有哪些？

3. 制订计划的程序有哪些？

4. 何谓滚动式计划方法？

5. 简述目标管理的过程。

四、案例分析题

案例 1：乔森家具公司的五年发展目标

乔森家具公司是林大森先生在 20 世纪 80 年代创建的，开始时主要经营卧室和会客室家具，取得了相当大的成功。随着规模的扩大，自 20 世纪 90 年代开始，公司又进一步经营餐桌和儿童家具。1995 年，林大森退休，他的儿子林小森继承父业，不断拓展卧室家具业务，扩大市场占有率，使得公司产品深受顾客欢迎。到 2003 年，公司卧室家具方面的销售量比 1995 年增长了近两倍。但公司在餐桌和儿童家具的经营方面一直不得力，面临着严重的困难。

一、董事长提出的五年发展目标

乔森家具公司自创建之日起便规定，每年 12 月份召开一次公司中、高层管理人员会议，研究讨论战略和有关的政策。2003 年 12 月 14 日，公司又召开了每年一次的例会，会议由董事长兼总经理林小森先生主持。林小森先生在会上首先指出了公司存在的员工思想懒散、生产效率不高的问题，并对此进行了严厉的批评，要求迅速扭转这种局面。与此同时，他还为公司制定了今后五年的发展目标。具体包括：

（1）卧室和会客室家具销售量增加 20%；

（2）餐桌和儿童家具销售量增长 100%；

（3）总生产费用降低 10%；

（4）减少补缺职工人数 3%；

（5）建立一条庭院金属桌椅生产线，争取五年内达到年销售额 5 000 万元。

这些目标主要是想增加公司收入，降低成本，获取更大的利润。但公司副总经理马一鸣跟随林大森先生工作多年，了解林小森董事长制定这些目标的真实意图。尽管林小森开始承接父业时，对家具经营还颇感兴趣，但后来，他的兴趣开始转移，试图经营房地产业。为此，他努力寻找机会想以一个好价钱将公司卖掉。为了能提高公司的声望和价值，他准备在近几年狠抓一下经营，改善公司的绩效。

马一鸣副总经理意识到自己历来与林小森董事长的意见不一致，因此在会议上没有发表什么意见。会议很快就结束了，大部分与会者都带着反应冷淡的表情离开了会场。马一鸣有些垂头丧气，但他仍想会后找董事长就公司发展目标问题谈谈自己的看法。

二、副总经理对公司发展目标的质疑

公司副总经理马一鸣觉得，董事长根本就不了解公司的具体情况，不知道他所制定的目标意味着什么。这些目标听起来很好，但马一鸣认为并不适合本公司的情况。

他心里这样分析道：第一项目标太容易了。这是本公司最强的业务，用不着花什么力气就可以使销售量增加 20%。第二项目标很不现实。在这领域的市场上，公司本就不如竞争对手，决不可能实现 100% 的增长。第三项目标亦难以实现。由于要扩大生产，又要降低成本，这无疑会对工人施加更大的压力，从而也就迫使更多的工人离开公司，这样空缺的岗位就越来越多，在这种情况下，怎么可能减少补缺职工人数 3% 呢？第四项目标倒有些意义，可改变本公司现有产品线都是以木材为主的经营格局，但未经市场调查和预测，怎么能确定五年内我们的年销售额就能达到 5 000 万元呢？

经过这样的分析后，马一鸣认为他有足够的理由对董事长所制定的目标提出质疑。

思考：

1. 你认为林小森董事长为公司制定的发展目标合理吗？为什么？

2. 制定组织长期发展目标应该注意哪些？

案例 2：王勇的目标管理法

王勇曾经在一家有名的外商独资企业中担任过销售部经理，成绩卓著，几年前，他离开了这家企业，自己开了一家建材贸易公司，由于有以前的底子，所以生意很不错。年初，他准备进一步扩大业务，在若干个城市设立经销处，同时，扩大经营范围，增加花色品种。

面对众多要处理的问题，王勇决定将部分权力授予下属的各部门经理。他逐一与经理们谈话，一一落实要达到的目标。其中他给采购部经理定下的目标是：保证每一个经销处所需货物的及时供应；所采购到的货物的合格率需保持在 98% 以上；采购成本保持在采购额的 5% 以内。采购部经理当即提出异议，认为有的指标不合理。王勇回答说："可能吧，你尽力而为就是了。"

到年终考核时发现，采购部达到了王勇给他们规定的前两个目标，但采购成本大大超出，约占当年采购额的 8%。王勇问采购部经理怎么会这样时，采购部经理解释说："有的事情也只能如此，就目前而言，我认为，保证及时供应和货物质量比我们在采购时花掉多少钱更重要。"

思考：

你认为王勇在实施目标管理中有问题吗？他应如何改进？

五、补充阅读材料

案例 1：阿拉莫租车公司的发展计划

如果你从事机场租车业务，怎么成功地与该行业的四巨头——赫茨公司、阿维斯公司、国民公司和预算公司竞争？迈克尔·伊根做出了令人钦佩的回答。作为阿拉莫租车公司的主席，伊根实施了一项战略，使阿拉莫租车公司在不到 20 年的时间里成长为一家 5 亿美元的公司，净利润额在全行业名列第二，仅次于阿维斯公司。伊根的战略是集中于低价格和低成本—高营业额的经营定位，以及租车给那些精打细算的顾客，正是这种战略使阿拉莫租车公司领先于主要的竞争对手。

为了在机场轿车出租市场中取得一席地位，阿拉莫租车公司将其投资倾注于低价格的抉择上，公司利用广告到处宣传它每日的租价低于其竞争对手 20%，并且不对行车里程额外收费。例如，周日在洛杉矶租阿拉莫租车公司的一辆雪佛兰 Beretta 牌轿车，日租金仅 38 美元且不收里程费。而在赫茨公司租用同一型号的车，每天租金 51.193 美元，而且还要至少提前 3 天预订，此外，赫茨公司对超过 100 千米还要每千米加收 32 美分的费用。提供低价格的服务是一回事，但是怎么在如此低的价格下保持赢利呢？

阿拉莫租车公司的回答是：将营业场所设置在高营业量和租金便宜的地点。阿拉莫租车公司在美国和英国只有 105 处营业场所，而赫茨公司却有 5 400 处，但是阿拉莫租车公司的所有营业场所都设在客流量最大的机场。因此，尽管赫茨公司的营业场所数量是阿拉莫租车公司的 50 倍，但赫茨公司出租的轿车数量仅为阿拉莫租车公司的 4 倍。所以，阿拉莫租车公司通过保持高营业额的方式使其成本保持在低水平上。此外，阿拉莫租车公司还将其管理费用的支出控制在低水平上，这主要是通过将大多数业务台设在机场大厅外面的临近地点，从而避免了机场大厅内天文数字般的租金。伊根的战略还有一个关键要素是它选择的目标市场，伊根让赫茨公司和阿维斯公司耗费巨资为争夺《幸福》杂志排出的100位总经理打得不可开交，而他却选择了追逐度假旅游者的市场，只是近几年他才稍微扩展了他的细分市场，开始寻求精打细算的生意旅行者。阿拉莫租车公司的案例说明了计划的重要性：通过选择战略使公司有别于其他轿车出租企业，使阿拉莫租车公司能够有利可图地与那些财力雄厚的大公司竞争。本案例强调的主题是，好的计划将带来好的绩效。

案例2：杜邦公司的变革计划

自从约翰·A·克罗尔出任杜邦公司的CEO以来，他就创造了宽松的会议和计划决策氛围。人们都知道他与经理们一起唱他最喜爱的歌曲——《你是我的阳光》的轶事。克罗尔认为会议的气氛要有所变化，杜邦公司应该从一个行动迟缓的巨人变为更有活力的机体。其竞争对手孟山多公司就非常灵活，它的成功正是克罗尔忧虑的原因。为了有一个良好的开端，克罗尔修改了计划过程。过去，杜邦公司的管理者倾向于集中制订计划，只有少数顾问参加讨论。与此相反，克罗尔喜欢让更多的管理者参与决策。他耐心倾听人们的想法，这算不上是制订计划的最快的方法，但通过听取多种意见，克罗尔相信，他获得了更好的建议，当变革实施时，人们会更有责任心。

杜邦公司开始行动了。克罗尔的信条是：加快杜邦公司进入高增长的生命科学领域，如生物农业和制药业的步伐。目标是在3年内将在这一领域的销售额从20%提高到30%。为了达到目标，杜邦斥资32亿美元购买蛋白质技术和先锋国际公司的部分股权。但克罗尔并不想弱化杜邦公司核心的化学和纤维业务。杜邦公司的目标是在这些核心业务内取得第一或第二的位置，为此，它又斥资30亿美元在北美以外地区购买了白染料厂商，从英国化学公司（ICI）那里购买了生产聚酯的工厂。

尽管杜邦公司的战略是通过多样化来实现增长，但公司还是将那些不适合公司整体战略组合的业务处理掉。例如，医疗产品事业部是杜邦公司的一个组成部分，但由于低利润而被卖掉。克罗尔还一并卖掉氧化氢的生产部门，更不用说卖掉价值200亿美元的克诺克石油天然气公司了。在克罗尔的领导下，杜邦公司的计划过程信息更灵通，更多的人在提供好建议。

这些变革是与公司集中于高增长市场、加强公司核心能力的整体计划相适应的。克罗尔面对的挑战是制定和实施适应外部环境变化的灵活的、动态的战略计划。

案例3：10分钟提高效率

美国某钢铁公司总裁舒瓦普向一位效率专家利请教："如何更好地执行计划的方法？"利声称可以给舒瓦普一样东西，在10分钟内能把他公司业绩提高50%。接着，利递给舒瓦普一张白纸，说："请在这张纸上写下你明天要做的6件最重要的事。"舒瓦普用了约5分钟时间写完。利接着说："现在用数字标明每件事情对于你和公司的重要性次序。"舒瓦普又花了约5分钟做完。利说："好了，现在这张纸就是我要给你的。明天早上第一件事是把纸条拿出来，做第一项最重要的。不看其他的，只做第一项，直到完成为止。然后用同样办法对待第2项、第3项……直到下班为止。即使只做完一件事，那也不要紧，因为你总在做最重要的事。你可以试着每天这样做，直到你相信这个方法有价值时，请将你认为的价值给我寄支票。"

一个月后，舒瓦普给利寄去一张2.5万美元的支票，并在他的员工中普及这种方法。5年后，当年这个不为人知的小钢铁公司成为世界最大的钢铁公司之一。

案例 4：福特的 Focus

福特公司在上个世纪九十年代末期就已经建立了二十一世纪的全球发展战略规划。根据该战略规划，福特汽车公司推向市场的第一个产品是福特的 Focus，这是一款四缸节油型中型房车。福特公司开发 Focus 是为了取代已具有 30 年历史并销售了 2 000 万辆的 Escort。

福特 Focus 的目标是在世界市场上使该车型成为销售量的领先者，成为世界性的汽车。目前，Focus 在欧洲和世界其他地方的销售非常理想。事实上，在 2000 年，福特在全球大约销售了 100 万辆 Focus。由这种销售量所带来的规模经济使福特公司可以非常低的价格销售福特 Focus。福特 Focus 在 2001 年获得了《车与驾驶员》杂志第 19 届"十佳房车"评选大奖。高级舒适的座椅、宽敞的内部空间、漂亮的抛光漆，使福特 Focus 在市场中非常具有吸引力。

福特 Focus 是在 4 个不同的国家中进行生产和组装的，这 4 个生产地点是德国的萨尔路易斯、墨西哥的埃米希洛、西班牙的瓦伦西亚和美国的密歇根的韦恩市。福特计划每年将生产超过 100 万辆 Focus，并在全球 100 多个国家销售。其设计与以前的车型是完全不同的。在设计过程中，福特公司所采用的关键战略是开发一种全球化平台，汽车 85% 的外壳金属设计仍然保留着全球标准化，但 15% 则根据当地消费者需要和口味进行调整，使 Focus 的风格与外形经过调整与修改后，适应当地市场的特殊需要与特征。其他的关键性设计特征是使用智能型空间，这种设计的一个主要目的是为驾驶员提供更多的空间。福特公司认为，Focus 车型的设计是从内部开始的，其结果是，福特 Focus 比其他中型房车提供了更多的内部空间。

第五章 决　　策

【知识目标】

- 决策的定义、原则及依据
- 古典决策理论、行为决策理论、当代决策理论
- 决策过程及其影响因素
- 集体决策、风险型决策、不确定型决策的方法

【能力目标】

- 能够运用理论知识分析决策过程
- 能够运用决策方法进行科学决策

一支牙膏10年121亿，云南白药的成功秘诀

回顾十几年前，在高端市场被洋品牌垄断、低端市场低迷的情况下，云南白药"剑走偏锋"，2005年横空出世，在短短一年时间，销售额便突破1亿元，10年时间，累积销售121亿元，在高端市场云南白药独领风骚，秒杀佳洁士、高露洁等洋品牌，连续多年夺得中国高端牙膏市场第一的桂冠，它成功的秘诀又是什么？

1. 说服消费者

任何一个新产品的上市，都少不了对市场需求的调查与研究，云南白药牙膏当然也不例外。牙膏行业准入门槛不高，但市场相对饱和，品牌集中度极高——前五家的销售额即可占去七成市场。面对老牌海外日化品牌巨头们，云南白药牙膏要想分一杯羹，当然只有另辟蹊径。云南白药牙膏品牌定位战略的第一步是与消费者展开一对一的深度访谈，了解顾客需求。无论是专业数据显示还是调研发现，随着饮食习惯的改变和工作压力的增大，成年人大多有口腔溃疡、牙龈肿痛、出血、萎缩等口腔问题。

这些口腔"小问题"虽然不足以去医院，但大多困扰了人们的情绪，有快速解决的心理和生理需求，对高端口腔护理产品的需求会越来越强。然而当时市场上仍是一些普通性质的日化产品，还没有一支能真正解决九成以上国人口腔问题的实效牙膏产品。这当然就是云南白药牙膏的一大机会，毕竟，与其他同类产品相比，云南白药牙膏并不具备成本优势和价格优势，如果在现有市场层面上参与对手竞争，无疑是以卵击石。云南白药牙膏根据产品的特点与功能以及市场需求分析，终于决定进入高档消费领域。

2. 动员渠道

明确了市场定位后，如何将定位成果落实，也是重要的一步。在销售渠道上，云南白药牙膏项目运营初期，企业在日化行业的建设基本空白，如果等待日化终端建设到一定程度再开展相应的传播和营销活动，那么整个品牌和产品线的推广都要滞后。因此，在市场运作上，云南白药牙膏不走传统的日化品路线，借鉴和运用保健品推广思路，采用"药品+超市"的策略，上市初期，即在电视广告上对"药店及商场有售"之类的信息进行了提示。

这种模式正是利用了企业有较好基础的通路——医药品渠道，让牙膏破天荒地摆进了药店。首先从有深厚基础的药店入手，让消费者可以买得到产品，同时逐步开发商超等其他分销渠道，待整个日化渠道相对成熟后，再将渠道全面理顺、整合，实现了对不同业态终端的高度覆盖。

经过3年的市场推广，最初决策的先见之明日益凸现，医疗、公众以及百姓对牙周、口腔健康的关注度日趋提升，相关产业市场容量逐步提升，而抢得先机的云南白药牙膏从中受益颇丰。

3. 风险控制

由于缺乏牙膏制造技术以及设备等生产要素，云南白药在牙膏开发初期先后委托杭州、昆明两地的牙膏生产厂家加工，降低了上马生产线的投资风险，同时又能够快速向市场推出产品。在销售方面，云南白药先是借用公司已有的医药销售团队和药店渠道，当云南白药牙膏得到市场的肯定和欢迎后，才逐渐自建销售渠道和生产线，实现大规模供应。通过药店销售云南白药牙膏还有助于提升消费者对云南白药牙膏的信任度。

4. 未来的市场

据Kantar Worldpanel发布的监测数据：2012年，中国消费者平均在牙膏产品上的花费同比增长了12.5%。2012年，我国牙膏市场规模估计已经达到150亿元，是洗发水市场销售总额的一半。2012年，云南白药牙膏销售预计16亿元，增长率超过40%。有医药研究分析师认为，云南白药的收入增速和毛利率同步提升主要得益于云南白药牙膏继续保持高增长，而不是来自药品。这意味着卖牙膏比卖药更挣钱。

与此同时，市场上出现了一批专注细分领域的新牙膏。广药旗下的静修堂推出中药调理牙膏，哈药旗下的三精制药推出双黄连牙膏，价格都在20元以上。高露洁和佳洁士也推出了新产品争夺高端市场。总体来看，牙膏市场由高露洁和佳洁士主导的局面没有根本改变。

以药品名称来命名牙膏，也可能带来负面效应。针对更年轻、以预防为主的用户，云南白药采用了另一个养护型牙膏品牌"金口健"，将重点放在养护、预防，以淡化药品色彩。

 学习内容

决策贯穿于计划职能的全过程，渗透于各种计划形式之中。决策也是管理的中心职能，是整个管理的核心。在棋界有句话："一着不慎，满盘皆输；一着占先，全盘皆活。"它反映出这样一个道理：无论做什么事情，成功与失败取决于决策的正确与否。科学的经营决策能使企业充满活力，兴旺发达，而错误的经营决策会使企业陷入被动，濒临险境。对于管理者来说，决策是最重要、最困难，也是最考验人的事情，一个企业或组织的兴衰成败往往在很大程度上取决于组织内的成员能否迅速而正确地做出决策。本章主要讨论决策的定义、类型及决策方法。

5.1 决策概述

5.1.1 决策的定义

美国学者亨利·艾伯斯认为，决策有广义和狭义之分。狭义上说，决策是在几种行为方案中做出抉择；广义上说，决策还包括在做出最后决定前必须进行的一切活动。

我国学者认为，所谓决策，是指组织或个人为了实现某种目标而对未来一定时期内有关活动的方向、内容及方式的选择或调整过程，从两个及以上的备选方案中选择一个的过程。

综上所述，决策就是为了解决问题或实现一定目标，运用一定的手段和方法，在两个以上的备选方案中，选择一个方案的分析判断过程。对于这个定义我们可以从以下几个方面理解。

① 决策是个过程，这个过程是由多个步骤组成的，虽然某些决策可能是瞬间做出来的，但其中也包含分析的过程。

② 决策要有明确的目标。这句话告诉我们决策不仅仅是为了解决问题，有时也是为了利用机会实现某一目标，只有目标明确才可能做出更加正确的决策。

③ 决策要有若干备选方案。有时决策方案可能是简单易见的，但更多时候决策方案是需要我们自己去寻找的，那么就需要设计出若干个备选方案以供抉择。

④ 决策要进行方案之间的比较和分析。为了做出更加科学、合理的决策，在决策方案之间进行比较和分析的时候，就要运用一定的手段和方法，这些分析方法就是本章最后部分要详细介绍的。

5.1.2 决策的原则

1. 满意原则

管理决策的制定可以被假设为是理性的。这个假设的含义是，管理者所制定的决策是前后一致的，是追求特定条件下价值最大化的。因为管理者可以借助各种各样的工具和技术成为理性决策的制定者，然而事实中管理者并非总是理性的。一个完美的理性决策者应该是客观的和符合逻辑的，问题掌握是清晰的，目标是明确的，并且掌握了所有可能的解决方案及结果，能对所有结果进行客观、公正的分析。下面是理性决策的特点。

① 问题是清楚的。
② 目标是单一而且明确的。
③ 偏好是不变和稳定的。
④ 不存在时间和成本约束。
⑤ 能够获得与决策有关的全部信息。
⑥ 真实了解全部信息的价值所在，并据此制定所有可能的方案。
⑦ 准确预期到每个方案在未来的执行结果。

但在现实中，上述这些条件往往得不到满足：组织内外存在的一切对组织的现在和未来都会直接或间接产生某种程度的影响，决策者很难收集到反映这一切情况的信息；对于收集到的有限信息，决策者的利用能力也是有限的，从而决策者只能制定数量有限的方案；任何方案都要在未来实施，而人们对未来的认识是不全面的，对未来的影响也是有限的，决策时所预测的未来状况可能与实际的未来状况有出入。

尽管完美理性存在着局限，但管理者仍然被期望遵循理性的决策过程。管理者应该知道一个好的决策者应该做哪些事情，并据此做出正确的决策行为，但是决策制定过程的某些方面并不是像我们上面所描述的那样，而是管理者往往按照有限理性的假设制定决策，由于他们也要受到自身信息处理能力的限制，也不可能分析所有的决策方案，因此，他们只是制定满意的而不是使目标最大化的决策。换言之，决策遵循的是满意原则，而不是最优原则。

2. 差距原则、紧迫原则和力及原则

这是在确定组织目标时需要运用的原则。所谓差距原则，是指决策目标应该有差距的问题，即需要与现实之间的差距问题。所谓紧迫原则，说的是这个决策目标不但是需要解决的差距性问题，而且是需要紧迫性解决的差距问题，是影响全局的主要矛盾。所谓力及原则，说的是这个决策目标不仅是需要紧迫性解决的差距问题，而且是主观和客观条件允许且可能加以解决的差距问题。这3条原则有一条不符合，决策目标就不能说是正确的。

3. 瞄准原则和差异原则

这是在准备备选方案时需要运用的原则。瞄准原则是指在选择备选方案时必须瞄准决策的目标，并根据目标规定明确要求。差异原则是指所提出的几个备选方案，以及所采取的路线、途径和措施必须是互不相同的。如果基本相同或大同小异，开始是几个方案，实际上等于一个方案，这就失掉了备选意义。这两条原则有一条不符合，就达不到备选方案的条件。

4. "两最"原则、预后原则和时机原则

这是在优选决策时需要运用的原则。"两最"指的是最大和最小，"两最"原则即指最后决定选取的方案应该是得利最大、弊端最小和可靠性最大、风险性最小的最优化决策。预后原则是选定的方案应该有应变性预防措施，其中对可能出现的一些变化或威胁现象，要做出预测，以使决策立于不败之地。时机原则是决策应该在信息充分或根据充足的时机做出。满足时机原则的决策叫作成熟决策，否则就会直接影响决策的可行性与可靠性。这3条原则有一条不符合，这个决策就不会是最优决策。

5. 跟踪原则和反馈原则

这是在决策实施过程中需要运用的原则。跟踪原则是指在决策付诸实施之后进行随时检查和验证，因为任何决策都有主观因素，不可能完全符合不断变化着的客观情况，所以跟踪检查是非常必要的。反馈原则是指一旦发现决策与客观情况有不适应之处，就要及时采取措施，进行必要的修改与调整。决策应是动态的决策，跟踪原则和反馈原则都是适应动态决策要求的。这两条原则有一条被忽视，决策的实施就会受损失。

6. 外脑原则和经济原则

这是在决策的全过程中必须运用的原则。外脑原则是指在确定目标、准备方案、选定方

案、实施方案时都必须重视利用参谋、顾问、智囊团、思想库等。外脑原则的实质是发挥集体智慧，防止个人专断，把决策建立在科学的基础上。尤其是在确定决策目标和选定决策方案的时候，更要重视外脑的作用，通过集思广益，充分论证，然后再做出决定。计算机也是一种外脑，应该充分利用。经济原则是在决策的全过程中都要力求节约财力、物力、人力和时间。这一原则之所以要强调，是由于现代决策过程中的每一个程序都是比较复杂的，都需要投入相当多的人、财、物和时间，这就需要精打细算，力求节约，以免得不偿失。

7. 系统原则和可行性原则

这是决策过程整体及其每一项过程都需要运用的原则。系统原则是指应用系统理论进行决策，也是现代科学决策必须遵守的首要原则。可行性原则是指是否具有可操作性，能否按计划达到目标。决策能否成功，取决于主、客观等方面的因素，科学决策不仅要考虑组织发展的需要，还要考虑到组织外部环境和内部条件各方面是否有决策实施的可行性。

5.1.3 决策的依据

决策在形成的过程中离不开信息，决策者只有快速、准确地获得信息，有效地利用信息，适时把握时机，才能获得更好的决策效益。然而信息的数量和质量直接影响决策水平，因此，收集和处理信息就成为决策过程中重要的一部分工作。为了保证信息的质量必须做到以下几点。

1. 信息必须有高度的可信度

可信度是指信息的真实性和准确性。它包括两个方面：一是信息员收集的原始信息是真实、准确的；二是作为决策依据的经过加工的信息必须是真实、准确的。

2. 信息必须有高度的完整度

完整度是指决策信息应包含决策所需要的全部内容，有范围、种类、时间等多方面要求，为了做出科学的决策，不仅要有反映成绩的正面信息，还要有失败教训的反面信息，不仅要有局部的信息，还要有总体的信息。

3. 信息必须有高度的精确度

信息应准确反映对象的细微及本质特征，信息精确度越高，对决策的帮助将越大。然而在现实生活中，人们很难收集到完全精确的信息，总要有一定误差的存在，那么决策者在决策时对这些误差就要有所考虑，做到心中有数。

在西蒙的决策过程中，信息的高效流动就是科学决策的前提条件，决策信息的生成主要包括信息收集、信息加工、信息传递、信息储存、信息输出和信息反馈。

图 5-1 表示决策过程中信息流动的过程。信息源是信息的出处。常见的信息源包括各种类型的出版物、档案资料、会议记录、传媒工具及重要人物的讲话等。在信息时代，各种类型的数据库的建设使得信息的获取更加快捷。

信息载体包括人脑、语言、文献资料和实物等。信息附着在载体上，并通过信息载体发挥作用。在决策的各个阶段，信息在信息源和决策者之间交互，将知识、数据、方法等传递给决策者，影响决策的制定；同时，决策形成过程中产生的新知识、新数据、新方法又会回流到信息源，经过信息载体的加工处理生成新的信息，并完成更新工作。

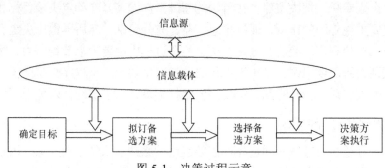

图 5-1　决策过程示意

决策过程中尽可能通过多种渠道收集信息，作为决策的依据，但信息收集的多少及从何处收集信息等，其本身也要进行"成本—收益"分析。

5.1.4　决策理论

决策理论是把第二次世界大战以后发展起来的系统理论、运筹学、计算机科学等综合运用于管理决策问题，形成的一门有关决策过程、准则、类型及方法的较完整的理论体系。主要有以下几种比较具有代表性的理论。

1．古典决策理论

古典决策理论又称为规范决策理论，是基于"经济人"假设提出来的，主要盛行于 20世纪 50 年代以前。古典决策理论认为，应该从经济的角度来看待决策问题，即决策的目的在于为组织获取最大的经济利益。古典决策理论的主要内容如下。

① 决策者必须全面掌握有关决策环境的信息情报。

② 决策者要充分了解有关备选方案的情况。

③ 决策者应建立一个合理的自上而下的执行命令的组织体系。

④ 决策者进行决策的目的始终都是在于使本组织获取最大的经济利益。

古典决策理论忽视了非经济因素在决策中的作用，这种理论不一定能指导实际的决策活动，从而逐渐被更为全面的行为决策理论代替。

2．行为决策理论

赫伯特·A·西蒙在《管理行为》一书中指出，理性的和经济的标准都无法确切地说明管理的决策过程，进而提出"有限理性"标准和"满意度"原则。影响决策者进行决策的不仅有经济因素，还有其个人的行为表现，如态度、情感、经验和动机等。行为决策理论的主要内容如下。

① 人的理性介于完全理性和非理性之间，即人是有限理性的。

② 决策者在识别和发现问题中容易受知觉上的偏差的影响。

③ 由于受决策时间和可利用资源的限制，决策者选择的理性是相对的。

④ 在风险型决策中决策者往往厌恶风险，倾向于接受风险较小的方案。

⑤ 决策者在决策中往往只求满意的结果，而不愿费力寻求最佳方案。

行为决策理论抨击了把决策视为定量方法和固定步骤的片面性，主张把决策视为一种文化现象。除了西蒙的"有限理性"模式，林德布洛姆的"渐进决策"模式也对"完全理性"模式提出了挑战。林德布洛姆认为决策过程应是一个渐进的过程，而不应大起大落，否则会危及社会稳定，给组织带来组织结构、心理倾向和习惯等的震荡和资金困难，也使决策者不可能了解和思考全部方案并弄清每种方案的结果。这说明，决策不能只遵循一种固定的程序，而应根据组织内外环境的变化进行适时的调整和补充。

3．当代决策理论

继古典决策理论和行为决策理论之后，决策理论有了进一步的发展，即产生了当代决策理论。当代决策理论的核心内容是：决策贯穿于整个管理过程，决策程序就是整个管理过程。组织是由决策者及其下属、同事组成的系统。整个决策过程包括以下步骤。

① 研究组织的内外环境。
② 确定组织目标。
③ 设计达到该目标的可行性方案。
④ 比较和评估方案，确定择优方案。
⑤ 实施方案。
⑥ 追踪检查和控制。

对当今的决策者来说，在决策过程中应广泛采用现代化的手段和规范化的程序，应以系统理论、运筹学和计算机为工具，并辅之以行为科学的有关理论。这就是说，当代决策理论把古典决策理论和行为决策理论有机地结合起来，它所概括的一套科学行为准则和工作程序，既重视科学的理论、方法和手段的应用，又重视人的积极作用。

5.2 决策过程与决策影响因素

5.2.1 决策过程

虽然决策制定常被描述为在若干个方案中进行选择，但是这句话有些简单化了，决策的过程是一个复杂的过程，不是仅仅限于从不同方案中做选择，还包含了一系列的步骤，如图5-2所示。

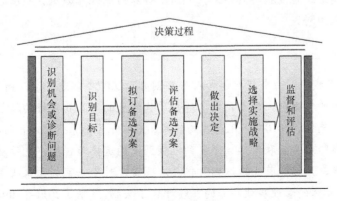

图 5-2　决策过程示意

1. 识别机会或诊断问题

决策制定过程开始于一个问题或机会的存在，决策者必须知道哪里需要行动，尽力获取精确、可依赖的信息，但现实中问题和机会并非总是那么容易掌握，但如果我们掌握了问题的特征便可以做得更好，问题的特征包括 3 个方面：意识到问题、迫于压力采取行动、拥有行动的资源。

案例 5-1

日本尼西奇公司在第二次世界大战后初期，仅有30余名员工，生产雨衣、游泳帽、卫生带、尿布等橡胶制品，订货不足，经营不稳，企业有朝不保夕之感。公司董事长多川博从人口普查中得知，日本每年大约出生250万婴儿，如果每个婴儿用两条尿布，一年就需要500万条，这是一个相当可观的尿布市场。多川博决心放弃尿布以外的产品，把尼西奇公司变成尿布专业公司，集中力量，创立名牌，最终成为"尿布大王"。转型后的尼西奇公司资本仅1亿日元，但年销售额却高达70亿日元。

柯达公司是著名的影像产品及相关服务的生产商和供应商，曾经是令美国人感到亲切和骄傲的公司。随着制造工艺水平的提高，柯达抓住了机会，率先推出小型摄像机Kodak，重新引领了潮流。尝到甜头的柯达非常注重创新，在研发上投入巨大，在整个影像行业中处于遥遥领先的地位，但是柯达的目光却局限在了胶卷相机时代，对数码时代视而不见，但是数码这阵风太过强大，大风过后焕然一新，胶卷和胶卷相机已经成了博物馆的展览品，柯达即使在研发方面投入再大的精力，能做出再好的胶卷都已经没有用了，因为人们已经不再需要胶卷。终于在2012年1月19日早间柯达提交了破产保护申请，曾经辉煌的巨人倒了下来。数码这阵风非但没有助柯达扶摇直上，反而摧毁了它光芒四射的一生。

启示：机会往往就在身边，管理者是否善于发现机会，能否把握住机会，直接决定着企业的命运，一个善于识别机会的管理者可以使企业转败为胜。

2. 识别目标

决策目标是指在一定外部环境和内部环境条件下，在市场调查和研究的基础上所预测达到的结果。决策目标是根据所要解决的问题来确定的，因此，必须把握住所要解决问题的要害。目标体现的是组织想要获得的结果，明确所要获得结果的数量和质量。只有明确了决策目标，才能避免决策的失误。

案例 5-2

VANCL（凡客诚品）由卓越网创始人陈年创办于2007年，是一家以销售T恤、牛仔裤与帆布鞋为主的垂直购物平台。成立之初，凭借质优价廉的产品和良好的服务，凡客成为很多人网络购物的优先选择。2010年，凡客签约韩寒、王珞丹为形象代言人，同时推出户外广告，广告文案"凡客体"成为互联网热点，受到无数网友的追捧与传播，也带动了凡客销量的不断攀升。当年年底，凡客的营业额达到20亿元人民币，对于一家成立仅四年的公司，这一营业额无异于奇迹。凡客的管理层被高涨的业绩冲昏了头脑，定下了2011年100亿元的销售目标，为了完成这一目标，凡客上线了化妆品、厨具、餐具、数码产品等多种品类的产品。随着产品品类的增加，库存积压、人员激增、内部管理混乱、产品质量频遭投诉等问题越来越多，消费者对凡客的印象也越来越差。最终，2011年年末，凡客不但没有完成100亿元的销售目标，反而造成近6亿元的亏损，同时品牌知名度也逐渐下降，慢慢地淡出了消费者的视线。

免费与分享是中国互联网的主流精神，对于视频网站也不例外。2014年以前，国内视频网站的主要盈利模式是通过购买热门影视剧的版权吸引用户观看，以此提高点击量，获得广告收入。但是爱奇艺的CEO龚宇认为这种模式只能导致视频网站的同质化竞争，企业无法从中获得竞争优势。他观察到视频网站的主要观众是以"90后""00后"为主的年轻人，龚宇认为，这部分年轻人对优质影视资源的需求较为旺盛，并且愿意为优质内容付费。于是，2015年7月，爱奇艺播出《盗墓笔记》时决定对会员开放全集，凡是购买爱奇艺会员，即可一次性观看《盗墓笔记》全部内容，非会员只能每周等待更新，《盗墓笔记》也成为全网首部收费自制剧。剧集播出当晚，蜂拥而至购买会员的用户一度令爱奇艺的服务器瘫痪。在《盗墓笔记》播出前，爱奇艺VIP会员数是500万，而宣布开通会员可观看《盗墓笔记》第一季全部内容后，短短几天内VIP会员数便增加了260万。也就是说，一部网络剧让爱奇艺VIP会员数猛增50%，同时也开启了视频网站会员付费的新纪元。2016年6月，爱奇艺宣布VIP会员突破2 000万，是所有视频网站中最先突破2 000万会员数的网站。同时，继续不断推出优质自制网剧和综艺节目以吸引更多用户购买会员成为爱奇艺下一步发展的主要目标。

启示：科学经营决策的前提是确定决策目标。它作为评价和监测整个决策行动的准则，不断地影响、调整和控制着决策活动的过程，一旦目标错了，就会导致决策失败。

3. 拟订备选方案

决策目标确定以后，就应拟订达到目标的各种备选方案。拟订备选方案，一是分析和研究目标实现的外部条件和内部条件、积极因素和消极因素，以及决策事物未来的运动趋势和发展状况；二是在此基础上，将外部环境各不利因素和有利因素、内部业务活动的有利条件和不利条件等，同决策事物未来趋势和发展状况的各种估计进行排列组合，拟订实现目标的方案。

4. 评估备选方案

备选方案确定后即要从中选择出若干个利多弊少的可行方案，供进一步评估和抉择。管理者需确定所拟订的各种方案的价值或恰当性，并仔细考虑各种方案的预期成本、收益、不确定性和风险，从中确定最满意的方案。管理者要运用评估标准从多角度审视方案。评估的方法通常有3种，即经验判断法、数学分析法和实验法。

5. 做出决定

在决策过程中，管理者通常要做出最后的选择。尽管选择一个方案看起来似乎很简单，但实际上，做出选择也是很困难的。由于最好的决策通常都是建立在深思熟虑的基础上的，因此，管理者要做出一个好的决策则必须仔细考察全部事实，确定是否可以获取足够的信息，将备选方案同目标要求进行粗略的分析对比，权衡利弊，以选择最优方案。

案例 5-3　西贝莜面村的决策定位

西贝莜面村起源于内蒙古，从巴彦淖尔一个小吃店一路走来，到现在营业额近20亿，成为西北菜系的代表。

2010年之前，西贝已经过了十多年的发展，开出20多家店。1988年从内蒙古临河市一间面积不足20平方米的"黄土坡风味小吃店"开始，当时店内主打的"羊肉泡馍和鸡肉炒疙瘩"两道菜。之后西贝的发展，正适逢中国餐饮行业飞速发展阶段，开个店就火，获得了较好的成长。

2001年，西贝北京六里桥店开业，开始启用"西贝莜面村"作为餐饮连锁品牌，后来仅在大本营北京市内，每年就能开出一至两家店。这一阶段的"西贝莜面村"，整体上表现为一个来自西北民间的家常菜馆。

随着竞争加剧，西贝有些店面出现了亏损，于是西贝又相继尝试了其他餐饮形式，如腾格里拉、九十九顶毡房、西贝海鲜、西贝火锅城等，在火锅、海鲜、西餐、咖啡店等方面，大致试了一遍。

2010年4月，西贝创始人贾国龙上了一堂品牌战略定位课，这堂课让他认识到定位战略的重要性。为此，他找到特劳特中国公司做战略定位咨询。特劳特中国公司建议西贝拿掉"莜面村"这个既不好记忆又不利传播的名字，改为"西贝西北民间菜"，强调"90%原料来自西北乡野与草原"。西贝今后的使命就是开创一个新菜种——"西北菜"。

贾国龙感觉"一下子找着了北"，2011年便一口气开出17家店，推动了西贝发展史上最快速的成长。特劳特中国公司为西贝确立"西北菜"的战略定位方向，西贝很快就启动了品牌战略定位关键行动，并快速地执行下来，展开了全国的市场布局。

之后的两年半，贾国龙整天想的、做的都是品牌战略定位，即如何让西贝成为西北菜这个品类的代表，如何快速打动消费者的心。这一阶段的主要诉求的口号为："西贝西北菜，草原的牛羊肉，乡野的五谷杂粮"。

西贝的开店选址方式，也从之前的边缘地段开店转移到主流商圈开店，大力提升店内外传播，让"西北菜"晋升成为一种主流餐饮消费，成为人们心目中仅有的一家打出"西北菜"招牌的连锁餐厅。直到现在，很多人说起西贝，也都顺口就说"西贝西北菜"。

2012年，西贝在里斯中国的建议下，转向"烹羊专家"的方向，认为西贝在羊肉的原料和加工上都有非常好的优势，可以转向打造羊肉特色的专家战略。这个阶段方向的诉求口号为：做羊肉的专家。但"烹羊专家"后来又放在叫"西贝莜面村"的品牌诉求之下，整体上听起来，就像一个以莜面为特色的餐馆，同时也是一个烹羊专家。

西贝"烹羊专家"放到西贝集团旗下"九十九顶毡房"，算是对"烹羊专家"的方向又做了重新调整。2013年开始，一直到现在我们所看到的，就是西贝又走回到了"西贝莜面村"的战略方向上。据说是西贝创始人自己改的，他认为莜面具有独特性和健康性，有机会像凉茶、红牛一样开创一个全新的与众不同的品类，于是他又把定位改回"西贝莜面村"。

启示：管理者在做出决策的时候必须收集大量的信息，对这些信息能够进行全方位、多角度的综合分析，通过深入的对比分析后再作决定，这样可以保证决策的正确性和准确性。

6. 选择实施战略

实施是任何行动过程中最重要的一步，为了使决策更好地落实就要制定相应的具体措施，保证方案的正确实施，确保与方案有关的各种指令能被所有有关人员彻底了解和充分接受，同时可以应用目标管理方法把决策目标层层分解，落实到每一个执行单位和个人，并建立重要的工作报告制度，以便及时了解方案进展情况，及时进行调整。

7．监督和评估

环境是不断变化的，一个方案的实施过程可能是短期的也可能是长期的，那么在形势不断变化的同时就要不断地对方案进行修改和完善，以适应变化了的形势。

5.2.2　决策影响因素

作为一个决策者，既要进行正确的决策，也要尽量地减少决策过程中所花费的成本。我们要清楚企业处于什么样的氛围和环境之中，要正确认识本企业和周围的人，同时也要正确地认识自己。理清了这些人为因素，决策将会更加有效。决策的影响因素主要包括以下 4 个方面。

1．决策环境

（1）环境的稳定性

在环境比较稳定的情况下，决策一般由中层管理者进行；环境剧烈变化的情况下，决策一般由高层管理者进行。

（2）市场结构

它指的是某一市场中各种要素之间的内在联系及其特征，包括市场供给者之间、需求者之间、供给和需求者之间以及市场上现有的供给者、需求者与正在进入该市场的供给者、需求者之间的关系。垄断程度高的市场中，以生产为导向；竞争程度高的市场中，以市场为导向。

（3）买卖双方在市场上的地位

买方市场与卖方市场：前者指供大于求、商品价格有下降趋势的市场形势，这时，买方在交易上处于有利地位，有任意挑选商品的主动权；后者指供不应求、商品价格有上涨趋势的市场形势，这时，买方很少有挑选商品的余地，而卖方则在交易上处于有利地位。在卖方市场中，以生产条件与能力为出发点；在买方市场中，以市场需求为出发点。

2．组织自身

（1）组织文化

不同的组织文化会影响到组织成员对待变化的态度，进而影响到组织对方案的选择与实施。

（2）组织对环境的应变模式

应变模式指导着组织今后在面对环境变化时如何思考问题、如何选择行动方案等。

（3）组织信息化程度

高信息化有利于提高决策的效率和质量。

3．问题本身

（1）问题的紧迫性

这是针对问题对时间要求的高低而确定的，如果问题对时间要求高，需要迅速地做出决策，那么这种决策往往多是瞬时的，没有太多的分析过程和分析方法。例如，战争中军事指挥官的临场指挥多属于此。

（2）问题的重要性

问题重要性对决策的影响是多方面的：重要的问题可以引起高层领导的重视，得到更多力量的支持，越重要的问题越有可能由群体决策，对问题的认识更全面，决策的质量可能更高。此外，越重要的问题越需要决策者慎重决策，越需要决策者避开各类决策陷阱。

4．决策主体

（1）决策者对风险的态度

风险厌恶型、风险中立型和风险爱好型。喜好风险的人通常会选取风险程度较高但收益也较高的行动方案；而风险厌恶型则通常会选择风险最低的方案来执行；风险中立型的人通常会采取比较安全同时也带有一定收益的行动方案。

（2）决策者的经验及能力

决策者过去的经验对决策有着重要的影响，尤其是在仅仅依赖决策主体的主观判断时，决策者的经验及能力就显得尤为重要。决策者的能力包括对问题的认识能力、获取信息的能力、沟通能力、组织能力等。

（3）决策者的价值观

个人价值观通过影响决策中的价值成分来影响决策。

（4）决策者的伦理观

决策者是否重视伦理及采用何种伦理标准会影响其行为或对待事物的态度，进而影响其决策。

5.3　决　策　类　型

针对不同的划分标准，决策类型多种多样，目前常见的几种划分类型如下所述。

5.3.1　按决策的层次划分

1．战略决策

战略决策是指组织适应时刻变化着的外部环境的一种决策，具有全局性、长期性与战略性的特点。战略决策又称经营决策，对组织而言是最重大的决策，比如确定或改变企业的经营方向和经营目标、新产品开发、企业上市、兼并企业、企业合并、开拓海外市场、合资经营、扩展生产能力等。高层管理者主要从事战略决策。

2．管理决策

管理决策是指对组织的人力、资金、物资等资源进行合理配置，以及经营组织机构加以改变的一种决策，具有局部性、中期性与战术性的特点。如机构重组、人事调整与资金筹措与使用等都属于管理决策的范畴。中层管理者主要从事管理决策。

3．业务决策

业务决策是在一定的组织运行机制基础上，处理日常业务的决策，具有琐细性、短期性与日常性的特点。如每日产量，食堂饭菜花色品种、数量，员工洗澡时间等。基层管理者主要从事业务决策。

5.3.2 按决策的条件划分

1．确定型决策

确定型决策也被称为稳定条件下的决策，是指决策者确知环境条件，每一种备选方案只有一种确定的执行后果，决策过程中只要直接比较各种备选方案的执行后果即可。

2．风险型决策

所谓风险决策，是指决策者在做决策时面临的环境条件并非是确定的，而是存在若干种状态，但可能状态的数目与概率可以预先客观估计。

3．不确定型决策

不确定型决策也被称为不稳定条件下的决策，是指决策者不能预先确知环境条件，可能有哪几种状态和各种状态的概率无从估计，决策者对各个备选方案的执行后果难以确切估计，这种备选方案的不确定性来自于环境条件的不稳定性。

5.3.3 按决策的理性程度划分

1．经验决策

经验决策是依靠过去的经验和对未来的直觉进行决策。这时，决策者的主观判断与个人价值观起重大作用。此类决策感性成分较多，理性成分较少。

2．科学决策

科学决策是指决策者按科学的程序，依据科学的理论，用科学的方法进行决策。科学决策有一套严密程序；先进行大量的调查、分析、预测工作，然后在行动目标的基础上确定各种备选方案，再从可行性、满意性和可能后果等多方面分析、权衡各备选方案，并收集反馈信息。

5.3.4 按决策的时间要求划分

1．时间敏感型决策和知识敏感型决策

美国学者威廉·R·金和大卫·I·克里兰把决策划分为时间敏感型决策和知识敏感型决策。前者指时间要求很紧，必须迅速做出的决策，后者指对时间要求不高，而对质量要求较高的决策。

2．长期决策和短期决策

（1）长期决策

有关组织今后发展方向的长远性、全局性的重大决策，又称长期战略决策，通常时间在5年以上，如投资方向的选择、人力资源开发等。

（2）短期决策

为实现长期战略目标而采取的短期策略手段，又称短期战术决策，通常时间在1年以下，

如企业日常营销、物资储备等。

5.3.5 其他决策类型

1. 按决策者人数划分

（1）集体决策

集体决策是为充分发挥集体的智慧，由多人共同参与决策分析并制定决策的整体过程。其中，参与决策的人组成了决策群体。

（2）个人决策

个人决策是指决策机构的主要领导成员通过个人决定的方式，按照个人的判断力、知识、经验和意志所做出的决策。个人决策一般用于日常工作中程序化的决策和管理者职责范围内的事情的决策。

集体决策利弊参半，个人决策也有其合理性和局限性，二者对比如表 5-1 所示。

表 5-1　集体决策与个人决策的比较

方式	个人决策	群体决策
速度	快	慢
准确性	较差	较好
创造性	较高。适于工作结构不明确、需要创新的工作	较低。适于工作结构明确，有固定程序的工作
效率	由任务复杂程度决定，通常费时少，但代价高	从长远看，费时多，但代价低，效率高于个人决策
风险性	视个人气质、经历而定	视群体性格而定

2. 按决策制定程序划分

（1）程序化决策

程序化决策主要是指对例行问题的决策。程序化决策涉及的是经常出现的常规活动，可供选择的方案是现成的，只需要从中选定一个行动方案。一般来说，日常业务性工作和管理工作所做的决策都是程序化的。程序化决策可以根据既定的信息建立数学模型，把决策目标和约束条件统一起来进行优化。

（2）非程序化决策

非程序化决策主要是指对例外问题进行的决策，是针对那些不常发生的或例外的非结构化问题而进行的决策。随着管理者地位的提高，面临的不确定性增大，决策的难度加大，所面临的非程序化决策的数量和重要性也都在逐步提高，进行非程序化决策的能力也变得越来越重要。

3. 按决策起始点划分

（1）初始决策

初始决策主要是指组织对从事某种活动或从事该活动的方案所进行的初次选择。初始决策是零起点决策，它是在有关活动尚未进行，从而环境未受到影响的情况下进行的。

（2）追踪决策

追踪决策主要是在初始决策的基础上对组织活动方向、内容或方式的重新调整。随着初始决策的实施，组织环境发生了变化，这种情况下所进行的决策就是追踪决策。因此，追踪决策是非零起点决策。

5.4 决策方法

5.4.1 集体决策方法

1. 头脑风暴法

头脑风暴法又称智力激励法、BS 法，是美国创造工程学家奥斯本提出的一种培养创造力的方法。它首先组织一些具有科研能力和知识修养的专门人才，组成一个小组进行集体讨论，相互启发、相互激励、相互弥补知识缺陷，引起创造性设想的连锁反应，产生尽可能多的设想，然后对提出的设想、方案逐一通过客观、连续的分析，找到一组切实可行的"黄金"方案。其特点是倡导创新思维，时间一般在 1～2 小时，参加者 5～6 人为宜。

头脑风暴法的 4 项原则如下。

① 创设一种自由的气氛，让大家各自发表自己的意见，对别人的建议不做评论。

② 建议不必深思熟虑，提出的建议越多越好，发言量越大，意见越多种多样。

③ 鼓励独立思考、奇思妙想，认真对待任何一种设想，不管其是否适当可行。

④ 可以补充完善已有的建议,鼓励参加者对他人已经提出的设想进行补充、改进和综合。

2. 名义小组法

名义小组法也是一种常用的集体决策方法，它要求小组成员集中一起工作，但不允许小组成员之间自由讨论，因而被称为名义小组。应用该方法的步骤是：首先由组织者选择一些对要解决的问题有研究或有经验的人作为小组成员组成小组，并向他们提供与决策问题相关的信息，由小组成员写出尽可能多的各种方案；然后，由小组成员轮流陈述自己的方案，并记录在黑板上。此时允许提问以明确发言者的意思，所有方案陈述完毕后，由大家自由讨论；最后，小组成员对全部备选方案投票，产生大家最赞同的方案，并形成对其他方案的意见，提交管理者作为决策参考。

名义小组法的关键是：成员各自先不通气，独立地思考，提出决策建议。

3. 德尔菲法

德尔菲法是采用函询的调查方式，让专家们背对背地提出解决某一问题方案的方法。具体操作如下：组成一个通常由 10～15 名专家组成的小组，成员之间绝对不能往来，把要解决的问题让每个成员进行不记名预测，然后进行统计分析，再把统计分析的结果反馈给每个成员，要求他们再次预测，接着再一次进行统计分析，然后再反馈给专家，如此重复进行，直到使最初分歧的意见趋于集中，从而形成一个比较一致而且可靠的结论。德尔菲法的特点是：匿名性、专家性和反复性。参与的专家不问职称、性别，不暴露专家姓名，成员之间绝对不能往来，由联系人进行多轮询问，反馈沟通。

运用该方法的关键点如下。

① 选择好专家，这主要取决于决策所涉及的问题或机会的性质。

② 决定适当的专家人数，一般 10～50 人较好。

③ 拟订好意见征询表，因为它的质量直接关系到决策的有效性。

4．电子会议法

最新的群体决策方法是将名义小组法与尖端的计算机技术相结合的电子会议法。该操作方法是让成员围坐在马蹄形桌子旁，桌子上只有计算机终端。将问题显示给决策参与者。决策参与者把自己的回答打在计算机屏幕上。将个人评论和票数统计都投影在会议室内的屏幕上。电子会议法的优点是匿名、诚实和快速。但其缺点也很显著，打字慢的人相形见绌，同时，决策过程缺乏面对面的口头交流所传递的丰富信息。

5.4.2 有关活动方案的决策方法

1．确定型决策方法

在比较和选择活动方案时，如果未来情况只有一种并为管理者所知，则须采用确定型决策方法。常用的确定型决策方法有线性规划法和量本利分析法等。线性规划法是在一些线性等式或不等式的约束条件下，求解线性目标函数的最大值或最小值的方法。量本利分析法又称保本分析法或盈亏平衡分析法，是通过考察产量（或销售量）、成本和利润的关系及盈亏变化的规律来为决策提供依据的方法。下面我们通过例题来详细讲解。

（1）线性规划法

例 5.1 某企业生产两种产品——桌子和椅子，它们都要经过制造和装配两道工序，有关资料如表 5-2 所示。假设市场状况良好，企业生产出来的产品都能卖出去，试问何种组合的产品使企业利润最大？

表 5-2　资料

项目	桌子	椅子	工序可利用时间（小时）
在制造工序上的时间（小时）	2	4	48
在装配工序上的时间（小时）	4	2	60
单位产品利润（元）	8	6	—

解：第一步，确定影响目标大小的变量。在本例中，目标是利润 π，影响利润的变量是桌子数量 T 和椅子数量 C。

第二步，列出目标函数方程：$\pi = 8T + 6C$。

第三步，找出约束条件。在本例中，两种产品在一道工序上的总时间不能超过该道工序的可利用时间，即

制造工序：$2T + 4C \leqslant 48$

装配工序：$4T + 2C \leqslant 60$

除此之外，还有两个约束条件，即非负约束：$T \geqslant 0$，$C \geqslant 0$。

从而线性规划问题成为如何选取 T 和 C，使 π 在上述 4 个约束条件下达到最大的问题。

第四步，求出最优解——最优产品组合。

通过图解法（见图 5-3），求出上述线性规划问题的解为 $T = 12$ 和 $C = 6$，即生产 12 张桌子和 6 把椅子使企业的利润最大。

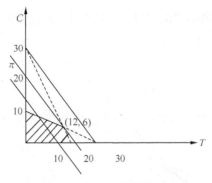

图 5-3　线性规划的图解法

（2）量本利分析法

例 5.2　某企业生产某产品的总固定成本为 60 000 元，单位变动成本为每件 1.8 元，产品价格为每件 3 元。假设某方案带来的产量为 100 000 件，问：该方案是否可取？

解：① 代数法。代数法是用代数式来表示产量、成本和利润的关系的方法。

假设 P 代表单位产品价格，Q 代表产量或销售量，F 代表总固定成本，v 代表单位变动成本，π 代表总利润，C 代表单位产品贡献（$C = P - v$）（单位产品贡献是指多生产一个单位产品给企业带来的利润增量）。

a.　求保本产量。

企业不盈不亏时，$PQ = F + vQ$。

所以保本产量为 $Q = F/(P - v) = F/C$。

b.　求保目标利润的产量。

设目标利润为 π，则 $PQ = F + vQ + \pi$

所以保目标利润 π 的产量为 $Q = (F + \pi)/(P - V) = (F + \pi)/C$

c.　求利润。

$\pi = PQ - F - vQ$。

d.　求安全边际和安全边际率。

$$安全边际 = 方案带来的产量 - 保本产量$$

$$安全边际率 = 安全边际/方案带来的产量$$

② 图解法。图解法是用图形来考察产量、成本和利润的关系的方法。在应用图解法时，通常假设产品价格和单位变动成本都不随产量的变化而变化，所以销售收入曲线、总变动成本曲线和总成本曲线都是直线。

利用例子中的数据，在坐标图上画出总固定成本曲线、总成本曲线和销售收入曲线，得出量本利分析图，如图 5-4 所示。

a.　保本产量，即总收入曲线和总成本曲线交点所对应的产量（本例中保本产量为 5 万件）。

b.　各个产量上的总收入。

c.　各个产量上的总成本。

d.　各个产量上的总利润，即各个产量上的总收入与总成本之差。

e.　各个产量上的总变动成本，即各个产量上的总成本与总固定成本之差。

f. 安全边际，即方案带来的产量与保本产量之差［本例中安全边际为 5（=10-5）万件］。

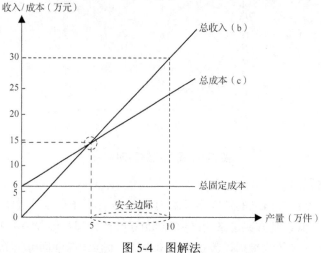

图 5-4　图解法

在本例中，由于方案带来的产量（10万件）大于保本产量（5万件），所以该方案可取。

2．风险型决策方法

在比较和选择活动方案时，如果未来情况不止一种，管理者不知道到底哪种情况会发生，但知道每种情况发生的概率，则须采用风险型决策方法。常用的风险型决策方法是决策树法。

决策树法是用树状图来描述各种方案在不同情况（或自然状态）下的收益，据此计算每种方案的期望收益值从而做出决策的方法。应用决策树的步骤如下。

① 绘制图形。绘图前，应确定可行方案的数量，及每一方案的自然状态和发生的概率、收益值，按照决策问题提出先后顺序，从左到右逐级展开。

② 计算期望收益值。从右向左进行，计算出每一方案的期望收益值，并将它标在状态节点上。

③ 剪枝、方案的优选过程。从右向左逐次评价，剪切劣质方案，最后在决策树上只留下一条贯穿始终的方案分枝，即要采用的方案。

下面通过举例来说明决策树的原理和应用。

例 5.3　为了适应市场的需要，某企业提出了扩大某种电器的两个方案。一个方案是建大厂，另一个方案是建小厂，两者的使用期限都是 10 年，建设大厂需投资 600 万元，建小厂需投资 280 万元，两个方案每年的损益值及自然状态的概率如表 5-3 所示，试用决策树评选出合理的决策方案。

表 5-3　两个方案的数据

自然状态	概率	方案	
		建大厂	建小厂
销路好	0.7	200	80
销路差	0.3	-40	60

解：画出该问题的决策树，如图 5-5 所示。

方案 1（节点①）的期望收益 = [0.7 × 200 + 0.3 × (-40)] × 10-600 = 680（万元）。

方案 2（节点②）的期望收益 = (0.7 × 80 + 0.3 × 60) × 10 - 280 = 460（万元）。

计算结果表明，在两种方案中，方案 1 最好，因此选择建大厂。

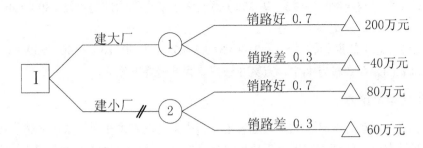

图 5-5　决策树 1

例 5.4　某企业为了扩大某产品的生产，拟建设新厂。据市场预测，产品销路好的概率为 0.7，销路差的概率为 0.3。有以下 3 种方案可供企业选择。

方案 1：新建大厂，需投资 300 万元。据初步估计，销路好时，每年可获利 100 万元；销路差时，每年亏损 20 万元。服务期为 10 年。

方案 2：新建小厂，需投资 140 万元。销路好时，每年可获利 40 万元；销路差时，每年仍可获利 30 万元。服务期为 10 年。

方案 3：先建小厂，3 年后销路好时再扩建，需追加投资 200 万元，服务期为 7 年，估计每年获利 95 万元。

问：哪种方案最好？

解：画出该问题的决策树，如图 5-6 所示。

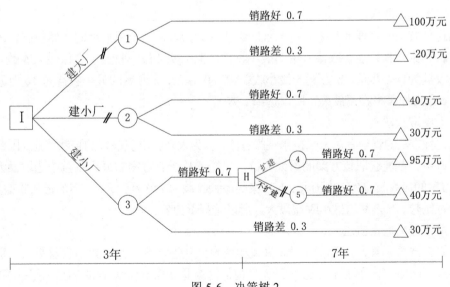

图 5-6　决策树 2

图 5-5 中方框表示决策点，其后的线条方案称为方案枝。圆形节点称为状态点，从状态点引出的若干条树枝表示若干种自然状态，称为状态枝。图中有两种自然状态：销路好和销路差，自然状态后面的数字表示该种自然状态出现的概率。位于状态枝末端的是各种方案在不同自然状态下的收益或损失。据此可以算出各种方案的期望收益。

方案 1（节点①）的期望收益 = $[0.7 \times 100 + 0.3 \times (-20)] \times 10 - 300 = 340$（万元）。

方案 2（节点②）的期望收益 = (0.7 × 40 + 0.3 × 30) × 10 − 140 = 230（万元）。

节点④的期望收益 = 465（= 95 × 7−200）万元大于节点⑤的期望收益 280（= 40 × 7）万元，所以销路好时，扩建比不扩建好。

方案 3（节点③）的期望收益 =（0.7×40×3+0.7×465+0.3×30×10）−140 = 359.5（万元）。

计算结果表明，在 3 种方案中，方案 3 最好，因此选择方案 3。

3．不确定型决策方法

在比较和选择活动方案时，如果管理者不知道未来情况有多少种，或虽知道有多少种，但不知道每种情况发生的概率，则需采用不确定型决策方法。常用的不确定型决策方法有小中取大法、大中取大法和最小最大后悔值法等。

例 5.5 某企业打算生产某产品。据市场预测，产品销路有 3 种情况：销路好、销路一般和销路差。生产该产品有 3 种方案：改进生产线、新建生产线、与其他企业协作。据估计，各方案在不同情况下的收益见表 5-4。问：企业应选择哪个方案？

表 5-4　各方案在不同情况下的收益　　　　　　单位：万元

自然状态 后悔值 方案	销路好	销路一般	销路差
a. 改进生产线	180	120	−40
b. 新建生产线	240	100	−80
c. 与其他企业协作	100	70	16

解：（1）小中取大法

采用这种方法的管理者对未来持悲观的看法，认为未来会出现最差的自然状态，因此不论采取哪种方案，都只能获取该方案的最小收益，但仍要从最小收益中选取最大收益。a 方案的最小收益为−40 万元，b 方案的最小收益为−80 万元，c 方案的最小收益为 16 万元，经过比较，c 方案的最小收益最大，所以选择 c 方案。

（2）大中取大法

采用这种方法的管理者对未来持乐观的看法，认为未来会出现最好的自然状态，因此不论采取哪种方案，都能获取该方案的最大收益，只需要从所有方案的最大收益中选取最大收益即可。a 方案的最大收益为 180 万元，b 方案的最大收益为 240 万元，c 方案的最大收益为 100 万元，经过比较，b 方案的最小收益最大，所以选择 b 方案。

（3）最小最大后悔值法

管理者在选择了某方案后，如果将来发生的自然状态表明其他方案的收益更大，那么他（或她）会为自己的选择而后悔。最小最大后悔值法就是使后悔值最小的方法。采用这种方法进行决策时，首先计算各方案在各自然状态下的后悔值（某方案在某自然状态下的后悔值 = 该自然状态下的最大收益−该方案在该自然状态下的收益），并找出各方案的最大后悔值，然后进行比较，选择最大后悔值最小的方案作为所要的方案。

在例 5.5 中，在销路好这一自然状态下，b 方案（新建生产线）的收益最大，为 240 万元。在将来发生的自然状态是销路好的情况下，如果管理者恰好选择了这一方案，他就不会后悔，即后悔值为 0。如果他选择的不是 b 方案，而是其他方案，他就会后悔（后悔没有选择 b 方案）。比如，他选择的是 c 方案（与其他企业协作），该方案在销路好时带来的收益是 100 万元，比选择 b 方案少带来 140 万元的收益，即后悔值为 140 万元。具体如表 5-5 所示。

表 5-5　各方案在各自然状态下的后悔值　　　　　　　　　　　　　　　　单位：万元

后悔值　　自然状态　　方案	销路好	销路一般	销路差
a. 改进生产线	60	0	56
b. 新建生产线	0	20	96
c. 与其他企业协作	140	50	0

由表 5-5 中可以看出，a 方案的最大后悔值为 60 万元，b 方案的最大后悔值为 96 万元，c 方案的最大后悔值为 140 万元，经过比较，a 方案的最大后悔值最小，所以选择 a 方案。

 本章要点

- 决策就是为了解决问题或实现一定目标，运用一定的手段和方法，在两个以上的备选方案中，选择一个方案的分析判断过程。
- 决策遵循满意原则、差距原则、紧迫原则、力及原则、瞄准原则、差异原则、"两最"原则、预后原则、时机原则、跟踪原则、反馈原则、外脑原则、经济原则、系统原则、可行性原则。
- 决策过程包括识别机会或诊断问题、识别目标、拟订备选方案、评估备选方案、做出决定、选择实施战略、监督和评估。
- 针对不同的划分标准，决策类型多种多样。
- 集体决策方法包括头脑风暴法、名义小组法、德尔菲法、电子会议法。
- 有关活动方案的决策方法：确定型决策方法（线性规划法、量本利分析法）、风险型决策方法（决策树法）、不确定型决策方法（小中取大法、大中取大法、最小最大后悔值法）。

 关键概念

决策　战略决策　管理决策　业务决策　确定型决策　风险决策
不确定型决策　头脑风暴法　名义小组法　德尔菲法　电子会议法

 综合练习

一、选择题

1. 从理性、非理性的心理层面考察决策的是（　　）。
　　A. 林德布罗姆　　　　B. 西蒙　　　　　　C. 阿利森　　　　　　D. 伊斯顿
2. 我国五年发展计划属于（　　）。
　　A. 非程序性决策　　B. 战略决策　　　　C. 战术决策　　　　　D. 确定型决策

3. 有一种说法认为"管理就是决策"，这实际上意味着（　　　）。
   A. 对于管理者来说只要善于决策就一定能够获得成功
   B. 管理的复杂性和挑战性都是由于决策的复杂性而导致的
   C. 决策能力对于管理的成功具有特别重要的作用
   D. 管理首先需要的就是面对复杂的环境做出决策

4. 关于决策，正确的描述是（　　　）。
   A. 管理就是决策　　　　　　　　　B. 决策就是选择
   C. 决策就是决定　　　　　　　　　D. 决策就是计划

5. 通过匿名方式进行函询调查，征询专家意见的决策方法是（　　　）。
   A. 头脑风暴法　　　B. 德尔菲法　　　C. 名义小组法　　　D. 决策树法

6. 风险型决策的方法很多，最常用的是（　　　）。
   A. 决策树法　　　　B. 提喻法　　　　C. 创造工程法　　　D. 定性分析法

7. 按决策的层次划分，下列不属于该划分类型的是（　　　）。
   A. 战略决策　　　　B. 管理决策　　　C. 业务决策　　　D. 群体决策

8. 下列决策方法中属于面对面决策的方法是（　　　）。
   A. 名义小组法　　　B. 电子会议法　　　C. 头脑风暴法　　　D. 德尔菲法

9. 下列决策方法中属于背对背决策的方法是（　　　）。
   A. 名义小组法　　　B. 电子会议法　　　C. 头脑风暴法　　　D. 德尔菲法

10. （　　　）是用树状图来描述各种方案在不同情况（或自然状态）下的收益，据此计算每种方案的期望收益从而做出决策的方法。
   A. 决策树法　　　　B. 量本利分析法　　　C. 乐观法　　　D. 悲观法

二、填空题

1. 决策的原则是_____原则，而不是最优原则。

2. 决策的依据是_____。

3. 垄断程度高的市场中，以_____为导向。

4. 在_____中，以生产条件与能力为出发点。

5. _____管理者主要从事经营决策。

6. 头脑风暴法的特点是倡导_____思维。

7. 绘制决策树时，按照决策问题提出先后顺序，从_____向_____逐级展开。

8. 采用_____这种方法的管理者对未来持悲观的看法，但从悲观的选择中取最大收益的方案。

9. 采用_____这种方法的管理者对未来持乐观的看法，认为未来会出现最好的自然状态，因此不论采取哪种方案，都能获取该方案的最大收益。

10. 采用_____这种方法进行决策时，首先计算各方案在各自然状态下的后悔值，并找出各方案的最大后悔值，然后进行比较，选择最大后悔值最小的方案作为所要的方案。

三、简答题

1. 什么是决策？决策的原则都有哪些？

2. 决策的理论有哪些？简要说明各种理论的主要内容。

3. 决策过程包括哪些步骤？

4. 决策的影响因素都有哪些？

5. 简要说明德尔菲法的操作步骤和应用的关键。

四、案例分析题

2010 年 3 月 28 日，中国吉利以 18 亿美元的价格 100%收购美国福特公司旗下瑞典汽车制造商沃尔沃。吉利将完整拥有沃尔沃轿车品牌，包括 9 个系列产品、3 个最新平台的知识产权，接近 60 万辆产能的先进生产线，2 000 多个全球网络及相关的人才和重要的供应商体系。人们普遍认为，沃尔沃是迄今为止中国汽车业国际收购中最特别的一个优质资源。

吉利从事轿车生产的历史不过 13 年。即使在中国市场，吉利品牌的识别度也并不高。这样的并购机会似乎很难想象，何况沃尔沃无论规模还是品牌都不是吉利可比的（两家企业2009 年对比见表 5-6）。

表 5-6　吉利和沃尔沃数据对比

2009 年数据	员工人数	营业收入	利润
吉利	1.11 万	20 亿美元	2 亿美元
沃尔沃	1.96 万	124 亿美元	−6.5 亿美元

然而，在吉利董事长李书福看来，收购沃尔沃的决策虽然大胆，却是基于精密计算的。首先，沃尔沃拥有完整的中高端车型及技术体系，这正是低端形象的吉利所缺乏并急需的。吉利还可以"借此获得一个更大和更平衡的市场份额和业务结构"，有效地抵御未来汽车产业全球市场周期性波动的影响。

李书福的团队一直在密切关注汽车产业向发展中国家的转移，积极寻求有价值的收购机会，同时争取国际金融市场和本国政府的支持。这一次，他们抓住了大型国有企业的迟疑（受制于同国外汽车厂商的合资合作，加上以往失败的教训，如 2005 年上汽以 5 亿美元收购韩国双龙后的不成功）和金融危机带来的收购机遇。

2009 年年初，吉利全资收购全球第二大自动变速器公司澳大利亚 DSI，获得国内目前最缺乏、最核心的自动变速箱产能和技术。这次收购还显示了吉利做出复杂收购决策的能力。2009 年春节后 DSI 宣布破产，得到消息后吉利进行了初步评估。包括李书福在内的高层全部前往当地亲自调查，通过香港公司融资外汇进行收购投标，5 月完成并购，9 月即实现赢利。吉利集团的香港上市背景令其拥有国际化融资平台而不必受限于国内外汇政策，这在国际并购中是一大优势。

吉利入主 DSI 后，并不直接介入日常运营管理，而是通过董事会为管理层下达公司发展方向以及业务考核指标，并制定了相应的预算和绩效考核机制。这种管理模式解决了跨国并购在运营人才和文化上的冲突。吉利将这一模式复制到沃尔沃收购案中，李书福说，"今后还是要依靠沃尔沃原有的团队"。

李书福说，我们从 2002 年就开始研究沃尔沃。2008 年，福特表示可能放弃沃尔沃。吉利秘密成立了收购项目小组，由不同专业背景的专家组成，对沃尔沃公司进行深入的研究；制定总体收购战略；制定整个操作的细致事件表及规划。2008 年年底，吉利首次向福特提交竞购建议书，"里面的数据非常翔实，奠定了福特跟我们谈判的基础"。

收购沃尔沃的决策还包括如何让沃尔沃获得新生。自 1995 年以来，沃尔沃在全球豪华车市场的份额从 14.9%一路下降到 8.2%，2005 年之后更是连续 5 年亏损。李书福认为，沃尔沃的技术毫无疑问是世界领先的，它的问题是生产规模太小，成本太高。"我们要扩大沃尔沃的销量，把成本降下来。"李书福举了一个例子，澳大利亚 DSI 认为在中国生产自动变速器的设备投入要 10 亿元，但实际上 5 亿元就完成了。"对于中国的制造优势，对中国成本的理解，他们是很欠缺的。"李书福说。

吉利并购沃尔沃后，中国采购比例每年将提高 8%，5 年后超过 4%，5 年内降低采购成本至少 12 亿美元，零部件出口每年还可以为吉利实现 40 亿美元的销售收入。收购财务顾问洛希尔银行的收益预测是 2011 年可以实现赢利，2015 年实现税前利润 7.03 亿美元。李书福希望沃尔沃 2020 年在海外市场实现年销售量 100 万辆，其中中国是主要的增长来源。2010年初沃尔沃的全球销量约为 40 万辆，这是一个极富挑战的目标。

振兴沃尔沃的过程比预想的更加复杂。2011 年，沃尔沃实现了赢利，然而 2012 年上半年再次陷入亏损。此外，曾经抱以极大期望的中国市场同样表现不佳。2012 年沃尔沃在中国销售 4.2 万辆，远低于 6 万辆的目标，同比下降了 10%。而竞争对手奥迪和宝马分别实现了30% 和 40% 的增长。中国市场受挫一个重要因素是成都、大庆和张家口 3 个生产基地陷入冗长的审批程序。尽管吉利已经全资收购沃尔沃，但根据规定它在国内设厂还是不得不采取合资企业的形式。

思考：

1. 吉利收购沃尔沃的决策中，哪些是程序化决策？哪些是非程序化决策？
2. 分析吉利收购沃尔沃的决策过程。
3. 吉利收购沃尔沃的决策是确定型决策、风险决策还是不确定型决策？在这种情况下，如何做出最好的决策？

五、补充阅读材料

案例 1：瑞士表的兴衰

瑞士的钟表业已有 300 年的历史，20 世纪 70 年代，10 个人中就有 7 个人是戴瑞士表的，但是由于瑞士制表工业抗拒石英表，造成了瑞士表业的危机，从 1970 年到 1980 年产业从 100亿美元衰落到 20 亿美元，制表工人由 9 万人减到 3 万人，全球市场比例从 43% 急剧下降到15%；而在技术上，日本在 20 世纪 70 年代购买了石英表技术，80 年代日本钟表业横扫世界钟表市场，1978 年生产出当时世界上最薄的腕表。瑞士制表业受到前所未有的严峻挑战。两个瑞士钟表协会受到来自银行的巨大压力，被建议把 OMEGA 以 4 亿瑞士法郎的价格卖给日本。但如果这个品牌被出售，也就表示瑞士钟表产业终结了。

在这个危急时刻，尼古拉斯·G·海耶克立志要重振瑞士的钟表业。海耶克在 1983 年创立了 Swatch 公司，在他的带领下，Swatch 公司很快诞生了全球最新的超薄表，同时还发明全新的制表工艺。在 1985 年，Swatch 公司就用 15 000 万瑞士法郎将瑞士两大协会并购下来，他主要采取了如下措施。

首先，命名和定位。海耶克推翻 Swiss Watch（瑞士手表）和 Second Watch（第二代手表）的名字后，把这两个名字共有的字头 "S" 提取出来，并与 watch 相连，就形成了 Swatch 这个品牌。如今 Swatch 已成为世界上代表着时髦和摩登的手表品牌，深受青年人的青睐。

其次，降低成本。在瑞士表业，没有一家表厂能生产出售价低于 100 美元的手表，但日本的手表都只有几十美元而已。于是，Swatch 定了如下目标。

（1）要在瑞士制造，价格还要在 30 美元以下。

（2）只在瑞士当地生产，不在劳动力便宜的地区做。零件模块化，取得了很好的效果，零件数由 155 个减少至 51 个。

（3）自动化运作，每天生产 35 000 块表、100 万个零件。

（4）人工成本由原来的 30%降至 10%，修理率低于 1%（世界最好表也只是低于 3%）。

第三，巧妙的广告宣传。Swatch 公司在初期，由于瑞士钟表业的不景气，没有多余的经费做广告。于是海耶克想出在德国某城市的最高塔上悬挂一个全世界从未有过的大条幅广告，上面写着 "Swatch"，引来世界各地的记者来拍摄新闻。广告费只是做大条幅和租用高塔展示的费用而已。

海耶克制定出 "人文内涵丰富、时尚、限量" 的设计路线。每年，Swatch 的设计师会根据各国文化背景和历史事件设计出全球限量发售的各色款式手表，由于兼具防水防震、计时精确、价格便宜等优点，Swatch 腕表迅速得到全世界人们的喜欢。在中国，Swatch 结合中国的民族文化，推出一系列 "中国味" 的纪念腕表。2003 年，Swatch 为纪念北京申办 2008 奥运成功特别上市龙腾系列；聘请李宇春代言以 "雪季天空" 为代表的登山系列；2006 年年初，为中国新年又特别推出生肖表，受到消费者的强力追捧。

从 1996 年开始，Swatch 腕表成为奥运会的 "宠儿"，Swatch 腕表成为官方指定计时器。2002 年，Swatch 腕表产量突破 2 亿，随着产量的直线上升，Swatch 的市场先导地位不断强化。如今，在瑞士独家制造的 Swatch 腕表已成为生活情趣的象征和蕴涵历史文化的时尚收藏品。Swatch 公司旗下目前已拥有的众多腕表品牌，其中包括 Swatch、Breguet、Blancpain、LéonHatot、Omega、Longines、Rado、Tissot、FlikFlak 和 Bijoux 前卫首饰等众多品牌，成为当之无愧的世界著名手表集团。

案例 2：印度尼西亚阿斯特拉国际公司：管理决策与企业经营

说起谢建隆，在印度尼西亚乃至东南亚可以说无人不知。30 年前，谢建隆以 2.5 万美元起家，经过不懈努力，终于建立起一个以汽车装配和销售为主的王国。鼎盛时期，阿斯特拉集团公司拥有 15 亿美元的资产，年营业额达 25 亿美元，55%的印度尼西亚汽车市场被它占领。公司股票上市后，不少投资者认为，经营上轨道，投资风险小且获利稳定，颇有投资价值。而谢氏家族占有绝对控制权——直接持有 76%的公司股票。

但自从著名的美国王安公司申请破产以来，与其 "遥相呼应" 的是印度尼西亚第二大集团企业——阿斯特拉国际有限公司也陷入了 "泥潭"。一些有识之士毫不客气地指出：酿成这一悲剧的症结完全在于该公司的创业者，印度尼西亚华人富商谢建隆患上了严重的 "家族企业症"。这得从谢建隆的大儿子爱德华谈起。爱德华曾获企业管理硕士学位，回到印度尼西亚后，决心大干一番。1979 年，爱德华以 2.5 万美元成立了第一家企业——苏玛银行。当时印尼经济刚刚开始腾飞，政府信用扩充，天时配合，以及凭着 "谢建隆" 这个金字招牌所代表的信誉，他以很少的抵押就能贷到大笔资金。接着，他投资金融保险业务和房地产开发业务，资本迅速膨胀。10 年之内，以苏玛银行为中心的苏玛集团拥有 10 亿美元的资产，事业遍及欧美和东亚地区，成为与阿斯特拉集团相当的集团企业。

殊不知，巨大成功的背后潜伏着重重危机。从一开始，爱德华就犯了一个不可饶恕的错误：他的王国是建立在债务上的，而不是建立在稳扎稳打基础上的。爱德华这 10 年的经营，似乎只知道 "以债养债"，不计代价的成长，基础极其脆弱，没有一些像样的经济实体与之配合。如果机会不再，危险便会接踵而来。

果然，到了 1990 年年底，印度尼西亚政府意识到经济发展过热，开始实行一系列紧缩政策，银根收紧便是其中之一，苏玛集团顿时陷入难堪的境地——苏玛银行的贷款无法回收，经营的房地产又不易脱手，而高达 5 亿美元的债务，单是 20% 以上的利息就足够拖垮集团……当储户们听说苏玛银行有问题，便开始抢兑，从而一发不可收拾，苏玛集团岌岌可危。

　　儿子时运不济，父亲心急如焚。爱德华大难临头，岂能见死不救？谢建隆唯一能采取的补救措施就是以阿斯特拉的股票作抵押来筹措资金。想不到，"屋漏偏逢连夜雨"，阿斯特拉公司的股票又因印度尼西亚经济萎缩，汽车市场疲软而价格下跌，结果犹如推倒多米诺骨牌那样，不可逆转。这时，正好是 1992 年年底。

　　三十年辛劳半年毁，长使英雄泪满襟。本来，苏玛集团和阿斯特拉集团无所有权关系，"苏玛"的灾难不应拖垮谢氏集团，谢建隆完全可以不负连带责任。那么，究竟什么原因促使谢建隆下决心"拯救"呢？看来无非是两个原因：一方面是维持自家信用；另一方面难舍舐犊之情，不肯学壮士断腕。结果事与愿违，不但无济于事，反而将他的老本都赔光。

　　由此看来，苏玛集团的崩溃并不在于爱德华不会"守业"，而恰恰暴露了像爱德华这样的第二代企业家往往是低估了企业经营的困难与风险。如果再往深层看，症结还是在谢建隆身上。因为，其一，其 1990 年年底苏玛集团发生危机时，低估了事态的严重性，把长期问题当作短期问题来处理。其二，他不应轻易将企业的"权杖"交给儿子，他理应告诫或阻止爱德华不能靠过度借债来扩充事业。

第六章 组 织

学习目标

【知识目标】

- 组织和组织设计的含义
- 组织结构的类型及设立原则
- 管理幅度的含义及与管理层次的关系
- 高耸结构与扁平结构的区别
- 管理幅度的影响因素
- 人员配备的含义及环节
- 组织变革的含义
- 组织变革的动力及阻力
- 组织文化的含义及构成
- 非正式组织的特点

【能力目标】

- 能绘制组织结构图
- 能结合案例进行组织变革的动力与阻力分析
- 善于归纳企业组织文化的构成

邵逸夫医院：护理工作新环境

护理是现代医疗服务的核心部门，护理人员通常占医院技术人员的一半以上。传统的护理管理强调护士执行医嘱和做好病人的生理护理。在浙江大学邵逸夫医院，护理工作正在由单一的疾病护理转向以病人为中心的整体护理，出现了一些新的岗位和制度。

（1）全科护士

邵逸夫医院实行床位统一调配管理，全院各病区均为标准化设施，每个病区42张床位，配备1名护士长（负责本部门的人、财、物管理），1名秘书，14～15名床边护士。每个病区都有机会收住不同专科的病人，每位护士都有可能面对不同专科疾病的病人，病情观察和初步急救处理都由护士独立完成。医院通过护理规范化培训、全科护理培训及共性护理相关知识培训，培养全科护士，提高他们的批判性思维能力、交流能力和解决问题的能力。

（2）专科高级护士

该职位由具有较丰富的专科护理知识并经过专门培训的高年资护士担任，有较强的管理能力、教育能力、组织协调能力和独立判断能力。邵逸夫医院在7个专业领域成功地设立了这样的护士岗位，包括糖尿病教育护士、伤口/造口护士、静脉治疗护理护士等。

医院还开设了专科护士门诊，这些被称为APN（Advanced Practice Nurse）的专科护士在自己擅长的领域为病人提供个体化专业护理服务。例如，手术后带有造口的病人和由于各种原因导致慢性难愈合复杂伤口的病人，可以到专科护士门诊挂号，进行造口、伤口的处理，获得护理技术方面的指导。需要长期留置静脉管路的化疗病人则可以挂静脉治疗护理门诊号，由专业的护士放置、维护留置静脉管路。

（3）护理秘书

护理秘书是非护理专业人员，经过专业的公关培训，主要负责科室的日常行政和对外联系（如物品维修的联系、协助护士长发放科室奖金、资料管理）、为病人预约辅助检查或治疗时间、电脑管理（药物医嘱的电脑输入、化验报告的打印等工作），同时作为病区接待员，为病人及一切来访者提供信息。护理秘书的设立把护士从繁杂的非护理性事务中解放出来，也使护士长可以集中精力做好护理管理工作。

（4）在职培训

邵逸夫医院采用学分制护理继续教育管理体制。注册护士每年必须完成25个学分，其中10～12分为必修分，其余为选修分。必修学分包括心肺复苏、模拟抢救、当年设定护士必须掌握的必修分课程及技能考核，学分完成情况直接纳入年终考核。

（5）无线信息系统

病人一入院就会获得一个条码腕带，住院期间的所有信息可以通过条码腕带查询，如身份确认、生命体征查询、医嘱查询、治疗用药查询、检查报告查询。医生开出电子医嘱后由护理秘书确认医嘱，然后信息传递到相关部门，如药房、呼吸治疗科、检验科等。护士通过条码腕带、药物或试管标签的扫描，自动产生医嘱执行签名。条码腕带扫描使核对程序准确有效，提高效率减少事故。同时也大大地减轻了护士的工作量，避免重复登记所浪费的时间。移动终端方便护士携带，在病人床边工作时响应十分迅速。由于条码腕带记录了医嘱的实际执行状态，还使医疗质量监控和护理工作的量化成为可能。

（6）药房管理

邵逸夫医院实行单剂量发药。口服药按每次用量发放，用红、白、蓝三色表明早、中、晚，每个药袋上都写有病人的姓名、床号、药名、剂量、服用方法、药物作用等。经过责任药师核对后交给病区护士再次核对无误后给予患者服用。由于药袋上贴有基本信息，病人自己也能进行核对。据国外研究统计，单剂量调配制度差错率为0.64%，远低于传统配药制度5.3%的差错率。

输液配药、加药占据了护士大量的时间，同时也存在安全隐患。邵逸夫医院设立了静脉输注混合药物配置服务中心，统一配药，整个操作在高洁环境下由药师完成，保证了药液无菌性，防止异物污染和潜在的药物相互作用。送到病区后，护士可以在很短的时间内接收、查对，从而使护士有更多的时间进行临床护理。

（7）护理委员会

医院建立了多个护理委员会指导护理部门提高质量，激励护理人员。例如，护理交流委员会由护士长和来自每个护理部门的护理交流协调员（护士）组成。交流和传授如何表达关怀、有效的倾听、建设性反馈、如何面对批评以及身体语言的技巧，提高临床护士与病人沟通交流的能力。在护患纠纷原因分析中，因护患交流原因引起的纠纷从2003年的35.5%下降为2004年的27%。交流委员会还改进了护士之间、护士和医生之间、护士和其他部门（如药房）之间的交流，创造积极的工作环境。

邵逸夫医院还把对护士的关怀放入了护理理念。护士承担着特殊的工作压力，同事间支持委员会就是一个关爱护士心理健康的组织。护士在情绪低落时会得到同事和心理专家的支持。悲伤护理委员会则系统地指导护士们如何关爱病人和家属，帮助病人渡过难关，同时也减轻护士的心理压力。

6.1 组织结构与设立原则

在当今日益激烈的全球竞争环境下，所有的组织都希望变得更有效率、更敏捷和具有应变能力。因此，彻底地开展组织设计，选择合适的组织结构形式，进行组织协调，并随着组织发展而开展组织变革等都是管理者直接面对的工作。

6.1.1 组织的含义与作用

1. 组织的含义

关于组织的含义，学者们从不同的角度进行了分析与概括。詹姆斯·穆尼认为，组织是某一种人为达到某种共同目标联合起来的形式。巴纳德认为，正式组织是有意识地协调两个以上人的活动与力量的体系。卡斯特认为组织是：一个属于更广泛环境的分系统，并包括怀有目标并为之奋斗的人们；一个技术分系统——人们使用的知识、技术、装备和设施；一个结构分系统——人们在一起进行整体活动；一个社会心理分系统——处于社会关系中的人们；一个管理分系统——负责协调各分系统，并计划与控制全面的活动。组织的定义有很多，人们对组织的认识仍处于不断深入的过程中，随着人类实践的向前发展，人们的认识还会进一步演变和深化，但这并不妨碍人们对组织的理解。

我们认为，组织是人们自觉、有意识、有目的地加以协调的两个或两个以上人的活动或力量的系统。从最一般的意义上来说，组织包括两层含义：其一是指由若干因素构成的有序的结构系统；其二是指一种根据一定的目的、按照一定的程序，对一些事物进行安排和处理的活动或行为。前者既包括社会组织，也包括自然组织，后者则专指人们的活动。

2. 组织的作用

组织通过不断地变革和调整以适应外部环境的变化，同时组织也以各种方式改变我们生活的环境，正如微软公司的年度报告中表现出业绩大幅上升时会引起华尔街震荡，而华尔街又连接着整个世界经济一样。组织活动的功用绝不是仅仅为了简单地把个体力量集合在一起。个体的集合可以形成一堆散沙，也可以成为一个"抱团"的群体。群体的力量可以完成单独个体力量的简单总和所不能完成的任务。

在自然科学领域，以都是由碳原子构成的石墨与钻石为例：石墨的碳原子之间是"层状结构"，而钻石的碳原子之间是独特的"金刚石结构"，由于原子间结构的差异，二者的力量和价值无法相提并论。同样，在社会系统内部，对人的力量所进行的组织不同，也完全可能造成不同的功效。

（1）组织的力量汇聚作用

把分散的个体汇聚成为集体，用"拧成一股绳"的力量去完成任务，这是组织力量汇聚作用的表现。用简单的数学公式表示就是 $1+1=2$。这种"相和"效果可以从日常生活中多个纤夫合拉一艘船、伐木工合力搬运木材等例子中清晰地了解。

（2）组织力量的放大作用

比力量汇聚作用的"相和"效果更进一步，良好的组织还能发挥"相乘"的效果。不是简单的 $1+1=2$，而是 $1+1>2$（协同效应）（内耗效应 $1+1<2$）。例如，对组织来说，只有借助于组织力量的放大作用，才能取得"产出"远大于"投入"的经济效益；否则，总产出等于总收入，组织只能勉强地维持下去，而不可能得到盈余（利润），更难以求得发展和壮大。

（3）个人与组织之间的交换作用

从个人的要素角度来看，个人之所以加入某一组织并对其投入一定的时间、精力和技能，其目的不外乎想从组织中得到某种利益或报酬，以满足个人的需求。而组织之所以愿意对个人投入上述成本，则是希望个人能因此对组织有所贡献，以达到组织预定的目标，如图6-1所示。

从个人的立场看，往往会要求得自于所在组织的利益或报酬大于其对该组织所做出的投入。而从组织的立场看，它要求取自个人的贡献大于其为个人所投入的成本花费。这就必须借助组织活动的合成效应的发挥，使个人集合成的整体在总体力量上大于所有组成人员的个体力量的简单相加。

个人的要求：利益或报酬＞投入　　　　　组织的要求：贡献＞成本花费

图6-1　个人与组织的交换作用

6.1.2　组织结构的类型

组织结构是为了便于管理，实现组织的宗旨和目标的结构形式。每个组织都要分设若干管理层次和管理机构，表明组织内部各部分的排列顺序、空间位置、聚散状态、联系方式及各要素之间的相互关系。组织结构是随着生产力和社会的发展而不断发展的。常见的企业组织结构类型大致有7种。

1. 直线型组织结构

直线型组织结构是工业社会发展初期的一种最简单的组织结构形式。它的特点是：指挥和管理的职能由企业的行政负责人自己执行，下属只接受一个上级的指挥。这种组织结构适用于没有必要按职能实行专业化管理的小型企业或现场作业管理。直线型组织结构如图6-2所示。

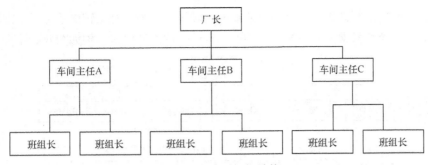

图 6-2　直线型组织结构

直线型组织结构具有自身的特点：结构简单，易统一指挥，责任和权限比较明确，有利于迅速做出决定；指挥和管理工作集中在企业行政负责人一人手中，下属不会得到互相抵触的指令，便于全面执行纪律和进行监督。如果企业规模较大，业务复杂，所有管理职能仍要由一人承担，就要找到全能的管理者，但这是非常困难的事。

2．职能型组织结构

职能型组织结构是采用按职能实行专业化分工的管理办法，即在总负责人下设立职能机构人员，把相应的管理职责和权力交给这些职能机构，各职能机构在自己业务范围内可以向下级单位下达命令和指示，直接指挥下级单位。职能型组织结构如图 6-3 所示。

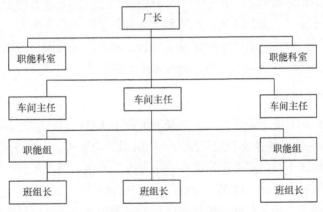

图 6-3　职能型组织结构

职能型组织结构能够适应现代组织技术比较复杂和管理分工较细的特点，能够发挥职能机构的专业管理作用，因而有可能发挥专家的作用，减轻上层主管人员的负担。由于实行多头领导，妨碍对企业生产经营活动的统一指挥，容易造成管理混乱；不利于明确划分直线领导人员和职能机构的职责和权限；各职能机构往往都从本单位的业务工作出发，不能很好地相互配合，横向联系差，对环境变化的适应性也差；更不适宜培养高层管理人员。

3．直线—职能型组织结构

直线—职能型组织结构是按照企业运行中所必需的功能划分部门和设置机构，实行专业分工，以加强专业管理。如将生产经营过程划分为生产、计划、市场、财务、人事等职能科室，但企业的生产经营活动仍由厂长（经理）统一领导和指挥。另外，这种组织结构形式把企业管理机构和人员分为两类，一类是直线指挥机构和人员，另一类是职能机构和人员。

直线—职能型组织结构一般是在企业规模比较小、产品品种比较简单、工艺比较稳定、市场销售情况比较容易掌握的情况下采用的。直线—职能型组织结构如图 6-4 所示。

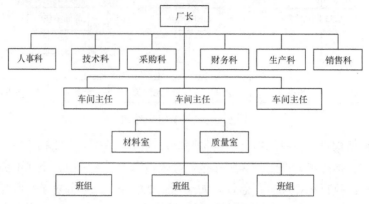

图 6-4   直线—职能型组织结构

直线—职能型组织结构的优点是：各级直线领导人员都有相应的职能机构和人员作为其参谋和助手，因而能够对本部门的生产、技术、经济活动进行有效的指挥，以适应许多企业管理工作比较复杂和细致的特点。每个部门都是由直线领导人员统一指挥和管理，有利于实行严格的责任制度。

直线—职能型组织结构的缺点是：由于各部门分担不同的专业管理工作，观察和处理问题的角度不同，因此常常会出现矛盾，也不利于各部门之间的意见沟通，加大了协调的工作量；各部门遇到问题，要先向直线领导请示、报告，然后才能处理，这既加重了高层领导人员的负担，也造成生产经营活动的迟缓，最终造成效率低下。

4．事业部型组织结构

事业部型组织结构是美国通用汽车公司总裁斯隆于 1924 年提出的，因而也被称为"斯隆模型"，它是目前国内外大型企业普遍采用的一种组织结构形式，其特点是：把企业的生产经营活动，按产品或地区不同，建立不同的经营事业部，同时，每个经营事业部是一个利润中心，在总公司领导下，实行统一政策，分散经营，独立核算，自负盈亏。

这种组织结构形式适用于企业规模较大、产品种类较多、各种产品之间的工艺差别也较大、市场条件变化较快、要求适应性比较强的大型联合企业或跨国公司。事业部型组织结构如图 6-5 所示。

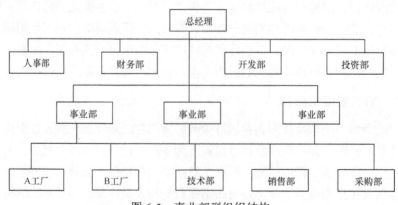

图 6-5   事业部型组织结构

管理学原理（第2版）

事业部型组织结构的优点包括如下方面。

① 按产品或地区划分事业部后，总公司可以根据各个事业部的资料，对各产品和地区的情况有所了解，能够迅速做出反应；有利于公司的最高领导层摆脱日常行政事务，真正成为强有力的决策机构。

② 能加强公司所属各事业部领导人的责任心，充分调动他们搞好企业生产经营活动的积极性和主动性，增强企业生产经营活动的适应能力。

③ 有利于把联合化和专业化结合起来，一个公司可以经营种类很多的产品，形成大型联合企业，而每个事业部及其所属工厂又可以集中力量生产某一种或几种产品，甚至也可以集中生产产品的某些零件，实现高度专业化。

④ 每一个产品的地区事业部都是一个利润中心，总公司可以从每一个利润中心的盈亏情况而获知哪一个部门成绩较佳。每个事业部的负责人都要承担责任，容易调动其积极性。

事业部型组织结构容易使各事业部只考虑自己的利益，影响各事业部之间的协作；公司与各事业部的职能机构重叠，用人较多，费用较大。

5. 矩阵式组织结构

矩阵式组织结构是因其形态如横、纵排列的矩形而得名。企业本身具有中央职能部门，在组织结构上，既有按职能划分的垂直领导系统，又有按项目划分的横向领导系统。这种组织结构形式常常出现于以完成工程项目为主的企业。

矩阵式组织结构一般适用于设计、研制等创新性质的领域，如军工、航天工业、高科技产业。采用这种组织结构形式，选好项目负责人很重要。矩阵式组织结构如图6-6所示。

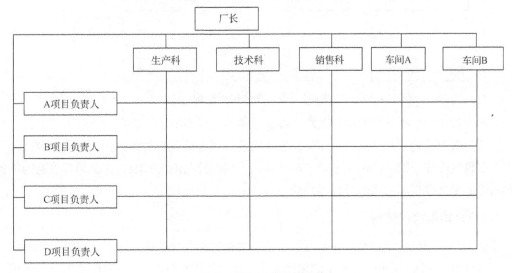

图6-6　矩阵式组织结构

矩阵式组织结构具有如下优点。

① 机动灵活，适应性强。它按照完成某一特定项目的要求，把具有各种专长的有关人员调集在一起组成项目小组，这样，便于沟通意见，易于接受新观念和新的方法。由于能够集思广益，因此，企业对项目能够有较好的控制，获得成功的机会较大。

② 有利于把管理中的垂直联系和水平联系更好地结合起来，加强各职能部门及职能部门

与项目之间的协调。项目负责人全权领导某一项目,必然与顾客有较密切的接触,容易与顾客建立良好的关系。项目负责人一职的设立还可以提供训练全面管理人员的机会。

矩阵式组织结构具有如下缺点。

① 稳定性较差。容易产生临时观念,对工作有一定的影响。

② 小组成员要接受双重领导,既隶属于职能部门,又隶属于项目小组,若两个部门的意见不统一,就会使他们的工作无所适从。

③ 从职能部门看,人员经常调进调出,也会给正常工作造成某些困难。

6. 多维立体组织结构

在矩阵式组织结构的基础上再增加一些内容,就形成了多维立体组织结构。例如,在由产品和地区构成的矩阵式组织结构的基础上,再增加按职能划分的管理机构,就构成了三维立体组织结构。多维立体组织结构如图 6-7 所示。

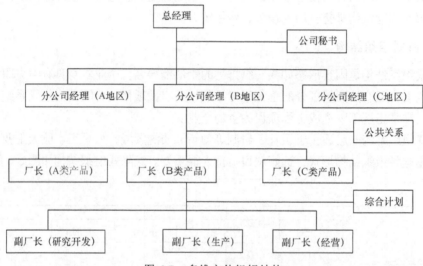

图 6-7　多维立体组织结构

多维立体组织结构将企业内部各项工作通过承包合同交给不同的专门企业去承担,总公司只保留为数有限的职员,主要工作是制定政策及协调各承包公司的关系,可以减少行政开支,具有较强的应变能力。但是总公司对各承包公司的控制能力有限,分公司有可能为了各自利益的需求而有损总公司的目标和利益。

7. 子公司制组织结构

子公司制组织结构是种比事业部型组织结构更彻底的分权结构,它的主要特点如下。

① 母公司和子公司不是行政上的隶属关系,而是资产上的联结关系。母公司对子公司的控制,主要是通过股权。

② 子公司同事业部不同,它在法律上是具有法人资格的独立企业。子公司自主经营,独立核算,自负盈亏,独立承担民事责任。如果说事业部是总公司下的一个利润责任中心,则子公司是总公司属下的一个投资责任中心,对所投资产负有保值、增值的责任。

由于母、子公司在法律上各为独立法人,因此,母公司不需要承担子公司的债务责任,这相对降低了经营风险;子公司要自主经营、自负盈亏,使子公司有较强的责任感和经营积极性。其缺点是：母公司对子公司不能直接行使行政指挥权；母、子公司各为独立纳税单位，互相间的经营往来及子公司的盈利所得，需双重纳税。这种形式适用于采用股份制且实行跨行业多种经营的大型集团公司。

各种组织结构形式都有其利与弊，企业究竟采用哪种形式，应该从实际出发。一般来说，选择企业组织结构形式，要考虑企业的目标、生产性质、规模大小、产品种类的多少、生产工艺特点，以及市场大小等因素。但总的来说，设置组织结构时需要遵守一些基本原则。

6.1.3 组织结构的设立原则

在长期的企业组织变革的实践活动中，西方管理学家曾提出过一些组织结构的设立原则，如管理学家厄威克曾比较系统地归纳了古典管理学派泰罗、法约尔、马克斯·韦伯等人的观点，提出了8条指导原则：目标原则、相符原则、职责原则、组织阶层原则、管理幅度原则、专业化原则、协调原则和明确性原则；美国管理学家孔茨等人，在继承古典管理学派的基础上，提出了健全组织工作的15条基本原则：目标一致原则、效率原则、管理幅度原则、分级原则、授权原则、职责的绝对性原则、职权和职责对等原则、统一指挥原则、职权等级原则、分工原则、职能明确性原则、检查职务与业务部门分设原则、平衡原则、灵活性原则和便于领导原则。我国企业在组织结构的变革实践中积累了丰富的经验，也相应地提出了一些组织结构的设立原则，可以归纳如下。

1. 任务与目标原则

企业组织结构设立的根本目的是实现企业的战略任务和经营目标。这是一条最基本的原则。组织结构的设立必须以此作为出发点和归宿点，即企业任务、目标同组织结构之间是目的与手段的关系；衡量组织结构设立的优劣，要以是否有利于实现企业任务、目标作为最终的标准。从这一原则出发，当企业的任务、目标发生重大变化时，例如，从单纯生产型向生产经营型、从内向型向外向型转变时，组织结构必须作相应的调整和变革，以适应任务、目标变化的需要。又如，进行企业机构改革，必须明确要从任务和目标的要求出发，该增则增，该减则减，避免单纯地把精简机构作为改革的目的。

2. 专业分工和协作的原则

现代企业的管理，工作量大，专业性强，分别设置不同的专业部门，有利于提高管理工作的质量与效率。在合理分工的基础上，各专业部门只有加强协作与配合，才能保证各项专业管理的顺利开展，实现组织的整体目标。贯彻这一原则，在组织结构设立时要十分重视横向协调问题。主要的措施包括：一是实行系统管理，把职能性质相近或工作关系密切的部门归类，成立各个管理子系统，分别由各副总经理（副厂长、部长等）负责管辖；二是设立一些必要的委员会及会议来实现协调；三是创造协调的环境，提高管理人员的全局观念，增加相互间的共同语言。

3. 有效管理幅度原则

由于受个人精力、知识、经验条件的限制，一名领导人能够有效领导的直属下级人数是有一定限度的。有效管理幅度不是一个固定值，它受职务的性质、人员的素质、职能机构健全与否等条件的影响。这一原则要求在组织结构设立时，领导人的管理幅度应控制在一定水平，以保证管理工作的有效性。由于管理幅度的大小同管理层次的多少成反比例关系，这一原则要求在确定企业的管理层次时，必须考虑到有效管理幅度的制约。因此，有效管理幅度也是决定企业管理层次的一个基本因素。

4．集权与分权相结合的原则

企业组织结构设立时，既要有必要的权力集中，又要有必要的权力分散，两者不可偏废。集权是大生产的客观要求，它有利于保证企业的统一领导和指挥，有利于人力、物力、财力的合理分配和使用。而分权是调动下级积极性、主动性的必要组织条件。合理分权有利于基层根据实际情况迅速而正确地做出决策，也有利于上层领导摆脱日常事务，集中精力抓重大问题。因此，集权与分权是相辅相成的，是矛盾的统一。没有绝对的集权，也没有绝对的分权。企业在确定内部上下级管理权力分工时，主要应考虑的因素有：企业规模的大小、企业生产技术特点、各项专业工作的性质、各单位的管理水平和人员素质的要求等。

5．稳定性和适应性相结合的原则

稳定性和适应性相结合原则要求组织结构设立时，既要保证组织在外部环境和企业任务发生变化时，能够继续有序地正常运转；同时又要保证组织在运转过程中，能够根据变化了的情况做出相应的变更，组织应具有一定的弹性和适应性。为此，需要在组织中建立明确的指挥系统、责权关系及规章制度；同时又要求选用一些具有较好适应性的组织形式和措施，使组织在变动的环境中，具有一种内在的自动调节机制。

6.2 组 织 设 计

案例 6-1

华为研发项目的矩阵管理

华为公司是全球最大的通信设备生产商之一。在这个技术密集、竞争激烈的产业中，保持研发优势是企业成功的关键。早期华为采用职能式的产品开发模式，将产品开发任务按照职能分配到各个职能体系，没有明确的产品开发项目经理。由于项目成员沟通不顺畅，产品开发周期和竞争对手相比较长。

1999年，华为聘请IBM公司提供产品整合开发（IPD）的咨询服务。IBM的顾问们帮助华为公司建立了许多跨部门的业务团队，例如产品开发团队（PDT），团队成员分为核心组和外围组，分别来自市场、销售、财务、质量、研发、制造、采购、技术服务等部门，他们在产品开发项目领导的带领下，共同实现由IPMT（集成组合管理团队）下达的产品开发目标。

矩阵管理模式的一个重要挑战是跨部门沟通，IBM顾问不仅带给华为产品开发的管理模式，更重要的是帮助建立跨部门沟通的文化。在矩阵管理模式下，由项目领导和部门经理共同协商确定PDT成员。项目领导对团队成员拥有考核的权力，在考核周期内，各项目组将核心组成员的考核意见汇总给职能部门经理，由职能部门经理统一给出对项目成员的最终考核结果。职能部门经理由原来既管事又管人转变为只管人，更多关注培养部门的能力，包括部门人力资源规划与培养、部门技术的规划及开发、部门的管理体系建设、向PDT团队提供合格的人力资源等。以矩阵结构为特色的IPD帮助华为公司将主要产品的研发周期由1999年的75周减少到2003年的48周。

哈罗德·孔茨认为组织结构的设计应该明确谁去做什么，谁要对什么结果负责，并且消除由于分工含糊不清造成的执行中的障碍，还要提供能反映和支持企业目标的决策和沟通网络。对于目前组织发展而言，组织设计是一项必不可少的工作。

6.2.1 组织结构设计

管理人员一旦确定了组织的基本目标和方向，并制定了明确的实施计划和步骤之后，就必须通过组织结构设计为决策和计划的有效实施创造条件。组织结构设计就是把为实现组织目标而需完成的工作，不断划分为若干性质不同的业务工作，然后把这些工作"组合"而成若干部门，并确定各部门的职责与职权。

1. 组织结构设计的影响因素

每一组织内外的各种变化因素都会对其内部的组织结构设计产生重大的作用，如组织的规模、战略、环境、技术和权力控制等因素。

（1）规模因素

早在20世纪60年代初期，英国女管理学家琼·伍德沃德等就对英国南部的100多个公司进行了深入的调查研究。他们发现，一个组织的结构设计与其本身规模的关系大体为：组织规模越大，工作就越专业化；组织规模越大，标准操作化程序和制度就越健全；组织规模越大，分权的程度就越高。

（2）战略因素

一个组织的战略就是组织的总目标，它涉及一定时期内组织的全局方针、主要政策与任务的运筹谋划，它决定着本组织在一定时期内的活动方向和水平，它是制定策略和计划的准绳。美国管理学家雷蒙德·E·迈尔斯和查尔斯·C·斯诺1978年出版的《组织的战略、结构和程序》一书关于战略影响组织结构的观点则认为，一个特定的市场战略，是应该被一个有着特殊的结构、技术和行政管理环节类型的组织服务着的，而内在的模式会受到这种战略的支持，并永远存在。

美国管理学家亨利·明茨伯格又进行了更为深入的研究。他在1979年出版的《组织的结构》一书中明确地提出，一个单位的战略决定着其任务、技术和环境，而这些方面的因素又决定着其本身的组织结构设计。他还认为，一个组织的战略还决定着它的权力分配形式和生产增长率；而权力的分配形式和生产率的增长也影响着其组织的结构。具体如表6-1所示。

表 6-1　环境对战略的影响

战略	目标	环境	组织结构特征
防守型战略	追求稳定和效益	相对稳定	严格控制，专业化分工程度高，规范化程度高，规章制度多，集权程度高
进攻型战略	追求快速，灵活反应	动荡而复杂	松散型结构，劳动分工程度低，规范化程度低，规章制度少，分权化
分析型战略	追求稳定效益和灵活相结合	变化	集权控制，对现有的活动实行严格控制，但对一部分部门采用让其分权或相对自主独立的方式；组织结构采用一部分有机式，一部分机械式

（3）环境因素

汤姆·博恩斯和 G·M·斯托克两人首先提出组织结构与外部环境之间存在着密切的关系。他们在 1961 年出版的《管理之革新》一书中认为，所谓相对稳定的环境即是在一个相对较长的时期内，处于相对不变化状态的环境；而不稳定环境即是处于经常性快速变动状态的环境。在不同环境中的两个单位的组织结构也很不相同，不同的环境就形成了两种不同的组织结构，即机械式组织结构与有机式组织结构。

美国哈佛大学的经济管理学院教授保罗·R·劳伦斯和简·W·洛希在 1967 年出版的《组织与环境》一书中认为，组织单位的组织结构一般可分为两类：分化式组织结构和整体化式组织结构。处于最动荡环境中最有效的组织结构是整体化的组织结构形式。因为环境越动荡、越复杂，就越需要协调组织内部的各种活动，形成统一的整体；而当环境较为平稳时，分化式组织结构比较有效。

（4）技术因素

技术因素不仅是机器设备和自动装配线，一个单位的技术还包括其情报信息系统和教育培训人才等。英国女管理学家琼·伍德沃德首先对技术与组织设计的关系进行了调查与研究，她重点分析了企业的技术与组织结构之间的关系。按照组织的"工艺技术连续性"的程度，她把组织分为 3 种类型：单一和小批量的生产技术、大批量和大量的生产技术、管道连续性的流水作业生产技术。她对这 3 种技术类型的组织及其组织结构进行了比较和考察，并对管理的层次、管理人员的管理幅度及生产工人与管理人员的比例进行了分析比较。

（5）权力控制因素

斯蒂芬·P·罗宾斯在长期研究的基础上总结出了一个结论："规模、战略、环境和技术等因素组合起来，对组织结构会产生较大的影响。但即使组合起来，也只能对组织结构产生50％的影响作用。而对组织结构产生决定性的影响作用的是权力控制。"

斯蒂芬·P·罗宾斯在 1987 年出版的《组织理论》一书中明确提出如下要点。

① 组织的权力控制者在选择组织规模、组织的战略、组织的技术和如何对环境做出反应方面有最终的决策权，因而对组织结构模型选择也有最后的决策权。

② 任何组织都由各种利益的代表团体所组成,权力控制集团中各成员都在不同程度地代表着某一利益的集团。一个组织的结构必然反映出最强利益集团的利益或是多个较强利益集团之间利益的妥协。

③ 权力控制者总是不愿意轻易放弃自己的权力，他们总是追求权力控制，即使是分权，亦以不失去控制为最低限度。

④ 权力控制者会采用合理的方式，即在组织利益的范围内，寻找组织利益与个人或自己代表的利益集团的利益的结合点，既公私兼顾，又合理合法。

以斯蒂芬·P·罗宾斯为代表的权力控制决定组织结构的研究者认为，组织的规模、战略、技术和环境等因素对组织结构的备选方案起着限制性作用，但是从诸多备选方案中挑选哪一个方案，则最终由权力控制者决定。

2．组织的横向结构设计

组织的横向结构设计主要解决组织内部如何按照分工协作原则对组织的业务与管理工作进行分析归类，组成横向合作部门的问题，即划分部门问题。部门是指组织中主管人员为完成规定的任务有权管辖的一个特定的领域。

（1）部门划分的原则

部门划分就是将组织总的管理职能进行科学分解，按照分工合作原则，相应组成各个管理部门，使之各负其责，形成部门分工体系的过程。

① 确保组织经营目标的实现。合理地划分部门只是一种手段，其目的是为了切实地实现组织的目标。从这个总的要求出发，部门的划分和设置应以组织的总目标为导向，对于一切妨碍组织目标达成的部门和单位应统统予以撤销或合并，而对于必不可少的部门又必须重点建设，不可空缺；否则必要的职能都会无法落实。

② 职责的明确性与均衡性。各个部门的职责、任务必须十分明确。每个部门该干什么，不该干什么，干到一个什么程度，有什么要求，承担什么责任，如何与其他部门协作等，对这一系列问题都必须做出规定，尤其要防止一些有相关性的部门因职责不清而互相扯皮。此外，任务的分配要尽量平衡，避免部门之间及同一个部门内部的忙闲不均。均衡才是一种比较理想的工作运转状态。

③ 力求部门高效、精干。部门设计要力戒贪多求全，有些组织业务还没完全开展起来，就设置许多部门，到时弄得自己进退维谷，这是非常不明智的。部门设计必须精简，该有的部门一个不少，不用的部门一个不要，可要可不要的部门坚决撤并，无效而又必要的部门要及时予以果断地调整，这一切都要以效率为前提。

④ 保持弹性。部门变革既不是一劳永逸的，也不是一成不变的，不能说一个部门只能设置而不能撤并，只能扩大而不能精简。部门没有永久性，其增、减、撤、并都应随业务发展、环境变化的要求而定，部门设计要保持适度弹性，不能只生不死，不能搞终身制。对于临时性的工作更不能设置永久性的部门，可以设立临时性部门或临时性工作单位来解决这类临时性问题，一旦工作完成，所设置的临时性机构应立即予以撤销。

⑤ 部门之间要有良好的配合与协调。部门与部门之间既要讲分工明确，又要讲协调配合，因为部门的划分是相对的，组织是一个整体，每个部门都只是这个整体的一部分，靠每个部门单个的力量都无法实现组织的整体目标。

企业的部门与部门之间存在密切的经济技术联系，也许这个部门的工作是为另一个部门的工作做准备，是"前道工序"与"后道工序"的依存关系，在这种情况下，部门与部门之间要保持高度的协调与协作。

（2）部门划分的方法

① 按人数划分。这是一种最简单的划分方法，即每个部门规定一定数量的人员，由主管人员指挥完成一定的任务。这种划分的特点是只考虑人力因素，在企业的基层组织的部门划分中使用较多，如每个班组人数的确定。

② 按时间划分。这种方法也常用于基层组织划分。如许多工业企业按早、中、晚三班制进行生产活动，那么部门设置也是早、中、晚 3 套。这种方法适用于那些正常的工作日不能满足市场需求的企业。

③ 按职能划分。这种方法是根据生产专业化原则，以工作或任务的性质为基础来划分部门的。这些部门被分为基本的职能部门和派生的职能部门。基本的职能部门处于组织结构的首要一级，当基本的职能部门的主管人员感到管理幅度太大，影响到管理效率时，就可将本部门任务细分，从而建立派生的职能部门。这种划分方法的优点是遵循了分工和专业化原则，

有利于充分调动和发挥企业员工的专业才能，有利于培养和训练专门人才，提高企业各部门的工作效率。其缺点是：各职能部门容易从自身利益和需要出发，忽视与其他职能部门的配合，各部门横向协调性差。

④ 按地区划分。相比较而言，这种方法更适合于分布地区较分散的企业。当一个企业在空间分布上涉及地区广泛，并且各地区的政治、经济、文化、习俗等存在差别并影响到企业的经营管理，这时就应将某个地区或区域的业务工作集中起来，委派一位主管人员负责。这种方法的优点是：因地制宜，取得地方化经营的优势效益。其缺点是：需要更多的具有全面管理能力的人员；增加了高层主管对各部门控制的困难，地区之间不易协调。

⑤ 按产品划分。这种方法划分的部门是按产品或产品系列来组织业务活动的。这样能发挥专业设备的效率，部门内部上下关系易协调；各部门主管人员将注意力集中在特定产品上，有利于产品的改进和生产效率的提高。但是这种方法使产品部门的独立性比较强，而整体性比较差，加重了主管部门在协调和控制方面的负担。

⑥ 按顾客划分。这种方法多用于最高层主管部门以下的一级管理层次中的部门划分。它根据服务对象的需要，在分类的基础上划分部门。如生产企业可划分为专门服务于家庭的部门、专门服务于企业的部门等。这种方法的优点是：提供服务针对性强，便于企业从满足各类对象的要求出发安排活动。其缺点是：按这种方法组织起来的部门，主管人员常常列举某些原因要求给予特殊照顾和优待，从而使这些部门和按照其他方法组织起来的部门之间的协调发生困难。

⑦ 按技术或设备划分。这种方法常常和其他划分方法结合起来使用。这种划分方法的优点在于，能够经济地使用设备，充分发挥设备的能力，便于设备的维修和材料供应，同时也有利于发挥专业技术人员的特长。

3. 组织的纵向结构设计

组织的纵向结构设计，首先根据企业的具体条件，正确规定管理幅度；然后，在这个数量界限内，再考虑影响管理层次的其他因素，科学地确定管理层次；在此基础上，进行职权配置，从而建立基本的纵向结构。组织的纵向结构设计主要是科学地设计有效的管理幅度与合理的管理层次问题。

（1）管理幅度

管理幅度又称管理宽度或管理跨度，是指一名管理者直接管理下级的数量。这个数量是有限的，当超这个限度时，管理的效率就会随之下降。因此为保证管理的有效性，管理幅度不能过大。在保证有效管理幅度的前提下，尽量减少管理层次和精简管理机构。影响管理幅度的因素主要包括以下几个方面。

① 工作能力。主管的综合能力、理解能力、表达能力强，则可以迅速地把握问题的关键，就下属的请示提出恰当的指导建议，并使下属明确地理解，从而可以缩短与每一位下属在接触中占用的时间。同样，如果下属具备符合要求的能力，受过良好的系统培训，则可以在很多问题上根据自己的符合组织要求的主见提出解决方案，从而可以减少向上司请示、占用上司时间的频率。这样，管理的幅度便可适当宽些。

② 工作内容。主要包括主管所处的管理层次、下属工作的相似性、计划的完善程度和非管理事务的多少。

主管的工作在于决策和用人。处在管理系统中的不同层次,决策与用人的比重各不相同。决策的工作量越大,主管用于指导、协调下属的时间就越少,而越接近组织的高层,主管人员的决策职能越重要,所以其管理幅度要较中层和基层管理人员小。

下属从事的工作内容和性质相近,则主管对每人工作的指导和建议也大体相同。这种情况下,同一主管对较多下属的指挥和监督是不会有什么困难的。

下属如果单纯地执行计划,且计划本身制定得详尽周到,下属对计划的目的和要求明确,那么,主管对下属指导所需的时间就不多;相反,如果下属不仅要执行计划,而且要将计划进一步分解,或计划本身不完善,那么,主管对下属指导、解释的工作量就会相应增加,从而减小有效管理幅度。

主管作为组织不同层次的代表,往往必须占用相当时间去处理一些非管理性事务。这种现象对管理幅度也会产生消极的影响。

③ 工作条件。主要包括助手的配备情况、信息手段的配备情况和工作地点的相近性。

如果有关下属的所有问题,不分轻重缓急,都要主管去亲自处理,那么,必然要花费他大量的时间,他能直接领导的下属数量也会受到进一步的限制。如果给主管准备了必要的助手,由助手去和下属进行一般的联络,并直接处理一些明显的次要问题,则可以大大减少主管的工作量,增加其管理幅度。

掌握信息是进行管理的前提,是利用先进的技术去收集、处理、传输信息,不仅可帮助主管更早、更全面地了解下属的工作情况,从而可以及时地提出忠告和建议,而且可使下属了解更多的与自己工作有关的信息,从而更能自如、自主地处理分内的事务。这显然有利于扩大主管的管理幅度。

不同下属的工作岗位在地理上的分散,会增加下属与主管以及下属之间的沟通困难,从而会影响主管直属部下的数量。

④ 工作环境。组织环境稳定与否会影响组织活动内容和政策的调整频度与幅度。环境变化越快,变化程度越大,组织中遇到的新问题越多,下属向上级的请示就越有必要、越经常,上级能用于指导下属工作的时间和精力就越少,因为他必需花更多的时间去关注环境的变化,考虑应变的措施。因此,环境越不稳定,各层主管人员的管理幅度越受到限制。

（2）管理层次

管理层次是指组织内部从最高一级管理组织到最低一级管理组织的组织等级。管理层次的产生是由管理幅度的有限性引起的。正是由于有效管理幅度的限制,才必须通过增加管理层次来实现对组织的控制。

（3）两者关系

对于一个人数规模既定的组织,管理者有较大的管理幅度,意味着可以有较少的管理层次;而管理者的管理幅度较小时,则意味着该组织有较多的管理层次。管理幅度与管理层次之间成反比关系。

（4）组织的高耸结构与扁平结构

管理幅度与管理层次这两个变量的取值不同,就会形成高耸结构和扁平结构两种组织结构类型。

① 高耸结构是指组织的管理幅度较小、从而形成管理层次较多的组织结构。这种结构的

主要优点是有利于控制，权责关系明确，有利于增强管理者权威，为下级提供晋升机会。主要缺点包括：一是过多的管理层次会使信息在传递过程中失真；二是使各层次主管感到自己在组织中地位相对渺小，从而影响积极性的发挥；三是使管理工作复杂化。

② 扁平结构是指组织的管理幅度较大、从而形成管理层次较少的组织结构。扁平结构是相对于传统的等级结构管理模式而言的。当管理层次减少而管理幅度增加时，金字塔状的组织形式就被"压缩"成扁平状的组织形式。

扁平结构的主要优点是有利于缩短上下级距离，密切上下级关系，信息纵向流通快，管理费用低。而且由于管理幅度较大，被管理者有较大的自主性、积极性和满足感。具体体现在：一是信息传递速度快、失真少；二是便于高层领导了解基层情况；三是主管人员与下属能够结成较大的集体，有利于解决较复杂的问题；四是主管人员工作负担重，因而更乐于让下级享有更充分的职权。

扁平结构的主要缺点是由于管理幅度较宽，权力分散，不易实施严密控制，加重了对下属组织及人员进行协调的负担。具体体现在以下三个方面。一是主管人员的管理幅度大，负荷重，精力分散，难以对下级进行深入具体的管理。二是对主管人员的素质要求高，而且管理幅度越大，要求就越严格、越全面。当缺乏这样的主管时，只得配备副职从旁协作。这样，正副职之间的职责不易划清，还可能产生种种不协调的现象。三是主管人员与下属结成较大的集体，随着集体规模的扩大，协调和取得一致意见就会变得更加困难。

6.2.2　人员配备

组织结构的设计仅为组织的运行提供了可供依托的框架。组织结构若要发挥切实作用，还需要为各结构层级上的不同岗位配备合适的人员，并对其进行有效合理的管理，人员的配备使得组织结构设计在逻辑上得以延续。

1. 人员配备的概念

人员配备就是采用科学的方法对组织结构中的不同岗位进行人员填充的过程。其目的是为组织结构中不同岗位配备合适的人员完成组织的各项职能，用以保证组织活动的正常进行，进而实现组织管理的目标。

科学有效的人员配备实质上是"选才""用才"和"留才"的过程，是妥善地选拔合适的、优秀的人员安排到合适的岗位上，让其充分发挥才能的过程。这也就意味着人员配备不单单是给空缺岗位寻找到合适的人，还需要对合适的人进行科学的管理，使其发挥无限潜力。人员配备本身也是一种管理手段，通过人员配备，可以创造出一种良好的人际环境或心理环境，使组织成员之间能够有效地进行信息的沟通。人们在组织中取得的成绩、人们的才能，在人员配备中得到肯定，这本身就是对人们的积极鼓励，它会使人们获得个人追求成功的满足感。同时，这种满足感也会对其他组织成员起到激励和感染的作用，从而充分调动人们为组织努力工作的积极性。

2. 人员配备的阶段

人员配备可以分为 3 个阶段：人员配备前计划准备阶段、人员配备核心阶段、人员配备后续阶段，如图 6-8 所示。

图6-8　人员配备环节图

（1）人员配备前计划准备阶段

人员选聘是人员配备中的一个关键步骤，是企业吸收新鲜血液的源泉，也是企业积累人力资本、提升企业竞争优势、增强企业核心竞争力的起点。要使得选聘的人员能够胜任企业工作，正式选聘前必须完成两项工作，分别是人员规划和岗位分析。它们是组织"选才"的起点。

① 人员规划。人员规划是根据构建的组织结构将企业的使命、战略经营目标等转化成对人员的需求，从战略的角度量化在未来的某一时期组织为完成任务而要求的人员并由此制定招聘、员工职位升降、培训与发展、薪酬等行动方案的过程。人员规划为组织未来某一时期内要求的人员数目、结构等做出了量的规定。

② 岗位分析。岗位分析是借助科学的方法和工具对某一岗位的工作内容和任职资格进行描述和研究的过程，是全面了解一个岗位的管理活动。岗位分析的最终结果是岗位说明书，通过岗位说明书可以明确某一个岗位的工作职责、工作流程和任职资格等，明确组织特定岗位对人员的身体、心理、技能等要求。岗位分析对人员提出了质的要求。

（2）人员配备核心阶段

人员的选聘过程是管理活动的一个重要环节，是"选才"的核心环节，亦是"用才"的起点。它关系着整个管理过程的良性运行和影响着整个组织的活动。因为能否把合乎岗位要求的人员遴选出来，决定了组织能否拥有一支高质量的人员队伍，而一支高质量的人员队伍是组织活动成功的保证。人员的选聘是以岗位要求为参照的，只有拥有了岗位所要求的技能、能力和素质的人才有可能被选聘到相关的岗位上来。

人员选聘有一套科学的流程。在选聘之前，实施选聘的人员需要了解组织的战略、业务、文化等方面，明确组织所需人员的数量和质量，并制定周密的选聘计划，然后根据空缺岗位的特点通过选择简历筛选、笔试、面试、评价中心等科学的测评方式进行选聘。选聘的最终目的是人尽其才，人尽其用，能岗匹配。

管理人员选聘的途径主要有两种：一种是组织内部选聘，另一种是组织外部招聘。

① 组织内部选聘是对组织中出现的岗位空缺先由内部现有人员进行补充，可以是职位比较低的员工应聘到更高一级的职位工作，也可以是员工同级之间的流动。组织内部选聘管理人员的优点是在选聘之前可以作长期、细致的观察，可以掌握其素质和能力、优点与缺点和最适合做的工作；从内部提升出来的管理人员对组织的历史、现状、目标以及存在的问题非常了解，有较强的组织认同感，其离职率相对较低；可以使得组织内部的员工看到被提升的希望，从而达到激励组织成员更加努力工作，加快组织目标和个人计划的实现。但是，这种方式的可选范围小，易出现"小团体"、定式思维、企业缺乏活力等问题。

② 组织外部招聘是通过职业中介机构、猎头公司、校园招聘、人才交流会等途径选聘社会劳动力市场提供的人员，实质是吸收新鲜血液，引入异质因素进入组织。来自组织外部的管理人员往往能够给组织带来一些新的观点、思路和方法，为组织的发展注入了新的活力。成功的管理人员配备在一定程度上能够克服组织停滞、僵化的危险，能够保证组织拥有一定数量的高素质、高能力的后备人才。但组织外部招聘也有其缺陷：新入职人员对组织缺乏全面的了解，需要组织花费时间和精力进行引导；组织对招聘来的员工也缺乏了解，容易出现人员与岗位不匹配的情况。组织在进行人员配备的时候应该根据岗位的特点灵活运用，以对组织最有利为标准，选择适合的选聘方式。

为了保证组织始终有一支高质量的管理队伍，在人员的配备过程中应尤其注意管理队伍的年龄结构，在每一个管理层上和每一个管理机构中都要有不同年龄层的管理人员。这样，一方面可以把不同年龄层的管理者在性格、经验、知识结构、处事方式等各个方面的优点集中在管理工作中去；另一方面又可以促进年轻人的迅速成长。大胆选拔年轻管理人员也是维护一支高质量管理队伍的要求，管理人员的选聘不应局限于把可用的人才选到管理职位上来，而且也要把可以培养的人才放到管理工作的岗位上去锻炼提高。

（3）人员配备后续阶段

人员选聘是人员配备的中点而非终点，在运用科学的方式将组织中空缺的岗位填充之后并不意味着人员配备已经结束，后续阶段还有人员的考评、薪酬调整、员工职业生涯管理、人员培训等环节。这些人员配备的重要内容，是组织"留才"的重要措施。

① 人员考评。对人员进行科学合理的、公平的考评是人员配备的重要内容，也是组织留住人才的有力措施。所谓考评就是考核、评价，是一种定期对人员的工作绩效、能力、素质等进行估计和衡量的过程。这是对人员选聘结果加以检查的手段，也是进一步做好下阶段人员选聘的前提。人员考评主要围绕人员的工作态度、技能水平、工作经验、行为表现、工作结果进行展开。通过人员考评可以正确地把握人员的能力、素质和工作成绩等方面的情况，为整个组织的人员配备提供准确的信息和科学的依据，并据此确定出组织重点培养的对象，保证组织管理职位后继有人。考评的结果也为人员的薪酬调整、培训、职业生涯管理提供参考的依据。

人员考评的方式方法很多，现代人事管理针对不同的考评对象提出许多切实可行的考评方法，但是无论运用哪种方法，都需要依据确定考评内容、确定考评对象、形成考评结果和建立考评档案的程序。考核的方式具体包括目标管理法、行为锚定等级法、360 度绩效考核法、关键绩效指标法等。

② 薪酬调整。薪酬关系着员工的切身利益，是人们最为关切、议论最多，也是员工最重视的部分。它是员工出卖劳动力为组织服务，组织给予员工的回报。"对等""公平"是组织薪酬管理的关键词，也是其最重要的原则。薪酬管理不单单是解决"分蛋糕"的问题，而是通过"分蛋糕"使得组织的蛋糕做得更大。有效的薪酬策略对吸引和留住人才、提高员工的工作积极性、提升组织的外部竞争力有不可替代的作用。

在人员配备的整个过程，薪酬一直都是员工关注的焦点。组织可以根据岗位价值的大小、员工所掌握的跟组织工作有关的技能、员工自身拥有的能力大小等因素制定科学合理的薪酬体系，使得员工所从事的岗位、承担的责任大小与员工所得的回报对等；同时根据组织层级、员工岗位的变迁进行相应的调整，并且将考评的结果落地，这样能够使得薪酬发挥其独特的激励作用，营造良好的工作氛围，又会反作用于人员的选聘和考评。

③ 人员培训。人员培训对于提高企业人力资源的能力是非常重要的，尤其是管理人员的培训。人员的培训与一切促进社会发展的基础教育和一切服务于社会现实需求的职业教育都不同，它是一种短期的岗位培训，主要做到以下 3 点。

第一，培训需求明确。员工的"现实状态"与社会、组织或个人要求员工达到的"理想状态"之间的差距就是培训需求。新员工进入、岗位的变动等都是培训需求的压力点。组织在进行人员培训时首先需要确定自身的发展方向，明晰任务要求，并对员工进行分析，明确培训需求。

第二，内容具有针对性。人员培训作为一种岗位培训是服务于组织目标的，培训的方式、内容由所培训的主体和需求来决定。需求不同、主体不同决定着培训内容和方式的不同。因此，培训要有很强的针对性，培训计划的安排和培训内容的设计都需要紧紧围绕培训需求和培训主体进行展开。

第三，效果明显。由于人员的培训是服务于组织目标的，所以需要有明显的效果，尽可能地使用较少的人力、物力和较少的时间，使人员获得适应岗位要求的素质和能力。人员培训可以采取在职培训和脱产培训两种方式。

④ 员工职业生涯管理。员工的职业生涯道路是人员配备过程中需要考虑的重要因素。对员工来说，从首次参加工作到退出工作岗位是一个漫长的过程，员工自身的主观想法对其未来的工作路径的选择有很大的决定作用。多数员工对自己未来的发展有一定的展望、设想，规划了蓝图，并为蓝图的实现不断地创造条件。组织无法忽视员工对自我职业发展道路的规划、设想甚至无法对其提出质疑。对组织来说，科学的做法是运用组织的资源创造条件，鼓励并帮助员工不断完善和实现自己的个人目标，并且想方设法引导员工的个人目标与组织的发展方向一致。这就需要组织对员工的职业生涯道路进行管理。

职业生涯管理是员工与组织共同努力和协商的结果。组织提供多条不同的发展道路供员工进行选择，主要有专业技术型与行政管理型两类。员工可以结合自身的特点与组织的需求进行结合，找到自身的职业发展道路。

组织在人员配备的过程中需帮助处于组织不同层级的员工全面审视自己，助其寻找在自身能力、性格、兴趣等多方作用下能实现的目标，制定切实可行的行动方案，并且充分发挥组织的资源优势，创造有利条件促使员工职业生涯行动方案得以执行，职业生涯道路目标得以实现。

6.3 组 织 变 革

6.3.1 组织变革概述

1. 组织变革的含义和类型

组织的发展离不开组织变革，内外部环境的变化、组织资源的不断整合与变动，都给组织带来了机遇与挑战，这就要求组织关注组织变革。一般说来，组织应力求相对稳定，频繁而不必要的变动对于实现管理目标是不利的。但任何组织都处于动态的社会变动中，由于环境的变化，影响管理目标实现的各种因素的变化，组织也会通过变革而发生某些变化。一成不变的组织是不存在的，所以，组织的变革是绝对的，而组织的稳定是相对的。

组织变革是指对组织结构、组织关系、职权层次、指挥和信息系统所进行的调整和改变。组织建立起来是为实现管理目标服务的，当管理目标发生变化时，组织也需要通过变革自身来适应这种新的变化的要求。即使管理目标没有发生变化，但影响组织的外部环境和内部环境如果发生了变化，那么组织也必须对自身进行变革，才能保证管理目标的实现。

组织变革，从动因上看，有主动性变革和被动性变革；从内容上看，有结构变革、技术变革和人员变革；从变革的进程上看，有渐进性变革和根本性变革。

2. 组织变革的阶段

不管组织的变革采取什么形式，都需要经历 3 个阶段。

（1）打破平衡，改变组织的常规模式

这是变革前的心理准备阶段。一般来讲，成功的变革必须打破组织的平衡，改变组织的常规模式，然后通过变革使组织进入一个新阶段，同时对新的变革予以再冻结。组织在打破平衡期间的中心任务是改变员工原有的观念和态度，组织必须通过积极的引导，激励员工更新观念、接受改革并参与其中。

（2）进行变革

这是变革过程中的行为转换阶段。进入到这一阶段，组织上下已对变革做好了充分的准备，变革措施就此开始。组织要把激发起来的变革热情转化为变革的行为，关键是要能运用一些策略和技巧减少对变革的抵制，进一步调动员工参与变革的积极性，使变革成为全体员工的共同事业。

（3）消除组织中抵制变革的因素

这是变革后的行为强化阶段，其目的是要通过对变革驱动力和约束力的平衡，使新的组织状态保持相对的稳定。由于人们的传统习惯、价值观念、行为模式、心理特征等都是在长期的社会生活中逐渐形成的，并非一次变革所能彻底改变的，因此，变革措施顺利实施后，企业还应采取种种手段对员工的心理状态、行为规范和行为方式等进行不断的巩固和强化。否则，稍遇挫折，便会反复，使变革的成果无法巩固。

组织发展是组织变革的继续，因为组织变革不是偶然的、一次性完成的，而是长期的和不断进行着的，所以变革本身就是发展，变革和发展是对同一事件的两种称谓。当然，人们一般把发展看成一个过程，而把变革看成发展中的一个个环节，每一次变革都是发展中的一个关键点，每一次变革都推动了组织的发展，从而促使组织结构和组织关系得到改进，促进组织中个人的发展和管理水平的提高。

6.3.2　组织变革的模型

1. 卢因的三阶段变革过程模型

库尔特·卢因是计划变革理论的创始人。卢因的三阶段变革过程是将变革看作对组织平衡状态的一种打破，即解冻。解冻一旦完成，就可以推行本身的变革，但仅仅引入变革并不能确保它的持久，新的状态需要加以再冻结。这样才能使之保持一段相当长的时间。因此再解冻的目的是通过平衡驱动力和制约力两种力量，使新的状态稳定下来。

（1）解冻

这一步骤的焦点在于创设变革的动机。鼓励员工改变原有的行为模式和工作态度，采取新的适应组织战略发展的行为与态度。为了做到这一点，一方面，需要对旧的行为与态度加以否定；另一方面，要使骨干员工认识到变革的紧迫性。可以采用比较评估的办法，把本企业的总体情况、经营指标和业绩水平与其他优秀企业或竞争对手加以一一比较，找出差距和冻结的依据，帮助骨干员工"解冻"现有态度和行为，迫切要求变革，愿意接受新的工作模式。此外，企业应注意创造一种开放的氛围和心理上的安全感，减少变革的心理障碍，提高变革成功的信心。

（2）变革

变革是一个学习过程，需要给骨干员工提供新信息、新行为模式和新的视角，指明变革方向，实施变革，进而形成新的行为和态度。这一步骤中，应该注意为新的工作态度和行为树立榜样，采用角色模范、导师指导、专家演讲、群体培训等多种途径。卢因认为，变革是个认知的过程，它由获得新的概念和信息组成。

（3）再冻结

在再冻结阶段，利用必要的强化手段使新的态度与行为固定下来，使组织变革处于稳定状态。为了确保组织变革的稳定性，需要注意使骨干员工有机会尝试和检验新的态度与行为，并及时给予正面的强化；同时，加强群体变革行为的稳定性，促使形成稳定持久的群体行为规范。

2．系统变革模型

系统变革模型是在更大的范围里解释组织变革过程中各种变量之间的相互联系和相互影响关系。这个模型包括输入、变革元素和输出等3个部分。

（1）输入

输入部分包括内部的强点和弱项、外部的机会和威胁。其基本构架则是组织的使命、愿景和相应的战略规划。组织用使命来表示其存在的理由；用愿景描述组织所追求的长远目标；战略规划则是为实现长远目标而制定的有计划变革的行动方案。

（2）变革元素

变革元素包括目标、人员、社会因素、方法和组织体制等元素。这些元素相互制约和相互影响，组织需要根据战略规划，组合相应的变革元素，实现变革的目标。

（3）输出

输出部分包括变革的结果。根据组织战略规划，输出从组织、部门群体、个体等3个层面，增强组织整体效能。

3．科特的组织变革模型

领导研究与变革管理专家科特认为，组织变革失败往往是由于高层管理部门犯了以下错误：没有建立变革需求的急迫感；没有创设负责变革过程管理的有力指导小组；没有确立指导变革过程的愿景，并开展有效的沟通；没能系统计划，获取短期利益；没有对组织文化变革加以明确定位等。科特为此提出了指导组织变革规范发展的几个步骤：建立急迫感，创设指导联盟，开发愿景与战略，沟通变革愿景，实施授权行动，巩固短期得益，推动组织变革及定位文化途径等。科特的研究表明，成功的组织变革有 70%～90%归功于企业领导，还有10%～30%是由于管理部门的努力。

4．巴斯的观点和本尼斯的模型

管理心理学家巴斯认为，按传统方式以生产率或利润等指标来评价组织是不够的，组织效能必须反映组织对于成员的价值和组织对于社会的价值。他认为评价一个组织应该有 3 个方面要求：一是生产效益、所获利润和自我维持的程度；二是对于组织成员有价值的程度；三是组织及其成员对社会有价值的程度。

沃伦·本尼斯则提出，有关组织效能判断标准，应该是组织对变革的适应能力。当今组织面临的主要挑战，是能否对变化中的环境条件做出迅速反应和积极适应外界的竞争压力。组织成功的关键是能在变革环境中生存和适应，而要做到这一点，必须有一种科学的精神和态度。这样，适应能力、问题分析能力和实践检验能力，是反映组织效能的主要内容。在此基础上，本尼斯提出有效与健康组织的标准。一是环境适应能力：解决问题和灵活应对环境变化的能力；二是自我识别能力：组织真正了解自身的能力，包括组织性质、组织目标、组织成员对目标的理解和拥护程度、目标程序等；三是现实检验能力：准确觉察和解释现实环境的能力，尤其是敏锐而正确地掌握与组织功能密切相关因素的能力；四是协调整合能力：协调组织内各部门工作和解决部门冲突的能力，以及整合组织目标与个人需求的能力。

5．卡斯特的组织变革过程模型

弗里蒙特·卡斯特提出了组织变革过程的 6 个步骤。①审视状态：对组织内外环境现状进行回顾、反省、评价、研究；②觉察问题：识别组织中存在的问题，确定组织变革需要；③辨明差距：找出现状与所希望状态之间的差距，分析所存在的问题；④设计方法：提出和评定多种备选方法，经过讨论和绩效测量，做出选择；⑤实行变革：根据所选方法及行动方案，实施变革行动；⑥反馈效果：评价效果，实行反馈。若有问题，再次循环此过程。

6．施恩的适应循环模型

艾德加·施恩认为组织变革是一个适应循环的过程，一般分为 6 个步骤：洞察内部环境及外部环境中产生的变化；向组织中有关部门提供有关变革的确切信息；根据输入的情报资料改变组织内部的生产过程；减少或控制因变革而产生的负面作用；输出变革形成的新产品及新成果等；经过反馈，进一步观察外部环境状态与内部环境的一致程度，评定变革的结果。

上述步骤与方法和卡斯特主张的步骤和方法比较相似，所不同的是，施恩比较重视管理信息的传递过程，并指出解决每个过程出现困难的方法。

6.3.3 组织变革的先兆

1．频繁的决策失误

表面看来，决策失误是由各种原因造成的，而实际上决策失误的根源是组织问题。比如，可能会发生由于信息不灵而造成决策失误，信息不灵可能是由于组织自身的原因，也可能是环境的原因，但是归根到底还是组织自身的问题。决策失误可能是由于主管人员的主观原因造成的，但组织为什么没有在结构上、体制上给予决策以客观保证呢？在这种意义上，一切决策失误都是由于组织的原因，组织结构的不合理、职权委任不合适、职责含糊、命令链混乱等，都会造成频繁的决策失误。组织应当在变革的成本、组织目前的效率和决策失误的后果之间做出权衡，然后才能做出是否进行组织变革的决定。

2．组织成员间沟通不灵

组织成员间的沟通效果取决于组织的状况。例如，命令链混乱，或者所采用的传递信息手段不合适，就会造成沟通不灵；管理幅度过大，主管人员与下属之间就不可能存在有效的沟通；管理层次过多，就增加了命令和信息失真的可能性。这样一来，就不能形成成员之间主动的协调和配合，反而会产生一些不必要的冲突、摩擦和误会。

3．经营管理业绩长期不理想

结构合理、职责分明、行动有序、信息通畅的组织，必然意味着较好的管理效益。如果一个管理系统中长期存在着士气不高、经营不善、业绩不理想，以至于管理目标总不能得到实现，那么就必须考虑对组织进行变革。组织业绩不理想的问题，在企业管理中是最容易发现的。例如，一个企业的生产部门的进度太慢、成本过高、质量不符合要求；销售部门的顾客减少或销售增长未能如期实现；财务部门的资金周转不灵；人事部门因为在职责、职权或报酬、待遇的安排上不当引起纠纷等。这些问题只要有一个存在，而且比较严重，就有理由对组织进行变革前的全面审查。

4．缺乏创新

即使一个管理系统处在正常的运营状况下，如果长期没有创新，也需要进行变革。例如，一个企业虽然尚未遇到严重的困难，但在产品的品种、质量和数量方面，长期保持在一个水平上，那就表明这个企业很快就会面临困境。因为任何一个管理系统都不是孤立的，都是处在与环境的互动关系中的，环境是一个不断变化着的因素，如果在变动的环境面前保持不动，很快就会僵化、萎缩和丧失生命力。一个组织只有不断地拥有突破性的战略预见能力、超前性的行动措施和创造性的新成果，才能有旺盛的生命力，否则就会滞后于环境，因而不得不进行变革。

6.3.4 组织变革的动力与阻力

1．组织变革的动力

环境变化不仅影响到组织工作的绩效，而且往往是推动组织变革的主要力量。任何组织都是一个相对开放的系统，环境是组织生存与发展的土壤，环境变化往往是导致组织进行变革的一个最为直接的原因。能够激发组织变革的环境动力包括以下几个方面。

（1）全球经济一体化发展的趋势

随着全球经济一体化进程的加快，对于许多国家来说，国外直接投资的增长速度已经超过国内投资，跨越国界的金融交易增长速度超过了国内金融交易，跨国公司的海外经营活动不断膨胀，各种生产要素在国际范围内流动，引起企业经营战略的变化。同时，全球经济一体化的事实使得远程协调控制工作变得越来越重要。此外，不同文化背景的企业成员一起工作，人们在思维方式、价值观念、生活习惯、宗教信仰等方面的差异会反映在日常工作中，容易产生矛盾和纠纷，这些都对组织提出了新的挑战。

（2）知识经济社会的到来

知识经济给企业生产经营活动带来了持续而深远的影响。知识经济时代促进了高科技企业的发展，一大批高科技企业兴起，参与市场竞争，并且呈现出一些与以往不同的组织特征。企业要做的是思考如何运用丰富的知识，为自身更好地服务。

（3）消费市场对企业的挑战

市场需求是企业经营的出发点和归宿。利润最大化和经济型组织等说法都无法准确描述出企业的实质，正确理解什么是企业的标准只有一个，即企业是创造顾客的组织。认真审视当今企业面临的市场环境，我们会发现一些明显的变化，包括消费者地位的提升，出现"顾客至上"的理念。许多企业把这一理念落实到企业的具体经营战略上，甚至成为企业变革的根本思想。消费者的需求变得越来越多样化，对于服务市场的重视超过对生产制造的重视。

（4）企业竞争优势的新来源

环境的剧烈变化在很大程度上改变了企业传统的竞争方式，强化了企业的传统的竞争优势基础，并迫使企业本着创新的思想寻找新的竞争优势来源，以便在快速变化的经营环境中求生存。企业竞争优势的新的来源基础分别是速度/时间、灵活性、质量/设计、信息技术、联盟/网络、快速创新改进、技能更新、服务增值等。另外，劳动力、社会趋势及世界政治的变化都是导致组织变革的动力。

2. 组织变革的阻力

组织变革中的阻力，指人们反对变革、阻挠变革甚至对抗变革的制约力。组织变革作为战略发展的重要途径，总是伴随着不确定性和风险，并且会遇到各种阻力。变革阻力的存在，意味着组织变革不可能一帆风顺，这就给变革管理者提出了更严峻的变革管理任务。管理心理学研究发现，常见的组织变革阻力可以分为如下3类。

（1）组织因素

在组织变革中，组织惰性是形成变革阻力主要的因素。这是指组织在面临变革形势时表现得比较刻板、缺乏灵活性，难以适应环境的要求或者内部的变革需求。造成组织惰性的因素较多。例如，组织内部体制不顺、决策程序不良、职能焦点狭窄、陈旧文化等，都会使组织产生惰性。此外，组织文化和奖励制度等组织因素及变革的时机也会影响组织变革的进程。

（2）群体因素

组织变革的阻力还会来自群体方面。研究表明，对组织变革形成阻力的群体因素主要有群体规范和群体内聚力等。群体规范具有层次性，边缘规范比较容易改变，而核心规范由于包含着群体的认同，难以变化。同样，内聚力很高的群体也往往不容易接受组织变革。卢因的研究表明，当推动群体变革的力和抑制群体变革的力之间的平衡被打破时，也就形成了组织变革。不平衡状况"解冻"原有模式，群体在新的、与以前不同的平衡水平上重新"冻结"。

（3）个体因素

人们往往会由于担心组织变革的后果而抵制变革。一是职业认同与安全。在组织变革中，人们需要从熟悉、稳定和具有安全感的工作任务，转向不确定性较高的变革过程，其"职业认同"受到影响，产生对组织变革的抵制。二是地位与经济上的考虑。人们会感到变革影响他们在企业组织中的地位，或者担心变革会影响自己的收入；或者由于个性特征、职业保障、信任关系、职业习惯等方面的原因，产生对于组织变革的抵制。

对具体的人来说，变革意味着利益的重新分配，旧的利益分配平衡被打破，建立新的利益平衡格局。一般来说，如果变革带来的预期收益，包括显性收益与隐性收益、物质收益与非物质收益，扣去变革所分摊的成本后大于原来的收益，人们便会支持变革。否则，便会反对变革。在两者平衡的情况下，则采取中立态度。对于普通员工来说，如果变革成功可以分享到变革后公司增加的收益，但那是远期的、间接的，而变革所带来的成本是即期的、直接的，如岗位变动、权力削弱、工作负担增加，甚至可能失业等，许多员工感到缺乏安全感，权衡利弊得失后会宁愿维持现状。

变革的阻力可能以两种方式发挥作用。一种是积极地阻挠变革的进行，他们公开发表反对意见，与变革者展开争论，有时还可能掺杂了个人情感，表现出对抗性或攻击性的行为。另一种则消极地阻挠变革，他们虽不公开表示反对，却采取不合作的态度，甚至采取扣压、延误或封锁消息的方式。不论何种方式的变革阻力，对变革都是有害的。

3. 克服阻力的措施

为了成功地进行组织变革，组织应该尽量减少和消除阻力。组织的管理者必须事先对变革中的种种组织进行充分的研究，并采取有效的措施减少阻力的产生。具体包括以下几个方面。

（1）参与和投入

研究表明，人们对某事的参与程度越大，就越会承担工作责任，支持工作的进程。因此，当有关人员能够参与有关变革的设计讨论时，参与会导致承诺，抵制变革的情况就显著减少。参与和投入方法在管理人员所得信息不充分或者岗位权力较弱时使用比较有效。但是，这种方法常常比较费时间，在变革计划不充分时，有一定风险。

参与应是真正地参与。例如，确实将员工有价值的意见吸纳到方案中来，而不是只走形式。参与应在变革设计之初，而不应在变革之中或变革之后。变革开始时人们发表意见会有参与决定的感受，以后则可能有被人操纵、走形式的感觉。

（2）教育和沟通

加强教育和沟通，是克服组织变革阻力的有效途径。这种方法适用于信息缺乏和未知的环境，其实施比较花费时间。通过教育和沟通，分享情报资料，不仅带来相同的认识，而且在群体成员中形成一种感觉，即他们在计划变革中起着作用，他们会有一定的责任感。同时，在组织变革中加强培训和信息交流，对于成功实现组织变革是极为重要的。这既有利于及时实施变革的各个步骤，也使得决策者能够及时发现实施中产生的新问题、新情况，获得有效的反馈。这样才能随时排除变革过程中遇到的抵制和障碍。

沟通与参与有紧密关系。沟通的功能是让大多数员工尽可能地了解变革的各种情况。

参与，特别是直接参与，只能涉及部分员工，并且受时间、场合的限制。而积极的沟通则可弥补这些不足，它可以让更多的员工了解变革的目的和意义，搜集到更多的建议，并让大家随时了解到变革过程的发展，随时消除大家的误解或谣传，从而最终使员工们支持变革。

（3）组织变革的时间和进程

即使不存在对变革的抵制，也需要时间来完成变革。管理者与员工需要时间去适应新的制度，排除障碍。如果领导觉得不耐烦，加快速度推行变革，对下级会产生一种受压迫感，产生以前没有过的抵制。因此，管理部门和领导者需要清楚地懂得人际关系影响变革的速度。

作为变革的推行者，为了保证变革的成功，在一开始设计变革，就应该问自己几个问题：为什么要进行变革？变革的目的是什么？是提高利润，还是提高效率，还是要提高士气？员工会不会支持变革？变革是否符合他们的需要和利益？变革是否具备了社会条件？变革推行者对这几个问题有一个正确的回答，变革才会有成功的开始。

变革推行者应该对未来提供尽可能详细的说明，并提出切实可行的解决办法。其中一个重要原则是保障员工的奖酬最好不低于改革前。对于可能改变工作内容的员工，应提供再培训的机会。在变革实施阶段，管理者应该给员工一个熟悉掌握新状况的时间，在此期间出现的错误和失误应得到谅解，帮助他们尽快适应变革。

（4）群体促进和支持

许多管理心理学家提出，运用"变革的群体动力学"，可以推动组织变革。这里包括创造强烈的群体归属感，设置群体共同目标，培养群体规范，建立关键成员威信，改变成员态度、价值观和行为等。这种方法在人们由于心理调整不良而产生抵制时使用比较有效。

卢因指出，任何变革都会有两种力量起作用，即支持变革的动力和反对变革的阻力。变革推行者的任务是增加动力、削减阻力。方法是对所有的动力因素和阻力因素进行排除，分析比较每一因素的强度，寻求有针对性的解决办法，逐渐减弱阻力。第二次世界大战期间，卢因研究了一个工厂要求女工戴防护眼镜遭到抵制的案例。他调查分析了动力和阻力因素，具体如图 6-9 所示。

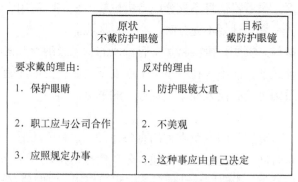

图 6-9　工厂要求女工戴防护眼镜遭到抵制的案例

卢因经过了解，提出如下意见：第一个反对因素要解决，每个眼镜只多花 5 分钱即可换一种较轻的；对于第二个反对因素，他提出让女工自己设计美观适用的式样，并展开评比竞赛。第三个反对因素自然就消失了。

6.4　组　织　文　化

6.4.1　组织文化的含义和特征

组织具有自己的各种过程要素，把这些要素有机地整合起来，除了要有一定的正式组织和非正式组织及"硬性"的规章制度之外，还要有一种"软性"的协调力和黏合剂，它以无形的"软约束"力量构成组织有效运行的内在驱动力，这种力量就是被称为"管理之魂"的组织文化。

1．组织文化的含义

组织文化也称为企业文化，有广义和狭义之分。广义的组织文化是指组织在建立和发展中形成的物质文明和精神文明的总和，包括组织管理中硬件和软件、外显文化和内隐文化两部分。狭义的组织文化是组织在长期的生存和发展中所形成的为组织所特有的，且为组织多数成员共同遵循的最高目标价值标准、基本信念和行为规范等的总和及其在组织中的反映。具体地说，组织文化是指组织全体成员共同接受的价值观念、行为准则、团队意识、思维方式、工作作风、心理预期和团体归属感等群体意识的总称。

2．组织文化的特征

（1）组织文化的意识性

大多数情况下，组织文化是一种抽象的意识范畴，它作为组织内部的一种资源，应属于组织的无形资产之列。它是组织内一种群体的意识现象，是一种意念性的行为取向和精神观念，但这种文化的意识性特征并不否认它总是可以被概括性地表述出来。

（2）组织文化的系统性

组织文化由共享价值观、团队精神、行为规范等一系列内容构成一个系统，各要素之间相互依存、相互联系。因此，组织文化具有系统性。同时，组织文化总是以一定的社会环境为基础的，是社会文化影响渗透的结果，并随社会文化的进步和发展而不断地调整。

（3）组织文化的凝聚性

组织文化总可以向人们展示某种信仰与态度，它影响着组织成员的处世哲学和世界观，而且也影响着人们的思维方式。因此，在某一特定的组织内，人们总是为自己所信奉的哲学所驱使，它起到了"黏合剂"的作用。良好的组织文化同时意味着良好的组织气氛，它能够激发组织成员的士气，有助于增强群体凝聚力。

（4）组织文化的导向性

组织文化的深层含义是，它规定了人们行为的准则与价值取向。它对人们行为的产生有着最持久最深刻的影响力。因此，组织文化具有导向性。英雄人物往往是组织价值观的人格化和组织力量的集中表现，它可以昭示组织内提倡什么样的行为，反对什么样的行为，使员工的行为与组织目标的要求相互匹配。

（5）组织文化的可塑性

组织文化并不是一开始就有的，而是在组织生存和发展过程中通过逐渐总结、培育和积累而形成的。组织文化是可以通过人为的后天努力加以培育和塑造的，而已形成的组织文化也并非一成不变的，它是会随着组织内外环境的变化而加以调整的。

（6）组织文化的长期性

长期性指组织文化的塑造和重塑的过程需要相当长的时间，而且是一个极其复杂的过程，组织的共享价值观、共同精神取向和群体意识的形成不可能在短期内完成，在这一创造过程中，涉及调节组织与其外界环境相适应的问题，也需要在组织内部的各个成员之间达成共识。

3．组织文化的要素

特伦斯·E·迪尔、艾伦·A·肯尼迪把企业文化整个理论系统概述为5个要素，即企业环境、企业价值观、英雄人物、文化仪式和文化网络。

（1）企业环境

企业环境是指企业的性质、企业的经营方向、外部环境、企业的社会形象、与外界的联系等方面。它往往决定企业的行为。

（2）企业价值观

价值观是指企业内成员对某个事件或某种行为好与坏、善与恶、正确与错误、是否值得仿效的一致认识。价值观是企业文化的核心，统一的价值观使企业内成员在判断自己行为时具有统一的标准，并以此来决定自己的行为。

（3）英雄人物

英雄人物是指企业文化的核心人物或企业文化的人格化，其作用在于作为一种活的样板，给企业中其他员工提供可供学习的榜样，对企业文化的形成和强化起着极为重要的作用。

（4）文化仪式

文化仪式是指企业内的各种表彰、奖励、聚会以及文娱活动等，它可以把企业中发生的某些事情戏剧化和形象化，来生动地宣传和体现本企业的价值观，使人们通过这些生动活泼的活动来领会企业文化的内涵，使企业文化"寓教于乐"。

（5）文化网络

文化网络是指非正式的信息传递渠道，主要是传播文化信息。它是由某种非正式的组织和人群所组成的，它所传递出的信息往往能反映出职工的愿望和心态。

6.4.2　组织文化的结构

组织文化的结构划分有多种观点，其中典型的划分方式是将组织文化划分为4个层次，即物质层、行为层、制度层和精神层。

1．物质层

物质层是组织文化的表层部分，它是组织创造的物质文化，是一种以物质形态为主要研究对象的表层组织文化，是形成组织文化精神层和制度层的条件。优秀的组织文化是通过重视产品的开发、服务的质量、产品的信誉和组织生产环境、生活环境、文化设施等物质现象来体现的。

2．行为层

即组织行为文化，它是组织员工在生产经营、学习娱乐中产生的活动文化，包括组织经营活动、公共关系活动、人际关系活动、文娱体育活动中产生的文化现象。组织行为文化是组织经营作风、精神风貌、人际关系的动态体现，也是组织精神、核心价值观的折射。

3．制度层

制度层是组织文化的中间层次，它把组织物质文化和组织精神文化有机地结合成一个整体。它主要是指对组织和成员的行为产生规范性、约束性影响的部分，是具有组织特色的各种规章制度、道德规范和员工行为准则的总和。它集中体现了组织文化的物质层和精神层对成员和组织行为的要求。制度层规定了组织成员在共同的生产经营活动中应当遵守的行为准则，主要包括组织领导体制、组织机构和组织管理制度等3个方面。

4．精神层

即组织精神文化，它是组织在长期实践中所形成的员工群体心理定式和价值取向，是组织的道德观、价值观即组织哲学的总和体现和高度概括，反映全体员工的共同追求和共同认识。组织精神文化是组织价值观的核心，是组织优良传统的结晶，是维系组织生存发展的精神支柱。它主要是指组织的领导和成员共同信守的基本信念、价值标准、职业道德和精神风貌。精神层是组织文化的核心和灵魂。

6.4.3　组织文化的表现形式

组织文化的表现形式可以分为显性和隐性两大类。

1．显性组织文化

所谓显性组织文化就是指那些以精神的物化产品和精神行为为表现形式的，人通过直观的视听器官能感受到的，又符合组织文化实质的内容。它包括组织的标志、工作环境、规章制度和经营管理行为等几部分。

（1）组织标志

组织标志是指以标志性的外化形态，来表示本组织的组织文化特色，并且和其他组织明显地区别开来的内容，包括厂牌、厂服、厂徽、厂旗、厂歌、商标、组织的标志性建筑等。

（2）工作环境

工作环境是指员工在组织中办公、生产、休息的场所，包括办公楼、厂房、俱乐部、图书馆等。

（3）规章制度

并非所有的规章制度都是组织文化的内容，只有那些用以激发员工积极性和自觉性的规章制度，才是组织文化的内容，其中最主要的就是民主管理制度。

（4）经营管理行为

再好的组织哲学或价值观念，如果不能有效地付诸实施，就无法被员工所接受，也就无法成为组织文化。组织在生产中以"质量第一"为核心的生产活动、在销售中以"顾客至上"为宗旨的推销活动、组织内部以"建立良好的人际关系"为目标的公共关系活动等，这些行为都是组织哲学、价值观念、道德规范的具体实施，是它们的直接体现，也是这些精神活动取得成果的桥梁。

2. 隐性组织文化

隐性组织文化是组织文化的根本，是最重要的部分。隐性组织文化包括组织哲学、价值观念、道德规范、组织精神等几个方面。

（1）组织哲学

组织哲学是一个组织全体员工所共有的对世界事物的一般看法。组织哲学是组织最高层次的文化，它主导、制约着组织文化其他内容的发展方向。从组织管理史角度看，组织哲学已经经历了"以物为中心"到"以人为中心"的转变。

（2）价值观念

价值观念是人们对客观事物和个人进行评价活动在头脑中的反映，是对客观事物和人是否具有价值以及价值大小的总的看法和根本观点，包括组织存在的意义和目的，组织各项规章制度的价值和作用，组织中人的各种行为和组织利益的关系等。

（3）道德规范

组织的道德规范是组织在长期的生产经营活动中形成的，人们自觉遵守的道德风气和习俗，包括是非的界限、善恶的标准和荣辱的观念等。

（4）组织精神

组织精神是指组织群体的共同心理定式和价值取向。它是组织的组织哲学、价值观念、道德观念的综合体现和高度概括，反映了全体员工的共同追求和共同的认识。组织精神是组织员工在长期的生产经营活动中，在组织哲学、价值观念和道德规范的影响下形成的。

6.4.4 组织文化的功能

组织文化的功能可以分为正功能和负功能。组织文化的正功能在于提高组织承诺，影响组织成员，有利于提高组织效能。同时，不能忽视的是潜在的负效应，它对于组织是有害无益的，这也可以看作组织文化的负功能。

1. 组织文化的正功能

（1）导向功能

组织文化的导向功能，是指组织文化能对组织整体和组织每个成员的价值取向及行为取向起引导作用，使之符合组织所确定的目标。组织文化作为组织的共同价值观，并不对组织成员具有明文规定的具体硬性要求，与组织成员必须强行遵守的、以明文规定的制度规范不同。组织文化只是一种软性的理智约束，通过组织的共同价值观不断地向个人价值观渗透和内化，使组织自动生成一套自我调控机制，以一种适应性文化引导着组织的行为和活动。

（2）约束功能

组织文化的约束功能，是指组织文化对每个组织员工的思想、心理和行为具有约束和规范的作用。组织文化的约束不是制度式的硬约束，而是一种软约束，这种软约束等于组织中弥漫的组织文化氛围、群体行为准则和道德规范。一旦组织文化所提倡的价值观念和行为规范被企业成员所接受和认同，成员就会自觉不自觉地做出符合组织要求的行为选择，倘若违反，则会感到内疚、不安或自责，从而自动修正自己的行为。尤其对于刚刚进入组织的员工来说，为了减少他们本身带来的在家庭、学校、社会所养成的心理习惯、思维方式、行为方式与整个组织的不和谐或矛盾冲突，就必须接受组织文化的改造、教化和约束，使他们的行为趋向与组织一致。因而组织文化具有一定程度的强制性和改造性。这种约束功能就是帮助组织指导员工的日常活动，使其能快速地适应各种因素的变化。

（3）凝聚功能

组织文化的凝聚功能，是指当一种价值观被该组织员工共同认可之后，它就会成为一种"黏合剂"，从各个方面把其成员团结起来，从而产生一种巨大的向心力和凝聚力。而这正是组织获得成功的主要原因，"人心齐，泰山移"，凝聚在一起的员工有共同的目标和愿景。正是组织文化这种自我凝聚、自我向心、自我激励的作用，才构成组织生存发展的基础和不断成功的动力。

（4）激励功能

组织文化的激励功能，是指组织文化具有使组织成员从内心产生一种高昂情绪和发奋进取精神的效应，它能够最大限度地激发员工的积极性和首创精神。组织文化强调以人为中心的管理方法。它对人的激励不是一种外在的推动而是一种内在引导，它不是被动消极地满足人们对实现自身价值的心理需求，而是通过组织文化的塑造，使每个组织员工从内心深处树立为组织拼搏的献身精神。

（5）辐射功能

组织文化的辐射功能，是指组织文化一旦形成较为固定的模式，它不仅会在组织内发挥作用，对本组织员工产生影响，而且也会通过各种渠道对社会产生影响。组织文化向社会辐射的渠道是很多的，但主要可分为利用各种宣传手段和个人交往两大类。一方面，组织文化的传播对树立组织在公众中的形象有帮助；另一方面，组织文化对社会文化的发展有很大的影响。

（6）调适功能

组织文化的调适功能，是指组织文化可以帮助新进成员尽快适应组织，使自己的价值观和组织相匹配。在组织变革的时候，组织文化也可以帮助组织成员尽快适应变革后的局面，减少因为变革带来的压力和不适应。

2．组织文化的负功能

尽管组织文化存在上述诸多正功能，但组织文化对组织也存在潜在的负面作用。

（1）变革的障碍

如果组织的共同价值观与进一步提高组织效率的要求不相符合时，它就成了组织的束缚。这是在组织环境处于动态变化的情况下，最有可能出现的情况。当组织环境正在经历迅速的变革时，根深蒂固的组织文化可能就不合时宜了。因此，当组织面对稳定的环境时，行为的一致性对组织而言很有价值。但组织文化作为一种与制度相对的软约束，更加深入人心，极易形成思维定式，这样，组织有可能难以应付变化莫测的环境。当问题积累到一定程度，这种障碍可能会变成组织的致命打击。

（2）多样化的障碍

由于种族、性别、道德观等差异的存在，新聘员工与组织中大多数成员不一样，这就产生了矛盾。管理人员希望新成员能够接受组织的核心价值观，否则，这些新成员就难以适应或被组织接受。但是组织决策需要成员思维和方案的多样化，一个强势文化的组织要求成员和组织的价值观一致，这就必然导致决策的单调性，抹煞了多样化带来的优势，在这个方面组织文化成为组织多样化的障碍。

（3）兼并和收购的障碍

以前，管理人员在进行兼并或收购决策时，所考虑的关键因素是融资优势或产品协同性。近几年，除了考虑产品的协同性和融资方面的因素外，更多的则是考虑文化方面的兼容性。如果两个组织无法成功地整合，那么组织将出现大量的冲突、矛盾乃至对抗。所以，在决定兼并和收购时，很多经理人往往会分析双方文化的相容性，如果差异极大，为了降低风险则宁可放弃兼并和收购行动。

6.4.5 组织文化的建设

1．制定组织文化系统的核心内容

组织价值观和组织精神是组织文化的核心内容。组织的这种文化必须得到全体成员的接受、认同，才能拥有强大的生命力。例如，顾客至上的经营观念是在商品经济出现买方市场、企业间激烈竞争的条件下形成的。

首先，组织价值观体系的确立应结合本组织自身的性质、规模、技术特点、人员构成等因素；其次，良好的价值观应从组织整体利益的角度来考虑问题，更好地融合全体成员的行为；第三，一个组织的价值观应该凝聚全体成员的理想和信念，体现组织发展的方向和目标，成为鼓励成员努力工作的精神力量；第四，组织的价值观中应包含强烈的社会责任感，使社会公众对组织产生良好的印象。

2．进行组织文化表层的建设

这主要指组织文化的物质层和制度层的建设。组织文化的表层建设主要是从组织的硬件设施和环境因素方面入手，包括制定相应的规章制度、行为准则，设计旗帜、徽章、歌曲，建造一定的硬件设施等，为组织文化精神层的建设提供物质上的保证。

3．组织文化核心观念的贯彻和渗透

组织文化实质上是一个以新的思想观念及行为方式战胜旧的思想观念及行为方式的过程。因此应该经过不断的宣传、不断的历练才能成为组织成员坚持的一种精神。这种精神在不断完善、深化。一个组织的文化不是靠一代人能够完成的，尤其是一些具有优良传统的组织，经过几代人的努力和实践才能塑造良好的组织文化。在员工的选聘和教育方面要更加注重组织文化的培训。在组织管理中，组织应突出英雄人物和榜样人物的带头作用，在各种仪式的设计和安排方面要有组织文化的特点，在组织宣传方面要注重对组织文化的传播。

6.5 非正式组织

6.5.1 非正式组织的含义和特点

1．含义

在正式组织中，超越工作关系之外的社会关系而形成的非正式组织同样是组织理论研究

中不容忽视的重要因素，企业经营管理者更应予以重视。无论正式组织设计的理论如何完善，设计人员如何努力，人们都无法规范组织成员在活动中的所有联系，都无法将所有这些联系都纳入正式的组织机构系统。一般在社会经济单位中，还存在一种非正式的组织。

非正式组织是伴随着正式组织的运转而形成的。非正式组织是人们在共同的工作过程中自然形成的以感情、喜好等情绪为基础的松散的、没有正式规定的群体。

2．特点

（1）不受正式组织制度束缚的自发性群体

在正式组织展开活动的过程中，组织成员必然发生业务上的联系，这种工作上的接触会促使成员之间的相互认识和了解，并开始工作以外的联系，频繁的非正式联系又促进了他们之间的相互了解。他们会渐渐发现在其他同事身上也存在一些自己所具有、所欣赏、所喜爱的东西，从而相互吸引和接受，形成非正式组织。非正式组织的存在并不受到正式组织制度的影响。

（2）以情感为纽带、有弹性的团体

非正式组织的成员不是固定的，由于"感情"缺乏外在的固定模式，所以非正式组织的进入和退出不需要履行正式组织那样的手续。正式组织为工作需要，可以将两个互有敌意的人安排在一个部门，而在非正式组织中，这种现象是根本不可能出现的。也正是因为这一点，使得非正式组织比正式组织具有更强的凝聚力。

（3）非正式组织内的活动是自愿的，只为了获取精神上的满足

加入非正式组织对于其成员来说是没有任何报酬的，他们所得到的只是感情上的需要和心理上的满足。由于正式组织是以生产、工作和学习为主要目的的，多数情况下只能满足人的经济需要，而对人的其他需要则关注很少，如交往的需要、感情交流的需要、寻友结伴的需要、各种爱好的需要等。为此，除了正式组织以外，人们还要通过形成非正式组织的途径来满足这些需要，于是各种各样公开的、不公开的结伴现象就产生了。

（4）非正式组织的行为规范是非制度化的

制度化是正式组织的基本特征。正式组织中一切都制度化了，每一个正式组织虽然在形成过程中会逐步形成成员一致认同和接受的不成文的规范，而非正式组织的成员也会自觉地遵守，但这些行为规范不可能采取制度化的形式。因此，非正式组织的行为规范缺乏强制约束力，要靠其成员自觉地遵守，互相默认。在正式组织中出现违反纪律行为时，组织将会采取强制性的惩罚措施，但非正式组织中的行为规范被违反时，所采取的只能是孤立、疏远等拉开感情的措施。

（5）非正式组织有一位核心人物，但大多不是正式组织中的领导

非正式组织的领袖人物没有制度化的权力，他们发挥作用的唯一基础是个人影响力。在正式组织中，领导者可以通过上级任命取得职务所规定的权力或者根据财产多少来确定在组织中的地位。

6.5.2　非正式组织的作用

1．积极作用

（1）可以满足员工的需要

非正式组织是自愿性质的，其成员甚至是无意识地加入进来的，人们之所以愿意成为非

正式组织的成员，是因为这类组织可以给他们带来某些需要的满足。例如，工作中的频繁接触及在此基础上产生的友谊，可以帮助他们消除孤独的感觉，满足他们"被爱"及"施爱于他人"的需要；基于共同的认识或兴趣，对一些共同关心的问题进行谈论，甚至争论，可以帮助他们满足"自我表现"的需要等。这类需要在正式组织中是无法实现的，这对于提高工作效率也是非常重要的。

（2）易于产生和加强合作的精神

人们在非正式组织中的频繁接触会使相互之间的关系更加和谐、融洽，从而易于产生和加强合作的精神。这种非正式的协作关系和团队精神若能带到正式组织中来，则无疑有利于促进正式组织的活动协调、顺利地进行。非正式组织能弥补正式组织对其成员精神需求的不足。非正式组织能够帮助成员减少对正式组织的不满，降低成员的离心倾向，从而在工作中同心同德、配合默契，形成对正式组织的较强的凝聚力和向心力。

（3）帮助正式组织起到一定的培训作用

非正式组织虽然主要是发展一种业余的、非工作性的关系，但是对其成员在正式组织的工作情况也是非常重视的。对于那些工作中的困难者、技能不熟练者，非正式组织中的成员往往会给予自觉的指导和帮助。同伴的这种自觉、善意的帮助，可以促进他们技能水平的提高，从而可以帮助正式组织起到一定的培训作用。

（4）规范成员的行为

非正式组织也是在某种社会环境中存在的，就像对环境的评价会影响个人的行为一样，社会的认可或拒绝也会左右非正式组织的行为。非正式组织为了团体的利益，为了在正式组织中树立良好的形象，往往会自觉或自发地帮助正式组织维护正常的活动秩序。虽然有时也会出现非正式组织的成员犯了错误互相掩饰的情况，但为了不使团体在公众中留下不受欢迎的印象，非正式组织对那些严重违反正式组织纪律的"害群之马"，通常会根据自己的规范，利用特殊的形式予以惩罚。

（5）正式信息通道的补充

非正式组织中的沟通实际上是正式组织中正式信息沟通渠道的重要补充。小道消息实际上就是非正式组织中信息沟通的一种重要的表现形式。

2．消极作用

非正式组织虽然具有非常重要的作用，但是在发展过程中，如果非正式组织目标与正式组织不同时，容易产生一定的消极作用。因此，正式组织的领导者应善于因势利导，最大限度地发挥非正式组织的积极作用，克服其消极作用。其消极作用主要包括：一是易拉帮结派，形成利益团伙，分裂正式组织，破坏正常的工作秩序；二是抑制人才能力的发挥，造成人才的流失；三是干扰和反对变革；四是容易传播谣言，搬弄是非，泄露机密。

6.5.3 正确对待非正式组织的策略

无论正式组织是否承认、是否允许、是否愿意，非正式组织的存在及其影响总是不以人的意志为转移的客观存在。正式组织目标的顺利实现，要求积极利用非正式组织的贡献，努力克服和消除它的不利影响。

1．承认并尊重非正式组织

要利用非正式组织，首先应正视非正式组织的客观必然性和必要性，允许，乃至鼓励非正式组织的存在，为非正式组织的形成提供条件，并努力使之与正式组织目标吻合。例如，正式组织在进行人员配备时，可以考虑把性格相投、有共同语言和兴趣的人安排在同一部门或相邻的工作岗位上，使他们有频繁接触的机会，这样就容易使两种组织的成员基本吻合。又如，在正式组织开始运转以后，可以开展一些活动，如联欢会、茶话会、聚餐、旅游等联谊活动，为他们提供业余活动的健身游戏场所，在客观上为非正式组织的形成创造条件。

2．尊重非正式组织领袖并保持良好关系

每一个非正式组织都有一个核心人物，多为其精神领袖，他的影响力甚至可能超过同级正式组织的负责人。因此，对待非正式组织的核心人物，首先要尊重并肯定他在非正式组织中的地位和威信，这是取得其信任并与之合作的前提。通过与其合作，利用其说话灵、威信高、能力较强、影响力较大等特点，正式组织可及时了解并影响非正式组织的动向，疏通上下的信息沟通渠道，便于管理层对决策进行调整补充。

3．加强组织文化的引导

正式组织可通过建立和宣传正确的组织文化来影响非正式组织的行为规范，引导其发挥积极作用，提供有益的贡献。非正式组织形成以后，正式组织不能用行政方法或其他强制手段来干涉其合法的活动，也不能任其自由泛滥，这样有产生消极影响的危险。因此，对非正式组织的活动应该加以引导，可以通过借助共同认可的组织文化，影响和约束非正式组织的活动。

 本章要点

- 组织结构设计的影响因素。
- 管理幅度是指一名管理者直接管理下级的数量。
- 影响管理幅度的要素：主管人员与其下属双方的素质与能力，工作内容、性质或难度，工作条件的影响，工作地点情况，工作环境的变化。
- 组织变革的先兆包括频繁的决策失误、组织成员间沟通不灵、经营管理业绩长期不理想、缺乏创新。
- 变革的动力包括全球经济一体化发展的趋势、知识经济社会的到来、消费市场对企业的挑战、企业竞争优势的新来源。
- 组织变革的阻力。
- 组织文化的构成。
- 非正式组织的特点。
- 非正式组织的积极作用和消极作用。
- 正确对待非正式组织的策略。

组织　组织结构设计　管理幅度　人员配备　组织变革　组织文化　非正式组织

综合练习

一、选择题

1. 巴纳德认为，正式组织的构成要素包括成员的协作意愿、组织的共同目标和组织内的（　　）。

    A. 信息交流　　　　B. 机构设置　　　　C. 人员配备　　　　D. 工作程序

2. 与正式组织相比较而言，非正式组织在管理系统中主要发挥（　　）。

    A. 规范作用　　　　B. 调控作用　　　　C. 主导作用　　　　D. 辅助作用

3. 下列组织结构形式中，最基本又最简单的是（　　）。

    A. 直线型组织结构　　　　　　　　　B. 职能型组织结构

    C. 矩阵式组织结构　　　　　　　　　D. 直线—职能型组织结构

4. 采用防守型战略的企业，其组织结构的特点是（　　）。

    A. 职权相对比较集中，管理宽度比较宽

    B. 职权相对比较集中，管理宽度比较窄

    C. 职权相对比较分散，管理宽度比较宽

    D. 职权相对比较分散，管理宽度比较窄

5. 佛光广告公司是一家大型广告公司，业务包括广告策划、制作和发行。考虑到一个电视广告设计至少要经过创意、文案、导演、美工、音乐合成、制作等专业的合作才能完成，下列何种组织结构能最好地支撑佛光公司的业务要求？（　　）

    A. 直线型　　　　　B. 职能型　　　　　C. 矩阵型　　　　　D. 事业部型

6. 某公司为了更好地拓展业务，制定了重组发展计划，该计划准备在全国六大地区设立经销办事处（营业所），所有办事处都用电脑直接与中央数据库联网。这意味着该公司今后朝什么方向发展？（　　）

    A. 集权化　　　　　B. 分权化　　　　　C. 部门化　　　　　D. 矩阵化

7. 某企业采用直线—职能型的组织结构，企业中共有管理人员42人，其中厂长1人，车间主任4人，班组长18人，职能科长3人，科员16人，每一岗位均不设副职。厂长的管理幅度为（　　）。

    A. 4　　　　　　　　B. 7　　　　　　　　C. 22　　　　　　　　D. 23

8. 管理幅度和管理层次的关系是（　　）。

    A. 正比例关系　　　B. 反比例关系　　　C. 没有什么关系　　　D. 有密切关系

9. 企业规模较大、产品种类多、工艺差别大、市场比较广阔多变，适宜采用（　　）。

    A. 直线—职能型组织结构　　　　　　B. 多维立体组织结构

    C. 矩阵式组织结构　　　　　　　　　D. 事业部型组织结构

10. 职能型组织结构的优点是实现了（　　）。

    A. 管理现代化　　　B. 统一指挥　　　　C. 管理专业化　　　　D. 统一领导

二、填空题

1. 事业部型组织结构是美国通用汽车公司总裁_____于 1924 年提出的。

2. 英国女管理学家_____认为组织规模越大，工作就越专业化；组织规模越大，标准操作化程序和制度就越健全；组织规模越大，分权的程度就越高。

3. 美国哈佛大学的经济管理学院教授_____和简·W·洛希在 1967 年出版的《组织与环境》一书中认为，组织单位的组织结构一般可分为两类：分化式组织结构和整体化式组织结构。

4. 组织的横向结构设计主要是_____问题。

5. 组织的纵向结构设计主要是科学地设计有效的_____与合理的_____问题。

6. 管理幅度又称管理宽度或管理跨度，是指一名管理者直接_____下级的数量。

7. _____是指组织的管理幅度较小，从而形成管理层次较多的组织结构。

8. _____是指组织的管理幅度较大，从而形成管理层次较少的组织结构。

9. 科学有效的人员配备实质上是"选才""用才"和_____的过程。

10. 卢因的三阶段变革过程模型包括解冻、变革和_____。

三、简答题

1. 简述组织结构的类型划分。

2. 简述组织结构设立的原则。

3. 简述组织结构设计的内容。

4. 简述部门划分的原则。

5. 简述管理幅度与管理层次的关系。

6. 分析高耸结构与扁平结构的区别。

7. 简述影响管理幅度的因素。

8. 组织变革的先兆和动力是什么？

9. 组织变革的阻力来自哪些方面？

10. 组织文化的构成包括哪些要素？

11. 组织文化的功能是什么？

12. 组织文化的特征是什么？

13. 组织文化的表现形式是什么？

14. 组织文化的结构是什么？

15. 非正式组织有哪些特点？

16. 非正式组织的作用有哪些？

17. 正确对待非正式组织的策略是什么？

四、案例分析题

案例 1：海尔的组织结构演变

海尔集团创立于 1984 年，多年来以较高的增长速度持续稳定发展，已发展成为在海内外享有较高美誉的大型国际化企业集团。产品从 1984 年的单一冰箱发展到如今的拥有白色家电、黑色家电、米色家电在内的 86 大门类 13 000 多个规格的产品群，并出口到世界 160 多个国家和地区。2001 年，海尔实现全球营业额 602 亿元，实现出口创汇 4.2 亿美元，同比增长 50%，是中国家电行业的第一名牌。其首席执行官张瑞敏曾先后登上美国的哈佛大学、沃顿商学院和哥伦比亚大学讲台，纵论"海尔圣经"。

在海尔的发展进程中，其组织结构也在不断调整，大的调整一年会有一两次，小的就更不必说了。张瑞敏认为，一个企业应建立一个有序的非平衡结构，一个企业如果是有序的平衡结构，这个企业就是稳定的结构，是没有活力的，但如果一个企业是无序的非平衡结构，肯定就是混乱的。我们在建立一个新的平衡时就要打破原来的平衡，在非平衡时再建立一个平衡。

海尔最早的组织结构是直线职能型结构，后来是矩阵型结构，第三阶段就是市场链结构。直线职能型结构就像一个金字塔。下面是最普通的员工，最上面是厂长、总经理，它的好处就是容易控制到终端。直线职能型结构如前所述，在企业小的时候，"一竿子打到底"，反应非常快。但企业大了以后，这样就不行了，最大的弱点就是对市场反应太慢。这种结构在海尔发展的初期起了很大的作用，当时海尔内部局面混乱，纪律涣散，员工素质低，如果不采用这种组织结构，张瑞敏的领导魅力无法展现，海尔无法发展。

到 1996 年，这种结构在海尔发展到了顶峰，于 1996 年海尔开始实行事业部型组织结构。这是一种分权结构的运作形式，如图 6-10 所示。

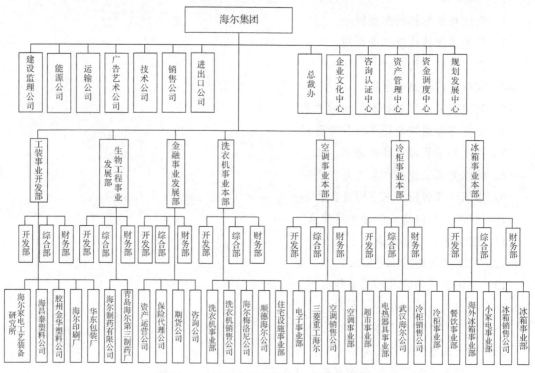

图 6-10　海尔集团的事业部型组织结构

在企业运作方式上，海尔集团采取"联合舰队"的运作机制。集团总部作为"旗舰"，以"计划经济"的方式协调下属企业。下属企业在集团内部是事业本部，对外则是独立法人，独立进入市场经营，发展"市场经济"，但在企业文化、人事调配、项目投资、财务预决算、技术开发、质量认证及管理、市场网络及服务等方面必须服从集团统一协调。用海尔人人都熟悉的话说，各公司可以"各自为战"，不能"各自为政"。张瑞敏说，集团所要求的，你必须执行，有问题我来负责，我来订正，你可以提出建议，但绝不允许阳奉阴违。

随着海尔的壮大，张瑞敏发现海尔染上了"大企业病"，反应迟钝，效率低下，企业由上到下都是行政隶属关系，一级传递一级，集团是决策中心，事业部是利润中心，分厂是成本中心，班组是质量中心。结果，所有的人只面对上级，都没有面对市场，没有责任对整个过程负责，各司其职，根本无法对大规模企业灵活管理。在1998年9月8日的会上，海尔多年来的直线式"金字塔"管理结构彻底动摇，海尔人对此结构提出了质疑。经过一段时间的酝酿，于1999年3月，海尔开始动组织结构的第一刀：把"金字塔式"的直线结构转变成矩阵结构的项目流程。这种结构仍然保留了所有的事业部和事业部的研发、采购、销售等完整的业务流程，但是集团的整个管理职能不再是程序化的由上到下的统一指令，各个事业部不再各自为政。它们会因为项目而发生关联，事业部包揽全部业务流程的权力被肢解。

集团把所有的事业部业务流程分成若干项目小组，成立专门的组织结构调整小组。项目小组有权力面对市场和用户，组织生产订单，而后由各事业部职能部门抽调人员组成小组完成整个业务流程（从研发到销售）。这在一定程度上是集团通过项目的形式把分散在各事业部的业务集中起来进行管理。

虽然项目小组同样代表集团开展业务，但它不是一个实体，职能松散，往往赋予项目管理部门的权力太大，彼此没有制约。职能部门的人员要听命于他的上司，如果有几个项目这个部门的负责人不愿意做，就会影响到项目的进展。这种通过项目来捏合业务管理的模式也无法搭建信息平台，更不利于实现真正的市场链管理。问题越来越突出，各个项目小组的问题又不统一，总部的统一管理职能极其乏力，于是，仅仅试运行几个月的矩阵式项目管理结构被废除了。

1999年8月，海尔开始BPR流程革命，成立超事业部结构，开始了组织结构的深度变革。第一步，把原来分属于每个事业部的财务、采购、销售业务全部分离出来，整合成独立经营的商流推进本部、物流本部、资金流推进本部，实行全集团范围内统一营销、统一采购、统一结算。第二步，把集团原来的职能管理资源进行整合，如人力资源开发、技术质量管理、信息管理、设备管理等职能管理部门全部从各事业部分离出来，成立独立经营的服务公司。整合后集团形成直接面对市场的、完整的物流、商流、资金流等核心流程体系和企业基础设施、研发、人力资源等支持流程体系。第三步，把这些专业化的流程体系通过"市场链"连接起来，设计索酬、索赔、跳闸标准，经过对原来的职能结构和事业部进行重新设计，把原来的职能型组织结构转变成流程型的网络体系结构，垂直业务结构转变为水平业务流程，形成首尾相接和完整连贯的新业务流程，如图6-11所示。

当然，在各流程内部要建立自己的子流程，例如，物流内部建立了采购事业部、储运事业部、配送事业部。采购事业部业务流程的任务主要是从供方采购产品事业部所需要的零配件，并对供方进行管理；储运事业部业务流程主要是仓储和运输采购事业部的零配件，以供产品事业部制造产品所用；配送事业部业务流程主要是从储运事业部的仓库把零配件直接送到产品事业部的生产线上，同时把产品成品配送到销售中心和客户手中，这样物流管理使海尔实现在全球范围内采购零配件和原材料，为全球生产线配送物资，为全球销售中心配送成品，降低了成本，提高了产品的竞争力。

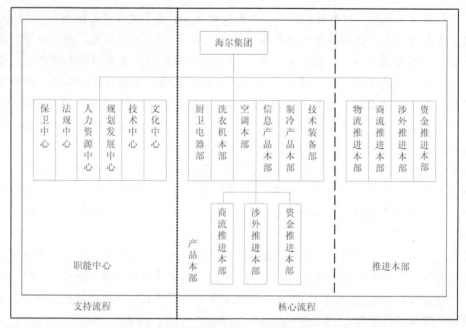

图 6-11　海尔集团流程再造后的组织结构创新

思考：

1. 从理论上来说不同组织结构形式都有优势和不足，你认为海尔事业部型组织结构的优势和不足各是什么？

2. 通过阅读案例材料你有何感受？（从组织结构变革与创新的角度）

案例 2：时代华纳公司的组织文化碰撞

公司兼并的成功与失败，和公司文化的相容性密切相关。也许收购对象在财务状况和产品方面很有吸引力，但购并结果如何往往取决于这两个公司的文化是否相容，时代华纳公司的例子正说明了这一点。

时代华纳公司是世界上最大的大众传播媒介公司之一，每年总收入为 145 亿美元。公司是在 1989 年时代公司收购了华纳通讯公司的基础上建立的。时代公司拥有多家知名的宣传出版物，如《运动天地》《人物》《时代》《财富》等，这是他们兼并的资本；华纳公司主要经营电影、有线电视、音乐唱片等项目。时代与华纳两大巨人联手的目的，就是创造一个综合性的传播媒介企业集团。

收购头 5 年中，管理人员和股民所期望的大好局面并没有出现。1990 年，公司亏损 2.27 亿美元，1993 年仍亏损 1.64 亿美元。当然，导致这种状况的原因很多，尤其是在收购产权时，公司付出了很大代价，支付债务利息成了一项沉重的负担。但主要问题是，两种差异很大的组织文化难以很快融合。

从亨利·路斯（Henry Luce）创建时代公司之日起，时代公司就把编辑出版事务同商业事务相分离，并得到了长足的发展。时代公司的文化保守、家长制作风浓重。与其新闻价值观一致，公司培养了一种强烈的整体观念。公司给员工提供稳定的工作环境，提供一种家庭感，实行终身雇用制，这在美国公司中是比较难得的。

但华纳公司则相反，作为一个商业经营氛围很浓的公司，它的产品——音乐唱片、电视系列剧、录音磁带等在不断变化，要求公司不断地参与市场交易。好莱坞及其他一些娱乐行业的价值观影响了华纳公司的文化。华纳公司员工流动率很高，这里的环境中充满着"高风险—高报酬"的气氛。时代公司的老员工谈起华纳公司在好莱坞的交易商时，常不屑一顾地使用"品质低劣"这个词来描绘他们。时代公司的员工在一个鼓励人们谨慎从事的环境中成长，而华纳公司的员工则生活在快节奏与冒险之中。

以后这两种文化能够和谐共处吗？用句双关语来说，时间（Time，时代公司的英文原意）会告诉我们！

思考：

1. 谈谈组织文化对企业的发展有什么样的功能。

2. 时代和华纳公司在组织文化方面有哪些显著差异？

3. 企业合并时应怎样做到两种（多种）组织文化的兼容和创新？

五、补充阅读材料

希尔顿酒店的企业文化

美国希尔顿酒店创立于1919年，在90多年的时间里，从一家酒店扩展到2 800多家，遍布世界五大洲的各大城市，成为全球最大规模的酒店之一。90多年来，希尔顿酒店生意如此之好，财富增长如此之快，其成功的秘诀是牢牢确立自己的企业理念并把这个理念贯彻到每一个员工的思想和行为之中。其创造"宾至如归"的文化氛围，注重企业员工礼仪的培养，并通过服务人员的"微笑服务"体现出来。希尔顿总公司的董事长，89岁高龄的唐纳·希尔顿在50多年里，不断到他分设在各国的希尔顿酒店视察业务。

希尔顿每天从这一洲飞到那一洲，从这一国飞到那一国，专程去看看希尔顿礼仪是否贯彻于员工的行动之中。他写过一本《宾至如归》的书，时至今日，这本书已成了每个在希尔顿工作人员的"圣经"。如今，希尔顿的资产已从5 000美元发展到数百亿美元。希尔顿酒店已经吞并了号称为"旅馆之王"的纽约华尔道夫的奥斯托利亚旅馆，买下了号称为"旅馆皇后"的纽约普拉萨旅馆，名声显赫于全球的酒店业。

希尔顿十分注重员工的文明礼仪教育，倡导员工的微笑服务。每天他至少到一家希尔顿酒店与酒店的服务人员接触，向各级人员（从总经理到服务员）问得最多的一句话必定是："你今天对客人微笑了没有？"1930年是美国经济萧条最严重的一年，全美国的酒店倒闭80%，希尔顿的酒店也一家接着一家的亏损不堪，一度负债达50万美元。希尔顿并不灰心，他召集每一家酒店员工向他们特别交代和呼吁："目前正值酒店亏损靠借债度日时期，我决定强渡难关。一旦美国经济恐慌时期过去，我们希尔顿酒店很快就能进入云开月出的局面。因此，我请各位记住，希尔顿的礼仪万万不能忘。无论酒店本身遭遇的困难如何，希尔顿酒店服务员脸上的微笑永远是属于顾客的。"事实上，在纷纷倒闭后只剩下的20%的酒店中，只有希尔顿酒店服务员的微笑是美好的。

经济萧条刚过，希尔顿酒店就领先进入了新的繁荣期，跨入了经营的黄金时代。希尔顿酒店紧接着充实了一批现代化设备。希尔顿到每一家酒店召集全体员工开会时都要问："现在我们的酒店已新添了第一流设备，你觉得还必须配合一些什么第一流的东西使客人更喜欢呢？"员工回答之后，希尔顿笑着摇头说："如果酒店里只有第一流的设备而没有第一流服务员的微笑，那些旅客会认为我们供应了他们全部最喜欢的东西吗？如果缺少服务员的美好微笑，正好比花园里失去了春天的太阳和春风。假如我是旅客，我宁愿住进虽然只有残旧地毯，却处处见到微笑的酒店，也不愿走进只有一流设备而不见微笑的地方……"

第七章 领 导

学习目标

【知识目标】

- 领导的含义、功能与作用
- 领导权力的分类
- 领导工作的原理
- 二维构面理论的内容
- 管理方格图理论的内容
- 激励的类型
- 马斯洛需要层次理论的内容
- 赫茨伯格双因素理论的内容
- 弗鲁姆期望理论的内容
- 亚当斯公平理论的内容
- 领导生命周期理论的内容

【能力目标】

- 能运用马斯洛的需要层次理论分析案例
- 能运用赫茨伯格的双因素理论分析案例
- 能灵活地运用领导艺术的内容分析案例
- 能灵活运用不同的激励手段提高组织的激励水平和员工的积极性

李彦宏的领导艺术

2001年夏天，李彦宏借鉴美国Goto.com的付费排名模式建立起独立的搜索引擎网站百度，开始了百度竞价排名的商业模式。此前百度的业务主要是向门户网站提供搜索服务，新的模式意味着收入来源的客户变为竞争对手，风险很大。李彦宏给人的印象一直是冷静、理智，但在说服投资者的过程中，他变得前所未有的激动。事后他回忆说："作为董事长，特别是创业者，应该知道什么时候拍桌子。"

此后，用他自己的话说，"我们在近10年时间内其实只做了一件事情——中文搜索"。"作为CEO最主要的工作是Kill Ideas，你们可能提10个想法，9个我都会说No。当然，要知道对哪一个说Yes还是非常困难的。"

2001年年底，李彦宏提出："在一些中文搜索的关键指标上要超越市场第一位的竞争对手。"当时百度产品技术团队只有15个人,技术力量与竞争对手相差悬殊。在最困难的时刻,李彦宏为大伙打气:"我们必须做出最好的中文搜索引擎……你们现在很恨我,但将来你们一定会爱我。"这次"闪电行动"一举奠定百度在中文搜索领域的龙头地位。2009年,李彦宏重申:"我们做事必须有领导者的心态……把每件事做到极致,做得比别人都更好,不是好一点儿,而是好很多。"

2008年11月15日、16日,央视报道揭露了百度竞价排名中充斥着虚假医疗广告。李彦宏迅速采取了应对措施。被曝光6个小时后,报道中涉及的4个医疗关键词的所有竞价排名推广下线,百度在两天之内撤下了1 000家没有执照的关键词客户公司,同时宣布将尽快启用新的广告系统"凤巢",解决普通搜索和竞价排名搜索结果的关系。

李彦宏后来回忆说,"2008年是我最难过的一年"。在全民讨伐声中,以"沉默管理"著称的李彦宏,不得不走向前台,寻求沟通。2009年,中央电视台春节联欢晚会上,李彦宏在镜头前至少出现了8次。但是,即使在最困难的那段时间,李彦宏仍然坚持"竞价排名的商业模式本身没有任何问题"。

李彦宏试图将百度打造成一家"系统性足够强健"的公司。两度重大的高管变动似乎并没有影响到百度业绩的增长。优秀的管理流程也曾经是百度引以为傲的事情。上市不久,百度通过了美国SEC严苛的萨班斯404条款的审核,是中国在美上市企业中首家通过该条款审核的公司。

创办百度时,李彦宏的角色更像是个布道者——免费早餐和咖啡、拖鞋文化、弹性上班时间,他把硅谷流行的元素原样搬到了百度,逐渐形成了百度"简单可依赖"的文化,也是百度的核心价值观。李彦宏认为,实实在在的业绩指标和激励制度比枯燥乏味的考勤制度更能激发员工的工作热情。简单的含义还包括,只要是工作上的事情,即使是面对总裁李彦宏,员工也可以拍着桌子争执。李彦宏笑谈:"开会时,经常会有人站出来反对我……我认为我的面子并不重要……当然,遇到意见不一致时我来拍板决定。"

当百度的员工数量达到7 000人时——其中约70%从事销售和客户服务工作,贯彻这种简单文化变得不简单了。在上市后的三年,百度每年新增的员工都超过100%,这使得公司里永远有一半人是不熟悉公司文化的新人。李彦宏惊讶地发现:"这个公司好像有点不像我创办的公司了。"他承认:"到现在为止,我对员工贯彻百度文化的程度并不是特别乐观,毕竟人员膨胀得非常非常快。"

2011年开始,用户的时间和习惯开始快速向移动端转移,"用户对于App的检索量呈现了几何级数量的增长。"百度移动云事业部副总经理岳国峰说。百度迅速将战略重点转向移动业务。2013年第一季度研发投入同比增长82.9%,重点为移动搜索和移动地图。

2012年11月,李彦宏发出题为"改变,从你我开始"的内部邮件,提出"鼓励狼性,淘汰小资"。他认为狼性的定义是敏锐的嗅觉、不屈不挠奋不顾身的进攻精神、群体奋斗。而小资指有良好背景,流利英语,稳定的收入,信奉工作只是人生的一部分,不思进取,追求个人生活的舒适,这样的人在变化中经不起考验。"要让所有员工更明确,如果想找一个稳定工作不求有功但求无过地混日子,请现在就离开。"

领导是管理活动中不可缺少的职能之一,没有领导,管理活动就如同一盘散沙而达不到目标。本章以领导职能为中心,重点阐述领导的作用和功能,领导工作原理,领导者的素养和艺术,包括领导者如何激励员工等基本理论,以便在管理活动中充分发挥领导职能的作用。

7.1 领导概述

7.1.1 领导的概念

关于领导的概念，学者从不同的角度有不同的阐述。例如，认为领导是一种对下属进行指挥和控制的统治形式；领导是为完成目标而实施的影响力；领导是权力和责任的统一等。领导是领导者及其领导活动的简称。领导是指引和影响个人或组织，在一定条件下实现目标的行动过程。也就是说，领导不是一个静态事物，它是一个过程，实质上是一个行为过程，即所谓的领导行为。任何组织和团体，无论在哪一个国家，无论其规模大小，总会有组织领导人，他们对内主持整个组织的工作，对外代表组织的全部，是组织的象征。

我们认为领导是指激励、引导和影响个人或组织，在一定的条件下实现组织目标的行动过程。对于领导这一活动过程，实施是有条件的。领导的实现条件如下。

① 领导是针对被领导者而言的。没有被领导者，没有群众就无所谓领导。

② 领导必须对社会的某一群人具有一定的影响，不管这种影响是自然地影响一群人，还是迫使一群人服从。

③ 领导的最佳效用常常表现在人类行为或组织生活的某个方面，而非全部。所以，在某一组织内能很好地发挥领导作用的人，未必也同样能在其他组织中很好地发挥其领导作用。

④ 领导是在一定环境中实施的，离开特定的环境，就谈不上领导的效果。所以，领导的行为必然要适应客观环境的要求，不仅适应，还应致力于改造环境。这样，领导实质上就是一个动态过程。

这个过程，是受领导者、被领导者及所处环境三要素作用的复合函数，公式为：$E = f(L, F, S)$。这里要注意区分领导和领导者两个概念，领导者是名词，领导是名词，也是动词。当领导作为名词解释时，它等于领导者；当领导作为动词解释时，它包括了领导者、被领导者、环境 3 个因素。

7.1.2 领导的作用

领导的作用主要有以下几个方面。

1. 指挥作用

领导的最终目的（也是管理的目的）是实现组织的目标。而围绕这一目标，充分估计和考虑组织的内外部环境条件，合理组织人力、物力、财力去实现这一目标，就是领导的指挥作用。

2. 引导作用

领导者个人道德品质的好坏和行为的选择对于员工而言是至关重要的。积极的领导形象的树立，具有号召力、凝聚力、向心力和亲和力，对人们的思想和行为有着极其重要的引导作用。

3．激励作用

领导的激励作用在于能够给下属以有效的激励，使员工保持旺盛的工作积极性而不衰落。因为任何组织中下属的工作热情和积极性，不采取任何措施使其保持长久是很困难的。领导的作用就在于通过有效的激发与鼓励，诱导、劝说下属，使其以最大的努力自觉为实现组织的目标而奋斗。

4．沟通、协调作用

要使组织运转状态达到高度有效与和谐，必须借助于组织内卓有成效的领导活动。通过这样的领导，才能使组织内部有严密的组织结构、明确的目标和职责、完善的制度规范、合理的劳动报酬、良好的工作条件、畅通的沟通网络、协调融洽的人际关系。这样一种良好的生活工作环境、人际交流氛围是每一位下属所期盼并对激励做出积极反应的前提，也是组织和团队取得预期成效的保证。

7.1.3　领导的权力和影响力

1．领导的权力

权力是职位上的权限，是由组织上以法律或条例的形式固定下来的。权力是一种控制力、一种影响力，必须在两人或两人以上之间才能产生，也是构成企业的必要条件，正式组织一般都是建立在合法权力的基础上的。

企业的领导者是权力的拥有者。凭借权力的控制力和影响力，一个企业的领导人有权招聘人员，给下属奖罚，运用生产资料进行商品生产经营，以至于辞退员工，剥夺他们的某些权利和要求等。如果企业领导人不拥有其合法权力，企业的正常经营就不能维持。不过，组织中处于同样领导地位，具有同样权力的不同领导者，在权力运用上往往会出现差异悬殊的领导效果。造成这种差异的原因当然是多方面的，而不善于运用权力往往是最根本的。

2．权力的分类

大多数管理学家认为，权力可分为两类，即合法权力与由影响力产生的权力。也可以把它们理解为领导影响力的两个成分，即权力性影响力和非权力性影响力。

（1）权力性影响力

合法权力是合法的，它可能由国家的法律、法令和主管部门的决议命令直接制定，也可能是参照上述精神做出的规定。它体现着个人与国家、集体的关系，是一种正式规定，对接受权力者具有不可违抗的约束力。合法权力是通过正式授权而获得的，一般是自上而下的授予。合法权力能产生一定的影响力，这种影响叫权力性影响力，它的特点是：对别人的影响带有强迫性、不可抗拒性，以外在形式来发生作用。构成权力性影响力的主要因素有传统因素、职位因素和资历因素。

① 传统因素。这是指人们对领导者的一种传统观念，总认为领导者不同于普通人，他们

有权、有才干，比普通人强些，这些观念逐渐形成某种形式的社会规定，产生了对领导者的服从感。

② 职位因素。这是指个人在组织中的职务和地位（职位）会使其下级产生畏惧感。领导者的地位（职位）越高，权力越大，别人对他的畏惧感就越大，他的影响力就越强。这种影响力与本人素质无关，纯粹是社会组织赋予的力量。上述情形使领导者从客观上获得了影响，造成了他行使职权的有利条件，如民众对警察的敬畏。

③ 资历因素。领导者的资格和经历也是领导影响力的构成因素。资历是历史性的，它反映一个人过去的情况。人们对于资历较深的领导者，都是较敬重的。

（2）非权力性影响力

由影响力产生的权力，与合法权力的显著差别是，它既没有正式的规定，也没有上下授予形式，更多地表现为下属对上级的顺从和依赖关系。构成非权力性影响力的因素很多，有品格因素、能力因素、知识因素和感情因素，有时候它能起到合法权力不能起到的约束作用。

① 品格因素。领导者的品格主要包括道德、品行、人格、作风等，它反映在领导者的一切言行中，优秀的品格会给领导者带来巨大的影响力，使人产生敬爱感，吸引、诱使人们去模仿。

② 能力因素。领导者的才干、能力是影响非权力性影响力大小的重要因素。才能不单反映领导者是否能胜任自己的工作，更主要的是反映了工作的结果是否成功。一个有才能的领导者会不断给企业带来成功，使人们产生敬佩感。这种敬佩感是一种心理磁力，吸引人们自觉地去接受影响。

③ 知识因素。知识是一个人最宝贵的财富，它本身就是一种力量。

一个领导者拥有他所领导的行业的技术知识及专业知识，那么他又多获得了一种权力，即专长权力。职位权力加上专长权力，使他具备了更加优越的领导条件。

④ 感情因素。感情是人对客观事物好恶倾向的内在反映，人与人之间建立了良好的感情关系，便能产生亲切感，有了亲切感，相互吸引力大，彼此的影响力也大。

一个领导者平时待人和蔼可亲，体贴关怀下级，与员工的关系非常融洽，其影响力往往比较高。相反，上下级关系紧张，易造成双方的心理距离，产生排斥力、对抗力，产生负影响力。这说明感情也是一种很大的影响力。一个企业领导人要在企业中将他们的决策变成下属自觉的行动，单凭合法权力是不够的，即使具有专长权力，而没有感情的权力，仍不能最大限度地发挥领导者的作用。

合法权力能使下属服从，专长权力及职位权力能赢得员工的畏惧。所以，要使下属能在感情上与领导心心相印、忧乐与共，领导者就必须发挥感情的影响力。

7.1.4 领导工作的原理

1. 指明目标原理

指明目标原理是指领导工作应使全体人员明确理解组织目标，这样人们实现组织目标的可能性就很大。因为，使人充分理解组织目标，完成其任务，这是领导工作的重要组成部分，也是使组织有效工作的前提。

2．命令一致原理

命令一致原理是指主管人员在实现目标过程中下达的命令指示要一致，下属执行命令中出现的问题和发生的摩擦就会减少，因而就有利于目标的实现。命令一致原理强调的内容之一是下级只能接受一个上级的领导，而且不接受越级领导。这样上下级之间命令传递才能顺畅，任务才能落实。而多头领导、越级领导、其他人员对领导的干预都是命令一致原理所不容的，也是领导最为忌讳的。另外，命令一致原理还不允许领导所发布的命令和批示有相互矛盾和抵触的地方，更不能"朝令夕改"，使下级人员无所适从，丧失信心，造成工作程序的混乱。

3．直接管理原理

直接管理原理是指主管人员同下级的直接接触越多，所掌握的各种实际情况就越准确，从而使领导工作越有效。现实管理活动中，主观反映与客观实际总是有距离的，领导的直接管理越多，领导与实际工作越接近，即与客观越接近，领导中工作方法与现实就越吻合，就越有助于目标的实现。

4．沟通联络原理

沟通联络原理是指主管人员与下属之间越能有效、准确、及时地沟通、联络，整个组织越会成为一个真正的有机整体。沟通联络是领导工作所采用的重要手段之一，也是组织内部大量信息、情报共享的前提，大量信息的沟通、交换，可以使组织决策最大限度地保持与外界环境的适应性和应变性，从而减少失误，使组织充满活力。因此，沟通联络是组织具有旺盛生命力的保证。

7.2 人 性 假 设

著名管理心理学家雪恩于 1965 年在《组织心理学》一书中，提出了 4 种人性假设理论。

7.2.1 "经济人"假设

"经济人"假设又称为"实利人"或"唯利人"假设。这种理论产生于早期科学管理时期，其理论来源是西方享受主义哲学和亚当·斯密的劳动交换的经济理论，即认为人性是懒惰的，干工作都只是为了获取经济报酬，满足自己的私利。因此，管理上主张用金钱等经济因素去刺激人们的积极性，用强制性的严厉惩罚去处理消极怠工者，即把奖惩建议在"胡萝卜加大棒政策"的基础上。

最早提出"经济人"概念的是美国心理学家麦格雷戈，他于 1960 年在其《企业的人性面》中，将以"经济人"人性假设为指导依据的管理理论概括为 X 理论。泰罗是以 X 理论为指导的管理典型代表，以严格控制和严密监督为根本特征，只考虑如何提高生产效率，毫不关心工人的心理需要和思想感情。

基于"经济人"假设的人性的特点，企业在管理中的唯一激励办法，就是以经济报酬来激励生产，只要增加金钱奖励，便能取得更高的产量。所以这种理论特别重视满足员工生理及安全的需要，同时也很重视惩罚，认为惩罚是最有效的管理工具。

7.2.2 "社会人"假设

这种理论源于霍桑实验及其人际关系学说。"社会人"的概念也是由该实验主持者梅奥提出的。这种假设认为，人是社会人，人们的社会性需要是最重要的，人际关系、员工的士气、群体心理等对人的积极性有重要影响。因而在管理上要实行"参与管理"，要重视满足员工的社会性需要，关心员工，协调好人际关系，实行集体奖励制度等。

从"经济人"的假设到"社会人"的假设反映的是从以工作任务中心的管理理念到以员工为中心的管理理念的变化，无疑是在管理思想与管理方法上进了一步。资本家实行参与管理，满足工人的一些需要，在企业中确实起到了缓和劳资矛盾的效果。在这方面，西方国家的许多企业都收到了显著的效果。尽管如此，"社会人"假设也存在不可摆脱的局限性。"社会人"假设的出现开辟了管理和管理理论的一个新领域，并且弥补了古典管理理论的不足，为以后行为科学的发展奠定了基础。

7.2.3 "自我实现人"假设

"自我实现人"假设，这一概念最早是由美国的心理学家马斯洛提出的。而后，麦格雷戈提出了以"自我实现人"假设为理论基础的管理理论，给予"X 理论"相反的"Y 理论"，他明确否定"X 理论"，而肯定"Y 理论"。

"自我实现人"假设认为，人是自主的、勤奋的，自我实现的需要是人的最高层次的需要，只要能满足这一需要，个体积极性就会充分调动起来。所谓自我实现，是指人的潜能得到充分发挥；只有人的潜能得以表现和发展，人才会有最大的满足。因此，管理上应创设良好的环境与工作条件，以促进员工的自我实现，即潜能的发挥，强调通过工作本身的因素，即运用内在激励因素调动员工的积极性。

激励的办法是：扩大工作范围；尽可能把员工工作安排得富有意义，并具挑战性；尽可能使员工工作之后产生自豪感，满足其自尊和自我实现的需要；使员工达到自我激励。只要启发内因，实行自我控制和自我指导，在条件适合的情况下就能实现组织目标与个人需要统一起来的最理想状态。

"X-Y 理论"阐述了人性假设与管理理论的内在关系，即人性假设是管理理论的哲学基础；提出了"管理理论都是以人性假设为前提的"重要观点，这表明麦格雷戈已揭示了"人本管理原理"的实质。他动态地分析了人性假设的变化对管理理论的影响，进而提出了管理理论的发展也是以人性假设的变化为前提的研究课题。"X-Y 理论"提出的管理活动中要充分调动人的积极性、主动性和创造性，实现个人目标与组织目标一体化等思想及参与管理、丰富工作内容等方法，对现代管理理论的发展和管理水平的提高具有重要的借鉴意义。

麦格雷戈对人性的基本估计过于绝对和偏激。X 理论过低地估计了人的能动性，Y 理论则把人完全理性化。X 理论并非一无是处，Y 理论也未必普遍适用。管理者应针对不同的情况，科学地选择和综合运用科学理论。

7.2.4 "复杂人"假设

这种理论产生于 20 世纪 60—70 年代，其代表人物有雪恩、摩尔斯和杰伊·洛希等。该理论认为，无论是"经济人""社会人"或者"自我实现人"的假设，虽然各有其合理性的一面，但并不适合于一切人。因为，一个现实的人，其心理与行为是很复杂的，人是有个体差异的。人不但有各种不同的需要和潜能，而且就个人而言，其需要与潜能，也随年龄的增长、知识能力的提高、角色与人际关系的变化而发生改变。不能把人视为某种单纯的人，实际上存在的是一种具体的"复杂人"。依据这一理论，便诞生了管理上的"超 Y 理论"，即权变理论。它认为，不存在一种一成不变、普遍适用的管理模式，应该依据组织的现实情况，采取相应的管理措施。

超 Y 理论的主要内容包括以下几个方面。

① 人怀着各种不同的需要和动机加入组织工作，但最主要的需要乃是获得胜任感。

② 胜任感人人都有，它可能被不同的人用不同的方法去满足。

③ 当工作性质和组织形态适当配合时，胜任感是能被满足（工作、组织和人员间的最好配合能引发个人强烈的胜任动机）的。

④ 当一个目标达到时，胜任感可以继续被激励起来；目标已达到，新的更高的目标就又产生。

7.3　有关领导的主要理论

领导才能与追随领导者的意愿都是以领导方式为基础的，所以，许多人开始从研究领导者的内在特征转移到外在行为上，这就是领导者的行为方式理论。这种理论认为，依据个人行为方式，可以对领导进行"最好"的分类。然而，至今还没有一个公认的"最好"的分类。因而，就有了各种各样的分类法，这里只着重介绍几种比较有代表性的理论。

7.3.1　西方早期领导理论

尼克罗·马基雅维利（1469—1527 年）是意大利的政治思想家和历史学家。他主张结束意大利的政治分裂，建立一个统一而强大的君主国，为了达到这个目的，可以不择手段，因此被人称为马基雅维利主义。这反映了新兴资产阶级的要求。他在《君主论》《罗马史论》《佛罗伦萨史》等著名著作中论述的与领导有关的原则可以概括为以下几点。

1.　要有群众支持

所有的政府，不论是君主制、贵族制还是民主制，其持续存在都依赖于群众的支持。马基雅维利指出：权力是自下而上的，而不是自上而下的，即所谓权力接受论。君主可能通过武力或继承而登上王位，但要牢固地控制国家，就必须得到群众的支持。马基雅维利还指出：如果一位君王可以通过人民获得权力，就不应通过贵族获得权力。

2.　要有内聚力

要使国家能持续存在，必须要有内聚力。一个君王要维持组织的统一和使自己的事业成功，必须紧紧地抓住自己的朋友，用心地关注和抚慰他们，利用他们。形成内聚力的一个关键因素是使人民确实知道他们可以信赖自己的君王，知道君王期待他们的是什么，即责任明确性原则。如果没有固定的法律而只有多变的政策，很快就会使整个国家陷于混乱。人民应该确切知道，如果犯了罪，无论过去有什么功劳，也无法逃避惩罚。君王应该到被征服的领土去访问和生活一段时间，以加强内聚力。

3．要有领导方法

有两种类型的领导者（或管理者）：一种是自然型或天生型，另一种是后天获得领导技术的类型。年轻的君王要努力学习掌握领导（管理）的技术。但是，有些通过继承而获得权力的君王由于基本个性缺乏伟大领导者的吸引力，尽管受过训练，却永远不能成为一个能干、成功的统治者。一个君王（或管理者）应该以自己的榜样来鼓励他的人民从事伟大的事业，特别是当他的国家受到敌人攻击时，他应该努力振奋人民的精神，使人民能够在君王的领导下准备进行战斗。君王应注意所有的集团，同他们打成一片，以自己的博爱和仁慈为他们树立榜样，但始终要维持尊严。君王应该奖赏那些有益于城市和国家的人，应该保证他的人民不会不公平地被剥夺自己的物品，以此来鼓励人民从事自己的职业和承担使命。他应该明智地识别忠诚于他的贵族和只是追求自己利益的贵族，能够认识这两种人并使他们有利于自己。

4．要使自己存在下去

任何组织的主要目的之一是使自己存在下去。一个君王应该像罗马人那样经常警惕混乱的状态，以便及时予以扑灭。当他的王国处于存亡关头时，一个君王有权采取严酷的措施，在必要时，抛开所有道德的借口，背弃任何已不再有用的誓言，为了实现存在下去的目的，可以不择手段。

马基雅维利所提出的管理规则是为了使君王能成功地管理一个国家，但同样适用于领导管理其他组织，对以后的管理思想发展有相当大的影响。

7.3.2　怀特和李皮特的 3 种领导方式理论

美国管理学家拉尔夫·K·怀特和罗纳德·李皮特所提出的 3 种领导方式理论为权威式、民主式及放任式，是一般人最熟悉的分类。

1．权威式领导

所有政策均由领导者决定；所有工作进行的步骤和技术，也由领导者发号施令行事；工作分配及组合，多由领导单独决定；领导者对下属较少接触，如有奖惩，往往对人不对事。

2．民主式领导

主要政策由组织成员集体讨论决定，领导者采取鼓励与协助态度；通过讨论，使组织成员对工作全貌有所认识，在所设计的完成工作的途径和范围内，组织成员对于进行工作的步骤和所采用的技术，有相当的选择机会。

3．放任式领导

组织成员或群体有完全的决策权，领导者放任自流，只管给组织成员提供工作所需的资料条件和咨询，而尽量不参与，也不主动干涉，只偶尔表示意见。工作进行几乎全依赖组织成员，各人自行负责。

7.3.3 利克特的 4 种领导方式理论

1947 年以后，美国管理学家伦西斯·利克特及密执安大学社会研究所的有关研究人员曾进行了一系列的领导研究，其对象包括企业、医院及政府各种组织机构。1961 年，他们把领导者分为两种基本类型，即"以工作为中心"的领导与"以员工为中心"的领导。利克特认为有效的领导者是注重于面向下属的，他们依靠信息沟通使所有各个部门像一个整体那样行事。利克特假设了 4 种领导方式，以此研究和阐明他的领导原则。

1."专制—权威式"领导

主管人员发布指示，决策中没有下属参与；主要用恐吓和处分，有时也偶尔用奖赏去激励人们；惯于由上而下地传达信息，把决策权局限于最高层等。

2."开明—权威式"领导

用奖赏兼某些恐吓及处罚的方法去鼓励下属；允许一些自下而上传递的信息；向下属征求一些想法与意见，并允许把某些决策权授予下属，但加以严格的政策控制。

3."协商式"领导

主管人员在做决策时征求、接受和采纳下属的建议；通常试图去酌情利用下属的想法与意见；运用奖赏并偶尔兼用处罚的办法和让员工参与管理的办法来激励下属；既使下情上达，又使上情下达；由上级主管部门制定主要的政策和运用于一般情况的决定，但让较低一级的主管部门去做出具体的决定，并采用其他一些方法商量着办事。

4."全体参与"领导

主管人员向下属提出挑战性目标，并对他们能够达到目标表示出信心；在诸如制定目标、评价目标所取得的进展方面，让下属参与其事并给予物质奖赏；既使上下级之间的信息畅通，又使同级人员之间的信息畅通；鼓励各级组织做出决定，或者将他们自己与其下属合起来作为一个群体从事活动。

利克特发现，那些用全体参与方法去从事管理活动的管理人员，一般都是极有成就的领导者，以此种方法来管理的组织，在制定目标和实现目标方面是最有成效的。他把这些主要归之于员工参与管理的程度，以及在实践中坚持相互支持的程度。

7.3.4 二维构面理论

美国俄亥俄州立大学的研究者罗尔夫·斯托格弟、卡罗·沙特尔从 1945 年起，就对领导问题进行了广泛的研究。他们发现，领导方式可以利用两个构面加以描述，即关怀（Consideration）和"定规"（Initiating Structure），一般称之为"俄亥俄学派理论"或"二维构面理论"。所谓"关怀"，是指一位领导者对其下属所给予的尊重、信任及互相了解的程度。从高度关怀到低度关怀，中间可以有无数不同程度的关怀。而所谓"定规"，也就是指领导者对于下属的地位、角色与工作方式是否都制定有规章或工作制度。这里，"定规"用"制度"表示，有高度的制度和低度的制度。因此，二维构面可构成一个领导方式坐标，如图 7-1 所示。

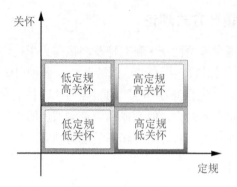

图 7-1　二维构面图

两者大致分为 4 个象限或 4 种领导方式。将领导方式用两个构面来描述，这些学者企图发掘这些领导方式与一些绩效指标，如旷职、意外事故、申诉、流动率等之间的关系。

1. 高关怀低定规的领导者

该种领导者注意关心爱护下属，经常与下属交换思想，交换信息，与下属感情融洽，但是组织内规章制度不严，工作秩序不佳，这是一个较仁慈的领导者。

2. 低关怀高定规的领导者

该种领导者注意严格执行规章制度，建立良好的工作秩序和责任制，但是不注意关心爱护下属，不与下属交流信息，与下属关系不融洽。这是一个较为严厉的领导者。

3. 高关怀高定规的领导者

该种领导者注意严格执行规章制度，建立良好的工作秩序和责任制，同时关心爱护下属，经常与下属交流信息，沟通思想，想方设法调动组织成员的积极性，在下属心目中可敬又可亲。这是一个高效、成功的领导者。

4. 低关怀低定规的领导者

该种领导者不注意关心爱护下属，不与下属交换思想，交流信息，与下属关系不太融洽，也不注意执行规章制度，工作无序，效率低下。这是一个无能、不合格的领导者。

高关怀高定规的领导者并不总是产生积极效果。在生产部门内，工作技巧评定结果与定规程度呈正相关，而与关怀程度呈负相关。但在非生产部门内，这种关系恰恰相反。一般来说，高定规和低关怀的领导方式效果最差。其他 3 种类型的领导方式普遍与较多的缺勤、事故、抱怨及离职有关系。一般来说，中国企业的领导者多采取的领导方式是高关怀低定规的领导方式；而西方国家的领导者多采取的是一种高关怀高定规的领导方式。

7.3.5　管理方格图理论

美国管理学家罗伯特·R·布莱克和简·穆顿于 1964 年设计了一个巧妙的管理方格图，醒目地表示了主管人员对生产的关心程度和对人的关心程度。图中横坐标与纵坐标分别表示对生产和对人的关心程度。每个方格表示"关心生产"和"关心人"这两个基本因素以不同程度相结合的一种领导方式。对生产的关心表示为主管者对各种事物所持的态度，例如，政策决定的质量、程序与过程、研究的创造性、职能人员的服务质量、工作效率及产品产量等。

对人的关心含义也很广泛，例如，个人对实现目标所承担的责任，保持员工的自尊，建立在信任而非顺从基础上的职责，保持良好的工作环境及只有满意感的人际关系。它以坐标方式表现上述二个因素的各种组合方式，各有 9 种程度，因此，可以有 81 种组合，形成 81 个方格。这就是所谓"管理方格"，其中有 5 种典型的组合，表示典型的领导方式，如图 7-2 所示。

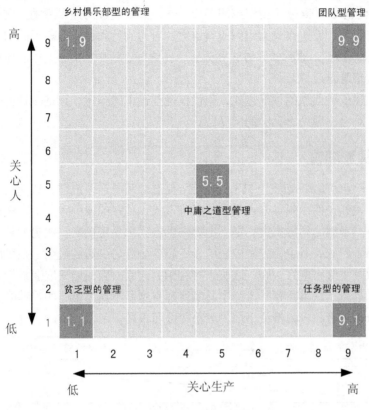

图 7-2　管理方格图

1. 1.1 型方式

1.1 型方式表示对工作和人都极不关心，这种方式的领导者只做一些维持自己职务的最低限度的工作，也就是只要不出差错，多一事不如少一事，因而被称为"贫乏型的管理"。

2. 9.1 型方式

9.1 型方式表示对工作极为关心，但忽略对人的关心，也就是不关心工作人员的需要和满足，并尽可能使后者不致干扰工作的进行。这种方式的领导者拥有很大的权力，强调有效地控制下属，努力完成各项工作，因而被称为"任务型的管理"。

3. 1.9 型方式

1.9 型方式表示对人极为关心，关心工作人员的需要是否获得满足，重视搞好关系和强调同事和下级同自己的感情，但忽略工作的效果，因而被称为"乡村俱乐部型的管理"。

4. 5.5 型方式

5.5 型方式表示既关心工作，也关心人，兼而顾之，程度适中，强调适可而止。这种方式的领导既对工作的质量和数量有一定要求，又强调通过引导和激励使下属完成任务。但是这种领导往往缺乏进取心，乐意维持现状，因而被称为"中庸之道型管理"。

5. 9.9型方式

9.9型方式表示对工作和对人都极为关心。这种方式的领导者能使组织的目标与个人的需要最有效地结合起来，既高度重视组织的各项工作，又能通过沟通和激励，使群体合作，下属人员共同参与管理，使工作成为组织成员自觉、自愿的行动，从而获得高的工作效率，因而被称为"团队型管理"。这种领导方式充分显示在管理过程中，领导工作表现为使组织更有效、更协调地实现既定目标。

应该指出，上述5种典型的领导方式，也仅仅是理论上的描述，都是一种极端的情况。在实际生活中，很难会出现纯之又纯的领导方式。

7.3.6 领导连续流理论

美国的罗伯特·坦南鲍姆和沃伦·H·施密特所提倡的领导连续流理论认为：一个适宜的领导方式取决于环境和个性，领导方式不是在两种方式（独裁的或民主的）中任选其一，领导连续流提供的是一系列的领导方式，说不上哪一种方式总是正确的，或另一种方式总是错误的。在领导者与下属的关系中，究竟应当给予下属多少参与决策的机会，是采取专制命令型好一些还是采取民主参与型好一些，取决于多种相关因素，因而要采取随机相宜的态度。在图7-3中，他们描述了以主要领导人为中心的管理直到以下属为中心的管理的一系列领导方式。这些方式依领导者把权力授予下属的大小程度而不同。

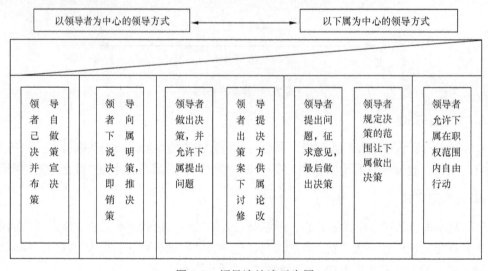

图7-3 领导连续流示意图

从图7-3中可以看出，领导者的领导方式有多种选择，其中有两种极端类型的领导作风。一种是以领导者为中心，这样的领导者具有独裁的领导作风，自己决定所有的政策，对下属保持严密的控制，只指导员工完成工作任务；另一种以员工为中心，此时的领导者具有民主的领导作风，员工可以参与决策、自我管理。从左到右领导者行使的职权越来越少，员工的自主权利越来越大。

7.3.7 三维构面理论

由二维构面理论进而发展到三维构面理论是 20 世纪 70 年代以来美国管理学家威廉·J·雷丁的贡献。他所利用的三维构面是任务导向、关系导向、领导效能。如前所述，管理方格理论中对人的关心和对生产（工作）的关心的构面相似，雷丁把领导方式简要地分为 4 种基本领导方式，如图 7-4 所示。

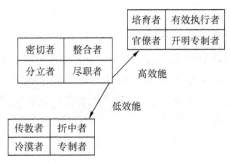

图 7-4　4 种基本领导方式

1．密切者

密切者是指这种领导者重视人际关系，但不重视工作和任务。只要能使群体和睦相处、关系融洽，时间和效率均属次要。

2．分立者

分立者是指这种领导者既不重视工作，也不重视人际关系，与下属人员似乎各不相干，一切照规定行事，不考虑个人差异和创新。

3．尽职者

尽职者是指这种领导一心只想完成任务，铁面无私、秉公办事。

4．整合者

整合者是指这种领导兼顾群体需要及任务完成，能通过群体合作实现目标，故属于整合性质。

雷丁的理论特点在于第三构面——领导效能。雷丁不认为上列 4 种领导方式中有哪一种最具效能，而是每一方式都可能发生效能，或者可能缺乏效能，因而他认为效能是另一种单独的构面。为此，雷丁分别给每一方式两个名称，一个代表有效的领导方式；另一个代表无效的领导方式。雷丁认为，一种领导方式有效与否取决于当时所处的环境，用得对了，便是有效的领导方式；用得不对时便无效。这就包含了环境因素对领导方式和领导效能的影响。

7.3.8 领导权变理论

领导权变理论也称领导情景理论。"权变"一词有"随具体情境而变"或"依具体情况而定的意思"。领导权变理论主要研究与领导方式有关的情境因素对领导效力的潜在影响。该理论认为，在不同的情境中，不同的领导方式有不同的效果，所以又被称为领导情境理论。

第七章　领导

193

1. 菲德勒的权变理论

1951 年，美国当代著名心理学和管理专家弗雷德·菲德勒在大量研究的基础上提出了有效领导的权变理论。他认为不存在一种"普遍适用"的领导方式，任何形态的领导方式都可能有效，其有效性完全取决于领导方式与环境是否适应。换句话说，领导和领导者是某种既定环境的产物。

菲德勒模型指出，有效的群体绩效取决于以下两个因素的合理匹配：与下属相互作用的领导者的风格；情景对领导者的控制和影响程度。菲德勒设计了一种问卷，叫"最不喜欢的同事"（LPC），用以确定领导者是任务导向型还是关系导向型。如果领导者对这种同事的评价大多用敌意的词语，则该领导者趋向任务导向型的领导方式（低 LPC）；如果评价大多用善意的词语，则该领导者趋向关系导向型的领导方式（高 LPC）。对低 LPC 型领导者来说，他比较重视工作任务的完成，如果环境较不利，他将首先保证完成任务；当环境较有利时，任务能够确保完成，这时他的目标将是搞好人际关系。对高 LPC 型领导者来说，他比较重视人际关系，如果环境较不利，他将首先将人际关系放首位；如果环境较有利时，人际关系也比较融洽，这时他将追求完成工作任务。

菲德勒认为决定领导有效性的环境因素主要有如下 3 个。

① 职位权力。这是指领导者所处的职位具有的权力和权威的大小。一个具有明确的并且高职位权力的领导者比缺乏这种权力的领导者更容易受到他人的追随。

② 任务结构。即工作任务的明确程度和部下对任务的负责程度。任务清楚，工作的质量就比较容易控制，也更容易为组织成员规定明确的工作职责。

③ 上下级关系。指领导者受到下级爱戴、尊敬和信任及下级情愿追随领导者的程度。

根据以上 3 个因素，我们将领导者所处的环境从最有利到最不利分为 8 种类型，如表 7-1 所示。

表 7-1　菲德勒模型

人际关系	好	好	好	好	差	差	差	差
工作结构	简单	简单	复杂	复杂	简单	简单	复杂	复杂
职位权力	强	弱	强	弱	强	弱	强	弱
环境	I	II	III	IV	V	VI	VII	VIII
领导目标	高	高	高	不明确	不明确	不明确	低	低
低 LPC 领导	人际关系	人际关系	人际关系	不明确	不明确	不明确	工作	工作
高 LPC 领导	工作	工作	工作	不明确	不明确	不明确	人际关系	人际关系
最有效的方式	低 LPC	低 LPC	低 LPC	高 LPC	高 LPC	高 LPC	低 LPC	低 LPC

菲德勒认为领导者的行为方式应与环境类型相适应才能获得满意的效果。一般来讲，在最有利和最不利的情境下，任务导向型的领导方式比较有效；在中等状态情境下，关系导向型的领导方式比较有效。

2. 路径—目标理论

路径—目标理论是权变理论的一种，由多伦多大学的组织行为学教授罗伯特·豪斯最先提出，后来华盛顿大学的管理学教授特伦斯·R·米切尔也参与了这一理论的完善和补充，目前已经成为当今最受人们关注的领导理论之一。

路径—目标理论以期望概率模式和对工作、对人的关心程度模式为依据，认为领导者的工作效率是以能激励下属达到组织目标并且在工作得到满足的能力来衡量的。领导者的基本职能在于制定合理的、员工所期待的报酬，同时为下属实现目标扫清道路，创造条件，如图 7-5 所示。

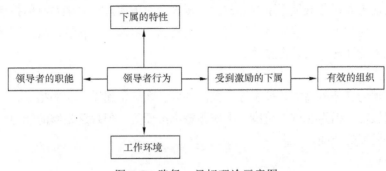

图 7-5　路径—目标理论示意图

根据路径—目标理论，领导方式可以分为如下 4 种。

（1）指示型领导方式

领导者应该对下属提出要求，指明方向，给下属提供他们应该得到的指导和帮助，使下属能够按照工作程序去完成自己的任务，实现自己的目标。

（2）支持型领导方式

领导者对下属友好，平易近人，平等待人，关系融洽，关心下属的生活福利。

（3）参与型领导方式

领导者经常与下属沟通信息，商量工作，虚心听取下属的意见，让下属参与决策，参与管理。

（4）成就指向型领导方式

领导者做的一项重要工作就是树立具有挑战性的组织目标，激励下属想方设法去实现目标，迎接挑战。

路径—目标理论认为领导者可以而且应该根据不同的环境特点来调整领导方式和作风，当领导者面临一个新的工作环境时，他可以采用指示型领导方式，指导下属建立明确的任务结构和明确每个人的工作任务；接着可以采用支持型领导方式，有利于与下属形成一种协调和谐的工作气氛。当领导者对组织的情况进一步熟悉后，可以采用参与型领导方式，积极、主动地与下属沟通信息、商量工作，让下属参与决策和管理。在此基础上，就可以采用成就指向型领导方式，领导者与下属一起制定具有挑战性的组织目标，然后为实现组织目标而努力工作，并且运用各种有效的方法激励下属实现目标。

3．领导的生命周期理论

该理论由保罗·赫塞和肯恩·布兰查德提出，他们认为下属的"成熟度"对领导者的领导方式起重要作用。所以，对不同"成熟度"的员工采取的领导方式有所不同。所谓"成熟度"，是指人们对自己的行为承担责任的能力和愿望的大小。它取决于两个要素：工作成熟度和心理成熟度。工作成熟度包括一个人的知识和技能，工作成熟度高的人拥有足够的知识、能力和经验完成他们的工作任务而不需要他人的指导。心理成熟度指的是一个人做某事的意愿和动机。心理成熟度高的个体不需要太多的外部激励，他们靠内部动机激励。

根据员工的成熟度不同，他们将领导方式分为4种，即命令式、说服式、参与式和授权式。

（1）命令式

命令式表现为高任务低关系型领导方式，领导者对下属进行分工并具体指点下属应当干什么、如何干、何时干，它强调直接指挥。因为在这一阶段，下属缺乏接受和承担任务的能力和愿望，既不能胜任又缺乏自觉性。

（2）说服式

说服式表现为高任务高关系型领导方式。领导者既给下属以一定的指导，又注意保护和鼓励下属的积极性。因为在这一阶段，下属愿意承担任务，但缺乏足够的能力，有积极性但没有完成任务所需的技能。

（3）参与式

参与式表现为低任务高关系型领导方式。领导者与下属共同参与决策，领导者着重给下属以支持及其内部的协调沟通。因为在这一阶段，下属具有完成领导者所交给任务的能力，但没有足够的积极性。

（4）授权式

授权式表现为低任务低关系型领导方式。领导者几乎不加指点，由下属自己独立地开展工作，完成任务。因为在这一阶段，下属能够而且愿意去做领导者要他们做的事。

根据下属成熟度和组织所面临的环境，领导生命周期理论认为随着下属从不成熟走向成熟，领导者不仅要减少对活动的控制，而且也要减少对下属的帮助。当下属成熟度不高时，领导者要给予明确的指导和严格的控制；当下属成熟度较高时，领导者只要给出明确的目标和工作要求，由下属自我控制和完成。如图 7-6 所示，S_1、S_2、S_3、S_4 代表 4 种领导方式，分别是命令、说服、参与和授权，他们依赖于下属的成熟度 M_1、M_2、M_3、M_4。

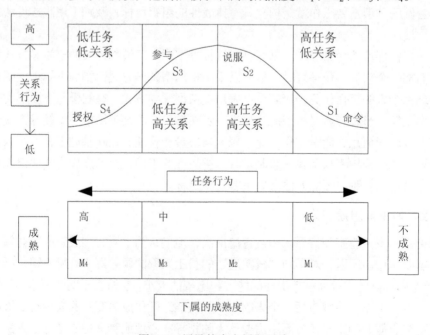

图 7-6 领导的生命周期理论

7.4 领导者的修养与领导艺术

7.4.1 领导者的修养

一个领导者要做好领导工作，完成自己的职责，除了要掌握领导理论，掌握沟通与激励的方法外，还要强调自身应具有的素养。所谓素养，一是指素质，二是指修养。素质主要侧重于先天的禀赋、资质；修养主要侧重于后天的学习、锻炼。前者在管理心理学范畴中为个性特征方面的内容。例如性格、气质、心理等因素会影响到领导者的管理能力。

一个有修养的领导者，能极大地改善领导者与被领导者之间的关系。领导者的修养甚至比单纯的知识更重要，因为，某些行为方式是可以学到的，是可以熟练地被运用的。下面的修养内容是根据这一职能而提出的。

1．懂得领导者应具备的知识

一个领导者的知识广度和深度，是领导工作能取得成效的至关重要的前提。如果懂得可使领导更有效果的种种因素和随机应变的各种领导方式，将更有助于每个主管人员成为有效的领导者。诚然，领导理论及其研究的工作量如此之大，不可能让每个主管人员全部精通它们。但是，作为一个主管人员必须学习和理解。这些内容虽然可能有其局限性，但是，却是领导者必备的基本知识。当然，仅仅懂得这些知识是不够的，作为一个主管人员，还必须具备将这些知识应用于实际的能力。

2．进入角色

审美活动中主体情感移置于对象，使对象仿佛有了主体的情感并显现主体情感的心理功能。它以对象的审美特性同人的思想、情感相互契合为客观前提，以主体情感的外扩散和想象力、创造力为主观条件，是对象的拟人化与主体情感的客体化的统一，是审美认同、共鸣和美感的心理基础之一。正如通常所说的，就是将自己置于别人的地位，模拟他人的感情、意见与价值观念的能力。

主管人员也像其他人一样，具有目标、抱负、价值观念和个人见解。如没有这样的移情作用，他常常会假设他的下属们具有同他们一样的品性，对事物的观点都是一致的，而实际上并非如此。因此，主管人员不应该主观地假设他们的下属与他们自己一定具有同样的情感。如果做出这样错误的假设，在工作上就往往导致独断专行的"家长式"作风。所以，主管人员必须对下属进行全面的了解，除了工作之外，还要了解他们的个人关系、经济与健康状况、抱负、价值观等。把自己置于下属的位置仅是一个方面，而直率又真诚地努力去了解下属将是更重要的方面。主管人员如果能自问一下"在他们的位置上我会如何反应"，这样长期坚持下去，会在实践中形成一种技能。设身处地地为下属着想，必然会取得下属的信赖，从而为有效地指导与领导下属打下基础。

3．客观性

主管人员应力求不带个人感情地去观察与寻查事件（事情）的起因。因为主管人员也是人，必然和下属产生一定的感情。但重要的是要客观地对下属进行评价，判定结果的真实原因，并采用明智的步骤来帮助表现较差者，鼓励表现较好者。这就要求主管人员不能只强调移情作用，在客观性与移情作用之间要尽可能地予以平衡。为培养客观性，主管人员需要有很强的意志。主管人员只要有决心和修养，就能克服仓促判断、愤怒、责怪及感情作用等倾向。领导者克制与冷静的分析是有素养的表现。

4．自知之明

人们为了了解自己为什么这样做，自己的行为会引起别人的什么反应或不引起反应，那就必须要了解自己，即有自知之明。若没有自知之明，或不能做到这一点，需要移情和客观处事是不可能的。有些人的习惯、言词或行为往往会不自觉地影响别人。当然，在某些情况下人们也可能有意这样做。

因此，主管人员应了解自己的处世态度与习惯对下属的影响，以便改变自己那些可能影响下属的言行。这就是说，要求人贵有自知之明的能力，并应对自己言行的反应查找原因。例如，可以通过各种调查，找出产生各种不同反应的原因，从而正确地认识自己。

7.4.2　领导艺术

现代社会中的组织，常常是一些由多种因素组成的比较复杂的社会组织。它不可能脱离整个社会。因此，这就对组织中的主管人员的领导方式提出了更高的要求，同时也决定了主管人员的工作在很大程度上是创造性的。领导艺术就是富有创造性的领导方法的体现。在履行指导与领导职能的过程中，科学是与艺术相互结合、彼此交织在一起的。主管人员要具备灵活运用各种领导方式和原则的能力与技巧，才能率领和引导人们克服前进道路上的障碍，顺利实现预定的目标。

有关领导艺术的内容，目前尚无统一的看法，归结起来有如下几种。

1．履行职能的艺术

履行职能的艺术主要包括沟通联络、激励和指导的艺术。如沟通联络要把握好沟通联络的方法，了解沟通联络的类型，针对完成任务的性质及实现目标的要求，运用不同的沟通联络方法进行沟通联络。同时，要特别注意非正式沟通对企业领导成效的影响。在领导活动中，信息的沟通要明确、完整，力求表达得清楚、准确，努力消除下级人员的思想顾虑，积极地解决各种形式的问题，这对有效的领导是十分重要的。

2．决策的艺术

决策是一门科学，也是一门艺术，决策的关键是时机和信息。领导者在决策时必须做到知己知彼，并且抓住时机，这是一个大的原则。在此大的原则下，领导者在决策时候要注意以下几点。

（1）要把握决策时机

在制定决策时不要急，要注意从各方面调查情况，掌握第一手资料，只有信息全，才能为决策创造条件，没有搞清情况就匆忙决策，很容易导致失误，但在实行决策时，一定要雷厉风行，该断则断，不能拖拖拉拉，丧失良机。

（2）集思广益

在决策时注意征求多方面的意见，不管支持的还是反对的。一般说来，支持有支持的理由，反对也有反对的理由，不存在对错问题。而且反对意见往往更中肯，更能反映问题，因此领导者在决策时要多听听意见。

（3）搞好信息收集

信息是决策的基础，在决策时要注意收集信息，一方面把握好信息收集的广度，另一方面把握好信息的深度，很多大公司在作大决策时都很注意信息收集。例如，宝洁公司在中国市场每年都会做两次市场调查，以掌握市场信息，为下一步工作做铺垫。

（4）权变决策

在决策中要分清轻重主次，善于捕捉战机，随着事情的发展，随机应变，灵活、果断地决策，调整原来的部署，适应新的情况。

3. 授权的艺术

现代社会，领导者的工作千头万绪，极为繁杂，如果事必躬亲，即使有三头六臂，也会应接不暇，难免事与愿违。所以领导者必须学会正确授权。但并非所有的授权都能够获得成功，有的授权在中途就失败了，有的授权结果不尽如人意。其实授权不仅是管理的一项职责，也是一门艺术。授权的程度是授权的一个重要因素。授权过少，往往会造成领导者的工作太多，下属的积极性受挫；把该保留的权力也授出去，就是过度授权，会造成工作杂乱无章，领导者放弃职守，使管理失去控制。

（1）授权的作用

① 节约时间。通过授权，领导者可以有较多时间去考虑和处理关系组织全局的重大问题，发挥领导者应有的作用，同时可以集中时间和精力抓好决定企业生死存亡的大事，科学、合理地安排好日常工作，不忽视关键性的日常作业活动。

② 提高决策质量。授权使下级和上级之间的沟通加深，从而可以提高决策的速度和质量水平。

③ 提高下属的积极性。授权显示了对下属的信任，既激发下属的工作热情及创造性，增强其工作的责任心，同时也更充分发挥了下属的专长，还可以使下属在工作中不断得到锻炼和发展，有利于管理人员的培养。

（2）授权时应注意的问题

在准备授权时，要确定给什么样的人授权，被授权的对象不仅应该有积极、热情的态度，敢于付出，敢于承担责任，同时应具备真才实学。有些企业的领导者抱怨不敢授予核心管理部门的员工太多权力，因为常常会遇到做销售的，把客户和核心的销售团队带走；做财务的利用职权中饱私囊、携款私逃；做技术的带走企业核心技术等这样的事情。这些人可能能力很强，但诚信缺失，一旦给他赋予过多权力，他就可能做出背信弃义、违背组织的事。这就提醒领导者在挑选被授权对象时应该考察他的品行，否则后果不堪设想。

领导者要综合评估每个人的综合能力和素质，然后根据每个人的不同情况和特点，为他们找到最合适的岗位。在进行能力评估时，可以大致将人才分为4类：将帅型、士兵型、黑马型、特殊型，对他们委派工作时也要掌握不同的技巧。

① 将帅型。经验丰富，可完全放手。切忌干涉他们的工作，但他们要求帮忙时，一定要认真对待，且不能伤了他们的自尊心。

② 士兵型。有一定经验，但需要不时的支持和鼓励，不时监察他们的工作进度，但进行

监察时，应不露痕迹，且不时给予鼓励。

③ 黑马型。缺乏经验，需要学习怎么做。进行适当的培养和帮助，最后给他们提供合适的机会。

④ 特殊型。具备特殊技能，是局外人，能填补不足，在应急时可以请他们支援。

4．协调人际关系的艺术

一般而言，西方人的人际关系，以"个人"为主。人人在法律许可的范围内，自由、平等、独立成为西方人的人际基础。中国人的想法比较复杂，我们的人际关系，以"伦理"为主。社会固然由个人所构成，但是个人却很难离开社会而生活。个人的自由实际上相当有限。人与人的互动也不完全能够由法律来控制。互依互赖，彼此互动，总比单打独斗要方便而有效。人人在法律许可的范围内衡情论理，以伦理来弥补法律的不足，这才是中国人的人际关系基础。

领导的最终效果取决于领导者和被领导者对指示、命令的理解和执行情况。良好的人际关系对加强这种理解是不容置疑的。通过领导活动，处理好企业中的正式组织关系，如各层次、各部门、各环节的关系，是领导活动的目的。现代社会的人际关系是复杂和多样的，正确处理好人际关系以适应现代社会生活，是人们面临的一个重大课题。处理和协调人际关系无论是对社会组织还是对个体都有着不可低估的重要意义。对于社会组织来说，处理和协调人际关系的意义主要表现在以下几个方面。

（1）培养社会组织内部"家庭式氛围"的必备条件

在社会生活中，每个人都有经济的、社会的、心理的、精神的不同层次的内在需要，只有使人们的种种需要在组织内部得到基本满足，才能使该组织保持稳定和发展，因而协调和处理好人际关系是一项极其重要的工作。如果人际关系协调和处理得好，能够形成和谐、融洽、一致的人事环境，就会使人们感到置身于组织集体之中犹如置身于自己的家庭之中，把组织看成是一个扩大了的家庭，从而形成良好的"家庭式氛围"。

在这方面，日本的一些企业具有独到之处。从实践上看，协调人际关系，进而培养"家庭式氛围"成了日本企业成功的三大法宝之一。在日本的企业里，儒家的"和为贵"精神在今天已经扩展成为和睦相处、团结合作的企业观念。企业上下致力于培养和维系和谐亲密的家庭式气氛，反对个人主义和内部相互倾轧，把企业营造成彼此不可分离的命运共同体。从它的历史发展进程看，儒家文化构成了日本现代化管理的基础，"和"是人们向往并努力争取达到的共同目标。

（2）增强群体凝聚力和向心力的重要因素

凝聚力和向心力是将组织内部各个成员吸引在组织里面的合力，一个组织的凝聚力和向心力通常是评价组织形象的重要指标。影响组织凝聚力的因素有：员工间人际关系的和谐程度；经理对员工重视和尊重的程度；个人价值实现的机会多少；工作环境；员工福利和待遇；组织的前景和现状等。显然，在一个群体里，和谐、融洽的人际关系能使每个正常人健康、合理的心理需要得到不同程度的满足。个人心情舒畅，群体宽松和谐，组织的凝聚力和向心力就会日益增强；反之，倘若一个群体中人际关系紧张，互相冷漠以待，甚至明争暗斗，搞"窝里斗"，势必使个人感到苦闷、压抑、紧张，群体也就有可能走向解体。

（3）提高工作效率、完成群体目标、实现人的价值的内在要求

人的本质在其现实性上是一切社会关系的总和。人不是单纯的自然物，人的本质是人的

社会性。规定人的本质的社会关系是一种社会劳动，它的效率、效果既与许多人的分工协作有关，也和这些人的工作情绪有关，而这两点都和人际关系的好坏相关。从另一个角度讲，人的价值的实现也与人际关系紧密相关。

就整个人类讲，人的价值是人类对世界的改造及其成果所能满足人自身需要的程度和状况。就个人讲，一是社会对个人的尊重和满足；二是个人对集体、对社会的责任和贡献，而主要是从个人对社会进步的贡献来评价人的价值。如果人际关系融洽，大家互相配合、群策群力，心往一处想，劲往一处使，必然有利于提高效率，促进工作目标的完成，从而也就为人的价值的实现创造了条件；反之，假如人际关系不好，人与人之间相互猜疑、妒忌、冲突，把大量的精力浪费在错综复杂的人际内耗中，则势必影响工作效率的提高和群体目标的实现。而一旦离开效率和效果，一个人对社会的责任和贡献也就无从谈起了。正因为如此，中国古代哲人孟子强调："天时不如地利，地利不如人和。"

5．运筹时间的艺术

领导者的工作时间可分为两部分，一部分为可控时间，另一部分为不可控时间。有效地利用可控时间，变不可控时间为可控时间，缩小不可控时间的比重，对领导者意义重大。制定企业合理定额，完善企业各项规章制度，运用先进的管理方法和手段对企业进行管理，都可以提高领导者的时间利用率。

（1）瞄准工作目标，科学规划时间

大家都知道，"雁阵"中的"头雁"要高瞻远瞩，始终朝着明确的方向飞行，才能带领群雁最省时、省力地到达目的地。领导者在组织或群体中就是充当"头雁"的角色，可以说，目标是领导者"用时之道"的基础。领导者是时间的决策人，又是实现目标的责任者，一定要做到心中有目标，根据工作目标科学地规划自己的时间。

① 按工作主次规划时间。通过记录自己的时间安排，分析自己的时间，按工作轻重缓急进行排队，分出重要、次要、一般 3 类，重要的必须自己亲手抓；次要的可以委托他人抓，自己只需过问一下；一般的可以暂时放一放。这样，把时间用到最有价值的事情上，减少犹豫和徘徊造成的时间浪费和时机丧失，使最重要、最紧迫的工作得到时间的保证，把时间花在"刀刃"上。

② 合理制定工作时间表。俗话说："凡事预则立，不预则废。"领导者应该培养自己用战略眼光来规划长远工作，最简单的方法是预先列出工作时间表，有计划地从整体上使时间安排趋于优化。制定时间表要注意以下几个方面。首先，要优先列出抓大事的时间。一般情况下，每年度领导者都要根据上级精神和本单位的实际情况，抓几件建设性大事。工作时间安排要充分考虑各种客观条件和领导者自身情况，使之切实可行，合理优化。其次，常规性工作要注意在时间上相对固定。把每年度都定期开展的一些工作在时间上相对固定，会使有关人员事先有所准备，做起来更熟练、更方便，使时间利用更合理。再次，一定要把各项工作在时间上相互穿插开，避免时间上冲突，保证工作得到有效的落实。最后，在安排时间表上要留有余地，以便应付偶发事情。

（2）注重发挥实效，善于节约时间

科学家雷巴柯夫说得好："用分来计算时间的人，比用时来计算时间的人时间多 59 倍。"善于把时间分配得精密的领导者工作实效性也往往更高。一方面做事贵在及时，当断即断，该为就为，抓住时机；另一方面要注重每一单位时间的效用，讲究时间的有效价值，使单位时间创造出尽可能高的效益。领导者发挥工作实效性就必须善于节约时间。

① 提高时间的使用率。一个领导者每天都有很多事情要处理，往往会感到时间安排很满，甚至不够用，稍不注意就会陷入事务堆中。领导者一定要尽量克服浪费时间的弊病，如纪律观念差，开会时间过长，多数人等少数人，做报告拖沓、啰唆，制度不健全，职责不清，相互扯皮，人浮于事等。另外，领导者要尽可能把一次可完成的相联系的几件事放在同一时间里去做，把互补的几件事穿插来做，减少工作的空隙，提高时间使用价值。例如，领导者开会一定要讲求效率，每次会议议题要精当；一次会议能解决的问题就不要分几次开；会前让与会者对会议先有充分准备，严格限定会议各项议程时间等都会提高时间利用效率。

② 学会"有所为，有所不为"。一个明智的领导者要掌握"有所为，有所不为"的艺术，竭力节约自己的时间。不该管的事不要去管，没意义的事不要去做，尽量减少不必要的行为，使自己的每一行为尽可能都具有一定价值。例如，领导者常会被请去参加各种活动以撑门面，如果领导者碍于情面或其他原因总是有求必应，则会大大减少自己的时间。领导者应有选择地参加各种活动，对于并无多少必要的邀请，应学会说"不"，敢于抛开不必要的应酬，把时间用在有意义的领导工作上。同时，领导者有充裕的时间积聚精力会使工作更加从容自如。

③ 不必过分追求完美。领导者没有必要在任何事上要求自己尽善尽美，方方面面都做行家里手，要允许自己存在不足，有些"不能"。过分求全，会时时刻刻处于一种紧张状态，也会花费太多时间在一些无意义的表面工作上，使重要工作的时间不能高效使用。所以，领导者应有清醒的自我意识，要努力去做一个称职尽责的好领导，而不要努力做完人。

④ 对下属明确时间要求。领导者的时间运筹状况与下属工作密切相关，也会受下属工作时间的影响和制约。因此，领导者对下属安排工作要有明确的时间规定，不能只给任务，不限时间，必须提出严格要求，并经常检查工作完成的进度，才能保障工作的时效性。适当建立奖惩制度也不失为一种好方法，按时完成或提前完成工作任务的应给予表彰和奖励，不能按时完成工作任务、作风拖沓的要给予批评和惩罚。

⑤ 把握今天和现在。李大钊说过："我以为世间最宝贵的就是今，最容易丧失的也是今，因为它最容易丧失所以更觉得宝贵。"他强调："今是生活，今是动力，今是行为，今是创作。"高效的领导者往往都是有强烈"今"意识的人，懂得抓住今日，努力在今日。相反，把时间寄托在明天的人很难有所成就。

（3）掌握生活规律，系统优化时间

现代生物学揭示，每个人都有自己的"生物钟"，每个人的生理状况都有周期变化，在周期的不同阶段，反应能力和机体水平也不同。例如，夏天午后、舟车劳顿后、旅行后都不宜谈判。领导者应逐渐摸索出自己的生物钟，掌握自己每天最有效率、精力最充沛的时间，系统地总结出一套工作规律，尽量用精力最充沛的时间去完成最重要的工作，把一些次要的工作放在自己精力低潮时去做。

另外，领导者掌握"有张有弛"的用时之道也十分重要。领导者也是人，其精力总是有限的，不可能永不疲倦。我们强调节约时间，珍惜时间，并不是说领导者每时每刻都要紧张，一天到晚忙碌不停，而是要在有限时间中做出更多成绩，只靠从早到晚地忙碌是不够的，必须懂得"有张有弛"的用时辩证法。领导者要使自己在工作时间保持充沛精力，高效率做好工作，就必须有一定的时间放松自己，通过轻重工作的搭配，通过工作与休息相结合来做到有张有弛。工作时弓张弦满，全力以赴，休息时松弛身心，舒展精神。这样，领导者才能养精蓄锐，以饱满的工作热情倾其全力做好领导工作。当前健身中心、会所的增加就反映出现代人对于时间的利用，对于身体的重视。

7.5 激 励

7.5.1 激励的含义与需要的特征

1. 激励的含义

激励作为一种管理手段，自古就有，但是作为一种理论被引进到现代管理学之中，是行为科学的贡献。行为科学通过对人的行为的研究，认为人们的行为是由特定的动机引起的，而人的动机是根源于人的内在需要的。正是这种不断追求需要的满足，对人的行为造成连续的刺激。作为管理手段的激励，是利用人的需要的客观性和满足需要的规律性的活动。它在帮助组织成员满足需要的同时，促使满足需要的行为朝着实现组织目标的方向运动。我们认为激励是指影响人们内在需要或动机，从而加强、引导和维持行为的活动或过程。

人的需要是各种各样的，既有衣、食、住等方面的基本的生理需要，也有诸如社交、自尊、地位、成就、自我肯定等较高层次的需要。而一切需要的满足都必须在社会中进行，即在人们所处的特定的系统中进行。作为管理系统要素的组织成员的需要是应当从管理系统中去寻求满足的途径的。事实上，人们之所以加入到一定的组织中来，在一个具体的管理系统中活动，也正是为了满足自己的某些需要，甚至全部需要。但是，客观上存在着这样的情况，即并非人们的一切需要总是能够得到满足，而得不到满足的需要是产生激励的起点。也就是说，得不到满足的需要引起个人内心的紧张，导致个人从事满足需要的某种行为，随着需要的满足，激励的过程也就完成，如图 7-7 所示。

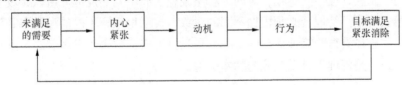

图 7-7　激励的过程

2. 需要的特征

人的需要具有多样性、层次性、潜在性和可变性等特征。

① 需要的多样性是指人的需要是多种多样的，一个人在不同的时期可有多种不同的需要，即使在同一时期，也可存在着几种程度不同、作用不同的需要。

② 需要的层次性是指支配人们行为的需要是由低级向高级发展的，当低一层次的需要得到满足以后就会产生更高一层次的需要。

③ 需要的潜在性是指人们多种需要并非随时随刻全部被人们自己所感知、所认识，有许多需要是以潜在的形式存在着的，只有到了一定时刻，由于客观环境和主观条件发生了变化，人们才发现和感觉到这些需要。

④ 需要的可变性是指需要的层次结构是可以改变的。改变的原因可以有两个：一是原来迫切的需要，通过某种活动已在一定程度上得到满足，紧张已经得到消除，需要的迫切性也随之消除；二是由于外界环境有意识或者无意识的影响，改变了人们对自己的各种需要要求得到满足的迫切性的认识，使一些原来迫切的需要退居次要位置，而一些原来不很迫切的需要则变成影响人们行为的迫切需要了。

由于人的需要具有以上特征，在管理活动中，我们就可以从人的多种多样的需要中遴选出那些管理系统有条件使之得到满足的需要作为激励的对象，并努力使组织成员把这些需要感觉成和理解成自己的迫切需要，而把其他需要都看成是次一级的需要。但是，人的需要的多样性决定了管理者不可能使组织成员的所有需要都得到满足，只能有限地去帮助满足某些需要和抑制其他需要。满足需要和抑制需要是激励的两个方面，满足一些需要的同时也就意味着对另一些需要的抑制，而有意识地去抑制某些需要又能够加强满足需要的激励力度。

激励手段的运用，使得管理活动具有主动性的特征。因为激励是激发人的内在动力，使人的行为建立在人的希望、愿望的基础上的。这样一来，人的行为就不再是一种外在的强制，而是一种自觉、自愿的行为。所以，激励能够真正地调动起人的积极性，管理活动也就得到了被管理者的积极响应和配合，这是运用其他管理手段所无法达到的。一个优秀的管理者必须善于运用激励的手段，通过激励，提高管理的效益；通过激励，把人才吸引到组织中来；通过激励，挖掘组织成员的潜力和调动起组织成员的潜能；通过激励，激发组织成员的创造性和革新精神。正是在这个意义上，管理可以成为一门艺术。

7.5.2 激励的类型

现代管理者的一个明显的特点就是重视激励在管理活动中的作用，努力通过激励的手段去把组织目标变成组织成员个人的目标。但是，人的需要的复杂性和多样性，决定了激励方式也必须是多种多样的。可以说，没有任何一种激励方式是对所有人都有同样价值和同样效力的。即使同一个人，在不同时期，对同一种激励也会有不同的反应。所以，没有一种一成不变的激励模式可循。管理者必须根据不同的对象，灵活地采取不同的激励方式和把握不同的激励力度。尽管在具体的管理活动中采取何种激励方式，取决于管理者的灵感和水平，但以下几种激励方式是管理者可以参照的基本类型。

1. 目标激励

目标一般是指那些通过奋斗能够获得的成就或结果。目标是分层次的，它不仅有大小之分，而且有远近之分，但无论是什么目标都是由人们的某种需要引起的，所以它本身就具有激励作用，可以直接激发出人的行为的动力。现实生活表明，当人们受到富有挑战性目标的刺激时，就会迸发出极大的工作热情，特别是对于那些事业心很强的人来说，总是愿意接受进步目标的挑战，在实现目标中大显身手。一个领导者如果能适时、恰当地提出目标，不仅能极大地激发下属的工作热情和积极性、创造性，而且能够统一人们的思想和行动，使绝大多数人向着一个目标努力奋斗。

2. 物质激励

物质需要和物质利益不仅是维持生存的基本条件，而且是个人在各方面获得发展的前提。

物质激励就是通过满足个人物质利益和物质需要，来激发人们的积极性和创造性。按劳取酬及多种多样的物质奖励是物质激励的基本方式。当然，在各种激励手段中，物质激励处于较低层次，具有一定的局限性。一般说来，当人的物质利益得到适当满足后，人们在精神方面的需要就会占主要地位。这时，管理者就应该因势利导加强精神激励。

3．竞争激励

竞争是社会前进的动力，管理者应善于将竞争机制引入内部管理，激发下属的内在动力，提高他们的自身素质。竞争激励就是要吸引那些充满活力的、有自我激励能力的、可被激励的员工。群体内部有相互带动作用，如果某人有优秀的表现，其他的人也会去效仿。有活力的员工会把他的活力散发给周围的每一个伙伴，起到很好的榜样作用。

4．荣誉激励

荣誉激励实质上是一种精神激励。它是对为组织存在和发展做出过较大贡献的人，给予一定的荣誉，并将这种荣誉以特定的形式固定下来。这样，不仅可以对这些获得荣誉的人以激励，而且也可以对其他成员产生激励作用。因为，人具有希望得到社会或集体尊重的心理需要，任何形式的荣誉都会使获得者经常以这种荣誉鞭策自己，同时又可以为其他人树立学习的榜样和奋斗的目标，促使他们去追求这种荣誉。荣誉激励具有巨大的感召力和影响力，甚至可以促使人们为某项特殊的荣誉而自愿献身。所以，荣誉激励可以成为管理者手中的一个制胜法宝。

5．信任激励

信任激励是情感激励的一种方式。同事之间，特别是管理者与被管理者之间的相互信任是一种巨大的精神力量，这种力量不仅可以使人们结成一种坚强的战斗集体，而且能极大地激发出每个人的积极性和主动性。信任之所以能激发人们的积极性，主要是因为信任能使人产生尊重感、亲密感、荣誉感和责任感，能使人把自己的前途命运与集体和社会的前途命运紧密联系在一起，从而产生为集体、为社会努力工作的积极性。

6．数据激励

数据激励是一种通过数据对比方式把先进与落后反映出来，以达到鼓励先进、激励后进的做法。心理学家们认为，明显的数据对比，能够使人产生明显的印象，激发强烈的感想。这是因为，人都是有自尊心的，而自尊心正是激发人们积极向上的内在因素。数字激励正是利用人们的这种自尊心，将存在于人们之间的工作成果上的差别以数字形式鲜明地表现出来，从而实现对人们行为的定向引导和控制。

激励是整个管理活动中至关重要的一项内容，管理的核心在于人，组织的生命力来自于组织中每一个成员的热忱，如何激发和鼓励员工的创造性和积极性，是管理人员必须解决的问题。只有把人的积极性真正调动起来，管理的目标才能够真正达到。而人的积极性和最大潜能的发挥，则离不开有效激励。

7.5.3 激励的要点

无论采取何种激励措施，都是为了调动组织成员的积极性，所以，管理者应当特别注意激励的效力。

1. 激励方式应恰当

应注意选择适当的激励方式，根据不同的人、不同的环境条件，采取不同的激励方式。激励方式不当，不仅不能达到激励的目的，反而会产生负作用。

2. 激励的强度要适中

不管是物质激励还是精神激励，如果过多过滥，势必会造成激励麻痹，使激励效果减弱。相反，当激励强度不够时，虽然人们会把激励看得非常珍贵，但由于获得它过于艰难，也就会产生逃避激励的问题。

3. 激励行为应当规范化和制度化

虽然激励行为是每时每刻地发生在管理活动之中的，几乎管理者的一言一行都包含着激励的因素，但是，重大的、明显的激励行为应当规范化和制度化，哪些行为属于激励的范畴，何时开展一次集中的激励活动，都应当以制度的形式被规范下来，使人们的期望能在恰当的时候以恰当的形式和恰当的力度得到实现。如果人们的期望在预定的时间内没有实现，就会出现负向激励。同样，激励的力度不够，也会演化成负向激励。

4. 激励应当公开、公平

赏罚分明是以公开公平为前提的。激励必须公开，激励公开后，效果会明显大不相同。所以说，良好的情感关系能够激发起人们的工作热情，产生甘心奉献的愿望和努力工作的动力。

7.5.4 激励理论

许多管理学家、心理学家和社会学家从不同角度研究了如何激励人的问题，并提出了相应的激励理论。通常，我们把各种激励理论归纳划分为四大类，即内容型激励理论、过程型激励理论、行为改造型激励理论和综合模式。

1. 内容型激励理论

内容型激励理论主要涉及激励过程的第一步——需要与匮乏。内容型激励理论试图回答一个问题：工作场所中的哪些因素可以激励员工？更高的工资、更短的工作时间和工作环境的改善能够起到激励作用吗？或者，给予员工更大的自主权和更大的责任才是更有效的激励方法？这些都是内容型激励理论研究的内容。常见的内容型激励理论有以下 4 种。

（1）需要层次理论

美国心理学家亚伯拉罕·哈罗德·马斯洛提出了需要层次理论。他认为，人类的需要是以层次的形式出现的，由低级的需要开始逐级向上发展到高级需要。他还认为，当一组需要得到满足时，这组需要就不再成为激励因素了。他将个人的需要分为生理需要、安全需要、感情和归属的需要、受人尊重的需要及自我实现的需要。由于每个人的需要各不相同，因此，主管人员必须用随机制宜的方法对待人们的各种需要。在工作中，主管人员要注意决定这些需要的各个特性、愿望和欲望，在任何时候，主管人员都应考虑到人的各种需要。因为，在绝大多数人中，尤其在现代社会里，都具有马斯洛需要层次理论中所列的全部需要，如图 7-8 所示。

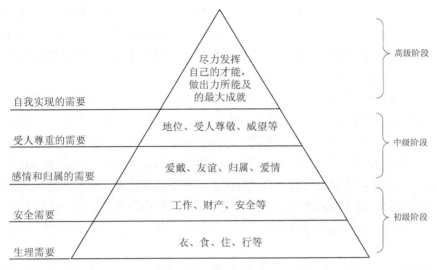

图 7-8　需要层次理论

① 生理需要。对食物、水、空气和住房等需要都是生理需要，这类需要的级别最低，人们在转向较高层次的需要之前，总是尽力满足这类需要。一个人在饥饿时不会对其他任何事物感兴趣，他的主要动力是得到食物。即使在今天，还有许多人不能满足这些基本的生理需要。

管理人员应该明白，如果员工还在为生理需要而忙碌时，他们所真正关心的问题就与他们所做的工作无关。当努力用满足这类需要来激励下属时，我们是基于这种假设，即人们为报酬而工作，主要关于收入、舒适等，所以激励时试图利用增加工资、改善劳动条件、给予更多的业余时间和工间休息、提高福利待遇等来激励员工。

② 安全需要。包括对人身安全、生活稳定以及免遭痛苦、威胁或疾病等的需要。和生理需要一样，在安全需要没有得到满足之前，人们唯一关心的就是这种需要。对许多员工而言，安全需要表现为安全、稳定及有医疗保险、失业保险和退休福利等。

如果管理人员认为对员工来说安全需要最重要，就可以在管理中着重利用这种需要，强调规章制度、职业保障、福利待遇，并保护员工不致失业。如果员工对安全需要非常强烈时，管理者在处理问题时就不应标新立异，并应该避免或反对冒险，而员工们将循规蹈矩地完成工作。

③ 感情和归属的需要。包括对友谊、爱情及隶属关系的需要。当生理需要和安全需要得到满足后，社交需要就会凸显出来，进而产生激励作用。在马斯洛需要层次理论中，这一层次是与前两层次截然不同的另一层次。这些需要如果得不到满足，就会影响员工的精神，导致高缺勤率、低生产率、对工作不满及情绪低落。

管理者必须意识到，当感情和归属需要成为主要的激励源时，工作被人们视为寻找和建立温馨和谐人际关系的机会，能够提供同事间社交往来机会的职业会受到重视。管理者感到下属努力追求满足这类需要时，通常会采取支持与赞许的态度，十分强调能为共事的人营造愉悦的工作氛围，积极开展有组织的体育比赛和集体聚会等业务活动，并且遵从集体行为规范。

④ 受人尊重的需要。既包括对成就或自我价值的个人感觉，也包括他人对自己的认可与尊重。有尊重需要的人希望别人按照他们的实际形象来接受他们，并认为他们有能力胜任工作。他们关心的是成就、名声、地位和晋升机会。这是由于别人认识到他们的才能而得到的。当他们得到这些时，不仅赢得了人们的尊重，同时其内心也因对自己价值的满足而充满自信。不能满足这类需要，就会使他们感到沮丧。如果别人给予的荣誉不是根据其真才实学，而是徒有虚名，也会对他们的心理构成威胁。

在激励员工时应特别注意有尊重需要的管理人员，应采取公开奖励和表扬的方式。布置工作要特别强调工作的艰巨性以及成功所需要的高超技巧等。颁发荣誉奖章、在公司的刊物上发表表扬文章、公布优秀员工光荣榜等手段都可以提高人们对自己工作的自豪感。

⑤ 自我实现的需要。目标是自我实现，或是发挥潜能。达到自我实现境界的人，接受自己也接受他人。解决问题能力增强，自觉性提高，善于独立处事，要求不受打扰地独处。要满足这种尽量发挥自己才能的需要，他应该已在某个时刻部分地满足了其他的需要。当然自我实现的人可能过分关注这种最高层次的需要的满足，以至于自觉或不自觉地放弃满足较低层次的需要。

自我实现的需要占支配地位的人，受到激励，会在工作中运用最富于创造性和建设性的技巧。重视这种需要的管理者会认识到，无论哪种工作都可以进行创新，创造性并非管理人员独有，而是每个人都期望拥有的。为了使工作有意义，强调自我实现的管理者，会在设计工作时考虑运用适应复杂情况的策略，会给"身怀绝技"的人委派特别任务以施展才华，或者在设计工作程序和制定执行计划时为员工留有余地。

（2）阿尔德弗的"生存、关系、发展"激励理论

"生存、关系、发展"激励理论即"ERG 理论"，这是阿尔德弗根据实验和研究于 20 世纪 70 年代提出的一种内容型激励理论。他的这一理论系统阐述了一个关于需要类型的新模式，可以说发展了马斯洛理论。

阿尔德弗认为把人类需要适当加以归类是必要的，而且在较低层次需要和较高层次需要之间要有基本区别。生存需要是指全部的生理和物质需要。这一类需要大体上同马斯洛需要层次理论中的生理需要和部分安全需要相对应。关系需要是指人与人之间相互关系、联系的需要，它同马斯洛需要层次理论中的部分安全需要、感情和归属的需要、部分受人尊重的需要相对应。发展需要是指一种要求得到提高和发展的内在欲望。它不仅强调充分发挥个人的潜能、有所作为和成就，还包括新能力的需要。它同马斯洛需要层次理论中部分受人尊重的需要和自我实现的需要相对应，如表 7-2 所示。

表 7-2　两种理论比较

需要层次理论	ERG 理论
生理需要	生存需要
安全（对物的）需要	
安全（对人的）需要	
感情和归属的需要	关系需要
受人尊重（受之于他人的）的需要	
受人尊重（自己确认的）的需要	发展需要
自我实现的需要	

显然，阿尔德弗对需要的这种归类，同马斯洛的方式是相似的，只是他把需要归为 3 种，并认为它们之间没有严格的界限，主要观点如下。

① 个人发展与成长的每个时期，可能存在一个或一个以上的优势需要。

② "生存、关系、发展" 3 类需要的关系既有 "满足—上升"（逐级上升或超越）的一面，也有 "挫折—倒退" 的一面。

③ 各个层次的需要满足性越少，则这种需要越为人所渴望和追求。

④ 较低层次的需要越是获得满足，则对高层次需要的渴望追求也就越强烈。

⑤ 较高层次的需要越是不能满足或缺乏，则对较低层次需要的追求就越多。

（3）双因素理论

美国心理学家赫茨伯格 1959 年提出了双因素理论。他认为：人类有两种不同类型的需要，或者对激励而言，存在两种不同类型的因素，它们彼此独立，而且能以不同的方式影响人的行为。赫茨伯格称能促使人们产生工作满意感的因素为激励因素；相应地称另一类促使人们产生不满意的因素为保健因素，如表 7-3 所示。

表 7-3　两种因素包括的内容

所有导致工作不满意的因素中保健因素（占 69%）	所有导致工作满意感的因素中激励因素（81%）
政策与行政因素	成就
监督	获得认可
与主管的关系	艰巨的工作
工作条件	责任
薪酬	晋升机会
同事间的人际关系	成长
个人生活	责任感
与下属的关系	
地位	
安全保障	

赫茨伯格通过调查发现人们对诸如本组织的政策和管理、监督、工作条件、人际关系、薪金、地位、职业安定及个人生活所需等，如果得到后则没有不满，得不到则产生不满。这类因素就是他所称的 "保健因素"。人们对诸如成就、赏识（认可）、艰巨的工作、晋升和工作中的成长、责任感等，如果得到则感到满意，人就会受到极大的激励，这就是他所称的 "激励因素"。保健因素通常与工作条件和工作环境有关，它不能直接起激励员工的作用，但能防止员工产生不满的情绪；保健因素改善后，员工的不满情绪会消除，但不能带来满意，员工处于一种既非满意又非不满意的中间状态；激励因素才能产生使员工满意的积极效果。这一理论提示人们，现实中确有不能激励人的因素，要给予关注。如果主管人员能够提供某些条件及满足保健性需要，也可能会保持组织中人们一定的士气水平。

（4）成就需要理论

美国心理学家戴维·麦克利兰提出成就需要理论。他认为人的基本需要有 3 种，即成就需要、权力需要和社交需要。因为，任何一个组织及每一个部门都代表了实现某些目标而集结在一起的工作群体。所有这 3 种动力对管理工作都有特别的关系。

① 权力需要。麦克利兰发现，具有较高权力欲的人对施加影响和控制表现出极大的关心。

这样的人一般寻求领导者的地位，他们十分健谈、好争辩、直率、头脑冷静、善于提出要求、喜欢讲演、爱教训人。

② 社交需要。极需社交的人通常从友爱中得到快乐，并总是设法避免因被某个团体拒之门外带来的痛苦。作为个人，他们往往保持一种融洽的社会关系，与周围的人保持亲密无间和相互谅解，随时准备安慰和帮助危难中的伙伴，并喜欢与他们保持友善的关系。

③ 成就需要。具有成就需要的人，对工作的胜任感和成功有强烈的要求，同样也担心失败；乐意，甚至热衷于接受挑战，往往为自己树立有一定难度而又不是高不可攀的目标；敢于冒风险，又能以现实的态度对待冒险，绝不会以迷信和侥幸心理对待未来，而是要进行认真的分析和估计；他们愿意承担所做的工作的个人责任，并希望得到所从事工作的明确而又迅速的反馈。这类人一般不常休息，喜欢长时间、全身心地工作，并从工作的完成中得到很大的满足，即使真正出现失败也不会过分沮丧。一般来说，他们喜欢表现自己。

麦克利兰研究表明，对主管人员来说，成就需要比较强烈。因此，这种理论常常应用于对主管人员的激励。他还认为，成就需要可以通过培养来提高。他指出，一个组织的成败，与它们具有高成就需要的人数有关。一个公司如果有很多具有成就需要的人，那么，公司就会发展很快；一个国家如果有很多这样的公司，整个国家的经济发展速度就会高于世界平均水平。

2．过程型激励理论

过程型激励理论研究激励如何发生。即研究为什么人们选择特定的行为方式来满足需要，以及在实现目标之后如何评估自己的需要。常见的过程型激励理论包括期望理论和公平理论。

（1）期望理论

美国心理学家 V·H·弗鲁姆于 1964 年在《工作与激励》一书中提出期望理论。他通过考察人们的努力行为与其所获得的最终奖酬之间的因果关系来说明激励的过程。期望理论的基本观点是：人们在预期他们的行动将会有助于达到某个目标的情况下，才会被充分激励起来去做某些事情以达到这个目标。他认为，任何时候，一个人从事某一行动的动力，是由他的行动的全部结果（积极的或消极的）的期望值乘以那个人预期这种结果将会达到所要求目标的程度决定的。换言之，他认为，激励是一个人某一行动的期望价值和那个人认为将会达到其目标的概率的乘积，用公式表示为

$$激励力（M）=期望值（E）×效价（V）$$

在这里，激励力是指激励水平的高低，它表明动机的强烈程度；效价是指一个人对某一目标（奖酬）的重视程度与评价高低，即主观认为奖酬价值大小；期望值是指一个人对自己的行为能否导致所想得到的工作绩效和可能性。从公式上可以看出，当一个人对达到某一目标漠不关心时，那效价就是零。而当一个人宁可不要达到这一目标时，那就是负的效价，结果当然是毫无动力。同样，期望值如果是零或负值时，一个人也就无任何动力去达到某一目标。因此为了激励员工，主管人员应当一方面提高员工对某一成果的偏好程度，另一方面帮助员工实现其期望值，即提高期望值的概率。

（2）公平理论

公平理论是由美国心理学家约翰·亚当斯于 1965 年提出的。该理论是研究人的动机和知觉关系的一种激励理论，认为员工的激励程度来源于对自己和参照对象的报酬和投入的比例

的主观比较感觉。

该理论的基本要点是：人的工作积极性不仅与个人实际报酬多少有关，而且与人们对报酬的分配是否感到公平的关系更为密切。人们总会自觉或不自觉地将自己付出的劳动代价及其所得到的报酬与他人进行比较，并对公平与否做出判断。公平感直接影响员工的工作动机和行为。因此，从某种意义来讲，动机的激发过程实际上是当事人与他人进行比较，做出公平与否的判断，并据以指导行为的过程。

公平理论可以用公平关系式来表示。设当事人为 a，被比较对象为 b，则当 a 感觉到公平时有下式成立。

$$op/ip=oc/ic$$

式中：op——自己对所获报酬的感觉；

oc——自己对他人所获报酬的感觉；

ip——自己对个人所做投入的感觉；

ic——自己对他人所做投入的感觉。

当上式为不等式时，可能出现以下两种情况。

① $op/ip<oc/ic$。在这种情况下，他可能要求增加自己的收入或减小自己今后的努力程度，以便使左方增大，趋于相等；第二种办法是他可能要求组织减少比较对象的收入或者让其今后增大努力程度以便使右方减小，趋于相等。此外，他还可能另外找人作为比较对象，以便达到心理上的平衡。

② $op/ip>oc/ic$。在这种情况下，他可能要求减少自己的报酬或在开始时自动多做些工作，但久而久之，他会重新估计自己的技术和工作情况，终于觉得他确实应当得到那么高的待遇，于是工作量便又会回到过去的水平了。

除了横向比较之外，人们也经常做纵向比较，即把自己目前投入的努力与目前所获得报酬的比值，同自己过去投入的努力与过去所获报酬的比值进行比较。只有相等时他才认为公平，如下式所示。

$$op/ip=oh/ih$$

式中：op——自己对现在所获报酬的感觉；

oh——自己对过去所获报酬的感觉；

ip——自己对个人现在投入的感觉；

ih——自己对个人过去投入的感觉。

当上式为不等式时，也可能出现以下两种情况。

① $op/ip<oh/ih$。当出现这种情况时，人也会有不公平的感觉，这可能导致工作积极性下降。

② $op/ip>oh/ih$。当出现这种情况时，人不会因此产生不公平的感觉，但也不会觉得自己多拿了报酬，从而主动多做些工作。

调查和实验的结果表明，不公平感的产生，绝大多数是由于经过比较认为自己目前的报酬过低而产生的；但在少数情况下，也会由于经过比较认为自己的报酬过高而产生。

公平理论对我们有着重要的启示。首先，影响激励效果的不仅有报酬的绝对值，还有报酬相对值。其次，激励时应力求公平，使等式在客观上成立，尽管有主观判断的误差，也不致造成严重的不公平感。再次，在激励过程中应注意对被激励者公平心理的引导，使其树立正确的公平观，一是要认识到绝对的公平是不存在的，二是不要盲目攀比，三是不要按酬付劳，按酬付劳是在公平问题上造成恶性循环的主要杀手。

为了避免员工产生不公平的感觉，企业往往采取各种手段，在企业中造成一种公平、合理的气氛，使员工产生一种主观上的公平感。如有的企业采用保密工资的办法，使员工相互不了解彼此的收支比率，以免员工互相比较而产生不公平感。

3．行为改造型激励理论

行为改造型激励理论主要研究为什么某些行为可以长期持续，而另一些行为则发生了改变。它主要包括强化理论和归因理论。

（1）强化理论

强化理论是行为改造理论之一，它是由美国心理学家 B·F·斯金纳提出来的。强化是心理学术语，是指通过不断改变环境的刺激因素来达到增强、减弱或消失某种行为的过程。

强化理论包括正强化和负强化。正强化是通过对人们的某种行为给予肯定和奖赏，使其巩固保持，发扬光大。日常工作中的表扬、奖励等就属于正强化。负强化是通过对人们的某种行为给予否定和惩罚，使其减弱、消退。批评、惩处、罚款等就属于负强化。一般来说，如果一种刺激对他有利，则相应的行为会重复出现；若对他不利，则相应的行为就会减弱直至消失。因此，管理者可以通过物质奖励和精神奖励的方式强化那些符合组织目标的行为和通过惩罚的方式削弱那些不符合组织目标的行为。正强化和负强化是相对而言的，负强化可以增强正强化的功能，而不进行正强化本身也是一种负强化，一种行为如果在多次出现时都得不到应有的奖励，就会自然地减弱和消失。所以，在管理活动中，管理者需要灵活地运用正强化和负强化的方式，以使人们的行为符合组织目标。

主管人员在应用强化手段改造行为时应遵循以下几条原则。

① 要设立一个目标体系。主管人员应把总目标分解成分目标和分阶段目标，每完成一个分目标和分阶段目标都及时给予强化，以便增强下属的信心，逐步实现总目标。

② 要及时反馈和及时强化。主管人员要使下属尽快知道自己的行为结果并及时强化，使下属得到及时的鼓励和鞭策。

③ 要使奖酬成为真正的强化因素。奖酬是否成为强化因素要看行为发生次数的增减。为此，主管人员应重视物质奖励和精神奖励相结合；奖励不宜过于频繁；奖励的方式要新颖多样。

④ 要多用不定期奖励。定期奖励成了人们预料中的事，会降低强化作用；不定期的奖励和间歇的强化效果更好。

⑤ 奖惩结合，以奖为主。

⑥ 奖酬要不断有所增长。

⑦ 因人制宜采取不同的强化模式。

（2）归因理论

归因理论是美国心理学家哈罗德·H·凯利等人提出来的。目前，归因理论的研究着重在两个方面：一个方面是把行为归结为外部原因还是内部原因；另一个方面是人们获得成功或遭受失败的归因倾向。而人们的行为获得成功还是遭受失败可以归因于 4 个要素，即努力、能力、任务难度、机遇。这 4 个因素可以按以下 3 个方面来划分。

① 内因或外因。努力和能力属于内因，任务难度和机遇属于外因。

② 稳定性。能力和任务难度属于稳定因素，努力和机遇属于不稳定因素。

③ 可控性。努力是可控因素；能力在一定条件下是不可控因素，但人们可以提高自己的能力，这种意义上的能力又是可控的；任务难度和机遇是不可控的。

人们把成功和失败归因于何种因素，对以后的工作态度和积极性有很大影响。例如，把成功归因于内部原因，会使人感到满意和自豪，归因于外部原因，会使人感到幸运和感激；把失败归因于稳定因素，会降低以后工作的积极性，归因于不稳定因素，可能会提高以后的工作积极性等。归因理论有助于主管人员了解下属的归因倾向，以便正确指导。

4. 综合模式

波特和劳勒在期望理论基础上引申出了一个实际上更为完善的激励模式，并把它主要用于对主管人员的研究上，如图 7-9 所示。

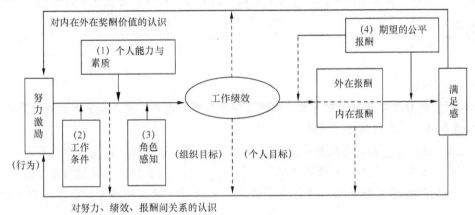

图 7-9　综合模式

正如模式所示，努力的程度、激励的强度和发挥出来的能力取决于报酬的价值加上人们所看到的有关认为需要的程度及实际得到报酬的可能性。这种努力和得到报酬的可能性又受实际工作成绩的影响。很明显，假如人们知道他们能做某件工作或者已经做过这样工作，他们就能更好地评价所需做出的努力，并更好地知道得到报酬的可能性。职务工作中的实际成绩（所做的工作或实现的目标）主要取决于所做的努力。不过，它在很大程度上也受一个做该项工作的能力（知识和技能）和他对所做工作的理解力（对目标、所要求的活动及任务其他要素的理解程度）的影响。工作成绩又导致内在的报酬（如一种成就感或自我实现感）和外在的报酬（如工作条件和身份地位），这些又和个人对公平的报酬的理解糅合在一起，从而给人们以满足。但工作成绩也会影响个人所看到的公平报酬，这必然会影响员工的满足程度，这是很容易理解的。同样，报酬的实际价值将为满足所影响。从这种模式中可以看到，激励不是一种简单的因果关系。领导者应该仔细评价自己的报酬结构，并通过周密的计划、目标管理和借助良好的组织结构所明确的职责，把"努力—成绩—报酬—满足"这一连锁关系结合到整个管理系统中去。

 本章要点

- 领导的功能和作用。

- 领导工作的原理。
- 管理方格图理论。
- 马斯洛的需要层次理论。
- 赫茨伯格的双因素理论。
- 弗鲁姆的期望理论。
- 亚当斯的公平理论。
- 激励的类型。

关键概念

领导　激励　需要层次理论　双因素理论　期望值　效价　正强化　负强化

综合练习

一、选择题

1. 西方的管理学家对于领导者在管理工作中采用的领导方式进行多方面的研究后发现，西方的领导者多采取的领导方式是（　　　）。

　　A. 高关怀、高定规的领导方式　　　　　B. 低关怀、高定规的领导方式

　　C. 低关怀、低定规的领导方式　　　　　D. 高关怀、低定规的领导方式

2. 美国管理学家布莱克和穆顿对于领导方式进行了深入的研究后提出的著名理论是（　　　）。

　　A. 领导行为四分图理论　　　　　　　　B. 管理方格图

　　C. 领导权变理论　　　　　　　　　　　D. 二维构面理论

3. 以下是实际所观察到的某些领导者的行为表现：①自行做出并宣布决策；②强行推销自己所做的决策；③做出决定并允许提出问题；④提出可修改的讨论计划；⑤提出问题，征求意见并做出决策；⑥规定界限但由集体做出决策；⑦允许下属在上级规定的界限内行使决策权。对这7种领导行为的最适当分类是：（　　　）。

　　A. ①②属于权威式，③④⑤属于参与式，⑥⑦属于民主式

　　B. ①属于权威式，②③④⑤属于民主式，⑥⑦属于放任式

　　C. ①②属于权威式，③④⑤属于民主式，⑥⑦属于放任式

　　D. ①②属于权威式，③⑤属于民主式，④⑥⑦属于放任式

4. 美国俄亥俄州立大学的罗尔夫·斯托格弟、卡罗·沙特尔对领导方式进行了深入的研究后提出的著名理论是（　　　）。

　　A. 二维构面理论　　　　　　　　　　　B. 管理方格图

　　C. 领导权变理论　　　　　　　　　　　D. 三维构面理论

5. "天时不如地利，地利不如人和"强调的是领导者在管理过程中应该灵活运用的艺术是（　　　）。

　　A. 授权的艺术　　　　　　　　　　　　B. 决策的艺术

　　C. 协调人际关系的艺术　　　　　　　　D. 运筹时间的艺术

6. 下列属于弗鲁姆提出的公式是（　　　）。

    A. 领导 $= f$（领导者、被领导者、情境）　　B. 激励力 = 效价×期望值

    C. 领导 = 建立关系 = 沟通　　D. 激励 = 需要+动机

7. 下列属于内容型激励理论的是（　　　）。

    A. 麦格雷戈的双因素理论　　B. 阿吉里斯的动态平衡理论

    C. 赫茨伯格的双因素理论　　D. A 和 B

8. 作为管理职能的领导是指（　　　）。

    A. 通过选举或组织正式任命产生的　　B. 从社会群体中自发产生的

    C. 有追随者而不是名义上的　　D. A 和 B

9. 菲德勒阐明的领导情境的 3 个关键性方面是（　　　）。

    A. 组织外部环境、组织内部环境、组织任务

    B. 任务取向、下属成熟度、领导风格

    C. 专制独裁式、开明专制式、协商参与式

    D. 职位权力、任务结构、领导者与下属的关系

10. 司马迁遭宫刑之辱后，发愤完成《史记》这一不朽巨著，从需要理论分析，这主要出于其（　　　）。

    A. 生理需要　　B. 社会需要

    C. 自尊需要　　D. 自我实现需要

二、填空题

1. 需要层次理论认为，人的最低层需要是_____。

2. 曹雪芹虽食不果腹，仍然坚持《红楼梦》的创作是出于其_____需要。

3. 双因素理论的提出者是_____。

4. 按照领导生命周期理论，当下属的成熟程度进入到较成熟阶段时，领导者应采取的领导方式是_____的领导方式。

5. 在管理方格图理论中，表示任务型领导方式的是_____。

6. 按照领导生命周期理论，当领导者采取_____的领导类型时，表示下属处于成熟阶段。

7. 在管理方格图理论中，（5.5）方格被称为_____管理方式。

8. 赫茨伯格把公司的工作条件、同事关系、监督、工资等称之为_____因素。

9. 公平理论的提出者是美国学者_____。

10. 期望理论属于_____激励理论。

三、简答题

1. 领导的功能和作用是什么？

2. 简述领导权力的分类。

3. 简述领导工作的原理。

4. 简述管理方格图理论的内容。

5. 简述二维构面理论的内容。

6. 简述马斯洛需要层次理论的内容。

7. 简述赫茨伯格双因素理论的内容。

8. 简述弗鲁姆期望理论的内容。

9. 强化有哪些类型？

10. 公平理论的内容是什么？

11. 简述菲德勒权变理论的内容。

12. 简述领导的生命周期理论的内容。

13. 领导艺术包括哪些方面的内容？

14. 激励有哪些类型？

15. 激励的要点有哪些？

四、案例分析题

案例 1：林肯公司的激励制度

林肯电气公司总部设在克里夫兰，年销售额为 44 亿美元，拥有 2 400 名员工，有一套独特的激励员工的方法。该公司 90% 的销售额来自于生产弧焊设备和辅助材料。林肯公司不设最低小时工资。员工为公司工作两年后，便可以分享年终奖金。该公司的奖金制度有一整套计算公式，它全面考虑公司的毛利润及员工的生产率与业绩，是美国制造业中对工人最有利的奖金制度。在过去的 56 年中，平均奖金是基本工资的 95.5%，该公司中相当一部分员工的年收入超过 10 万美元。近几年经济发展迅速，员工年平均收入为 44 000 美元左右，远远超出制造业员工年收入 17 000 美元的平均水平。在不景气的年头里，如 1982 年的经济萧条时期，林肯公司员工收入降为 27 000 美元，这虽然相比其他公司还不算太坏，可与经济发展时期相比差了一大截。公司 1958 年开始一直推行职业保障政策，从那时起，他们没有辞退过一名员工。当然，作为对此政策的回报，员工也相应地做到几点：在经济萧条时他们必须接受减少工作时间的决定，而且要接受工作调动的决定。有时甚至为了维持每周 30 小时的最低工作量而不得不调整到一个报酬更低的岗位上去。

林肯公司极具成本和生产率意识，如果工人生产出一个不合标准的部件，那么除非这个部件修改至符合标准，否则这件产品就不能记入该人的工资中。严格的计件工资制和高度竞争性的绩效评估系统，形成了一种很有压力的氛围。有些工人还因此产生了一定的焦虑，但这种压力有利于生产率的提高。据该公司的一位管理者估计，与国内竞争对手相比，林肯公司的总体生产率是他们的两倍。自 20 世纪 30 年代经济大萧条以后，公司还是年年获利丰厚，没有缺过一次分红。该公司还是美国工业界中工人流动率最低的公司之一。该公司的两个分厂还被《财富》杂志评为全美十佳管理企业。

思考：

1. 你认为林肯公司使用了何种激励理论来调动员工的工作积极性？

2. 为什么林肯公司的方法能够激励员工努力工作？

3. 你认为这种激励制度可能给公司管理当局带来什么问题？

案例 2：闲可钓鱼与无暇吃鱼

一、"闲可钓鱼" 的王业震

新港船厂是中国船舶工业总公司下属一家较为大型的企业，1982 年 11 月，46 岁的高级工程师王业震出任该厂厂长。当时有员工 6 500 人，固定资产 1.2 亿元。在技术上和管理上，借鉴日本三井造船、大阪造船等企业的经验，锐意改革。企业内部管理体制设两大系统：直线指挥系统和职能系统。日常工作中，上级不可越级指挥，但可越级调查；下级不可越级请示，但可越级投诉。明确每个人只有一个直接上级，而每个上级直接管辖的下属为 3～9 人。

归厂长王业震本人直接领导的只有 9 人。此外，专设 3 个"厂长信箱"，随时了解员工的意见和建议。

某车间工人来信反映某代理工段长不称职，王业震于第二天收阅后批转有关部门查处，经调查属实随即做人事调整，前后仅 5 天时间。后来两艘货轮在渤海湾相撞，由该厂承担抢修业务。在夜以继日的抢修中，王厂长让后勤部门把馒头、香肠、鸡蛋送到现场。任务提前完成后，盈利 80 万元。王业震和厂领导班子决定破例发给参加抢修的员工加班费和误餐补助费 8 600 元。

新领导班子对会议做了改革。全厂必须召开的 15 个例会，时间、地点、出席人员都通过制度固定下来。一般会议不超过 2 小时，每人发言不超过 15 分钟。王厂长本人每周仅召集两次会：厂长办公会和总调度会。王业震基本上按时上下班，很少加班加点。每逢出差外出，他就委托一位副厂长代行职权。厂里曾经委派一位中层管理人员去日本监造主机，行前又明确授权让他一并购买主机控制台用的配件。那位中层管理人员到日本后，却接连就价格、手续、归期等事项打国际长途电话向厂里请示。王业震的答复是："将在外，君命有所不受。你是厂里的全权代表，可以做主，不要遇事请示，那里的事你自己定夺。今后再打电话来，电话费由你自己付。"

仅仅一年，新班子和王业震初试锋芒即见成效。1983 年，新港船厂造船 4 艘、修船 137 艘，工业总产值、利润、全员劳动生产率分别比上年增长 25.6%、116% 和 20%。

二、无暇吃鱼的步鑫生

海盐衬衫总厂坐落在浙江省海盐县武原镇。该厂最初只是一个仅有 30 人的小厂。自 1976 年起，该厂专门生产衬衫，陆续开发出了双燕牌男女衬衫、三毛牌儿童衬衫和唐人牌高级衬衫等产品。到 1983 年，该厂已拥有固定资产净值 107 万元，600 多名员工，当年工业总产值 1 028 万元，实现利润 52.8 万元。步鑫生闻名退迩。

步鑫生为厂里大大小小的事情操心，可谓"殚精竭虑""废寝忘食"。他性喜吃鱼，却忙得连吃鱼也顾不上了。有一次，食堂里没有别的菜，只有鱼。鱼非常鲜美，正合口味，可是他只吃了几口，因为太费时间，张口将未及咀嚼的鱼连肉带刺吐了出来，就急匆匆地走了。他每天工作十五六个小时，从不午睡，每次出差，都是利用旅途小憩，到达目的地立即投入工作。

步鑫生主持制定的本厂劳动管理制度规定：不准迟到早退，违者重罚。有位副厂长从外地出差回来，第二天上班迟到了 3 分钟，也被按规定扣发工资。在他的带动下，全厂上下形成了雷厉风行的作风。只要厂内广播通知开会，两分钟内，全厂 30 名中层以下干部凡是在厂的全都能到齐。开会的时间一般不超过 15 分钟。

进入 1984 年，我国刮起了"西装热"。步鑫生做出兴办西装分厂的决策。这次决策前后不过 2 小时，副厂长小沈闻讯提出异议时却被说："你懂什么，老三老四"。一份年产 8 万套西装、18 万美元的估算和外汇额度的申请报告送到了省主管部门，在那里 8 万套变成了 30 万套，18 万美元成了 80 万美元，层层报批、核准，6 000 平方米西装大楼迅速进入施工，耗资 200 万元。无奈好景不长。宏观经济过热急剧降温，银根紧缩，国家开始压缩基建规模。海盐厂的西装大楼被迫停工。市场上一度十分抢手的西装也出现了滞销迹象。

1985 年入秋，步鑫生被选送浙江大学管理专业深造。他并不因此而稍有解脱，企业严峻的经营状况令他放心不下。他频频奔波于厂校两地，在厂的日子远多于在校。半年之后，他退学回厂，决心以 3 年时间挽回企业的颓势。仍然是精明强干的步鑫生，他的助手多数也很能干，只是当他从早到晚忙着处理厂里的大事小事时，他的助手似乎插不上手。步鑫生备尝创业的艰辛，终因企业濒临于破产窘境而被免去厂长之职。

思考：

1. 同为一厂之长，为什么王、步两人忙闲如此悬殊？试从领导方式和管理措施上分析原因。

2. 作为厂长或经理，"从早忙到晚"意味着什么？试评述其得与失。

3. 致使组织中领导者和管理者的时间经常被无效利用的主要原因有哪些？

案例 3：哪种领导方式最有效

ABC 公司是一家中等规模的汽车配件生产集团。最近，该公司对 3 个重要部门经理进行了一次有关领导方式的调查。

1. 安西尔

安西尔对他本部门的产出感到自豪。他总是强调对生产过程、产出产量控制的必要性，坚持下属人员必须很好地理解生产指令以得到迅速、完整、准确的反馈。当遇到小问题时，安西尔会放手交给下级去处理；当问题很严重时，他则委派几个有能力的下属人员去解决问题。通常情况下，他只是大致规定下属人员的工作方针、完成怎样的报告及完成期限。安西尔认为只有这样才能实现更好的合作，避免重复工作。

安西尔认为对下属人员采取敬而远之的态度对一个经理来说是最好的行为方式，所谓的"亲密无间"会松懈纪律。他不主张公开谴责或表扬某个员工，相信他的每一个下属人员都有自知之明。安西尔说，在管理中的最大问题是下级不愿意接受责任。他的下属人员可以有机会做许多事情，但他们并不努力地去做。他不能理解，在以前他的下属人员如何能与一个毫无能力的前任经理相处。他的上司对他们现在的工作运转情况非常满意。

2. 鲍勃

鲍勃认为每个员工都有人权，他偏重于管理者有义务和责任去满足员工需要的学说，他常为他的员工做一些小事，如给员工两张艺术展览的入场券。每张门票才 15 美元，但对员工和他的妻子来说却远远超过 15 美元。这种方式，也是对员工过去几个月工作的肯定。他每天都要到工厂去一趟，与至少 25% 的员工交谈。鲍勃不愿意为难别人，他认为安西尔的管理方式过于死板，安西尔的员工也许并不满意，但除了忍耐别无他法。鲍勃说，他已经意识到在管理中有不利因素，但大都是由于生产压力造成的。他的想法是以一个友好、粗线条的管理方式对待员工。他承认尽管在生产率上不如其他单位，但他相信他的雇员有高度的忠诚与士气，并坚信他们会因他的开明领导而努力工作。

3. 查理

查理说他面临的基本问题是与其他部门的职责分工不清。他认为不论是否属于他们的任务都安排在他的部门，似乎上级并不清楚这些工作应该谁做。查理承认他没有提出异议，因为这样做会使其他部门的经理产生反感。他们把查理看成是朋友，而查理却不这样认为。

查理说过去在不平等的分工会议上，他感到很窘迫，但现在适应了，其他部门的领导也习以为常了。查理认为纪律就是使每个员工不停地工作，预测各种问题的发生。他认为作为一个好的管理者，没有时间像鲍勃那样握紧每一个员工的手，告诉他们正在从事一项伟大的工作。他相信如果一个经理声称为了决定将来的提薪与晋职而对员工的工作进行考核，那么，员工则会更多地考虑他们自己，由此而产生很多问题。他主张，一旦给一个员工分配了工作，就让他以自己的方式去做，取消工作检查。他相信大多数员工知道自己把工作做得怎么样。如果说存在问题，那就是他的工作范围和职责在生产过程中发生的混淆。查理希望公司领导叫他到办公室听听他对某些工作的意见。然而，他并不能保证这样做不会引起风波而使情况有所改变。

思考：

1. 你认为这3个部门经理各采取了什么领导方式？这些方式都是建立在什么假设的基础上的？试预测这些方式各将产生什么结果？

2. 是否每一种领导方式在特定的环境下都有效？为什么？

五、补充阅读材料

谢家华：与顾客建立更密切的关系

如果用一句话来概括 Zappos（美捷步网上鞋店）CEO 谢家华的经营理念，那就是与顾客建立更密切的关系。"很多市场开发人员常犯的错误是太关注如何吸引顾客的眼球，他们其实应该把注意力放在建立关系和信任上"。

2002 年，Zappos 的销售达到 3 200 万美元，作为一家 2000 年起步的公司，这个成绩是相当不错的。谢家华在公司内部树立了一个目标，到 2010 年实现 10 亿美元的销售收入。由于承担不起开发新市场的成本，Zappos 决定将客户服务作为公司的重点，吸引老客户增加购买。

Zappos 为客户提供免费的送货和退货，尽管正常的服务条款是 4—5 天送货，但实际上向几乎所有的顾客提供升级服务，往往 2 天就可以到货。客户服务会鼓励客户多订两双鞋，在家里尽情试穿，如果不喜欢就退回来。如果顾客所要求的产品本公司刚好卖完，客服人员必须在至少 3 家卖鞋的网站上帮助顾客寻找，并将购买信息提供给顾客。

许多公司尽力减少电话服务的工作量，而 Zappos 则鼓励顾客给自己打电话，将电话放在网站最上面显眼的位置。同时，不给客服人员设计台词，也不限制每个服务电话的长度，鼓励员工发挥个性，与顾客建立起一种私人的情感联系。在解决顾客问题时，给员工最大限度的授权，尽可能避免出现请示经理的情况。"我们相信在一般情况下，最好的想法和决定来自于基层，来自那些身处一线、离事情或者客户最近的人。而一个经理的作用就是消除障碍，让他的下属能够成功。"

在 Zappos 的管理团队决定以超出期望的客户服务作为品牌形象之前，谢家华和他的团队与员工们进行了广泛的讨论，每一个员工都表现出对新方向的激动。为了保证及时送货，Zappos 决定放弃第三方仓库服务（利润高，但可能临时缺货），而全部由自己的库存发货。对于一家尚未赢利的公司，这是一项艰难的选择。然而，作为客户导向的企业，这样做又是必需的。"我们已经做了许多客户喜爱的创新和变革，我们几乎为所有的客户提供了升级服务，这意味着更短的运输时间……那不是我们必须做的，也不能在短期内提高我们的利润。然而，因为这样可以创造一种神奇的客户体验……我们坚信从长远来看，这些留驻在客户脑海里的细节最终会带来巨大的红利。"

2000 年，Zappos 遇到了极大的困难，融资的希望极其渺茫。谢家华不得不将公司情况向全体员工公开，同时开始裁员或削减员工的工资。他将自己的房子作为员工宿舍，试图帮助员工减少日常开支。然而他意外地发现，裁员之后，公司的生产力并未下降，因为离开的往往是那些绩效不佳的员工。谢家华由此学到一个宝贵的经验，"如果向整个公司注入激情，让大家作为一个紧密的团队一起努力，就会产生惊人的力量。"

谢家华认为，文化建设甚至比客户服务更重要。如何保证公司能够不断招聘认同并适合 Zappos 服务文化的员工？2004 年开始，Zappos 每年会出版一本《文化书》。每位员工将自己对 Zappos 公司文化的理解用 100—500 字总结出来（允许匿名），将这些见解汇编成书后发给所有新员工和老员工。不同的版本则反映出公司文化演变的轨迹。谢家华花了差不多一年的时间，在公司里发动价值观的讨论，最终形成了 Zappos 的十大价值观，其中第一条就是"通过服务让人们感到惊叹，Wow！"

2008 年金融危机出现后，公司不得不裁员 8%，谢家华以博客的形式公布了这一决定并说明了公司为减少员工痛苦所做的努力（额外支付的薪水和保险）。他还向留下的员工发出一封公开信，说明公司没有进一步的裁员计划以及如何通过大家的努力来走出困境。"从根本上讲，我们相信开放和诚实可以让人们建立起最好的关系，因为这可以使人们相互信任，保持忠诚。"2009 年，Zappos 入选《财富》"全美百名最佳雇主"名单。

Zappos 的员工入职培训中包括两周实际接听顾客电话，不论员工的岗位是会计师、律师还是工程师。因为在来来的工作中，公司期望所有的员工都要为提高服务质量而出力。在培训一周后，公司会向所有愿意离开的人出价 2 000 美元（培训期间的工资照付），以确保加入的员工不止是为了赚钱才来到这里。这一举措传达出强烈的信息，公司需要认同愿景和文化的员工，它会认真地根据自己的价值观来聘用和解雇员工。

2008 年，Zappos 实现了 10 亿美元的销售，比计划提前了两年。谢家华将这一成就归因于公司的信仰：客户服务、文化和员工培训。

第八章 控 制

学习目标

【知识目标】

- 控制的定义、目的、作用和类型
- 控制的过程与控制的原理
- 控制的方法
- 危机管理的定义、处理原则和处理方法

【能力目标】

- 能够正确地对企业运用控制方法
- 能够运用理论知识分析企业所面临的危机并得出合适的处理方法

案例导入

携程网呼叫中心：像制造业一样组织服务工作

呼叫中心是企业为改进客户关系而设立的人工电话或自动电话应答系统，通常同IT技术相结合。携程网是我国在线旅游产业的领头羊，它的业务主要包括酒店订房、机票购买和商旅服务。

携程很早就发现，电话服务是带来订单的主要业务方式。在很长一段时间里，携程电话预订的比例是70%。2000年，携程建立了自己的呼叫中心。2010年，携程上海呼叫中心已经有4 000名座席代表，每天服务的客户人数超过10万人，接通电话数量几十万个，新的南通呼叫中心可以容纳12 000名座席代表。如此庞大的呼叫业务量和人员，如何保证服务的可靠性？

当你用携程会员注册号码打进客服电话时，呼叫中心的座席代表能够马上叫出你的名字，他们知道你以往的订单记录和消费偏好，对你的订单能够做出快速而热情的回答。这并非他们有着很好的记性，而是因为电脑系统告诉了他们应该如何回答。

携程专门开发了一套多窗口浏览器，除了具备一般浏览器的全部功能，还将电话的操作功能（如登录、退出、暂停、工作等）做成按钮和功能键放在界面上方，将当前座席的工作状态和队列情况显示在界面下方。页面上显示的电话号码可以按右键直接拨出，操作起来非常便捷。当呼入电话转移到某个座席代表时，座席软件会自动弹出新的窗口，新窗口的URL中包含呼入电话的信息，包括主叫、被叫号码、IVR信息等，应用服务器根据这些参数直接显示相应客户及操作功能的页面，业务代表可以立刻开始和客户交谈并进行相应的业务处理。

携程还为座席代表建立了"计算机引导过程"。在对一个订单进行处理的全部过程中，从接到订单到联系酒店到最后确认，计算机会把座席人员要说的话都显示出来，只要照着读就可以了。这个程序逻辑复杂，要根据客户的不同情况生成不同的内容。例如对第一次预订的客户，系统要提醒客户如果要取消或修改的话要打电话通知携程；如果是保留房的话，系统会提示没有问题；如果是当场现订，系统会提示在两个小时内答复客户。根据当时不同类型的客户、不同宾馆、不同时间状况，计算机讲的"话"都不一样，目的是在最短时间里给客户一个最确切的答复。

标准化是服务管理的难题，不同的服务人员往往会造成服务水准参差不齐。携程的呼入电话有分类的标准处理流程；每一张订单的回复都有记录并列入工作考核；通话录音储存在数据库中，供考核和查询，任何一个错误都被记录在案；每一个部门的考核指标都逐一分解到个人和每道工序；一线服务人员每周要接受30多项定性定量的考评；每个接进来的电话都有分类的标准处理流程供参考；订单回复速度由专人监控；订单完成时间由专人统计并改进。携程每名接听员处理每个电话平均不超过180秒，即平均3分钟内下好一个订单，而一个订单过程涉及20多道处理程序。CEO范敏说："接电话、下订单的过程，就像工厂的流水线。""所有的交易处在一种可监察、可复制、可提高的过程中，最大限度地让旅行者得到准确、周到、称心的服务。"对于标准化和个性化服务是否矛盾的疑问，前任CEO梁建章说："只有非常严格的量化指标才能保证个性化的服务。例如操作员在接待老顾客时，老顾客以往的消费习惯，像他喜欢的房型、床的大小，系统都会提示给操作员，这其实就是一个制造业的过程。"

携程还使用了现代管理工具提高呼叫工作的效率，例如六西格玛。这个术语来自制造业，每百万次中出现少于3.4次的差错就达到六西格玛标准。携程借用过来，要像"制造产品一样制造服务"，把差错率不断压到更低的水平。例如，要把客人打给呼叫中心电话的等待时间控制在国际通行的20秒以内，接听比例从80%提高到90%以上。为了提高咨询正确率，要分析在什么问题上容易犯错、哪些人容易犯错、哪天的哪个时段容易犯错。数据显示入职三个月的新员工最易犯错，要安排一个老员工随时辅导；原定的三个月可以出师，改为四个月。数据显示每天3点、6点容易犯错；就在3点前安排10分钟休息，在6点把班次调一下……

负责呼叫中心业务的副总裁孙茂华认为，像携程这样大规模的呼叫中心仅仅依靠科学管理是不够的，还必须引入人性化的因素。为了保证服务的质量，呼叫中心必须执行极为严格的规章制度和流程。携程在这一过程中注意将服务要求和员工利益结合起来。携程重视基层员工的参与和沟通，鼓励小组活动、部门年会、管理者午餐等，员工可以通过邮件、接待日直接向高层反映问题或提出建议。在和服务无关的地方比如员工着装、桌上装饰等，携程的规定是比较宽松的，让员工展示个性，获得愉快的上班环境。

在孙茂华看来，与银行以及移动运营商等的企业呼叫中心不同，在提供旅游服务产品的携程公司，呼叫中心是客户感受公司、影响其忠诚度的最重要的接触点，也是行业竞争的核心。携程相信只有将技术、流程和员工能力综合起来，才能实现长期的优势。

 学习内容

控制工作是管理过程的一个组成部分，在计划工作与控制之间，形成一种周而复始的循环过程。广义的控制可能涉及重新修订目标、制定新的计划、调整组织机构、改善人员配备，以及在领导方法上做出重大改变。因此，控制与管理的其他各种职能紧密联系，相

互影响，它使管理工作成为一个闭环系统。控制是一个过程，包括 3 个要素，即制定标准、根据标准衡量工作成效，以及采取措施纠正偏离标准的偏差。本章介绍了控制的基本概念、目的、作用、类型、过程和方法。另外，在本章中，我们也介绍了危机管理的一些基本要求与处理原则。

8.1　控　制　概　述

要了解控制工作，我们首先要知道什么是控制，控制的目的是什么，控制有哪些作用，控制有哪些类型，因此，本节将重点介绍控制的定义、目的、作用和类型。

8.1.1　控制的定义

控制论是由美国数学家罗伯特·维纳于 1948 年创立的，它是研究关于系统的调节与控制的一般规律的科学，任务是使系统在稳定的运行中充分实现自己的目标。之后，控制论被许多学科广泛地借鉴和吸收，用来丰富自己的理论和方法体系，现代管理学就是其中之一。

管理学中的控制职能是指：组织内部各级主管人员根据事先确定的标准及为此而拟订的计划的进展情况进行测量和评价，并在出现偏差时及时进行纠正，以确保组织的目标得以实现的过程。可见，控制主要体现在计划的执行过程中，是一种不断地对照计划来检查现有的作业状况的活动。要理解控制职能的含义，必须先了解它与计划职能的关系。

计划和控制是一个问题的两个方面。管理者进行组织活动时，首先要制定出计划，建立起组织结构，希望能最有效地利用组织资源创造最大的价值，然后计划又成为用以评定行动及其效果是否符合需要的标准。计划越明确、全面和完整，控制的效果也就越好。由于在计划制定时，制定者对未来组织内部条件或外部环境的估计存在一定偏差，会造成组织目标设定不当；或者是计划执行过程本身出现问题，导致现实与目标发生脱离，因此当出现上述情况时，就需要调整原来的计划和目标或者调整执行行动本身。在这个过程中，计划为控制提供了标准，控制为计划实现提供了保证，也积极影响着计划工作的制定。美国管理学家哈罗德·孔茨形容计划工作与控制工作是一把剪刀的两刃，缺少任何一个，剪刀都无法发挥作用。控制职能是每一位负责执行计划的主管人员的主要职责，无论哪一层次的管理者，都必须对计划的实施和目标的实现负责。

8.1.2　控制的目的

在早期的管理活动中，控制工作主要是通过财务审计来进行的。那时组织规模比较小，公司业务内容比较单一，控制工作的目的主要是防止资金在使用过程中出现浪费或流失，并保障能获得最大的收益。随着社会和科学技术的进步，组织活动的规模越来越大，活动内容也日益复杂，因而控制职能被应用的领域也越来越多，财务审计已经远远不能概括控制职能的范围。但尽管如此，财务审计仍不失为一种重要的控制方法。

在现代的管理活动中，无论采用哪种方法来进行控制工作，都要达到两个目的。控制的第一个目的是，也是控制的基本目的，就是要"维持现状"，即在变化着的内外环境中，通过控制工作，随时将计划的执行结果与标准进行比较，若发现有超过计划容许范围的偏差时，则及时采取必要的纠正措施，以使系统的活动趋于相对稳定，实现组织的既定目标。"维持现状"多是为了解决组织中存在的"急性问题"，也就是组织中经常产生的可迅速、直接地影响日常经营活动的问题，例如机器设备出现故障等。这类问题对多数人的工作和利益会产生显而易见的影响，所以容易被人们发现、承认和解决。

控制工作要达到的第二个目的是要"打破现状"。在某些情况下，变化的内外部环境会对组织提出新的要求。主管人员对现状不满，要改革，要创新要开拓新局面。这时，就势必要打破现状，即修改已定的计划，确定新的现实目标和管理控制标准，使之更先进、更合理。"打破现状"就是要解决组织中存在的慢性问题。慢性问题是在长期的活动中逐渐形成的，产生的原因复杂多样，人们对于其存在已经习以为常，以至于适应了它的存在，不可能发现或者即使是已经发现了也不愿意承认和解决。例如工人工作效率低、产品不合格率高等。这类问题的解决需要从多个方面着手，是一个比较长的过程。因此，要使控制工作真正起作用，就要重点解决慢性问题，打破现状，求得螺旋形上升。

尽管我们所讲的控制工作的主要目的是上述两个，但管理中控制的最佳目的是防止问题的发生。这就要求管理人员具有超前意识，把控制系统建立在前馈而不是简单的信息反馈的基础上，也就是在制订计划之前就能预测到可能发生偏离的情况并能及时采取措施来加以防止。

8.1.3　控制的必要性

控制工作作为管理的四大职能之一，通过纠正偏差的行动与其他 3 个职能紧密地结合在一起，使管理过程形成了一个相对封闭的系统。在多数情况下，控制工作既是一个管理过程的终结，又是一个新的管理过程的开始。在这个系统中，计划职能选择和确定了组织的目标、战略、政策和方案及实现它们的程序，组织职能提供了完成这些目标的结构、人员配备和责任，领导职能提供了影响、指挥、激励和沟通的环境，而控制职能不仅限于衡量计划执行中出现的偏差，还通过采取纠正措施，把那些不符合要求的管理活动引回到正常的轨道上来，使管理系统稳步地实现预定目标。这些纠正措施可能涉及重新拟订目标、修订计划、改变组织机构、调整人员配备，并对领导方式做出重大的改变等。这实际上是开始了一个新的管理过程。也就是说，尽管计划可以制定出来，组织结构可以调整得非常有效，员工的积极性也可以调动起来，但是没有控制职能仍然不能保证所有的行动按计划执行，不能保证管理者追求的目标一定能达到。控制的必要性体现在以下 3 个方面。

1．环境的不确定性

控制是为计划的实现提供保证的，而计划是对组织未来一定时期内的努力方向和行动步骤的描述。即便是在制订计划时进行了全面、细致的预测，考虑到了各种实现目标的有利条件和影响实现的因素，但由于组织内外部环境条件不是静止不变的，制订计划人员本身的素质、知识、经验、技巧也是有局限性的，所以计划对未来的预测不可能完全准确，制定出的计划在执行过程中很可能会出现偏差，还会发生未曾预料到的情况。这时，控制工作就能够为管理人员提供有效的信息，使之了解计划的执行进度和执行中出现的偏差及偏差的大小，并据此分析偏差产生的原因；对于那些可以控制的偏差，通过组织机构，查究责任，予以纠正；而对于那些不可控制的偏差，则应立即修正计划，使之符合实际。

2．管理权力的分散

当企业的经营规模达到一定程度时，由于管理人员时间和精力的限制，他们就不可能直接、面对面地组织和指挥每一个员工。这时，管理人员就必须委托他们的下一级人员来管理事务，同时，他们也必须授予下一级人员相应的管理权限。同样的原因，这些管理权限会被一级一级分散。组织规模越大，管理层次越多，企业的分权程度越高，控制工作就越有必要。每个层次的管理人员都必须定期或不定期地检查直接下属的工作，以保证授予他们的权力得到正确的利用，同时利用这些权力使组织的业务活动符合计划与企业的目标要求。如果没有建立相应的控制系统，管理人员不检查下级的工作情况，分散的权力就会被滥用，执行的活动也会不符合计划要求，而如果出现的这些问题不能及时被发现，就会对组织造成无法弥补的重大损失。

3．员工能力的差异

即使企业制定了完善的计划，内外部环境在一定时期内也相对稳定，也必须对企业的经营活动进行控制。因为完善计划的实现要求组织中每个部门的工作严格按照计划的要求来进行。然而，由于组织成员的认识能力有所差异，他们对计划的理解可能有所不同，即使每个员工都能正确理解下达的计划的要求，但由于工作能力的差异，他们在实际工作中也可能不会达到计划的要求。企业中任何环节发生与计划相偏离的情况，都可能会对整个企业目标的实现产生影响。因此，加强对每一个组织成员工作的控制也是非常必要的，控制工作存在于管理活动的全过程中。

8.1.4 控制的类型

控制工作的类型，按照不同的标准可以分成许多种。按照业务范围不同可把控制工作分为生产控制、质量控制、成本控制、资金控制和人力资源控制等；按照控制对象的全面性，可分为局部控制和全面控制；按照管理者改进工作的方式不同，可分为间接控制和直接控制。下面我们主要介绍按照纠正措施的作用环节不同分成的反馈控制、现场控制和前馈控制3种类型。

1．反馈控制

反馈控制主要是管理者分析计划执行输出的信息即工作结果，将它与之前设定的控制标准相比较，来发现已经发生的偏差并分析原因，以防止在今后的计划中再度发生。反馈控制是在工作结束或行为发生之后进行的控制，故也常称为事后控制。

反馈控制具有很多优点。首先它是一种最简单直接的控制方式，因为它是在工作结束之后进行的，获取信息比较容易，在与计划目标进行比较之后得到的偏差也比较准确。反馈控制有利于管理人员总结规律，为下一次计划的实施创造条件，实现良性循环，提高效率。相应地，反馈控制的控制成本也比较低。此外，反馈控制可以增强员工的积极性，因为人们希望获得评价他们绩效的信息，而反馈控制正好提供了这些信息。

反馈控制的缺点也比较明显，因为反馈控制发生在工作结束之后，控制工作实施时偏差已经发生，损失已经是既成事实而无法挽回，所以它实际上是一种"亡羊补牢"式的控制方法，其作用只能是避免已发生的偏差继续发展或今后再次发生。虽然，反馈控制并不是一种最好的控制方法，但是目前它仍然被广泛应用，因为在实际的管理工作中管理人员所得到的信息大多是具有时滞性的。因此，组织应该尽量缩短获得信息反馈的时间，来弥补反馈控制的这种缺点，使发生的偏差造成的损失降到最小。

2．现场控制

现场控制是发生在计划执行过程中，管理者对执行计划的各个环节进行控制，当发现不符合计划标准的偏差时立即采取措施进行纠正，它也被称为事中控制。它主要表现为主管人员深入现场亲自监督检查下级的工作过程；向下级指示恰当的工作方法；指导和控制下属人员的活动；发现不合标准的偏差时立即采取纠正措施，保证计划目标的实现。

现场控制的关键就是要做到控制的及时性，也就是在计划执行过程中及时发现偏差，纠正偏差，因此它会控制最终工作结果与计划目标相符，使偏差出现的损失控制在较低限度。此外，这类控制一般都是在现场进行，这就要求管理者必须有丰富的指导经验、敏锐的判断力、快速的反应能力和灵活多变的控制手段。这些对管理人员工作能力及自我控制能力都是一种提高。一般来讲，这类控制比较适用于基层管理者。

现场控制的缺点是由于管理者时间、精力、业务水平等条件的限制，它的控制范围比较窄。另外，管理人员个人素质、指导方式、主观臆断等原因也容易使下属与其形成心理上的对立，产生矛盾，因此现场控制不可能成为日常性的控制办法，只能是其他方法的补充。

3．前馈控制

前馈控制是管理者在工作正式开始前运用所能得到的所有信息，包括上一个控制循环中所产生的经验教训，反复认真地对工作中可能产生的偏差进行预测和估计并采取防范措施，将可能的偏差消除于产生之前。它的控制重点是计划执行之前，是控制产生偏差的原因，而不是行动的结果，它也被称为事前控制。

前馈控制可以说是管理者最渴望采取的控制类型，因为它能避免预期出现的问题，把偏差消灭在萌芽状态，防患于未然。在实际问题发生之前就采取管理行动，可以减少系统的损失，并且可以大大改善控制系统的性能。例如，提前雇用员工防止春节期间用工荒；将可能出现的阴雨天气影响的施工时间计入工程总工期等。前馈控制可以适用于一切领域所有的工作，控制成本也非常低。另外，前馈控制是针对计划实施环境条件的控制，不针对人，所以更容易被接受并实施。

前馈控制虽然是一种最科学、最经济的控制方法，但也是最难的一种方法。它是一种面向未来的控制方法，它需要大量准确的信息，对过程的充分了解，对一些新情况的及时把握，对问题准确的分析、预测与决策。这些要求管理者做到"料事如神"，一切都在掌握之中。

案例 8-1　"扁鹊自责"

魏文王问名医扁鹊说："你们家兄弟三人，都精于医术，到底哪一位医术最好呢？"扁鹊答说："长兄最好，中兄次之，我最差。"文王吃惊地问："你的名气最大，为何反倒长兄医术最高呢？"扁鹊惭愧地说："我扁鹊治病，是治病于病情严重之时。一般人都看到我在经脉上穿针管来放血、在皮肤上敷药等大手术，所以以为我的医术高明，名气因此响遍全国。我中兄治病，是治病于病情初起之时。一般人以为他只能治轻微的小病，所以他的名气只及于本乡里。而我长兄治病，是治病于病情发作之前。由于一般人不知道他事先能铲除病因，所以觉得他水平一般，但在医学专家看来他水平最高。"

启示：管理也如同医生看病，治标不能忘记固本。治标只在事后控制，而治本则注重事前控制。相对于事后控制，事前控制是一种最好的控制手段。

8.2 控制过程与原理

案例 8-2 巴林银行倒闭事件

1995年2月27日，英国中央银行宣布，英国商业投资银行——巴林银行因经营失误而倒闭。消息传出，立即在亚洲、欧洲和美洲地区的金融界引起一连串强烈的波动。东京股市英镑对马克的汇率跌至近两年最低点，伦敦股市也出现暴跌，纽约道·琼斯指数下降了29个百分点。

主要责任者尼克·里森是巴林银行新加坡分行负责人，年仅28岁。里森于1992年在新加坡任期货交易员时，巴林银行原本有一个账号为"99905"的"错误账号"，专门处理交易过程中因疏忽所造成的错误。这原是一个金融体系运作过程中正常的错误账户。1992年夏天，伦敦总部全面负责清算工作的哥顿·鲍塞给里森打了一个电话，要求里森另设立一个"错误账户"，记录较小的错误，并自行在新加坡处理，以免麻烦伦敦的工作。于是里森马上找来了负责办公室清算的利塞尔，向她咨询是否可以另立一个档案。很快，利塞尔就在计算机里输入了一些命令，问他需要什么账号。在中国文化里，"8"是一个非常吉利的数字，因此里森以此作为他的吉祥数字，由于账号必须是五位数，这样账号为"88888"的"错误账户"便诞生了。

几周之后，伦敦总部又打来了电话，总部配置了新的计算机，要求新加坡分行还是按老规矩行事，所有的错误记录仍由"99905"账户直接向伦敦报告。"88888"错误账户刚刚建立就被搁置不用了，但它却成为一个真正的"错误账户"存于计算机之中。"88888"这个被人忽略的账户，为里森提供了日后制造假账的机会，如果当时取消这一账户，则巴林银行的历史可能会重写了。

不久，里森的好友乔治与妻子离婚了，整日沉浸在痛苦之中，并开始自暴自弃，很快乔治开始出错了。里森示意他卖出的100份9月的期货全被他买进，价值高达800万英镑，而且好几份交易的凭证根本没有填写。

如果乔治的错误泄露出去，里森不得不告别他已很如意的生活。将乔治出现的几次错误记入"88888"账户对里森来说是举手之劳，但至少有3个问题困扰着他：一是如何弥补这些错误；二是将错误记入"88888"账户后如何躲过伦敦总部月底的内部审计；三是新加坡国际金融交易所每天都要他们追加保证金，他们会计算出新加坡分行每天赔进多少。"88888"账户也可以被显示在新加坡国际金融交易所大屏幕上。为了弥补手下员工的失误，里森将自己赚的佣金转入账户，但其前提当然是这些失误不能太大，所引起的损失金额也不是太大，但乔治造成的错误确实太大了。

为了赚回足够的钱来补偿所有损失，里森承担越来越大的风险，他当时从事大量跨式部位交易，因为当时日经指数稳定，里森从此交易中赚取期权权利金。在1993年下旬，接连几天，每天市场价格破纪录地飞涨1 000多点，用于清算记录的计算机屏幕故障频繁，无数笔的交易入账工作都积压起来。因为系统无法正常工作，交易记录都靠人力。等到发现各种错误时，里森在一天之内的损失便已高达将近170万美元。在无路可走的情况下，里森决定继续隐瞒这些失误。

1994年，里森对损失的金额已经麻木了，"88888"账户的损失，由2 000万英镑、3 000万英镑，到7月时已达5 000万英镑。事实上，里森当时所做的许多交易，是在被市场走势牵着鼻子走，并非出于他对市场的预期。他已成为被其风险部位操纵的傀儡。他当时能想的，是哪一种方向的市场变动会使他反败为胜，能补足"88888"账户中的亏损，便试着影响市场往那个方向变动。

1995年1月18日，日本神户大地震，其后数日东京日经指数大幅度下跌，里森一方面遭受更大的损失，另一方面购买更庞大数量的日经指数期货合约，希望日经指数会上涨到理想的价格范围。1月30日，里森以每天1 000万英镑的速度从伦敦获得资金，已买进了3万口日经指数期货，并卖空日本政府债券。2月10日，里森以新加坡期货交易所交易史上创纪录的数量，已握有55 000口日经期货及2万口日本政府债券合约。交易数量越大，损失越大。

所有这些交易，均进入"88888"账户。账户上的交易，由于里森兼任清查之职权予以隐瞒，但追加保证金所需的资金却是无法隐藏的。里森以各种借口继续转账。这种松散的制度，实在令人难以置信。2月中旬，巴林银行全部的股份资金只有47 000万英镑。

1995年2月23日，在巴林期货的最后一日，里森对影响市场走向的努力彻底失败。日经股价收盘降至17 885点，而里森的日经期货多头风险部位已达6万余口合约；其日本政府债券在价格一路上扬之际，其空头风险部位亦已达26 000口合约。里森为巴林银行所带来的损失，在巴林银行的高级主管做着次日分红的美梦时，终于达到了86 000万英镑的高点，造成了世界上最老牌的巴林银行终结的命运。

在损失达到5 000万英镑时，巴林银行总部曾派人调查里森的账目。事实上，每天都有一张资产负债表，每天都有明显的记录，可以看出里森的问题。即使是月底，里森为掩盖问题所制造的假账，也极易被发现——如果巴林银行真有严格的审查制度。里森假造花旗银行有5 000万英镑存款，但这5 000万已被挪用来补偿"88888"账户中的损失了。查了一个月的账，却没有人去查花旗银行的账目，以致没有人发现花旗银行账户中并没有5 000万英镑的存款。

关于资产负债表，巴林银行董事长彼得·巴林还曾经于1994年3月有过一段评语，认为资产负债表没有什么用，因为它的组成，在短期间内就可能发生重大的变化，因此，彼得·巴林说："若以为揭露更多资产负债表的数据，就能增加对一个集团的了解，那真是幼稚无知。"对资产负债表不重视的巴林董事长付出的代价之高，也实在没有人想象得到。

在监狱中，里森写了一本自传，其中有一段说："有一群人本来可以揭穿并阻止我的把戏，但他们没有这么做。我不知道他们的疏忽与罪犯级的疏忽之间界限何在，也不清楚他们是否对我负有什么责任。但如果是在任何其他一家银行，我是不会有机会开始这项犯罪的。"

8.2.1　控制的过程

在前面我们描述过，控制是组织内部各级主管人员根据事先确定的标准以及为此而拟订的计划的进展情况进行测量和评价，并在出现偏差时及时进行纠正，以确保组织的目标得以实现的过程。从这个定义中，我们可以看出，控制是一个过程，这个过程包括 3 个步骤：确定标准，衡量绩效，纠正偏差。

1. 确定标准

管理控制过程的第一步就是制定具体的控制标准，明确的控制标准为衡量绩效和纠正偏差提供了客观依据。标准是人们检查和衡量工作及其结果的规范。由于控制工作是否有效主要是根据计划目标是否完成来判断，因此从逻辑上讲，控制过程的第一步是制订计划。但是，由于组织中计划包含的内容很多，涉及的范围也很广，各种计划的详细程度和复杂程度也不尽相同，因此在大多数的组织活动中，管理人员不可能直接以各项计划作为控制的标准，来对整个计划执行过程进行全面、具体的控制。所以控制标准应当是从整个计划方案中选出的对工作成效进行评价的最关键指标，或是对计划目标的实现起关键作用的项目。这样，管理人员只对影响计划目标实现的关键点进行控制，就可以把握整个计划的进展情况。

对管理人员来说，如何选择关键性的控制点是一项难度较大的工作，也是一种管理艺术。各类组织都有其特殊性，有些控制点是一些限制性的因素，有些控制点是一些非常有利的因素，这些因素都可能影响整个组织的业绩，也会影响控制的有效性。

一般来讲，控制标准可以分为定量标准和定性标准两大类。定量标准便于度量和比较，可以分为以下几种：一是实物标准，如产品产量、单位台时定额等；二是价值标准，如产品成本、销售收入、利润等；三是时间标准，如生产周期、交货期、生产线节拍等；四是综合标准，如劳动生产率、市场占有率等。而定性标准则一般都难以量化，它们只能用一些定性词来描述，如企业的信誉、顾客满意度、员工工作能力等。管理者根据定量或定性标准，对计划执行过程中的各种活动及各个环节进行监督、检查和评估，这就进入控制的第二个步骤即衡量绩效。

2. 衡量绩效

标准一旦确立之后，控制过程就进入信息收集阶段，也就是主要表现为对照标准去检查系统中各项活动的绩效。通常通过检查、考核、评估等活动发现计划方案与实际情况之间的偏差，并认真分析和研究造成偏差的原因。只有找到造成偏差的原因，才能够找到有效控制的措施。因此，在这个阶段首先要解决的问题就是如何及时准确地收集可靠的信息。在这里主要可以通过 4 种方式来完成，即个人观察、统计报告、口头汇报和书面报告。通过这 4 种方式收集来的信息各有利弊，不过管理者可以将它们结合起来，这样就可以大大丰富信息的来源并提高信息的准确度。另外，管理人员在将收集来的信息进行分析时，一定要保持客观、公正、实事求是，不要忙于下结论或急于批评指责，应当将责任明晰化。

管理人员在进行偏差分析时，还应注意明确偏差的性质，是可以避免的偏差，还是不可控制的偏差；是关键性的偏差，还是一般性的偏差；是偶尔出现或首次发生的偏差，还是经常或重复发生的偏差；还要了解偏差的影响范围有多大、影响程度有多深；偏差产生于哪个工作环节，作用于哪个工作环节；查明偏差产生的具体原因及关键因素。

3．纠正偏差

在对工作绩效进行衡量之后，可以发现计划执行中出现的偏差。这时就进入控制的第三个阶段，采取措施，纠正偏差，这也是控制工作的目的。在这里需要注意的是，并不是所有的偏差都需要进行纠正，有些偏差是一些偶然的、暂时的、区域性因素引起的，对计划目标的实现影响不大，或者偏差控制在既定的限度之内，这些情况都没有必要进行纠正。当发现了需要进行纠正的偏差时，就要求管理人员分析原因，找出纠正偏差的措施并实施。

纠偏的措施一般包括以下几个方面。

① 调整计划及其相应的标准。在计划执行过程中出现偏差的原因可能并不是执行不力，而是计划本身设定得不合理。例如，大部分员工没有完成劳动定额，可能不是由于员工工作不努力，而是定额设定水平太高。另外，原来的标准和计划制定得虽然正确，但是由于外界环境发生了预料不到的变化，它们不再适应新形势的要求，这时也需要调整原计划及相应的标准。

② 组织工作方面的调整。这种措施是运用组织职能重新委派职务或明确职责，进行机构调整，或者解雇、重新配备人员。需要注意的是，这种纠偏措施或多或少会影响一部分人的利益，因此在执行过程中可能会遇到各种阻碍，这些人会公开或暗地里反对纠偏措施的实施。这时，控制人员要充分考虑到组织成员对纠偏措施的态度，要尽量消除执行者的疑虑，争取更多人的理解和支持，以保证纠偏措施的顺利实施。

③ 改善指导和激励方法。有些偏差是由于管理方面存在的问题导致的，在这种情况下，就需要管理人员先从自身找出产生偏差的原因，然后改变领导方式，或者采用更有效的激励措施等。

④ 其他方面的措施，如调整经济、技术手段等因素，增加资金或设备的投入等。

总之，控制绝不是仅限于衡量计划执行中出现的偏差，控制的目的在于通过采取纠正措施，把那些不符合要求的组织活动引导到正常的轨道上来，使管理系统稳步实现预定目标。

8.2.2 控制的原理

任何一个负责任的主管人员，都希望有一个适宜、有效的控制系统来帮助他们确保各项活动都符合计划要求。控制工作要发挥有效的作用，必须针对计划要求、组织结构、关键环节和下级主管人员的特点来设计。下面我们介绍一些在建立控制系统时必须遵循的基本原理。

1．反映计划要求原理

前面我们介绍过，计划为控制提供了标准，控制为计划实现提供了保证。既然控制的目的是为了实现计划，控制系统和控制方法应当与计划的特点相适应。计划越是明确、全面、完整，所设计的控制系统越是能反映这样的计划，则控制工作也就越有效。

每一项计划每一种工作都各有其特点，因此，控制所需的信息也各不相同，在确定什么标准、控制哪些关键点和重要参数、收集什么信息、如何收集信息、采用何种方法评定成效，以及由谁来控制和采取纠正措施等方面，都必须按不同计划的特殊要求和具体情况来设计。例如，产品销售控制系统要收集销售产品的品种、规格、数量和交货期等情况；而成本控制系统则主要收集各部门、各单位甚至各种产品在生产经营过程中发生的费用，这两种控制系统尽管都在同一个生产系统中，但二者之间的设计要求是完全不同的。

2．组织适宜性原理

一个有效的控制系统还必须反映组织结构的类型和特征。组织结构是对组织内各个成员所担任的职务和相应的职责权限的一种规定，因而，它也就成为明确执行计划和纠正偏差职责的依据。若一个组织结构的设计越是明确、完整和完善，所设计的控制系统越是符合组织机构中的职责和职务的要求，就越有助于纠正脱离计划的偏差。健全的组织结构包含两个方面的含义：一方面，要做到责权分明，使组织结构中的每个部门、每个员工都能切实担负起自己的责任；另一方面，要保证组织中沟通渠道的通畅，能将反映实际情况和工作状态的信息迅速地上传下达。

3．控制关键点原理

控制关键点原理是控制工作的一条重要原理。这条原理要求管理者在一个完整的计划执行过程中选出一定的关键点，把衡量工作成效时有关键意义的那些因素作为控制的重点。也就是说，控制要突出重点。对一个主管人员来说，随时注意计划执行情况的每一个细节，通常是没有必要的。他们应当将注意力集中于计划执行中的一些主要影响因素上。控制方法如果能够以最低的费用或其他代价来探查和阐明实际偏离或可能偏离计划的偏差及其原因，那么它就是有效的。对控制效率的要求既然是控制系统的一个限定因素，自然就在很大程度上决定了主管人员只能在他们认为是重要的问题上选择一些关键因素来进行控制。事实上，控制住了关键点，也就控制住了全局。

4．例外原理

控制工作也应该强调例外，也就是那些超出一般情况的特别好或特别坏的情况。主管人员尤其应该把有限的注意力集中在那些比较特殊的情况或者是说一些重要的例外偏差，这样，控制工作的效率就可能很高。因为这些例外的偏差往往反映的是真正导致计划目标不能实现的问题。需要指出的是，例外并不能仅仅依据偏差数值的大小来确定，某些微小的偏差可能比某些较大的偏差影响更大。例如，企业利润率下降 1%，可能反映了产品成本存在很严重的问题；而企业对员工奖励超出预算 10%却属于正常。

企业在实际运作当中，例外原理必须与控制关键点原理相结合。仅仅立足于寻找例外情况是不够的，我们应把注意力集中在关键点的例外情况的控制上。这两条原理有某些共同之处。但是，我们应当注意到它们的区别在于，控制关键点原理强调选择控制点，而例外原理则强调观察在这些点上所发生的异常偏差。

5．及时与灵活性原理

为了有效地达到组织目标，控制应在有限的时间内及时进行。有效地控制要求能对组织活动中产生的偏差尽可能早地发现并及时采取措施加以纠正，避免偏差的进一步扩大，使控制失去应有的效果。要做到及时控制，必须做到及时收集与传递信息，并且管理人员要根据掌握的信息快速做出纠偏决策。如果信息处理时间过长，即使信息非常客观和准确，但由于时间滞后，可能会失去纠偏的实际意义。

另外，几乎没有处于稳定环境而不需要改变的组织，每一个组织都需要随着时间和内外部环境的变化而不断调整其控制方式。即使某个控制手段、方法或措施曾经对某个问题非常有效，但不能保证它下一次仍然还有好的效果。控制系统应当具有灵活性，拥有可以应付组织内外环境变化的各种对策和相应预案，要制定能随机应变的控制方式和方法。要实行弹性控制，允许有一定幅度的偏差范围或意外情况的发生，过于死板的控制系统反而会破坏控制的有效性。

案例 8-3　戴尔的战略控制

从1984年开始，直销就一直是戴尔电脑的成功法宝。20世纪90年代初，戴尔曾经尝试渠道销售。然而戴尔发现，与直销相比，渠道销售效率显著较低，无法满足利润指标的要求，因此退出了分销。这一战略控制的决策依据是，财务指标显示，分销与戴尔灵活的供应链管理竞争优势并不匹配。此后，戴尔继续专注于发展供应链管理上的竞争优势，并抓住电子商务发展的机会扩大与竞争对手的差距，在2001年成长为全球市场份额第一的PC生产商。直销的商业模式也达到了声誉的顶峰，成为商学院中的经典案例，其他企业纷纷效仿。

进入21世纪后，PC市场开始由企业市场向消费市场转移，产品饱和，差异化程度越来越小，而对服务的要求则更加提高，传统的直销服务已经不能满足消费者的需要，迫使戴尔重新审视分销的价值。同时，随着其他厂商供应链管理能力的提高，戴尔的成本优势受到削弱，公司业绩出现了下滑。2007年，公司创始人麦克尔·戴尔重任CEO。在写给员工的备忘录中，戴尔指出，"直销模式是一场革命，但它并不是一种宗教。"这一变化不仅在戴尔公司内部，也在整个产业和企业界引起了震动。

此后，戴尔开始进入分销市场，让消费者在购买前能够看到产品和获得使用的体验，遏制了销售和利润下降的势头。戴尔认识到PC市场已经不可能驱动利润和销售的迅速增长，为了保持在企业市场上的优势，提高获利能力，戴尔一方面关闭了多家生产工厂，另一方面则通过大规模收购转型为解决方案和服务企业。2012年财务数据显示，尽管戴尔仍然是市场份额排名第三的PC厂商，然而已经有一半以上的利润来自PC以外的业务。

8.3　控　制　方　法

企业管理实践中运用着很多种控制方法，管理控制的方法一般可分为预算控制和非预算控制。本节将重点介绍几种常用的控制方法。

8.3.1　预算控制

在管理控制中使用最广泛的一种控制方法就是预算控制。预算控制最清楚地表明了计划与控制的紧密联系。预算是计划的数量表现。预算的编制既是作为计划过程的一部分开始的，而预算本身又是计划过程的终点，是一种转化为控制标准的计划。然而，在一些非营利的组织中，如政府部门、大学等，却普遍存在着计划与预算脱节的情况。在那里，二者是分别进行的，而且往往互不通气。在许多组织中，预算编制工作往往被简化为一种在过去基础上的外推和追加的过程，而预算审批则更简单，甚至不加研究调查，就以主观想象为根据地任意削减预算，从而使得预算完全失去了应有的控制作用，偏离了其基本目的。正是由于存在这种不正常的现象，促使一些新的预算方法发展起来，它们使预算这种传统的控制方法恢复了活力。

1．预算的性质和作用

预算就是用数字编制未来某一个时期的计划，也就是用财务数字（如在财务预算和投资预算中）或非财务数字（如在生产预算中）来表明预期的结果。西方与我国习惯所用的"预算"概念在含义上有所不同。在我国，"预算"一般是指经法定程序批准的政府部门、事业单位和企业在一定期间的收支预计；而西方的预算概念则是指计划的数量说明，而不仅仅是金额方面的反映。

编制预算实际上就是控制过程的第一步——拟订标准。由于预算是以数量化的方式来表明管理工作的标准的，从而本身就具有可考核性，因而有利于根据标准来评定工作成效，找出偏差（控制过程的第二步），并采取纠正措施，消除偏差（控制过程的第三步）。无疑，编制预算能使确定目标和拟订标准的计划工作得到改进。但是，预算的最大价值还在于它对改进协调和控制的贡献。当为组织的各个职能部门都编制了预算时，就为协调组织的活动提供了基础。同时，由于对预期结果的偏离将更容易被查明和评定，预算也为控制工作中的纠正措施奠定了基础。所以，预算可以促使更好的计划和协调的产生，并为控制提供基础，这正是编制预算的基本目的。

2．预算的种类

预算在形式上是一整套预计的财务报表和其他附表。按照不同的内容，我们可以将预算分为经营预算、投资预算和财务预算 3 大类。

（1）经营预算

它是指企业日常发生的各项基本活动的预算。它主要包括销售预算、生产预算、直接材料采购预算、直接人工预算、制造费用预算、单位生产成本预算、推销及管理费用预算等。其中最基本和最关键的是销售预算，它是销售预测正式的、详细的说明。由于销售预测是计划的基础,加之企业主要是靠销售产品和劳务所提供的收入来维持经营费用的支出和获利的，因而销售预算也就成为预算控制的基础。生产预算是根据销售预算中的预计销售量，按产品品种、数量分别编制的。在生产预算编好后，企业还应根据分季度的预计销售量，经过对生产能力的平衡，排出分季度的生产进度日程表，或称为生产计划大纲，在生产预算和生产进度日程表的基础上，可以编制直接材料采购预算、直接人工预算和制造费用预算。这 3 项预算构成对企业生产成本的统计。而推销及管理费用预算包括制造业务范围以外预计发生的各种费用明细项目，如销售费用、广告费、运输费等。对于实行标准成本控制的企业，还需要编制单位生产成本预算。

（2）投资预算

它是对企业的固定资产的购置、扩建、改造、更新等，在可行性研究的基础上编制的预算。它具体反映在何时进行投资、投资多少、资金从何处取得、何时可获得收益、每年的现金净流量为多少、需要多少时间回收全部投资等。由于投资的资金来源往往是任何企业的限定因素之一，而对厂房和设备等固定资产的投资又往往需要很长时间才能回收，因此，投资预算应当力求和企业的战略以及长期计划紧密联系在一起。

（3）财务预算

它是指企业在计划期内反映有关预计现金收支、经营成果和财务状况的预算。它主要包括"现金预算""预计收益表"和"预计资产负债表"。必须指出的是，前述的各种经营预算和投资预算中的资料，都可以折算成金额反映在财务预算内。这样，财务预算就成为各项经营业务和投资的整体计划，故亦称"总预算"。

① 现金预算主要反映计划期间预计的现金收支的详细情况。在完成了初步的现金预算后，就可以知道企业在计划期间需要多少资金，财务主管人员就可以预先安排和筹措，以满足资金的需求。为了有计划地安排和筹措资金，现金预算的编制期应越短越好。西方国家有不少企业以周为单位，逐周编制预算，甚至还有按天编制的。我国最常见的是按季和按月进行编制。

② 预计收益表（或称为预计利润表），是用来综合反映企业在计划期间生产经营的财务情况，并作为预计企业经营活动最终成果的重要依据，是企业财务预算中最主要的预算表之一。

③ 预计资产负债表主要用来反映企业在计划期末那一天预计的财务状况。它的编制需以计划期间开始日的资产负债表为基础，然后根据计划期间各项预算的有关资料进行必要的调整。

综上所述可见，企业的预算实际上是包括经营预算、投资预算和财务预算三大类，由各种不同的个别预算所组成的预算体系。各种预算之间的主要关系如图 8-1 所示。

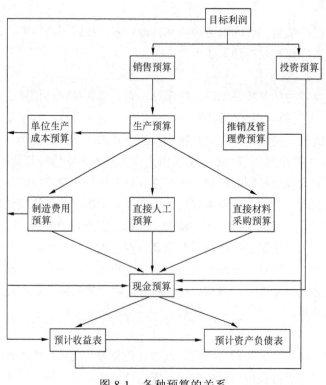

图 8-1　各种预算的关系

3．编制预算的方法

在编制预算时，只根据预算期内正常的、可实现的某一固定业务量（如生产量、销售量）水平作为唯一基础来编制预算的方法称为静态预算法。但是，组织的环境和组织内部条件不断变化，使得组织所预测的销售量或生产量比实际值高或低，这样，静态预算法就不能使用。针对这种情况，可用以下几种预算方法。

① 滚动预算法，又称连续预算或永续预算，是指按照"近细远粗"的原则，根据上一期的预算完成情况，调整和具体编制下一期预算，并将编制预算的时期逐期连续滚动向前推移，使预算总是保持一定的时间幅度。简单地说，就是根据上一期的预算指标完成情况，调整和具体编制下一期预算，并将预算期连续滚动向前推移的一种预算编制方法。

滚动预算的编制，可采用"长计划、短安排"的方式进行，即在编制预算时，可先按年度分季，并将其中第一季度按月划分，编制各月的详细预算。其他3个季度的预算可以粗一些，只列各季总数，到第一季度结束前，再将第二季度的预算按月细分，第三、第四季度及下年度第一季度只列各季总数，以此类推，使预算不断地滚动下去。

② 弹性预算法，又称变动预算法、滑动预算法，是在变动成本法的基础上，以未来不同业务水平为基础编制预算的方法，与固定预算相对应。它是指以预算期间可能发生的多种业务量水平为基础，分别确定与之相应的费用数额而编制的、能适应多种业务量水平的费用预算，以便分别反映在各业务量的情况下所应开支（或取得）的费用（或利润）水平。正是由于这种预算可以随着业务量的变化而反映该业务量水平下的支出控制数，具有一定的伸缩性，因而称为"弹性预算"。

用弹性预算的方法来编制成本预算时，其关键在于把所有的成本划分为变动成本与固定成本两大部分。变动成本主要根据单位业务量来控制，固定成本则按总额控制。成本的弹性预算方式如下：成本的弹性预算=固定成本预算数+$\sum$（单位变动成本预算数×预计业务量）。

③ 零基预算法，又称零底预算，其全称为"以零为基础编制计划和预算的方法"，简称零基预算，最初是由德州仪器公司开发的。它是指在编制预算时对于所有的预算支出，均以零为基底，不考虑以往情况如何，从根本上研究分析每项预算有没有支出的必要和支出数额的大小。这种预算不以历史为基础做修修补补，在年初重新审查每项活动对实现组织目标的意义和效果，并在成本—效益分析的基础上，重新排出各项管理活动的优先次序，并据此决定资金和其他资源的分配。

8.3.2　非预算控制

除了预算控制方法以外，管理控制工作中还采用了许多不同种类的控制手段和方法。其中一些方法属于比较传统的控制方法，如视察、报告等；而还有一些方法如计划评审法，则代表了新一代的计划和控制方法，它说明科学技术的进步、社会活动规模的扩大必然伴随着管理理论的发展和管理技术的进步。下面我们主要介绍一下视察、报告、比率分析、计划评审技术和盈亏分析这5种方法。

1．视察

视察也许算得上是一种最古老、最直接的控制方法，它的基本作用就是获得第一手的信息。作业层（基层）的主管人员通过视察，可以判断出数量、质量的完成情况以及设备运转情况和劳动纪律的执行情况等；职能部门的主管人员通过视察，可以了解到工艺文件是否得到了认真的贯彻，生产计划是否按预定进度执行，劳动保护等规章制度是否被严格遵守，以及生产过程中存在哪些偏差和隐患等；而上层主管人员通过视察，可以了解到组织方针、目标和政策是否深入人心，可以发现职能部门的情况报告是否属实及员工的合理化建议是否得到认真对待，还可以从与员工的交谈中了解他的情绪和士气等。所有这些，都是主管人员最需要了解的，但却是正式报告中见不到的第一手信息。

但是，视察的优点还不仅仅在于能掌握第一手信息，它还能够使组织的管理者保持和不断更新自己对组织的感觉，使他们感觉到事情是否进展顺利及组织这个系统是否运转得正常。视察还能够使上层主管人员发现被埋没的人才，并从下属的建议中获得不少启发和灵感。此外，亲自视察本身就有一种激励下级的作用，它使得下属感到上级在关心着他们。所以，坚持经常亲临现场视察，有利于创造一种良好的组织气氛。

当然，主管人员也必须注意视察可能引起的消极作用。例如，也存在这样的可能，即下属可能误解上司的视察，将其看成是对他们工作的一种不信任，或者是看成不能充分授权的一种表现。这是需要引起注意的。

尽管如此，亲临视察的显著好处仍使得一些优秀的管理者始终坚持这种做法。一方面，即使是拥有计算机化的现代管理信息系统，计算机提供的实时信息，做出的各种分析，仍然代替不了主管人员的亲身感受、亲自了解；另一方面，管理的对象主要是人，是要推动人们去实现组织目标，而人所需要的是通过面对面的交往所传达的关心、理解和信任。

2．报告

报告是用来向负责实施计划的主管人员全面地、系统地阐述计划的进展情况、存在的问题及原因、已经采取了哪些措施、收到了什么效果、预计能出现的问题等情况的一种重要方式。控制报告的主要目的是提供一种如必要，即可用作纠正措施依据的信息。

对控制报告的基本要求是必须做到适时、突出重点、指出例外情况、尽量简明扼要。通常，运用报告进行控制的效果，取决于主管人员对报告的要求。管理实践表明，大多数主管人员对下属应当向他报告什么，缺乏明确的要求。随着组织规模及其经营活动规模的日益扩大，管理也日益复杂，主管人员的精力和时间是有限的，从而，定期的情况报告也就越发显得重要。

3．比率分析

对于组织经营活动中的各种不同度量之间的比率分析，是一项非常有必要的控制技术或方法。"有比较才会有鉴别"，也就是说，信息都是通过事物之间的差异传达的。

一般说来，仅从有关组织经营管理工作成效的绝对数量的度量中是很难得出正确的结论的。例如，仅从一个企业年创利 1 000 万元这个数字上很难得出什么明确的概念，因为我们不知道这个企业的销售额是多少；不知道它的资金总数是多少；不知道它所处的行业的平均利润水平是多少；也不知道企业上年和历年实现利润是多少等。所以，在我们做出有关一个组织经营活动是否有显著成效的结论之前，必须首先明确比较的标准。

企业经营活动分析中常用的比率可以分为两大类，即财务比率和经营比率。前者主要用于说明企业的财务状况，后者主要用于说明企业的经营活动状况。

（1）财务比率

企业的财务状况综合地反映着企业的生产经营情况。通过财务状况的分析可以迅速、全面地了解一个企业资金来源和资金运作的情况，了解企业资金利用的效果及企业的支付能力和清偿债务的能力。常用的财务分析比率有以下几类。

① 资本金利润率。对于一个企业来说，分析其资本金利用效果的出发点和归宿，是用资本金利润率这一重要指标。它是财务绩效的最佳衡量尺度，是一种高度综合的计量比较率。

资本金利润率的计算公式如下。

$$资本金利润率 = 利润总额/资本金总额 \times 100\%$$

公式中，利润总额指的是税前利润，资本金总额指的是企业在工商管理部门登记的注册资金。

资本金利润率说明的是一定时期企业投入资本的获利水平，它是直接衡量企业经营成果的尺度，具有重要的现实经济意义。企业人、财、物、供、产、销等各方面工作的好与坏，都会影响这项指标。企业的固定资产利用率高，流动资产周转速度快，用同样的资本可以完成更多的财务成果。资本金利润率，应高于银行存款利率或债券利率，企业才能继续经营下去。

国有企业为了考察一定时期资本金的增值情况，一般应用资本金增值率指标。其计算公式如下。

$$资本金增值率 = （资本金年末数 - 资本金年初数）/资本金年初余额 \times 100\%$$

② 收入利税率。

a. 销售利润率，或称销售收入利润率，是反映实现的利润在销售收入（或营业收入）中所占的比重。比重越大，表明企业获利的能力越高，企业的经营效益越好。其计算公式为

$$销售利润率 = 利润总额/产品销售收入（或营业收入）\times 100\%$$

b. 营业收入利税率，是衡量企业营业净收入获取盈利的指标。其计算公式为

$$营业收入利税率 = （利润总额 + 销售税金）/营业收入总额 \times 100\%$$

③ 成本费用利润率。指利润总额与营业成本（销售成本）之间的比率。它是衡量企业营业成本、各项费用获利水平的指标，表明企业从成本降低方面取得的经济效益如何。其计算公式为

$$成本费用利润率 = 利润总额/产品销售成本 \times 100\%$$

销售利润率、成本费用利润率均是收益性指标，受企业机械化、自动化程度的影响，但不受生产规模大小的影响。因而可以比较本企业不同时期的经济效益。

以上 3 种指标属于评价企业盈利能力的比率指标，分析这些指标的目的在于考察企业一定时期实现企业总目标的收益及获利能力，分析企业以一定的劳动占用和劳动耗费取得多少盈利。

④ 资产负债率。指企业负债总额与企业全部资产的比率，即在企业全部资产中负债总额占多大比重，用以衡量企业利用债权人提供资金进行经营活动的能力，也就是反映债权人借出资金的安全程度。因此它是企业长期偿债能力的晴雨表，负债的比例越低，表明企业的偿债能力越强，债权人得到保障的程度越高。其计算公式为

$$资产负债率 = 负债总额/全部资产总额 \times 100\%$$

⑤ 流动比率。指流动资产与流动负债的比率，它用以衡量企业流动资产在短期债务到期

以前，可以变为现金用于偿还流动负债的能力。其计算公式为

$$流动比率 = 流动资产合计数/流动负债合计数 \times 100\%$$

企业流动资产大于流动负债，一般表明企业偿还短期债务的能力强。同时，可以用流动比率去衡量企业资产流动性如何。一般要求企业的流动资产在清偿流动负债以后，应基本满足日常生产经营中的资金需要，但并不意味着流动比率越大越好。从企业的角度看，过大的流动比率说明经营管理不善，因为它很可能是一种不能利用的现金、超出周转需要的各种存货和造成过于扩张的应收账款这种赊销经营方式的一种信号。这也就意味着企业流动资产占用较多，会影响企业经营资金周转率和获利能力。同时，企业很可能没有充分利用它当前短期信贷的能力。当然，如果比率过低，说明企业偿债能力较差。经验表明，2∶1 左右的流动比率对大多数企业来说是比较适合的。但各行业生产经营方式不同、生产周期不同，对资产流动性的要求并不一致。因此，要根据具体情况确定标准比率，作为考核的尺度。

⑥ 速动比率。指企业速动资产与流动负债的比率。所谓速动资产，是指流动资产减去存货等非速动资产后的差额。其计算公式为

$$速动比率 = 速动资产/流动负债 \times 100\%$$

速动比率是衡量企业短期偿债能力的指标，反映企业流动资产中可以立即用于偿付流动负债的能力。速动资产具体来讲，只包括流动资产中的现金、银行存款、应收票据、短期投资、应收账款、有价证券等能变现的资产。速动比率的目的是要测试：假设存货根本没有什么价值可以留下时，在真正的危机出现的情况下，流动负债的收集能力（偿还流动负债的能力）有多大。作为企业面临困境时对偿付能力的有效的测量，这种比率是非常有用的。一般认为这个比率低于 0.6，就说明某些事情或某些地方可能很糟糕；而低于 0.4，就已经接近了破产的边缘。但是，从经营的动态性角度来看，速动比率应为多少合适，最好还应同时分析一下企业在未来时期的经营情况。

以上 3 种比率，是用于评价企业偿债能力的指标。企业在经营中需要从银行或其他途径获得贷款或投资。作为贷款者或投资者必然有两方面的考虑，他们既乐于投资到一家经营成功的企业中，但又非常小心地判断该企业有无发生清算破产的可能性及收不回其资金的风险。因此，在国外，贷款者或投资者通常使用上述这 3 种比率来估计企业的支付能力和偿还债务的能力。

⑦ 应收账款周转率。指企业赊销收入净额与平均应收账款余额的比率。它是衡量企业收回应收账款效率的指标，反映企业应收账款的流动程度。其计算公式为

$$应收账款周转率 = 赊销收入净额/平均应收账款余额 \times 100\%$$

式中：赊销收入净额=销售收入−现销收入−（销售退回+销售折让+销售折扣）；

平均应收账款余额=（期初应收账款+期末应收账款）/2。

应收账款周转率反映的是企业一定时期内销售债权（即应收账款的累计发生数）与期末应收账款平均余额之比，表明销售债权的收回速度。收回速度越快，说明资产的利用效率越高。

⑧ 存货周转率。指销货成本与平均存货的比率，它是衡量企业销售能力和管理存货效率的指标。其计算公式为

$$存货周转率 = 销货成本/平均存货 \times 100\%$$

式中：平均存货=（期初存货+期末存货）/2。

存货周转率反映企业存货在一定时期内使用和利用的程度，即利用存货的效率如何，或者存货是否过量。在一定时期内周转率越高，即周转次数越多，周转一次所需的时间越少，表明资产的利用效率越高。

以上两个比率是用于分析企业营运能力的指标。

（2）经营比率

前面已指出，财务比率是衡量一个企业生产经营状况和财务状况的综合性指标。除此以外，还有一些更直接的比率，可以用来一步说明企业的经营情况。这些比率称为经营比率，常用的有以下几种。

① 市场占有率。它又称市场份额，指的是企业的主要产品在该种产品的市场销售总额中所占的比重。对大公司来说，这是一个最重要的经营比率，是应当为之奋斗和捍卫的目标。因为只有取得了稳定的市场占有率，企业才能在激烈的市场竞争中取胜，才能获得可观的利润。而市场占有率的下降，是一个企业开始衰败的最显著特征。值得引起注意的问题是，市场占有率的下降，可能被销售额的缓慢增长所掩盖。

② 相对市场占有率。当缺乏总的市场规模的统计资料时，可以采用相对市场占有率作为衡量的指标。常用的相对市场占有率指标有两种：一种是公司的销售量与该公司所在市场中占领先地位的前三名竞争对手销量总和的百分比；另一种是占最大的公司销售量的百分比。

③ 投入—产出比率。用作控制度量的投入—产出比率是对投入利用效率的直接测量标准。其中一些比率采用的是实物计量单位。下面是几项常见投入与产出之间的测量标准。

a. 投入方面：工资及奖金、实用工时、生产能力、主要原材料、能源等。

b. 产出方面：产品产量、销售量、销售收入、工业总产值等。

几乎每项投入都能够同产出的任何一项对应成一对比率，以衡量某一方面的经营或管理效果和效率。例如，工业总产值比工时总数（或工作日总数）为时（或日）劳动生产率、能源消耗量与工业总产值之比为产值能耗率等。

4．计划评审技术

网络计划技术是指用于工程项目的计划与控制的一项管理技术，依其起源有关键路径法（Critical Path Method，CPM）与计划评审法（Program Evaluation and Review Technique，PERT）之分。

计划评审法就是把工程项目当成一种系统，用网络图、表格或者矩阵来表示各项具体工作的先后顺序和相互关系，以时间为中心，找出从开工到完工所需要时间的最长路线，并围绕关键路线对系统进行统筹规划，合理安排及对各项工作的完成进度进行严密的控制，以达到用最少的时间和资源消耗来完成系统预定目标的一种计划与控制方法。

CPM 和 PERT 是 20 世纪 50 年代后期几乎同时出现的两种计划方法。随着科学技术和生产的迅速发展，出现了许多庞大而复杂的科研和工程项目，它们工序繁多，协作面广，常常需要动用大量人力、物力、财力。因此，如何合理而有效地把它们组织起来，使之相互协调，在有限资源下，以最短的时间和最低的费用，最好地完成整个项目就成为一个突出的重要问题。CPM 和 PERT 就是在这种背景下出现的。这两种计划方法是分别独立发展起来的，但其基本原理是一致的，即用网络图来表达项目中各项活动的进度和它们之间的相互关系，并在此基础上，进行网络分析，计算网络中各项时间，确定关键活动与关键路线，利用时差不断地调整与优化网络，以求得最短周期。然后，企业还可将成本与资源问题考虑进去，以求得综合优化的项目计划方案。因这两种方法都是通过网络图和相应的计算来反映整个项目的全貌的，所以又叫网络计划技术。此外，后来还陆续出现了一些新的网络技术，如 GERT（Graphical Evaluation and Review Technique，图示评审技术）、VERT（Venture Evaluation and Review Technique，风险评审技术）等。

5．盈亏平衡分析

所谓盈亏平衡分析，就是根据销售量、成本和利润三者之间的相互依赖关系，对企业的盈亏平衡点和盈利情况的变化进行分析的一种方法，又称量、本、利分析。它是一种很有用的控制方法和计划方法。在盈亏分析中，将企业的总成本按照性质分为固定成本和变动成本（或可变成本）。所谓固定成本，是指不随销售量变化的那部分成本，如折旧费、设备大修理费、办公费、新产品研制费等。变动成本则是指随销售量变化而变化的那部分成本，如原材料、工时费、燃料和动力费等。固定成本、变动成本、销售量和利润之间的关系可用一种称为"盈亏平衡图"的坐标图来描述，如图 8-2 所示。

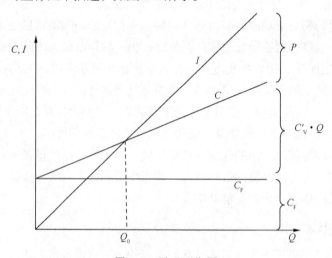

图 8-2　盈亏平衡图

图 8-2 中各条直线的数学表达式和各个变量的含义如下。

$$I = C + P$$
$$C = C_F + C_V' \cdot Q$$
$$I = M \cdot Q$$

式中，I——销售收入，它等于总成本 C 加上利润 P 或者产品单价 M 与销售量 Q 的乘积；

C_F——固定成本；

C_V'——单位变动成本；

Q_0——盈亏平衡点销售量，它是利润恰好为零、也就是销售收入恰好等于总成本的那一点。由此，我们可以建立盈亏分析的两个基本公式，即

$$Q = (C_F + P) / (M - C_V) \tag{8-1}$$
$$Q_0 = C_F / (M - C_V) \tag{8-2}$$

盈亏分析在控制工作中的应用主要有以下几方面。

① 预测实现目标利润的销售量。这只要将计划达到的目标利润（记作 P^*）代入公式（8-1），就可得出实现目标利润的销售量。

② 分析各种因素变动对利润的影响。通过公式（8-1）的全微分，然后经过整理后，得到如下的增量分析公式。

$$dP = (M-C_V') dQ + QdM - QdC_V' - dC_F$$

写成增量的形式为

$$\Delta P = (M - C_V') \Delta Q + Q \cdot \Delta M - Q \cdot \Delta C_V' - \Delta C_F$$

上式说明了销售量、单位售价、单位变动成本及固定成本的变动对利润的影响，既可用来做综合分析，又可分别进行分析。

③ 进行成本控制。在盈亏分析中，盈亏平衡点是一个最主要的分析指标和控制指标。所以，分析构成固定成本和变动成本的那些成本因素的变动对盈亏平衡点的影响，可以用来进行成本控制。通过求公式（8-2）的全微分，可以建立用于成本控制的增量公式，其形式为

$$dQ_0 = \frac{1}{M - C_V'} dC_F + \frac{C_F}{(M - C_V')^2} dC_V' - \frac{C_F}{(M - C_V')^2} dM$$

写成增量的形式为

$$\Delta Q_0 = \frac{1}{M - C_V'} \cdot \Delta C_F + \frac{C_F}{(M - C_V')^2} \cdot \Delta C_V' - \frac{C_F}{(M - C_V')^2} \cdot \Delta M$$

上式表明固定成本和变动成本的变化对盈亏平衡点销售量的影响是同方向的，而销售价格的变化对盈亏平衡点销售量的影响是反方向的，这与理论分析的结论是一致的。

④ 判断企业经营的安全率。企业的经营状况可以用企业的经营安全率指标进行粗略的判断。经营安全率是指企业的经营规模（一般是以销售量来表示）超过盈亏平衡点的程度。经营安全率的计算公式为

$$经营安全率 = (Q - Q_0) / Q$$

一般认为，经营安全率大于 30% 表示安全；10% 以下表示危险，应发出警告。

8.4 危机管理

根据美国《危机管理》一书的作者菲克普曾对《财富》杂志排名前 500 强的大企业董事长和 CEO 所作的专项调查表明，80% 的被调查者认为，现代企业面对危机，就如同人们必然面对死亡一样，已成为不可避免的事情。其中有 14% 的人承认，曾经受到严重危机的挑战。对企业来讲，危机无处不在，也随时可能发生，是否具有科学的危机管理机制是决定组织和个人在危机中成功或失败的分水岭。这一节我们就介绍一下危机和危机管理的内涵、危机管理的基本要求、处理原则和处理过程。

8.4.1 危机的内涵、特征与类型

1. 危机的内涵

中国著名危机公关专家游昌乔把危机定义为：一种使企业遭受严重损失或面临严重损失

威胁的突发事件。这种突发事件在很短时间内波及很广的社会层面，对企业或品牌会产生恶劣影响，而且这种突发的紧急事件由于其不确定的前景造成高度的紧张和压力。为使企业在危机中生存，并将危机所造成的损害降至最低限度，决策者必须在有限的时间内，做出关键性决策和具体的危机应对措施。从这个定义中我们可以看出，危机是指那些无法预知的、具有颠覆力及对组织有可能造成重大危害的意外事故。

2. 危机的特征

危机有 3 个最显著的特征，即危害性、意外性和紧急性。

① 危害性。危机是风险的现实化，它一旦发生，就会产生不利的损害性后果，不同的只是损害的程度。

② 意外性。危机的发生常常是指一些突发性的事件，是在人们意料之外的。如果人们能够预料到这些情况的发生，就会提前采取措施应对，而不是无视危机的发生。

③ 紧急性。危机一旦发生就意味着事情已经进入到一个非常危险的地步，必须立刻采取有效的解决措施，否则后果不堪设想。

3. 企业面临危机的类型

企业面临的危机主要有 8 种：信誉危机、决策危机、经营管理危机、灾难危机、财务危机、法律危机、人才危机、媒介危机。

① 信誉危机。信誉是指企业在长期的生产经营过程中，公众对其产品和服务的整体印象和评价。企业由于没有履行合同及其对消费者的承诺，而产生的一系列纠纷，甚至给合作伙伴及消费者造成重大损失或伤害，企业信誉下降，失去公众的信任和支持而造成的危机。

② 决策危机。它是企业经营决策失误造成的危机。企业不能根据环境条件变化趋势正确制定经营战略，而使企业遇到困难无法经营，甚至走向绝路。

③ 经营管理危机。它是因企业管理不善而导致的危机，包括产品质量危机、环境污染危机、关系纠纷危机。

第一，产品质量危机。它是指企业在生产经营中忽略了产品质量问题，使不合格产品流入市场，损害了消费者利益，一些产品质量问题甚至造成了人身伤亡事故，由此引发消费者恐慌，消费者必然要求追究企业的责任而产生的危机。

第二，环境污染危机。它是指企业的"三废"处理不彻底，有害物质泄漏，爆炸等恶性事故造成环境危害，使周边居民不满和环保部门的介入引起的危机。

第三，关系纠纷危机。它是指由于错误的经营思想、不正当的经营方式忽视经营道德，员工服务态度恶劣，而造成关系纠纷产生的危机。如运输业的恶性交通事故、餐饮业的食物中毒、商业出售的假冒伪劣商品、银行业的不正当经营的丑闻、旅店业的顾客财物丢失、邮政业的传输不畅、旅游业的作弊行为。

④ 灾难危机。它是指企业无法预测和人力不可抗拒的强制力量，如地震、台风、洪水、战争、重大工伤事故、经济危机、交通事故等造成巨大损失的危机。危机给企业带来巨额的财产损失，使企业经营难以开展。

⑤ 财务危机。它是指企业投资决策的失误、资金周转不灵、股票市场的波动、贷款利率和汇率的调整等因素使企业暂时出现资金断流，难以使企业正常运转，严重的最终造

成企业瘫痪。

⑥ 法律危机。它是指企业高层领导法律意识淡薄，在企业的生产经营中涉嫌偷税漏税、以权谋私等，事件暴露后，企业陷入危机之中。

⑦ 人才危机。它是指人才频繁流失所造成的危机。尤其是企业核心员工离职，其岗位没有合适的人选，给企业带来的危机也是比较严重的。

⑧ 媒介危机。真实性是新闻报道的基本原则，但是由于客观事物和环境的复杂性和多变性，以及报道人员观察问题的立场角度有所不同，媒体的报道出现失误是常有的现象。媒介危机表现在以下三个方面。一是媒介对企业的报道不全面或失实。媒体不了解事实真相，报道不能客观地反映事实，引起的企业危机。二是曲解事实。由于新科技的引入，媒体还是按照原有的观念、态度分析和看待事件而引起企业的危机。三是报道失误。人为地诬陷，引起企业的危机。

8.4.2　企业面临危机的心态

客观地讲，在中外著名企业的经营历程中，大都遭遇过危机的袭击。因而，国际上也流行一句话，"危机如同死亡和税收，对于企业来说是不可避免的"。但是由于缺乏经验、良好的心理准备和应急措施，危机的出现使得企业形象严重受损。

危机发生以后，凡是能够妥善处理危机的企业，其高层管理人员都具有良好的心态和正确的价值观，即"把公众利益放在首位"。通常，企业面对危机的心态很复杂，概括起来主要表现如下。

1．逃避型

危机发生以后，有些企业本着"失去的是最好的"的思维模式，只盯住过去和现在的利益不放，一味沉溺于沮丧、懊恼、怨天尤人中，无法看清什么是急需解决的问题，不愿或不敢承担责任，试图以逃避来化解危机。

2．应付型

发生危机后，企业行动迟缓，患得患失心态突出，希望靠时间的推移来淡化危机。只有在当事人的一再要求和媒体的持续报道的压力下，企业才勉强进行调查，且态度消极，常常以"顾左右而言他"的策略而规避问题。

3．抗拒型

企业遇到危机，不从自身找原因、找差距，更多强调客观因素，为挽回声誉，依仗权势指责媒体和公众，甚至对簿公堂，反过来也达到了扩大知名度的效果。但遗憾的是，知名度只是个"量"的概念，而非美誉度"质"的概念，知名度不等于美誉度。

4．掩饰型

有的企业对发生的危机的真实原因不予公开，甚至运用各种手段掩盖事实真相，以求过关，反而欲盖弥彰，影响了对危机的处理。

5．矛盾型

危机产生后，某些企业既希望承担责任，又顾虑说出真相会对企业产生不利，在律师的

"沉默是金"的建议引导下，对外传播信息讳莫如深，或迟迟不表态，结果，错过解决危机的最佳时机。这种态度也不足以说服公众，达不到平息时段、化解矛盾的目的。

6．直面型

有些企业，特别是知名度比较高、历史悠久、运作规范的大型企业，在遇到危机后，不回避，不推诿，敢于面对现实，承担责任，优先考虑公众的利益，及时采取有效的措施来处理危机，尽量减弱危机造成的负面影响。

这种直面危机的态度属于积极的危机处理态度。面对危机事件，管理者把公共利益放在首位，采取这种态度，才能逐渐消除人们的敌对情绪，获得公众的理解和同情，为重新赢得市场打好基础。

8.4.3　危机管理的内涵与过程

1．危机管理的内涵

危机管理是指企业为了应对突发的危机事件，降低或消除危机所带来的损失而有组织、有计划地学习、制定和实施一系列管理措施和对应策略，包括危机的规避、危机的控制、危机的解决与危机解决后的复兴等，这样一个不断学习和适应的动态过程。

危机管理就是要在偶然性中发现必然性，在危机中发现有利因素，把握危机发生的规律性，掌握处理危机的方法与艺术，尽力避免危机所造成的危害和损失，并且能够缓解矛盾，变害为利，推动企业的健康发展。

2．危机管理的过程

危机管理的基本理念是，危机不仅意味着威胁、危险，更意味着机遇。危机管理是针对可能发生的危机和正在发生的危机，进行事先预测防范、事后妥善解决的一种战略管理手段。开展危机管理，大体分为3个阶段。

（1）危机防范

这一阶段的主要工作如下。

① 组建内部危机管理小组，应有组织高层管理者直接参与，因为危机处理通常是跨部门、跨地域的，也涉及资源和信息的分配。

② 对可能发生的危机开列清单，全面检查和审视各种各样可能面临的危机。

③ 分类与评估危机，分析其可能发生的原因是什么，是内部的问题还是外部的问题，同时对各种危机进行分级，从最可能到最不可能依次列出，形成一张企业的危机评估表。

④ 拟订危机管理计划。

⑤ 危机管理模拟训练。

⑥ 广结善缘，广交朋友。若组织有广泛的合作企业、良好的社会形象和人缘，在危机事件中，能够容易获得社会公众的理解、宽容和帮助。

（2）处理危机

这一阶段的主要工作如下。

① 快速启动危机管理计划，如高层管理者迅速到达第一线亲自指挥，有关物资和设施迅速到位，召开危机处理紧急会议等。

② 设身处地地考虑公众利益，采取"直面型"的良好心态，遵循危机管理的道德准则。

③ 做好传播沟通工作，与新闻媒体合作，及时公布事实真相。

④ 可邀请权威机构和新闻媒体参与调查和处理危机。

⑤ 针对实际情况，随时修正和充实危机处理对策。

（3）事后管理（形象恢复）

这一阶段的主要工作如下。

① 向公众传递企业信息，特别是企业最新发展的信息，如产品质量保证新措施和安全生产新制度等。

② 总结经验和教训，如何有效防范新的危机事件发生。

③ 举办富有影响的公关活动，如社区公益活动、慈善活动，帮助孤残、老年人和儿童，响应政府相关倡议等。

④ 补充和完善危机管理计划。

⑤ 恢复和建立企业良好形象，使得企业从危机事件中走出来，站到一个新的发展台阶上。

8.4.4 危机管理的基本要求和原则

1. 危机管理的基本要求

企业要实行良好的危机管理，需要具备以下几个必要内容。

（1）建立危机管理机构

由于危机往往是一些性质比较恶劣的突发性的事件，事件发生之后要求组织快速做出应对措施，因此，企业内部应该有专门的有关危机管理和灾难恢复方面的业务流程和组织机构。危机管理机构的具体组织形式，可以是独立的专职机构，也可以是一个跨部门的管理小组，还可以在企业战略管理部门设置专职人员来代替。企业可以根据自身的规模及可能发生的危机的性质和概率灵活决定。这些流程在业务正常时可能不发挥任何作用，但是一旦有危机发生时它们就会被及时启动并有效运转，这对危机的及时处理发挥着重要作用。我们看国外一些大公司在危机发生时往往能够应付自如，其关键之一就是制度化的危机处理机制，当发生危机时可以快速启动相应机制，全面而井然有序地开展工作。因此，企业应该建立有效的危机管理组织机制及成熟的危机管理培训制度，逐步提高危机管理的快速反应能力。

（2）维护诚信形象

危机的发生必然会给企业诚信形象带来损失，甚至危及企业的生存。因此，企业在危机管理的全过程中，要努力维护并塑造一个诚信的企业形象，争取公众的谅解和信任。尤其是因产品质量等问题给消费者带来伤害所造成的企业危机，企业应该在第一时间向社会公众公开道歉以示诚意，并且给受害者相应的物质补偿。对于那些确实存在问题的产品应该不惜代价迅速收回，并立即改进企业的产品或服务，以尽力赢得消费者的信任和忠诚。

（3）完善管理信息系统

危机管理需要企业有一个完善的管理信息系统作为危机预警机制的重要工具。在这个信息社会中，企业只有持续获得准确、及时、新鲜的信息资料，并及时加以分析和处理，才能保证危机预防机制的高度灵敏性，从而把隐患消灭在萌芽状态。在危机处理时，信息系统还有助于有效诊断危机原因、及时汇总和传达相关信息，并有助于企业各部门统一口径，协调作业，及时采取补救的措施。

（4）建立危机预防机制

危机管理的重点应放在危机发生前的预防上，预防与事前控制是成本最低、最简便的方法。一般来讲，除了一些自然灾害等非人为危机外，大多数危机都有一个演进的过程，先是有一些隐患存在，这些隐患如果被置之不理就会继续恶化，最终发展成危机。一些优秀的管理者会在发现隐患时就及时制止，而不会任其发展成危机。如果一些隐患不太容易被发现，就需要在组织中建立一套危机预警系统。运用一定的科学技术手段，对组织生产经营过程中的变数进行分析，并在可能发生危机的警源上设置警情指标，随时对组织的运行状态进行检测，防止和控制危机爆发。

其实现实中，很多危机的发生都具多种前兆，如产品质量不合格、企业人员大量流失、企业负债过高、销售额连续下降等。因此，企业要从危机征兆中透视企业存在的危机，企业越早认识到存在的威胁，越早采取适当的行动，越可能控制住危机的发展。

（5）企业高层主管重视与参与

企业高层主管的重视与直接参与无论对危机的预防还是处理都极其重要。危机处理工作通常是跨部门、跨地域的，例如对内可能涉及后勤、生产、营销或财务、法律、人事等各个部门，对外可能不仅需要与政府、媒体打交道，还要与消费者、客户、供应商、经销商、股东、债权银行、工会等方方面面进行沟通。这种跨部门的工作是任何一个部门性的管理人员都无法胜任的，它必须由能够支配协调所有部门的领导，一般就是组织的最高领导者来主持。

另外，由于我国企业更多趋向于人治，如果企业高层不具备危机意识，对危机管理不够重视，那么往往会直接导致整个企业对危机麻木不仁、反应迟缓。因此，企业应组建企业危机管理领导小组，担任危机领导小组组长的一般应该是企业一把手，或者是具备足够决策权的高层领导。

2. 危机管理的原则

企业在生产经营中面临着多种危机，并且无论哪种危机发生，都有可能给企业带来致命的打击。如何管理这些危机是一个综合性、多元化的复杂问题。然而，组织在进行危机管理时，可以遵循一些基本的危机管理原则，这样可以起到事半功倍的效果。

（1）承担责任原则

危机发生后，公众会关心两方面的问题：第一个方面是利益的问题，这是公众关注的焦点，因此无论谁对谁错，企业应该承担责任。即使受害者在事故发生中有一定责任，企业也不应首先追究其责任，否则会各执己见，加深矛盾，引起公众的反感，不利于问题的解决。第二个方面是感情问题。公众很在意企业是否顾及自己的感受，因此企业应该站在受害者的立场上对其给予同情和安慰，并通过新闻媒介向公众致歉，解决心理、情感关系问题，从而赢得公众的理解和信任。

实际上，危机发生之后，公众和媒体往往已经对企业有了心理上的预期，即"企业应该怎样处理，我才会感到满意"。因此企业绝对不能选择对抗，态度至关重要。

（2）真诚沟通原则

企业处于危机漩涡中时，是公众和媒介的焦点。企业的一举一动都将被关注，因此千万不要有侥幸心理，企图蒙混过关。企业应该主动与新闻媒介联系，尽快与公众沟通，勇于承担责任。一切以消费者的利益为重，不回避问题和错误，让消费者感到企业的诚意，从而获得消费者的理解和信任。另外，诚实也是危机处理非常关键也非常有效的解决方法。

（3）速度第一原则

在危机出现的最初12～24小时内，消息会像病毒一样，以裂变方式高速传播。而这时候，可靠的消息往往不多，社会上充斥着各种谣言和猜测。此时，公司的一举一动将是外界评判公司如何处理这次危机的主要根据。媒体、公众及政府都密切注视公司发出的第一份声明。对于公司在处理危机方面的做法和立场，舆论赞成与否往往都会立刻见于传媒报道。因此公司必须当机立断，快速反应，果决行动，与媒体和公众进行沟通，从而迅速控制事态，否则会扩大突发危机的范围，甚至可能失去对全局的控制。危机发生后，能否首先控制住事态，使其不扩大、不升级、不蔓延，是处理危机的关键。

（4）全局性原则

在逃避一种危险时，不要忽视另一种危险。在进行危机管理时必须具有全局意识，绝不可顾此失彼。只有这样才能透过表面现象看本质，创造性地解决问题，化害为利。

（5）权威证实原则

在危机处理之后，企业自己称赞自己是没用的，没有权威的认可消费者还会对企业保持怀疑与戒备心理。因此，要想重获消费者的信任，企业可以请一些重量级的第三者在前台替自己说话，如消费者代表或者一些权威专家。

企业在危机过后应采取积极的措施尽快恢复到危机前的状态，甚至超出原状态。其实，很多危机的发生给企业制造了另外一种环境。企业管理者要善于在危机中发现问题，寻求突破，努力创新。危机到来时，危险和机遇是并存的，有时只要转变观念，危机就可能变为契机。

总之，危机并不等同于企业失败，危机之中往往孕育着转机。危机管理是一门艺术，是企业发展战略中的一项长期规划。企业在不断谋求技术、市场、管理和组织制度等一系列创新的同时，也应该重视危机管理的创新。一个企业在危机管理上的成败能够显示出它的整体素质和综合实力。成功的企业不仅能够妥善处理危机，而且能够化危机为商机。

 本章要点

- 控制是组织内部各级主管人员根据事先确定的标准及为此而拟订的计划的进展情况进行测量和评价，并在出现偏差时及时进行纠正，以确保组织的目标得以实现的过程。
- 控制按照纠正措施的作用环节不同分成反馈控制、现场控制和前馈控制 3 种类型。
- 控制是一个过程，这个过程包括 3 个步骤：确定标准；衡量绩效；纠正偏差。
- 控制工作要发挥有效的作用，必须针对计划要求、组织结构、关键环节和下级主管人员的特点来设计。
- 企业管理实践中运用着很多种控制方法，管理控制的方法一般可分为预算控制和非预算控制。

- 危机管理是指企业为了应对突发的危机事件，降低或消除危机所带来的损失而有组织、有计划地学习、制定和实施一系列管理措施和对应策略，包括危机的规避、危机的控制、危机的解决与危机解决后的复兴等，这样一个不断学习和适应的动态过程。

 ## 关键概念

控制　反馈控制　现场控制　前馈控制　预算　滚动预算法　零基预算法　财务比率　经营比率　计划评审技术　危机　危机管理

 ## 综合练习

一、选择题

1. 管理人员为保证实际工作能与计划一致而采取的一切行动就是管理中的（　　）。

    A. 指挥职能　　　　　B. 控制职能　　　　　C. 协调职能　　　　　D. 领导职能

2. 控制工作的首要目的是（　　）。

    A. 维持现状

    B. 打破现状

    C. 改革、创新

    D. 修改已有的计划

3. 在足球比赛中，教练员根据场上的局势及时调整战术，并更换队员。从管理职能上讲，教练员行使的职能是（　　）。

    A. 计划职能　　　　　B. 领导职能　　　　　C. 组织职能　　　　　D. 控制职能

4. 2003 年 5 月，SARS 疫情还未解除时，我国政府颁布了《突发公共卫生事件应急条例》，这对以后的公共卫生事件管理来说，属于（　　）。

    A. 事前控制　　　　　B. 事后控制　　　　　C. 事中控制　　　　　D. 反馈控制

5. 下列说法正确的是（　　）。

    A. 有的偏差不影响组织运行的最终结果

    B. 所有的偏差都是不利的

    C. 同类偏差发生的原因都是共同的

    D. 偏差都反映了计划和执行之间存在的严重问题

6. 2004 年 2 月，中共中央颁布了《中国共产党党内监督条例（试行）》。从控制角度来看，这属于（　　）。

    A. 直接控制　　　　　B. 事前控制　　　　　C. 反馈控制　　　　　D. 管理控制

7. 具有明显滞后性的控制类型是（　　）。

    A. 任务控制　　　　　B. 间接控制　　　　　C. 过程控制　　　　　D. 管理控制

8. 过度控制会带来的影响是（　　）。

    A. 没有统一的战略目标

    B. 部门主义

    C. 组织无秩序

    D. 影响员工积极性

9. 某单位为了更好地实施新的员工绩效考核制度，编制了计算机软件以方便操作，但考虑到部分年龄较大的领导计算机知识有限，短期内还不会操作，就允许他们手工填写考核记录然后由专人输入。这种新的绩效考核体系体现了控制的（　　　）。

    A. 控制关键点原理   B. 控制的例外原理

    C. 组织适宜性原则   D. 控制趋势原理

10. （　　　）的控制作用发生在行动之后，把注意力集中在行动的结果上，并以此作为下次行动的依据。

    A. 现场控制   B. 前馈控制   C. 直接控制   D. 反馈控制

二、填空题

1. 正确地处理危机的心态是＿＿＿＿＿。

2. 控制论是由美国数学家＿＿＿＿＿于 1948 年创立的。

3. 控制的类型包括＿＿＿＿＿、现场控制、前馈控制 3 种类型。

4. 控制是一个过程，这个过程包括确定标准、＿＿＿＿＿、纠正偏差 3 个步骤。

5. 按照不同的内容，可以将预算分为经营预算、＿＿＿＿＿和财务预算 3 大类。

6. ＿＿＿＿＿就是把工程项目当成一种系统，用网络图、表格或者矩阵来表示各项具体工作的先后顺序和相互关系，以时间为中心，找出从开工到完工所需要时间的最长路线，并围绕关键路线对系统进行统筹规划，合理安排及对各项工作的完成进度进行严密的控制，以达到用最少的时间和资源消耗来完成系统预定目标的一种计划与控制方法。

7. 危机有 3 个最显著的特征包括危害性、意外性和＿＿＿＿＿。

8. 经营管理危机是企业管理不善而导致的危机，包括＿＿＿＿＿、环境污染危机和关系纠纷危机。

9. 危机管理的过程大体分为 3 个阶段，包括危机防范、＿＿＿＿＿和事后管理（形象恢复）阶段。

10. 企业管理实践中运用着很多种控制方法，管理控制的方法一般可分为＿＿＿＿＿和非预算控制。

三、简答题

1. 控制的定义是什么？

2. 简述控制的目的。

3. 简述控制过程的 3 个阶段。

4. 控制工作应遵循哪些基本原理？

5. 什么是预算？

6. 什么是计划评审技术？

7. 简述危机管理的原则。

8. 危机管理的基本要求有哪些？

9. 简述危机的类型。

四、案例分析题

案例 1：强生危机公关——泰诺中毒事件

美国强生公司生产的泰诺止痛药，是国际同类产品中的第一品牌，1982 年前，在美国成人止痛药市场中占有 35%的份额，年销售额高达 4.5 亿美元，占强生公司总利润的 15%。但在 1982 年 9 月 29 日到 10 月 1 日期间，芝加哥地区竟接连有 7 人因服用该产品而死亡，在医疗部门与警方调查之后发现，死者服用的泰诺止痛胶囊竟然含有剧毒的氰化钾成分，一时间舆论大哗。

随后,又有媒体传言,在其他州也有 200 人因此死亡,并有 2 000 多人正在死亡的边缘。其影响迅速扩散到全国各地,调查显示有 94% 的消费者知道泰诺中毒事件。泰诺止痛药与强生公司迅速成为死神的化身。很快,泰诺的销售额下降了 87%,强生公司的股市价值也下降了 20%,缩水 19 亿美元之多。

事件发生后,在首席执行官吉姆·博克的领导下,强生公司迅速采取了一系列危机公关措施。

首先,公司配合警方全力封锁泰诺产品生产厂流水线,收回和封存了市面上的全部泰诺止痛药。然后,公司通过媒体告诫人们不要再使用旧包装的泰诺产品,并公开销毁了价值 1 亿美元的 2 200 万瓶可能存在问题的产品,还耗资 50 万美元向那些可能与此次污染有关的医生、医院和经销商发出警报。虽然事件原因还没有查清,但如此一来,首先证明了泰诺是"顾客和公众利益至上"的,从而赢得人们的同情。

同时,强生公司抽调大批人马对所有泰诺止痛药进行检验。经过公司各部门的联合调查,在进行检测的 800 万颗药剂中,发现受污染的只有一批药,总计不超过 75 颗,并且全部在芝加哥地区,不会对全美其他地区有丝毫影响,而最终的死亡人数也确定为 7 人,其他的死亡说法均是不实的传言。

后来警方查证:由于生产流水线是密封的,不可能有毒品进入。在芝加哥收缴来的含氰化钾成分的泰诺胶囊上则均发现了针孔,由此可以证明是有人刻意陷害。

为了让人们了解这一真相,说明"责任不在本公司,我们也是受害者",强生公司专门租用卫星频道在全国 20 多个州同时举行新闻发布会,其中 7 个州的记者可以同步问答。在这个会上,强生公司出示了受到"陷害"的相关证据。

不久后,又从警方传来好消息,向胶囊中投毒的"疯子"已被拘捕。至此,危机事态可说已完全得到控制。但善于"借势"的强生公司并没有将产品马上投入市场,当时美国政府和芝加哥等地的地方政府正在制定新的药品安全法,要求药品生产企业采用"无污染包装"。强生公司看准了这一机会,立即率先响应新规定,推出了三层密封包装的瓶装产品,以取代原来的产品,以药片(固体胶囊药片)取代原来的胶囊,从而排除了药品再次被下毒的可能性。同时,强生再次通过媒体感谢美国人民对泰诺的支持,并发送优惠券,凡凭此券都可以免费获得 2.5 美元的泰诺新包装止痛片。同时,在各个医院、药房专门指导服用,公司内部则设立 250 部免费热线电话以回答病人咨询,并大张旗鼓地为免费电话的号码做宣传。外部则设立专家组巡回演讲。

这一系列有效的措施,使泰诺再一次在市场上崛起,仅用 5 个月的时间就夺回了原市场份额的 70%。

思考:

1. 强生公司面对的这次危机属于哪种类型?公司在处理这次危机时遵循了什么样的原则?

2. 强生公司面对这次危机事件采取了哪些措施?这些措施是否有效?

案例 2:某公司的客户服务质量控制

美国某信用卡公司的卡片分部认识到高质量客户服务是多么重要。客户服务不仅影响公司信誉,也和公司利润息息相关。例如,一张信用卡每早到客户手中一天,公司可获得 33

美分的额外销售收入，这样一年下来，公司将有 140 万美元的净利润，及时地将新办理的和更换的信用卡送到客户手中是客户服务质量的一个重要方面，但这远远不够。

决定对客户服务质量进行控制来反映其重要性的想法，最初是由卡片分部的一个地区副总裁凯西·帕克提出来的。她说："一段时间以来，我们对传统的评价客户服务的方法不大满意。向管理部门提交的报告有偏差，因为它们很少包括有问题但没有抱怨的客户，或那些只是勉强满意公司服务的客户。"她相信，真正衡量客户服务的标准必须基于和反映持卡人的见解。这就意味着要对公司控制程序进行彻底检查。第一项工作就是确定用户对公司的期望。对抱怨信件的分析指出了客户服务的 3 个重要特点：及时性、准确性和反应灵敏性。持卡者希望准时收到账单、快速处理地址变动、采取行动解决抱怨。

了解了客户期望，公司质量保证人员开始建立控制客户服务质量的标准。所建立的 180 多个标准反映了诸如申请处理、信用卡发行、账单查询反应及账户服务费代理等服务项目的可接受的服务质量。这些标准都基于用户所期望的服务的及时性、准确性和反应灵敏性上，同时也考虑了其他一些因素。

除了客户见解，服务质量标准还反映了公司竞争性、能力和一些经济因素。例如：一些标准因竞争引入，一些标准受组织现行处理能力影响，另一些标准反映了经济上的能力。考虑了每一个因素后，适当的标准就成型了，所以开始实施控制服务质量的计划。

计划实施效果很好，比如处理信用卡申请的时间由 35 天降到 15 天，更换信用卡从 15 天降到 2 天，回答用户查询时间从 16 天降到 10 天。这些改进给公司带来的潜在利润是巨大的。例如，办理新卡和更换旧卡节省的时间会给公司带来 1 750 万美元的额外收入。另外，如果用户能及时收到信用卡，他们就不会使用竞争者的卡片了。

该质量控制计划潜在的收入和利润对公司还有其他的益处，该计划使整个公司都注重客户期望。各部门都以自己的客户服务记录为骄傲。而且每个雇员都对改进客户服务做出了贡献，员工士气大增。每个雇员在为客户服务时，都认为自己是公司的一部分，是公司的代表。

信用卡部客户服务质量控制计划的成功，使公司其他部门纷纷效仿。无疑，它对该公司的贡献将是非常巨大的。

思考：

1. 该公司控制客户服务质量的计划是前馈控制、反馈控制还是现场控制？

2. 找出该公司对计划进行有效控制的 3 个因素。

3. 为什么该公司将标准设立在经济可行的水平上，而不是最高可能的水平上？

五、补充阅读材料

海尔的OEC管理法

在海尔的每个车间，都设有体现企业精神与管理的 4 个专栏：检查栏、计划栏、日清栏、表彰栏。在每个车间的地上，都有一个 60 厘米见方的图案：红框白底，白底上印着一对绿色的大脚印，人称"6S 大脚印"，站在"大脚印"里抬眼上望，就能看到对面有一块写着"整理、整顿、清扫、清洁、素养、安全"的牌子——"6S 自检站"……这就是海尔 OEC 管理模式创造的感官效果。

OEC 是 Overall Every Control and Clear 的英文缩写，其含义是全方位地对每人、每天、所做的每件事进行控制和清理。海尔的 OEC 管理法又称为"日清日高，日事日毕"管理法，它包含着 3 个基本原则：一是闭环原则，即凡事都要讲究善始善终，都必须有一个 PDCA 循环（即计划—实施—检查—总结）的过程，达到螺旋式上升的目的；二是比较分析原则，纵向与自己的过去比，横向与同行业比、与同类企业比、与相关部门比、与其他员工比，认识到没有比较就没有发展的道理；三是不断优化的原则，根据木桶理论，找出薄弱项，并及时整改，以期提高全系统的水平。

这实际上是一个目标管控制体系，总目标是"日高"，即企业管理水平和企业综合素质水平及员工个人素质持续提高，而其基础是"日清"，即使得企业日常工作的每一件事都达到有序状态和受控状态。达到"日高"的目的和巩固"日清"的基础又是通过在每天的日常工作中，全面控制企业里每个人、每件事的具体行为过程而达到的。

OEC 管理法始终贯穿着 PDCA 循环，通过设定目标、设计达到这些目标的具体措施和方法→付诸实施→检查、纠正和改进计划及修正目标，从而使日常工作中每件事都处于受控状态，并达到持续提高的目的。可以说，海尔 OEC 管理法就是将 PDCA 循环有效地落实到每个人、每件事和每一天的企业控制方法。

第九章　团队与团队管理

 学习目标

【知识目标】

- 团队的含义及构成
- 团队的类型与发展阶段
- 实现有效团队管理需要的条件
- 沟通的作用
- 沟通存在的障碍及克服
- 冲突的作用
- 解决冲突的方法
- 国外团队管理的概况
- 沟通的过程
- 沟通的类型
- 沟通的原则

【能力目标】

- 能准确判断是团队还是群体
- 能够根据所学知识提高个人与他人、个人与组织的沟通水平

 案例导入

惠普公司的团队

惠普公司取得的一个大胜利是Kitty Hawk个人存储模块的开发，这个模块重量为28.3克，大约有火柴盒那么大。但这张小磁盘的容量非常大，可以存储20本长篇小说。惠普公司仅用10个小时就成功地把Kitty Hawk搬上了市场，如果用传统方式，其开发周期会达两年之久。惠普实现快速开发的秘密是团队。10名惠普工程师与市场营销人员组成工作小组，把他们自己封闭在一所活动居室里，这所居室与惠普软盘部不在一起。他们认识到，如果自己单独做，在规定的完成任务的时间内就很难有所突破，为此，他们与别的公司建立了特殊的合作关系。Kitty Hawk的电路是美国电话电报公司的微电子小组设计的，文件读、写磁头是里德·莱特公司生产的，而产品制造程序是由日本的西铁城手表公司帮助设计的，现在西铁城公司又为惠普生产Kitty Hawk。

9.1 团　　队

9.1.1 团队和群体的含义

1. 含义

群体是指两个或两个以上的成员经常互动以实现共同目标的联合体。团队是指执行与工作有关的任务、职能和活动的一组成员。从定义中可以看出，所有的团队都是群体，但并非所有的群体都是团队。团队与群体的最主要区别在于，团队成员之间的协作关系更强，团队成员共同对完成组织所赋予的目标承担责任。

2. 群体类型

一般来说，组织中存在 3 种基本的群体类型——职能群体、任务群体、非正式群体，如图 9-1 所示。

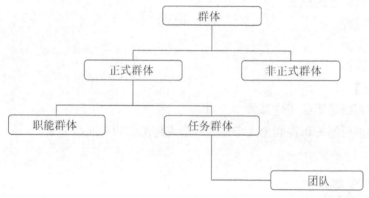

图 9-1　群体的类型

（1）职能群体

职能群体是组织所建立的在无限期的时期中实现一系列目标的永久性群体。像企业内部的研发、生产、销售、财务、采购等部门，大学的院系和医院的护士队伍都是职能群体的例子。例如企业的研发部门负责新产品的研发，当一款新产品研发成功后，研发部门仍然会保留下来，因为新的研发工作又会出现。

（2）任务群体

任务群体是组织创建的、要求在一定时间内实现相对狭窄目标的群体。绝大多数委员会和工作组都属于任务群体。组织指定任务群体的成员，赋予其相对狭窄的目标，例如开发新产品或评估投诉程序。时间期限可能是具体的（要求委员会 60 天内做出决策）或暗示的（项目团队将在新产品开发完成后解散）。

团队是越来越普遍的一种特殊的任务群体形式，许多公司采用团队的形式完成日常工作。

例如，大型的互联网公司虽然拥有上万人的研发人员，但在具体的产品研发中往往采用技术小团队，充分发挥小团队快速灵活、便于沟通和不受官僚体制约束的优点。国内互联网巨头腾讯公司内部就存在非常多的技术小团队，其明星产品微信是由张小龙团队负责研发的，最开始参与微信研发的团队成员不到 10 人。

（3）非正式群体

非正式群体是成员为了同组织目标相关或不相关的目的建立起来的，它的时间期限并不确定。一群每天午餐时间在一起的员工可能会讨论如何提高生产力，也可能会讨论本地政治和体育。只要群体成员喜欢聚餐，他们可能会一直持续下去。如果午餐不再有趣，他们可能离开公司或开始另一项活动。

3．团队类型

根据团队存在的目的和拥有自主权的大小可将团队分成 3 种类型，即问题解决型团队、自我管理型团队和多功能型团队。

（1）问题解决型团队

问题解决型团队的核心点是提高生产质量、提高生产效率、改善企业工作环境等。在这样的团队中成员就如何改变工作程序和工作方法相互交流，提出一些建议。成员几乎没有什么实际权力来根据建议采取行动。20 世纪 80 年代最流行的一种问题解决型团队是质量圈，如图 9-2 所示。

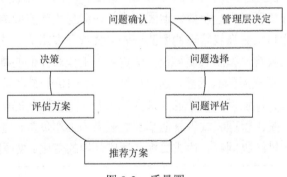

图 9-2　质量圈

质量圈分成 6 个单元，或 6 个部分。首先要找到质量方面存在哪些问题，接下来在众多问题中选择一些必须马上解决的，然后进行问题的评估——如果不解决可能会带来什么样的损失，这个问题的等级是重量级的还是轻量级的？第四个部分是推荐的方案，要解决问题采取什么样的方式比较好？第五是评估方案，看看可行不可行，它的成本花费是多少。最后一部分是决策最终是否实施。

质量圈由 5~12 名员工组成，他们每周有几个小时碰头，着重讨论如何改进质量，他们可以对传统的程序和方法提出质疑。在质量圈中问题的确认这一部分是由管理层来最终实施的，团队的成员没有权力来确定问题在哪里，只能提出意见。第二到第四个部分是由质量圈的成员操作，最后两个部分需要管理层和质量圈的成员共同把握。在这 6 个部分当中权力其实是分解的，并不是所有质量团队的成员都有权力或能力完成这 6 个任务。

广为人知的解决问题型团队是由日本人首创的 QC（Quality Control）小组，也叫品管圈，其小组成员主要集中于怎样在生产过程中提高质量。这些在生产或工作岗位上从事各种劳动的员工，围绕企业的经营战略、方针目标和现场存在的问题，以改进质量、降低消耗、提高人的素质和经济效益为目的组织起来，运用质量管理的方法开展活动，它是员工参与全面质量管理特别是质量改进活动中一种非常重要的组织形式。1962年日本首创了QC小组，并把广泛开展 QC 小组活动作为全面质量管理的一项重要工作。之后，在韩国、泰国、中国等 70 多个国家和地区，也开展了这一活动。1978 年 9 月，北京内燃机总厂在学习了日本的全面管理经验后，建立了我国第一个 QC 小组。此后，随着全面质量管理的开展，QC 小组活动逐步扩展到电子、纺织、基建、商业、运输、服务等行业。问题解决型的团队如图 9-3 所示。

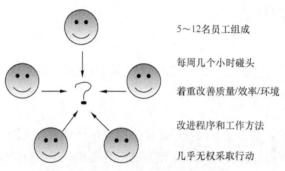

图 9-3　问题解决型团队

（2）自我管理型团队

质量圈对提高企业的质量行之有效，但团队成员在参与决策方面的积极性显得不够，企业总是希望能建立独立自主、自我管理的团队——自我管理型团队。这反映了员工工作的组织方式的根本变化。自我管理型团队使得员工感觉到了工作对他们的挑战，发现了工作的意义，同时也发展了对公司强烈的认同感。这种团队一般由 10～15 名具有多种技能的员工组成，他们轮换工作岗位，以便每个人都能够亲身经历产品或者服务的整个流程。其中心思想是由团队成员自己而不是由管理者或者其他基层主管来为工作负责，他们可以制定决策、控制绩效、改变工作方式以解决问题、达成目标并适应环境的变化，如图 9-4 所示。

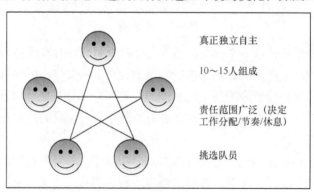

图 9-4　自我管理型团队

自我管理型团队是永久性团队，它一般包括以下要素。

① 该团队包括具有不同技能和职能的员工，这些技能组合足以完成重要的组织任务。组织内成员可能来自于锻造部、机械部、制造部和销售部等，这些成员都经过了交叉培训，彼此都能完成其他人的工作。该团队消除了部门与部门之间的壁垒，因而使得部门之间可以完

美协调起来，以合作生产某种产品和提供某种服务。

② 该团队可以获得完成整个任务所需要的信息、设备、机械及其他供给。

③ 该团队得到了授权，这意味着团队成员可以自主选拔新成员、解决问题、决定经费开销、控制结构并筹划未来。

在一个自我管理型团队中，团队成员的工作受上级约束的程度最小，也许他们会选出某一成员作为负责人，且该负责人每年都可能会更换。最有效的自我管理型团队是实行充分授权的团队。但推行自我管理团队并不总是能带来积极的效果，虽然有时员工的满意度随着权力的下放而提升，但同时缺勤率、流动率也在增加。所以首先要看企业目前的成熟度如何，员工的责任感如何，然后再来确定自我管理团队发展的趋势和反响。

（3）多功能型团队

多功能型团队是由来自同一种等级不同领域的员工组成的，成员之间交换信息，激发新的观点，解决所面临的一些问题。多功能团队是一种有效的方式，它能使组织内（甚至组织之间）不同领域员工之间交换信息，激发出新的观点，解决面临的问题，协调复杂的项目。当然，多功能的管理不是管理野餐会，多功能型团队在形成的早期阶段需要耗费大量的时间，因为团队成员需要学会处理复杂多样的工作任务。在成员之间，尤其是那些背景、经历和观点不同的成员之间，建立起信任并能实现真正的合作也需要一定的时间，如图 9-5 所示。

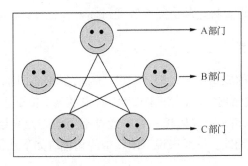

图 9-5　多功能型团队

9.1.2　团队的构成要素

团队有几个重要的构成要素：目标（Purpose）、人（People）、团队的定位（Place）、权限（Power）、计划（Plan），总结为 5 P。

1. 目标

团队应该有一个既定的目标，为团队成员导航，让他们知道要向何处去，没有目标这个团队就没有存在的价值。

2. 人

人是构成团队最核心的力量。2 个以上（包含 2 个）的人就可以构成团队。目标是通过人员具体实现的，所以人员的选择是团队中非常重要的一个部分。在一个团队中可能需要有人出主意，有人定计划，有人实施，有人协调不同的人一起去工作，还有人去监督团队工作的进展，评价团队最终的贡献。不同的人通过分工来共同完成团队的目标，在人员选择方面要考虑人员的能力如何，技能是否互补，人员的经验如何。

3．团队的定位

团队的定位包含两层意思：一是团队的定位，即团队在企业中处于什么位置？由谁选择和决定团队的成员？团队最终应对谁负责？团队采取什么方式激励下属？二是个体的定位，即作为成员在团队中扮演什么角色？是制订计划还是具体实施或评估？

4．权限

团队当中领导人的权力大小跟团队的发展阶段相关，一般来说，团队越成熟领导者所拥有的权力相应越小，在团队发展的初期阶段领导权相对比较集中。团队权限关系的两个方面如下。

① 整个团队在组织中拥有什么样的决定权？如财务决定权、人事决定权、信息决定权。
② 组织的基本特征。如组织的规模多大，团队的数量是否足够多，组织对于团队的授权有多大，它的业务是什么类型。

5．计划

计划的两层面含义：目标最终的实现，需要一系列具体的行动方案，可以把计划理解成目标的具体工作的程序；提前按计划进行可以保证团队目标的顺利推进。只有在计划的操作下团队才会一步一步地贴近目标，从而最终实现目标。

9.1.3　团队成员的角色

在一个团队中，不同的成员由于经历、知识结构、性格的不同，能够承担的工作也是不同的。管理人员有必要了解能够给团队带来贡献的个体优势，根据这一原则来选择团队成员，并使工作任务分配与成员偏好的风格相一致。通过把个人的偏好与团队的角色要求适当配合，团队成员就可能和睦相处。一般来说，团队中的角色有如下几种。

1．知识提供者

作为一名专业技术知识提供者要为群体提供正确有效的信息。他愿意与技术专家一起与团队成员共享完成任务所需的各种有价值的信息。Harley-Davidson 公司强调生产技术人员作为知识提供者的角色，因为人们期望他们能为提高质量和产量提出建议。总经理普兰特说："我们试图去做的是找到能让这家工厂运转的动力。"

2．过程观察者

担任这个角色的人应该时刻检查群体的运行状况。他们可能会说："我们已经工作两个半小时了，而我们只是关注一个议程，我们难道不应该看看别的议程吗？"过程观察者也会指出团队的进展问题。

3．人员支持者

担任这个角色的人承担着作为领导者为团队成员提供感情支持和解决冲突的责任。在其他人做报告陈述的时候，他要做一名听众。人员支持者通过微笑、讲笑话等轻松的表现来使其他人得到放松。即使是在发生矛盾的时候，他也应当支持并鼓励团队成员。

4．挑战者

为了避免盲目自满，一个团队需要一个或者更多的成员勇于面对反对意见。一个挑战者将批判任何在任一方面有缺陷的决策或者设想。一个挑战者需要具有与人交际的技巧。如果一个人的攻击性太强，则会很快失去其他人的信任。

5．倾听者

倾听对团队有着十分重要的意义，所以尽管在其他角色中也包含了倾听的成分，我们还是把它单独列为一个角色。因为如果其他人都听不到，那么整个团队的努力也就不能得到认可。作为一个倾听者，一个团队成员或一个团队领导者可以对组织取得的进步做出总结。

6．调节者

群体内的争论可以变得剑拔弩张和旷日持久，以至于两个人再也不听信或尊重对方。两个人的看法针锋相对，而谁也不愿意让步，从而使得矛盾无法调解。这时领导者或团队的成员就必须调节矛盾。

7．看门者

群体中的一个常见的问题是，在讨论时一些成员可能没有机会发言，因为其他团队成员控制了讨论。即使这个胆怯的团队成员表达了自己的观点，也不会给别人留下什么印象，因为其他一两个成员可能频繁地提出讨论意见。当机会的大门对一些成员关闭时，看门人要把它打开，主动要求某个团队成员提出意见，或对该成员过去的成绩表示认可。

8．实际负责的领导者

一些团队缺乏领导者，这可能是因为没有一个正式任命的领导者，或者任命的领导者经常不在。在这种情况下，团队成员可以作为实际负责的领导者。但是存在的问题是，团队成员在做一个简单的决定时表现得犹豫不决，或者在争论中的立场不明确。对于实际负责的领导者的首要任务是帮助团队建立使命感和主要目标。

一个同时扮演几种角色的团队领导者可以被看作是一个非正式的领导者，或者一个没有正式职称而具有领导能力的人。实际负责的领导者本质上就是一个非正式的领导者。作为一个非正式的领导者往往有助于个人事业的发展；管理层会发现他的才能，从而把他从一个非正式领导者提升到一个正式领导者的位置。

9.1.4　团队的发展阶段

团队的发展过程一共分成 4 个阶段。

1．形成期/成立期

当一个团队正在形成时，团队成员常会很谨慎地观察及试探团队能接受的行为程度。例如，不太会游泳的人在池边试探性地将脚趾头伸入池内的状况即是如此。这个阶段正是由个人自我转换成为团队成员的阶段，同时也是正式及非正式测试领导者的领导方式。

形成期的阶段里会产生下列感觉和行为。

- 刺激、参与感和乐观。

- 以身为团队的一分子为傲。
- 开始对团队产生依赖和情感。
- 对下一步的任务感到质疑、惶恐及紧张。
- 试着界定任务范围及目标性质，共同商议如何完成。
- 尝试决议团队行为接受度及面对问题团队如何处理。
- 决定共同搜集什么样的信息及数据。
- 常讨论与任务目标不甚相关的问题，对与任务目标相关的问题无法精确地掌握。

2. 风暴期/冲突期

风暴期对团队而言是最难通过的一关，就像是落水后快要溺水、挣扎活命的情形一样，大家开始真正体会到任务的困难性是远远超过想象的，团队开始互相试探甚至责难，或是过分热忱以博取他人好感。

风暴期的阶段里会产生下列感觉和行为。
- 针锋相对的态度和对团队成功完成任务的信心摇摆不定。
- 即便是在解决方案上已达共识，大大小小的纷争仍是不断。
- 防卫心及竞争心、派系纷争搞小团体等。
- 假设非实际目标。
- 可观察出团队成员强势及弱势者，内部分裂不团结，彼此猜忌，紧张气氛升级。

3. 规范期/发展期

在此阶段中，成员言归于好，达成共识，产生对团队的责任心及效忠态度，大家不但接受团队基本规范（或标准），以及彼此在团队中所扮演的角色，并且包容每位伙伴的独特性，同时因为先前彼此较劲的紧张关系也演变成为更合群的合作关系，因此情绪上的不愉快和冲突也就减少了许多。换言之，团队成员们了解到他们不是在受苦刑，也不会溺毙，而开始帮助彼此浮游得更自在。

规范期的阶段里会产生下列感觉和行为。
- 能提出具有建设性批评之新能力。
- 接受团队里成员密切的关系。
- 了解每件任务都会找到解决方法，而以平常心放轻松地去完成。
- 协力和睦相处，尽量避免冲突与争执。
- 更友善，更信赖彼此，并愿意分享想法及个人秘密。
- 能意识到团队凝聚力、团队精神及团队目标。
- 形成并维护团队基本规范和准则（也就是所谓的标准）。

4. 绩效表现期/高产期

在这个阶段，团队已经建立良好关系，也有对团队的期望，团队可以真正恣意地表现、判断问题所在并解决之，并找出可以改善的地方去完成它，成员们也找出彼此的优缺点，拿捏出每个人所扮演的角色。终于在最后的阶段，他们可以悠游自在展现于舞台上。

绩效表现期的阶段里会产生下列感觉和行为。
- 成员们更了解彼此的优缺点。

- 从团队完成任务的过程中得到满足感和成就感。
- 具体的自我成长和改变。
- 团队具有防止问题产生，即便产生问题，也有合力解决的能力。
- 与团队情感紧密相系。

9.2　团 队 管 理

9.2.1　团队管理概述

1．团队管理的含义

团队管理指在一个组织中，依据成员工作性质、能力组成各种小组，参与组织各项决定和解决问题等事务，从而能够顺利完成项目既定目标的过程。

团队管理是运用成员专长，鼓励成员参与及相互合作，致力于组织发展，所以可说是合作式管理，亦是一种参与式管理。随着组织工作复杂性日益增多，很多工作实难靠个人独立完成，必须有赖于团队合作才能发挥力量，所以团队管理有时代需求性。组织若能善用团队管理，对于激发成员潜能、协助问题解决、增进成员组织认同、提升组织效率与效能，具有一定的作用。为发挥团队管理的效果，每位成员须先了解小组目标与使命及个人角色和责任，以及了解如何完成小组任务，最后要能积极投入，促进小组目标的达成。

2．实现有效团队管理的条件

（1）制定良好的规章制度

小主管管事，大主管管人。在团队规模小的时候，团队主管既要是技术专家，善于解决各种各样的技术问题，还要通过传帮带的方式实现人管人；在团队规模较大的时候，团队主管必须通过立规矩、建标准来实现制度管人。

所谓强将手下无弱兵，没有不合格的兵，只有不合格的元帅。一个强劲的管理者首先是一个规章制度的制定者。规章制度也包含很多层面：纪律条例、组织条例、财务条例、保密条例和奖惩制度等。好的规章制度可能体现在：执行者能感觉到规章制度的存在，但并不觉得规章制度会是一种约束。

团队主管虽然是规章制度的制定者或者监督者，但是更应该成为遵守规章制度的表率。如果团队主管自身都难以以身作则，如何要求团队成员做到？

（2）建立明确的共同目标

团队中不同角色由于地位和看问题的角度不同，对团队的目标和期望值会有很大的区别，这是一点也不奇怪的事情。好的团队主管善于捕捉成员间不同的心态，理解他们的需求，帮助他们树立共同的奋斗目标，劲往一处使，使得团队的努力形成合力。当然，在具体实施上可能会遇到一些问题。例如员工持股问题，本来是把员工的利益与公司的利益捆绑在一起的问题，但是操作起来就可能会走样。

（3）营造积极进取、团结向上的工作氛围

团结向上的工作氛围对于整个团队而言是非常重要的，可以提高员工的积极性，也可以促进工作的顺利完成。如果缺乏积极进取、团结向上的工作氛围，团队成员的力量就很难合在一起，大家相互扯皮、推诿、指责，任务也就不可能取得成功。

（4）良好的沟通能力是解决复杂问题的关键

由于每个人的知识结构和能力的区别，导致对于同一问题的认识会出现相应的偏差。例如在实际工程项目中，经常出现客户对项目需求的更改要求，这也是每个项目主管都非常头疼的问题。项目已经进行到了收尾阶段，客户发现现实需求已经发生变化，需要项目组做大幅度的调整。项目主管要是不管不顾，这个项目可能就无法推进；项目主管要是按照客户需求来调整项目目标，这个项目就可能拖期，超过预算。在这种时候，项目主管与公司高层，与客户之间的沟通能力就极其重要，良好的沟通能力将有助于解决这类复杂问题。

3. 团队管理的误区

团队管理的误区是指在团队管理中对团队的发展产生负面影响的行为，这些行为严重的时候可能会颠覆一个团队。常见的团队管理误区有以下一些：团队缺少关键技能和知识及解决办法；团队的计划不连贯；团队成员存在傲慢情绪；团队分工不清，人员责任不明；团队总是追求短期目标；团队中经常有制造混乱的成员；团队成员之间缺少协同工作的习惯等。

4. 解决团队管理误区的措施

（1）提高团队的开发能力

让全体成员分享所有相关的信息（商业机密除外），而且要保证团队成员完全明白这些信息；强化团队发现问题和解决问题的能力；提高团队的整体决策能力。

（2）在经验教训中成长

如果团队已经做出了错误的决定，团队主管应当同团队成员一起坐下来，反省错误发生的原因，强调从这次教训中可以学到什么，不要指责任何人或滥用职权。只需要告诉团队这个错误决定所带来的负面影响，并让团队研究所学到的东西和可采用哪些措施以确保这类过失不再发生。

（3）避免短视行为

要确保所有团队成员对组织的目标和结构有一个基本的认识。团队成员如果不具备关于团队的基本知识，自然难以认识到一个决议对其他团队和整个公司会带来的潜在影响。团队成员接受的全局观点越强，他们在做决定时对整个工作的考虑就会越多，就更能克服短视倾向。

（4）具有快刀乱斩麻的魄力

要想在当今时代保持一定的竞争力，经营机构在决策和实施决策计划时必须当机立断；任何延误都会造成严重后果。当决策完全陷入僵局时，应该提出这样一个问题："今天不做决定会有什么样的后果？"或者"如果我们今天无法做出决定，事情会发展成什么样？"通常情况下，不做任何决定比行动的后果更严重。

（5）解决反抗与抵制情绪

技术人员的特点决定了他们对团队主管的要求和指导一般会有反抗或抵制情绪，特别是团队发展初期。团队主管都应明白这一点，克服团队反抗情绪的最佳策略是把时间和精力都集中在谈论如何实现团队目标上。在这个大前提下，充分激发团队成员的积极性。

9.2.2　团队冲突管理

冲突是人们平常生活和工作中经常遇到的现象。从心理学的角度看，冲突是指个体由于感知到彼此不相容的目标、认识或情感等方面的差异，而引起的相互作用的一种紧张状态。它主要包括两个方面：认知冲突和情感冲突。认知冲突侧重于大量与具体事件相关的分歧上，这些问题是可实际接触和客观存在的，一般采取理智而非感性的处理方式更为有效。情感冲突侧重人性化的或与人相关的分歧上。这些与主观问题相关的冲突在处理时应更加感性化。适量的冲突可以提高工作的绩效，但是过多或过少的冲突都将降低工作的绩效。

1．冲突的积极和消极结果

许多管理者和学者都认为，工作冲突可以产生正面结果。当适量的冲突发生时，可能会产生以下积极结果。

① 创造力增强。冲突可以产生创造力，当人们处于一种激烈的竞争当中时，可能会变得更加具有创新精神。

② 人们工作更加努力。适量的冲突可以激励人们达到更好的绩效。当人们希望在冲突中取胜时，他们可能会因此受到激励，并为他们所取得的成绩而感到吃惊。

③ 公司能获得更多有价值的诊断信息。冲突可以对公司存在的问题提供一些有价值的信息。当领导者意识到这种冲突的存在，他就会进行深入的调查，以避免这种冲突再次发生。

④ 群体凝聚力增强。当公司中的一个群体与另一个群体发生冲突时，群体成员就会变得更加齐心合力，因为他们面对一个共同的敌人。

当冲突的数量或类型不合适时，工作绩效就会降低，产生如下负面结果。

① 导致身体和精神状况较差。激烈的冲突将产生压力。一个人如果经历较长时间的激烈冲突就会陷入一种混乱的状态。许多工作场所中的暴力事件都是因为员工或者雇主的精神过于紧张造成的。

② 浪费资源。冲突中的雇员和群体会浪费大量的时间、金钱和其他一些资源。例如，一个经理可能会因为不喜欢某个管理者而不采纳他节约成本的建议。

③ 分散目标。冲突的一个极端的情形是，冲突双方可能会忽视他们所追求的主要目标。相反，他们会把赢得冲突的胜利作为目标。例如，在信息系统群体中，敌对的双方可能会花费大量的时间来争吵应该购买哪种硬件和软件，而忽视了他们本来的任务。

④ 变得自私。群体内的冲突可能会导致一种极端的情形，就是团队的成员变得更加自私。他们把个人的利益放在首位，而不顾及公司其他人和顾客。这种自私导致的另一个结果就是占据资源。一个团队成员可能劝说团队领导让他接待一个重要的客户，尽管他知道对手成员比他更有能力。

2．解决冲突的方法

据美国管理学会进行的一项对中层和高层管理人员的调查，管理者平均要花费 20%的时间处理冲突；另据调查，大多数的成功企业家认为管理者的必备素质与技能中，冲突管理排在决策、领导、沟通技能之前。由此可见，冲突管理已成为现代企业管理中的一项不可忽视的重要内容。解决冲突的方法有如下几种。

（1）强制

强制是牺牲一方利益而使另一方获利的方式。达勒普曾经做过斯科特全球纸张公司的领导者。他是一个专制的领导者，所以他采取强制的方式。他解决问题的方式使得雇员得知他们的首席执行官被解雇时拍手称快。一个使用强制方式的人将陷入一场输赢之争，可能促使团队合作的绩效较差。但是在有些情况下，强制也会取得一定的效果。

（2）妥协

妥协的方式是为了满足其他人的利益而不顾自己的利益。有这种倾向的人做出的自我牺牲仅仅是为了维持一个良好的人际关系。例如，为一个被激怒的顾客办理金额退款以平息他的怒气，这种妥协是为了能保持顾客的忠诚度。

（3）共享

共享的方式是在强制力和妥协之间做出的权衡。共享满足了冲突双方能够获得适当的但并非全部的利益。这种方式的结果就是折中。术语分拆矛盾就反映了这种导向。这种解决冲突的方式常常应用于买房和买车等活动中。在一个工作群体中，共享的方式体现为：为群体中的所有成员都增加相同数额的工资，而不是对每个人提供不同数额的加薪。

（4）合作

与共享方式相反，合作是为了使冲突双方都得到满足。它的指导方针是双赢，也就是在解决冲突之后，冲突双方都可以获得一定的利益。例如，一个小部门的经理为高层管理者提出很多建议，是因为他希望能够通过帮助公司获得利益而得到报酬。

合作和双赢方式中的所有参加者都将从中获得利益。此外，通过这种方式，企业还可以改善冲突双方的关系。合作方式中的一个基本方法是对抗和解决问题，其目的是通过识别真正的问题并找到合适的方法解决它。首先要把所有的参与方都集中在一起，找出所面对的实际问题。另一个合作的方法是打破僵局。当一个解决冲突的进程停滞不前时，冲突的一方可以问："你希望我做些什么呢？"冲突的另一方可能会觉得很意外。原先提出问题的一方会继续问，"如果我能做一些事来改变这种现状，那么告诉我是什么？"另一方可以建议对方采取比较恰当的行为，比如说"对我尊重些"。

（5）不参与

不参与是非合作和非专制的综合。采用这种方式的人不关心冲突中任何一方的利益。他不想插手冲突，而只是静观其变。管理者有时采用不参与的方式让团队成员自己解决问题。

经验和研究表明，在解决冲突时，合作的方式（共享和合作）比竞争的方式（强制和妥协）更加有效。对一家电子设备制造商的生产部门进行的研究证明了这一点。这个生产部门共有 61 个自我管理团队，489 名成员。研究表明合作的方式（强调共同的利益或双赢）解决冲突可以增加成员之间的信任，而通过解决冲突而增加的信任能够产生更高的绩效。

9.2.3 国内外团队管理概况

1. 美国团队管理

20 世纪 80 年代以来团队在美国企业中大量出现，美国 70%以上的企业都拥有一个以上的团队，其中 31%～45%拥有高度自我管理的团队。在美国企业中，自我管理团队的具体功能，如表 9-1 所示。

表 9-1　自我管理团队的功能

执行功能	比例	执行功能	比例
制定工作进度	67%	购买设备或服务	43%
直接与外部客户打交道	67%	编制预算	39%
培训	59%	绩效评估	36%
制定绩效目标	56%	解雇员工	14%
与供应商打交道	44%	雇佣员工	33%

由表 9-1 可知，40%以上的团队拥有以下功能：制定工作进度，直接与客户、供应商打交道，制定生产定额与绩效目标；30%以上的团队拥有雇佣员工、绩效评估的功能。美国企业对团队的控制较弱，多数企业都给予团队充分的自主权。以团队实践处于一般水平的克利夫兰 L-S 电子电镀公司为例：它的整个工厂是由自我管理型团队经营的，他们负责制定自己的工作日程表、轮换工作、设置生产目标、建立与能力相关的薪资标准、解雇员工、聘用员工等。

专家预测，21 世纪，40%～50%的美国工人可以通过这种团队形式进行自我管理。美国企业中的团队就像是企业中的"自由分子"，它们拥有较大的自主权和比较全面的组织功能，因此，可以称其为"自由团队"。

2．欧洲团队管理

欧洲企业在 20 世纪 90 年代开始引入团队工作的模式。发展至今，欧洲企业拥有的团队数量较少。欧洲的团队管理有以下特点：引入团队模式的同时，仍然保持着极强的自上而下的管理和指导方式；组织控制程度较强；欧洲的团队主要出现在创新工作领域，并且独立于日常活动之外，受到高级管理层的保护，组织给予特别的资源支持。

以在欧洲团队实践方面具有代表性的贝塔斯曼公司为例：这是一家德国公司，在与华纳两公司合并前，贝塔斯曼有限公司是全球最大的传媒公司。该集团业务只有 1/3 在本土，其余均在海外。1994 年，贝塔斯曼来华，在上海建立了以图书音像销售为主要内容的"书友会"，2000 年创下了在华销售额 1 亿元人民币的佳绩。贝塔斯曼公司采取高度分权的结构，有 300 多个经营单位，每个单位都是独立的团队，它们在实施各自的目标方面拥有较大的自由度，但活动范围及文化理念受到组织的强大控制。贝塔斯曼网上书友会是当时我国最大的书友会，会员多达 150 万人。虽然如此，但是北京贝塔斯曼二十一世纪图书连锁有限公司将终止其全国范围内的连锁书店业务，包括青岛店在内的 18 个城市中的 36 家店在 2008 年 7 月 31 日前全部关闭。贝塔斯曼方表示，本轮关闭仅限书店业务，而其书友会业务正在评估中，暂时保留，去留与否要根据最后的评估结果决定。

欧洲的团队集中于创新领域且由精英们组成，服从组织最高管理层的命令，受到组织的特别保护，形式上类似军队中为执行某一特殊任务而组成的"别动队"，因此可称之为"精英团队"。

3．日本团队管理

团队在日本企业中比较普遍，许多学者认为，团队工作模式是日本文化中固有的，作为日本习惯的协作工作方式而存在。日本企业组织活动的本质是通力协作，团队成了日本企业基本的组织和工作模式。日本团队虽然也有较强的自主性，但团队本身却自愿终身依附于组织，而组织也有将其视为自己保护和照顾对象的强烈倾向。组织对团队的控制是通过团队自愿要求和接受来进行调整。

日本企业中团队的产生具有一定的自发性，并自愿依附于组织。在企业内部，因文化等因素自发产生的团队依附并逐渐融入管理流程，支持组织的决策与工作；在承包企业群中，因长期利益关系形成的"亲子"团队同样也自愿依附于大组织并逐渐成为它的一部分。因此，日本团队又称为"依附团队"。

4．中国团队管理

中国企业的团队早在新中国成立初期对集体主义的倡导中出现。在集体主义教育中，人们应该热爱集体、关心集体，对集体有较强的责任感、义务感、荣誉感，在集体工作中应发扬团结互助精神，从而提高集体的凝聚力与生产率。

随着国外团队管理的引入，中国的团队管理有了进一步的发展。目前，中国大多数企业的团队实践情况是：第一，组建的团队少；第二，组建团队的主要原因是为了解决组织遇到的特殊问题而特别抽调一些精英人员组成；第三，所组建的团队受到来自组织高层的保护和支持。因此中国大多数企业的团队管理模式类似于欧洲。但在江浙一带的乡镇企业，团队实践水平较高。江浙地区的一些小企业结合在一起，形成一些"小企业群集"，采用以团队为基础的运作模式，在一定的范围内，依靠地缘关系和宗族关系，形成生产型的稳定团队群集，在外贸或销售公司带动下，通过任务分解，迅速在群集内实现生产。这些小企业群集就是由许多团队组成的一个松散组织，其中的团队没有特别的支持和保护，每个团队受到的市场压力也比较大，一旦质量等方面出现问题，就可能失去任务或订单，遭到群集的抛弃，这在团队管理模式上类似于美国的团队管理。

9.3 沟　　通

案例 9-1　副总裁 Marissa May 一天的工作日程表

下面是时任Google负责搜索产品与用户体验的副总裁Marissa May（2012年任雅虎CEO），2006年向《商业周刊》披露的一天中的工作日程表。

8:00 起床，准备工作；

9:00 到达办公室，参加有关一项新技术的电话会议；

10:00 与负责工程的副总裁Udi Manber开会讨论搜索与工程师招募事宜；

10:30 与下属的产品经理们开会，通报接下来的国际业务履行及准备事宜；

12:00 与Larry Page、Sergey Brin进行产品分析，讨论产品方向和战略以潜在的未来合作；

13:00 用户界面评估会议，评估/批准多种产品的用户界面设计/改变；

15:00 欢迎团队的新成员，一起讨论职业目标及计划；

15:30 与Google Video产品经理会面；

16:00 与Eric Schmidt、Larry Page、Sergey Brin及其他管理人员一起参加Google产品策略会议，回顾一周以来Google网站的流量及其他特殊话题；

17:00 管理层就Google中国问题举行策略会议；

18:00 办公与接待时间；

20:30 处理一天的电子邮件；

23:15 到（去）Google公司体育馆跑步；

0:00 回家；

0:30 看电视，处理电子邮件；

3:00 睡觉。

从上面这张时间表上我们发现她将大部分的时间用于同其他人共同工作、沟通和互动，特别是会议和邮件。这一简化的日程表还没有包含简短的电话和交谈，我们可以看到，人际互动、沟通和群体过程是组织中普遍存在的，是管理者活动中最重要的部分。

管理学上有著名的"两个70%"之说。第一个70%是指企业的管理者70%的时间都用在沟通上。他们开会、谈判、谈话、做报告、发邮件、对外进行各种拜访、约见等，这些事务消耗了管理者大量的时间和精力。85%的成功人士把成功的原因归结于自己的沟通及人际关系能力，只有15%的人把自己的成功归功于专业知识和技术。第二个70%是指企业中的70%的问题是由于沟通障碍引起的。例如：经理人在管理的问题上经常因上司的标准过于苛刻、严厉而抱怨，对于下属的期望则过高；需要协作时，部门之间矛盾重重；开发市场时也因为与客户的沟通不畅而失去客户等。

9.3.1 沟通的含义、作用与过程

1. 沟通的含义

沟通是现代管理的神经系统。企业没有有效的沟通，就会成为可怕的"植物人企业"。沟通是人际关系中最基本的行为，任何一个团体的运行都离不开团体成员的分工与合作，团体成员的分工与合作能够有效地达到组织既定的目标。这种目标的实现需要团体成员之间的有效的信息交流和信息表达。因而沟通成为一种达到目的的手段。

沟通是指信息与思想在两个和两个以上主体与客体之间传递和交流的过程。

2. 沟通的作用

在组织中将各职能部门连接成一个整体是至关重要的，沟通对发挥组织内部各职能部门的作用如下。

（1）降低经营模糊性

企业经营的原动力是赢利。有效管理则是企业不断发展壮大的必然保证，而有效管理需要完善的高效的沟通网络体系保驾护航。因为太多的因素会诱发组织内部的认识模糊和不确定性的产生，稍纵即逝的信息、突如其来的变化、变幻莫测的环境，这些都可能造成企业在一个模糊状况下做出决策。这种不确定性是不可避免的，是组织与生俱来的，健全、完备、高效的沟通网络可以降低这种固有的模糊性。

（2）实现有效管理

有效沟通能力是企业成功实施管理的关键。所有重要的管理职能的履行完全依赖于管理者和下属间进行的有效沟通。在做出重要决策前，管理者有必要从公司各部门人员处获得信

息，然后将最终决策反馈给下属，以执行决策。为了激励员工，管理者需要和员工一起设立目标，并指导他们正确履行职责。为了进行有效的业绩评估，管理者需要给予员工有关他们工作的反馈，并揭示评估的依据。

（3）满足员工对信息的需要

研究表明，21世纪的员工越来越多地愿意了解企业的发展方向和运营状况的信息。与人需要空气和水等基础生存物质一样，人对信息的需求也日趋迫切，尽管不同的个体对信息内容表现出很大的差异性，但这种对不同信息的需求只有通过组织内发达畅通的沟通渠道才能实现。如果沟通的需要不能通过正式渠道得到满足，它必然会通过非正式渠道得到满足。如果忽略这一点，或不能充分认识这一点，可能会给管理工作带来隐患。

（4）构建和谐的工作关系

高效的组织鼓励并帮助建立内部员工与员工、员工与工作的关系。因工作而结成的关系在许多方面影响员工的工作表现。而良好的沟通渠道有助于构建并维系积极向上的员工与员工、员工与工作的关系。这对于更好地激励员工、提高员工的绩效，无疑会产生正面效用。

3．沟通的过程

信息的沟通是一个信息的传送者通过选定渠道把信息传递给接收者的过程。当人们之间有需要进行沟通时，沟通的过程就开始了。人与人之间的交流是通过信息的互相传递及了解进行的，因此人际沟通实际上就是互相之间的信息沟通。这里面就涉及信息的发送者、信息的接收者和所传递的渠道等。

（1）信息的发送者

信息发送者（即需要沟通的主动者）要把自己的某种思想或想法（希望他人了解的）转换为信息，即发送者自己与接收者双方都能理解的共同"语言"或"信号"，这一过程就叫作编码。没有这样的编码，人际沟通是无法进行的，就像不会讲英语的人就无法与只会讲英语的人进行沟通一样。一个组织中，如果组织的成员没有共同语言，组织成员之间的有效沟通也就失去了良好的基础，除非通过翻译进行，不过翻译有可能会导致原来的信息失真，如图9-6所示。

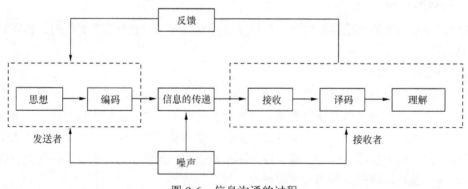

图9-6 信息沟通的过程

（2）信息的接收者

信息接收者先接收到传递而来的"共同语言"或"信号"，然后按照相应的办法将此还原为自己的语言即"译码"，这样就可以理解了。当信息接收者需要将他的有关信息传递给原先的信息发送者时，此时他自己就变成了信息的发送者。在接收和译码的过程中，接收者的教育程度、技术水平及当时的心理活动，均会导致在接收信息时发生偏差或疏漏，也会导致在译码过程中出现差错，会使信息接收者产生一定的误解，这样就不利于有效沟通的实现。实际上即便上述情况不发生，也会因为信息接收者的价值观与理解力因素导致产生理解信息发送者真正想法的误差。

（3）噪声干扰

噪声是指一切妨碍信息沟通的因素。在很多情况下，信息沟通都会受到噪声的影响，以致造成沟通的障碍而影响沟通的效果。信息沟通过程中的每一步都有可能产生噪声。例如，对发送者来说，嘈杂的环境可能会妨碍意念的形成，由于所用的符号不清也可能造成编码错误；对信息传递来说，由于渠道不畅可能造成信息传递中断；对接收者来说，因注意力不集中可能造成接收的信息不准确，因误解信息符号的含义可能造成译码错误等。噪声不仅会阻碍信息的传递，也会在传递过程中扭曲信息。

此外，政治、文化、社会、法律等环境因素也影响着组织成员之间的沟通，如不同信仰、不同文化背景会使沟通难以进行。而沟通双方地理上的距离、时间分配等也会影响沟通渠道、沟通方式的选择。另外，像组织内的文化氛围、管理方式、组织结构安排等均会影响组织成员的沟通。例如，一个企业的领导者喜欢集权式的管理，他对下属的向上沟通就不太重视，他所采用的科层制组织架构就不利于下情上达，久而久之上下级之间的沟通就会有障碍。

（4）反馈

反馈对检验信息沟通的效能来说是必不可少的。如果没有反馈信息的证实，我们可能永远无法确定信息是否得到了有效的编码、传递、译码和理解。

当发送者发出了一个信息而没有收到任何反应，可能表示接收者没有收到信息或者是为了某种理由而不愿意做出反应。无论是哪一种情况，发送者都必须有所警戒：为什么对方没有反应？有效的沟通应该是双向的，接收者应将他的想法和意见等反馈给发送者。反馈是接收者的一种反应，是发送者了解接收者对信息理解和接受程度的最好方法。但许多发送者忽略了这一点。在其他条件相同的情况下，鼓励反馈的发送者比不注重反馈的发送者能更有效地进行沟通。

9.3.2　沟通的类型

按照不同的标准，可以把沟通分为不同的类型。

1．按照通道不同，可以分为正式沟通和非正式沟通

（1）正式沟通

正式沟通是指在组织系统内，依据组织明文规定的原则进行的信息沟通，具有严肃性、规范性。如组织与组织之间的公函来往，组织内部的文件传达、召开会议，上下级之间定期的信息交换等。另外，团体所组织的参观访问、技术交流、市场调查等也在此列。

正式沟通的优点是，沟通效果好，比较严肃，约束力强，易于保密，可以使信息沟通保持权威性。重要的信息和文件的传达、组织的决策等，一般都采取这种方式。其缺点是由于

依靠组织系统层层的传递，所以较刻板，沟通速度慢。

（2）非正式沟通

非正式沟通指的是正式沟通渠道以外的沟通。信息发布者一般不代表组织和上级，主要是通过个人之间的接触进行的，是由社会成员在感情和动机上的需要而形成的信息交流，其传播范围能远远超越部门和层次之间的限制，具有随意性、非正规性，并带有较强的感情色彩。

例如，团体成员私下交换看法、朋友聚会、传播谣言和小道消息等都属于非正式沟通。非正式沟通是正式沟通的有机补充。在许多组织中，决策时利用的信息大部分是由非正式信息系统传递的。同正式沟通相比，非正式沟通往往能更灵活、迅速地适应事态的变化，省略许多烦琐的程序；常常能提供大量的通过正式沟通渠道难以获得的信息，真实地反映员工的思想、态度和动机。因此，这种动机往往能够对管理决策起重要作用。

非正式沟通的优点是：沟通形式不拘，直接明了，速度很快，容易及时了解到正式沟通难以提供的"内幕新闻"。非正式沟通能够发挥作用的基础是团体中良好的人际关系。其缺点表现在：非正式沟通难以控制，传递的信息不确切，易于失真、曲解，而且，它可能导致小集团、小圈子，影响人心稳定和团体的凝聚力。此外，非正式沟通还有一种可以事先预知的模型。心理学研究表明，非正式沟通的内容和形式往往是能够事先被人知道的。管理者应该予以充分注意，以杜绝起消极作用的"小道消息"，利用非正式沟通为组织目标服务。

现代管理理论提出了一个新概念，称为"高度的非正式沟通"。它指的是利用各种场合，通过各种方式，排除各种干扰，来保持人们之间经常不断的信息交流，从而在一个团体、一个企业中形成一个巨大的、不拘形式的、开放的信息沟通系统。实践证明，高度的非正式沟通可以节省很多时间，避免正式场合的拘束感和谨慎感，使许多长年累月难以解决的问题在轻松的气氛下得到解决，减少了团体内人际关系的摩擦。

2．按传播媒体的形式，可分为书面沟通和口头沟通

（1）书面沟通

书面沟通是以书面文字（还包括计算机、磁带、光盘、手机、网络等现代化媒体）的形式进行的沟通，信息可以长期得到保存。

书面沟通的优点在于：具有准确性、权威性，比较正式，不受时间、地点限制；信息可以长期保存；便于查看、反复核对，倘有疑问可据以查阅，减少因一再传递、解释所造成的失真。它的缺点是：一旦形成不易随时修改，有时文字冗长不便于阅读，形成书面内容也较为费时。

（2）口头沟通

口头沟通是以口头交谈的形式进行的沟通，包括人与人之间面谈、电话、开讨论会及发表演说等。

口头沟通的优点在于：比较灵活，简便易行，速度快，有亲切感；双方可以自由交换意见，便于双向沟通；在交谈时可借助于手势、体态、表情来表达思想，有利于对方更好地理解信息。它的缺点是：容易受空间限制，人数众多的大群体无法直接对话，口头沟通后保留的信息较少。

3．按信息传播的方向，可分为上行沟通、下行沟通和横向沟通

（1）上行沟通

上行沟通是指自下而上的沟通，即信息按照组织职权层次由下向上流动，如下级向上级汇报情况、反映问题等。它有两种表达形式：一是层层传递，即依据一定的组织原则和组织程序逐级向上反映；二是越级反映。这指的是减少中间层次，让决策者和团体成员直接对话。

上行沟通的优点是：员工可以直接把自己的意见向领导反映，获得一定程度的心理满足；管理者也可以利用这种方式了解企业的经营状况，与下属形成良好的关系，提高管理水平。

上行沟通的缺点是：在沟通过程中，下属因级别不同造成心理距离，形成一些心理障碍；害怕"穿小鞋"、受打击报复，不愿反映意见。同时，向上沟通常常效率不佳。有时，由于特殊的心理因素，经过层层过滤，导致信息曲解，出现适得其反的结局。

（2）下行沟通

下行沟通是指自上而下的沟通，即在组织职权层次中，信息从高层次成员向低层次成员流动，如领导者以命令或文件的方式向下级发布指示，传达政策，安排和布置计划工作等。

下行沟通渠道的优点是：它可以使下级主管部门和团体成员及时了解组织的目标和领导意图，增加员工对所在团体的向心力与归属感。它也可以协调组织内部各个层次的活动，加强组织原则和纪律性，使组织机器正常地运转下去。

下行沟通渠道的缺点是：如果这种渠道使用过多，会在下属中造成上级高高在上、独裁专横的印象，使下属产生心理抵触情绪，影响团体的士气。此外，由于来自最高决策层的信息需要经过层层传递，容易被耽误、搁置，有可能出现事后信息曲解、失真的情况。

就比较而言，下行沟通比较容易，居高临下，甚至可以利用广播、电视等通信设施；上行沟通则困难一些，它要求基层领导深入实际，及时反映情况，做细致的工作。一般来说，传统的管理方式偏重于向下沟通，管理风格趋于专制；而现代管理方式则是向下沟通与向上沟通并用，强调信息反馈，增加员工参与管理的机会。

（3）横向沟通

横向沟通主要是指同层次、不同业务部门之间及同级人员之间的沟通，又称为水平沟通。横向沟通又可具体地划分为4种类型。一是企业决策层与工会系统之间的信息沟通；二是高层管理人员之间的信息沟通；三是企业内各部门之间的信息沟通与中层管理人员之间的信息沟通；四是一般员工在工作和思想上的信息沟通。横向沟通可以采取正式沟通的形式，也可以采取非正式沟通的形式，通常以后一种方式居多，尤其是在正式的或事先拟订的信息沟通计划难以实现时，非正式沟通往往是一种极为有效的补救方式。

横向沟通具有很多优点：第一，它可以使办事程序、手续简化，节省时间，提高工作效率；第二，它可以使企业各个部门之间相互了解，有助于培养整体观念和合作精神，克服本位主义倾向；第三，它可以增加员工之间的互谅互让，培养员工之间的友谊，满足员工的社会需要，使员工提高工作兴趣，改善工作态度。

其缺点表现在：横向沟通头绪过多，信息量大，易造成混乱；此外，横向沟通尤其是个

体之间的沟通也可能成为员工发牢骚、传播小道消息的一条途径，造成涣散团体士气的消极影响。

4．按照沟通网络的基本形式，可分为链式、轮式、Y式、环式和全通道式沟通

（1）链式沟通

链式沟通属于控制型结构，在组织系统中相当于纵向沟通网络。网络中每个人处在不同的层次中，上下信息传递速度慢且容易失真，信息传递者所接收的信息差异大。但由于结构严谨，链式沟通形式比较规范，在传统组织结构中应用较多，如图9-7所示。

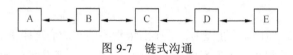

图 9-7　链式沟通

（2）轮式沟通

轮式沟通又称主管中心控制型沟通。在该种沟通网络图中，只有一名成员是信息的汇集发布中心，相当于一个主管领导直接管理几个部门的权威控制系统。这种沟通形式集中程度高，信息传递快，主管者具有权威性。但由于沟通渠道少，组织成员满意程度低，士气往往受到较大的影响，如图9-8所示。

（3）Y式沟通

Y式沟通又称秘书中心控制型沟通。这种沟通网络相当于企业主管、秘书和下级人员之间的关系。秘书（C）是信息收集和传递中心，对上接受主管（D）的领导。这种网络形式能减轻企业主要领导者的负担，解决问题的速度较快。但除主管人员以外，下级人员平均满意度与士气较低，容易影响工作效率，如图9-9所示。

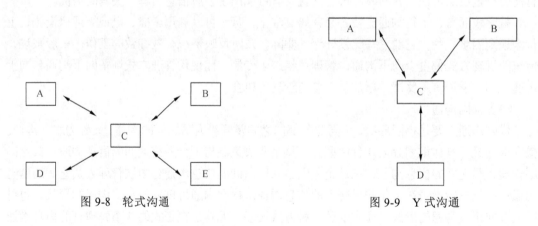

图 9-8　轮式沟通　　　　　　　　　　图 9-9　Y式沟通

（4）环式沟通

环式沟通又称工作小组型沟通。在该沟通网络图中，成员之间依次以平等的地位相互联络，不能明确谁是主管，组织集中化程度低。由于沟通渠道少，信息传递速度较慢，但成员之间相互满意度和士气高，如图9-10所示。

（5）全通道式沟通

全通道式沟通是一种完全开放式的沟通网络，沟通渠道多，成员之间地位平等，合作气

氛浓厚，成员满意度和士气均高。全通道沟通与环式沟通的相同之处在于，网络中主管人员不明确，集中化程度低，一般不适用于正式组织中的信息传递，如图 9-11 所示。

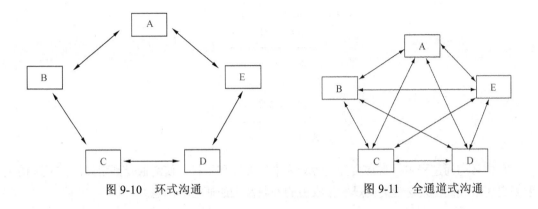

图 9-10　环式沟通　　　　　　　　　　图 9-11　全通道式沟通

5 种沟通形态的比较如表 9-2 所示。

表 9-2　5 种沟通形态的比较

沟通形态 评价标准	链式	轮式	Y 式	环式	全通道式
集中性	适中	高	较高	低	很低
速度	适中	快（简单问题） 慢（复杂问题）	快	慢	快
正确性	高	快（简单问题） 慢（复杂问题）	较高	低	适中
领导能力	适中	很高	高	低	很低
全体成员满意	适中	低	较低	高	很高
示例	命令链锁	主管对 4 个部属	领导任务繁重	工作任务小组	非正式沟通

9.3.3　沟通障碍与应对策略

1．沟通障碍

在管理学中有一个沟通漏斗原理，沟通漏斗呈现的是一种由上至下逐渐减少的趋势，因为漏斗的特性就在于"漏"。对沟通者来说，是指如果一个人心里想的是 100% 的东西，当你在众人面前、在开会的场合用语言表达心里 100% 的东西时，这些东西已经漏掉了 20%，你说出来的只剩 80% 了。而当这 80% 的东西进入别人的耳朵时，由于文化水平、知识背景的关系，只存活了 60%。实际上，真正被别人理解了、消化了的东西大概只有 40%。等到这些人遵照领悟的 40% 具体行动时，已经变成 20% 了。

这就是所谓的沟通漏斗，它的吞并功能可谓强大。然而，这样的漏斗现象时时刻刻发生在我们周围。所以，一定要掌握一些沟通技巧，争取让这个漏斗漏得越少越好，如图 9-12 所示。

你心里想的	100%
你嘴上说的	80%
别人听到的	60%
别人听懂的	40%
别人行动的	20%

图 9-12　沟通漏斗

在信息沟通过程中，常常会受到各种因素的影响和干扰，使沟通受到阻碍。沟通障碍主要来自 3 个方面：发送者的问题、接收者的问题及沟通通道的问题。

（1）发送者的问题

在沟通过程中，信息发送者的情绪、倾向、个人感受、表达能力、判断力等都会影响信息的完整传递。障碍主要表现在如下方面。

① 表达能力不佳。发送信息方如果口齿不清、词不达意或者字体模糊，就难以把信息完整地、正确地表达出来；如果使用方言，可能会使接收者无法理解。

② 信息传送不全。发送者有时缩减信息，使信息变得模糊不全。

③ 信息传递不及时或不适时。信息传递过早或过晚，都会影响沟通效果。

④ 知识经验的局限。信息发送者与接收者如果在知识和经验方面水平相差悬殊，发送者认为沟通的内容很简单，不考虑对方，只按自己的知识和经验范围进行编码，而接收者却难以理解，从而影响沟通效果。

⑤ 对信息的过滤。过滤是指故意操纵信息，使信息显得对接收者更有利。如管理者向上级传递的信息都是对方想听到的东西，这位管理者就是在过滤信息。过滤的程度与组织结构层次和组织文化有关。组织纵向管理层次越多，过滤的机会也就越多。组织文化则通过奖励系统鼓励或抑制这类过滤行为。如果奖励只注重形式与外表，管理者便会有意识地按照上级的品位调整和改变信息内容，现实生活中"报喜不报忧"就是典型的信息过滤行为。

（2）接收者的问题

从信息接收者的角度看，影响信息沟通的因素主要有 6 个方面。

① 信息译码不准确。接收者如果对发送者的编码不熟悉，有可能误解信息，甚至理解得截然相反。

② 对信息的筛选。受知觉选择性的影响，接收者在接收信息时，会根据自己的知识经验去理解，按照自己的需要对信息进行"选择"，从而可能会使许多信息内容被丢弃，造成信息的不完整甚至失真。

③ 对信息量的承受力。每个人在单位时间内接收和处理信息的能力不同，对于承受能力较低的人来说，如果信息过量，难以全部接收，就会造成信息丢失而产生误解。

④ 心理上的障碍。接收者对发送者不信任，敌视或者冷漠、厌烦，或者心理紧张、恐惧，都会歪曲或拒绝接收信息。

⑤ 过早地评价。在尚未完整地接收一项信息之前就对信息做出评价，将有碍于对信息所

包含的意义的接收。价值判断就是对一项信息所给予的总价值的估计，它是以信息的来源、可靠性或预期的意义为基础的。过于匆忙地做出评价，就会使接收者只能听到他所希望听到的那部分内容。

⑥ 情绪。在接收信息时，接收者的感觉会影响到他对信息的理解。不同的情绪感受会使个体对同一信息的解释截然不同。狂喜或悲伤等极端情绪体验都可能阻碍信息沟通，因为此种情况下人们会出现"意识狭窄"现象而不能进行客观、理性的思维活动，而代之以情绪性的判断。因此，应尽量避免在情绪很激动的时候进行沟通。

（3）沟通通道的问题

沟通通道问题主要有以下几个方面。

① 选择沟通媒介不当。如重要事情口头传达效果较差，因为接收者会认为"口说无凭""随便说说"而不重视。

② 几种媒介互相冲突。当信息用几种形式传送时，如果相互之间不协调，会使接收者难以理解传递的信息内容。如领导表扬下属时面部表情很严肃甚至皱眉头，会让下属觉得迷惑。

③ 沟通渠道过长。组织机构庞大，内部层次多，从最高层传递信息到最低层，从低层汇总情况到最高层，中间环节太多，容易使信息损失较大。

④ 外部干扰。信息沟通过程中经常会受到自然界各种物理噪声、机器故障的影响或被另外事物干扰所打扰，也会因双方距离太远而沟通不便，影响沟通效果。

2．应对策略

在管理活动中，人们都希望明白无误地传递信息，克服沟通的障碍，提高沟通的效果。根据沟通的基本过程，要克服沟通的障碍应当从以下3个方面入手。

（1）信息发送者

信息发送者是信息沟通中的主体因素，起着关键性作用，要想提高信息传递的效果，必须注意下列因素。

① 要有认真的准备和明确的目的性。信息发布者首先要对沟通的内容有正确、清晰的理解。在沟通之前，要做必要的调查研究，收集充分的资料和数据，对每次沟通要解决什么问题，达到什么目的，不仅自己心中要有数，也要设身处地地为信息的接收者着想，使他们也能清晰理解。

② 正确选择信息传递的方式。信息发送者要注意根据信息的重要程度、时效性、是否需要长期保存等因素，选择不同的沟通形式。例如，对于有重要保存价值的文件、材料，一定要采用书面沟通形式，以免信息丢失。而对于时效性很强的信息，则要采用口头沟通，甚至运用广播、电视媒体等形式，以迅速扩大影响。

③ 沟通的内容要准确和完整。信息的发送者应当努力提高自身的文字和语言表达能力，沟通的内容要有针对性，语义确切，条理清楚，观点明确，避免使用模棱两可的语言，否则容易造成接收者理解上的失误和偏差。此外，信息发送者对所发表的意见、观点要深思熟虑，不可朝令夕改，更不能用空话、套话、大话对信息接收者敷衍搪塞。若处理不好，常常会引起接收者的逆反心理，形成沟通中不应有的壁垒和障碍。

④ 沟通者要努力缩短与信息接收者之间的心理距离。沟通是否成功，不仅与沟通的内容

有关，而且也与信息发送者的品德和作风有很大的关系。一位作风民主、密切联系群众的领导者，常常会被下属看成是"自己人"，而愿意与其沟通，并自觉地接受他的观点和宣传内容。所以，信息发送者在信息接收者心目中的良好形象是至关重要的因素。

⑤ 沟通者要注意运用沟通的技巧。沟通的形式要尽量使用接收者喜闻乐见的方式，必要时可运用音乐、戏剧、小品等形式，寓教于乐，达到使下属接收信息的目的。根据心理学中"权威效应"的概念，尽量使各个领域的权威、专家、名人参与信息发布，通过他们的现身说法，往往可以使信息传递更具影响，达到事半功倍的效果。

（2）信息渠道的选择

① 尽量减少沟通的中间环节，缩小信息的传递链。在沟通过程中，环节和层次过多，特别容易引起信息的损耗。从理论上分析，由于人与人之间在个性、观点、态度、思维、记忆、偏好等方面存在巨大差别，因此信息每经过一次中间环节的传递，将丢失30%的信息量。所以，在信息交流过程中，要提倡直接交流，作为领导者要更多地深入生产一线，多做调查研究，对信息的传播和收集都会有极大的好处。

② 要充分运用现代信息技术，提高沟通的速度、广度和宣传效果。随着现代科学技术的进步，以及广播、电视与现代通信技术的发展，为管理沟通创造了良好的外部条件和物质基础。在沟通过程中，应该充分利用这些条件，提高沟通效果。例如，运用电话或可视电话召开各种会议，既可以克服沟通活动中地域和距离上的障碍，快速传递信息，又可以减少与会者在旅途时间和财力上的损失。此外，利用广播、电视进行广告、新闻发布比起传统的沟通手段，在速度和波及范围等方面也有无可比拟的巨大优越性。

③ 避免信息传递过程中噪声的干扰。组织要注意建设完全的信息传递系统和信息机构体系，确保渠道畅通。无论是信息的发送者还是接收者，都要为沟通创造良好的环境，使信息发送者有充足的时间为信息发送做好充分的准备，也使信息接收者有更多的时间去收集、消化所得到的信息，真正做到学以致用。

（3）信息的接收者

① 信息的接收者首先要以正确的态度去接收信息。在管理活动中，作为领导者应当把接收和收集信息看成是正确决策和指挥的前提，也是与下属建立密切关系、进行交流与取得良好人际关系的重要条件。而对被领导者，应当把接收信息看成是一次重要的学习机会。社会的发展更要求人们不断地进行知识更新，而沟通就是一种主要手段。其次，通过沟通可以更好地理解组织和上级的决策、方针和政策，开阔视野，提高工作水平和工作能力。如果人们都能正确认识接收信息的重要性，沟通的效果就会大大提高。

② 接收者要学会"听"的艺术。在口头传递信息的过程中，认真地"听"，不仅能更多更好地掌握许多有用的信息和资料，同时也体现了对信息传递者的尊重和支持，尤其是各级领导人员在听取下级汇报时，全神贯注地听取他们反映的意见，并不时地提出问题与下属讨论，就会激发下属发表意见的勇气和热情，把问题的探讨引向深入，并进一步密切上下级之间的人际关系。

9.3.4 沟通原则

美国管理专家汉森在 1986 年对 40 家大公司今后 5 年内的赢利能力进行预测时，通过调研得出的结论是：良好的管理者与下属关系的权重是市场占有率、资本紧缺性、公司规模、销售增长率这 4 个重要变量之和的 3 倍。这个结论充分说明，以人际沟通为基础的管理沟通是企业提高其赢利能力、获得可持续发展的关键因素。

沟通的本质是换位思考。以客体为导向的沟通思维，也就是换位思考，即无论何时、何地、何种环境、采取何种方式进行沟通均必须站在沟通对象的立场上去考虑问题，从"对方需要什么"作为思考的起点，不但有助于问题的解决，而且能更好地建立并强化良好的人际关系，达到建设性沟通的目标。

1. 完全性原则

所谓完全性原则，指的是沟通信息的发送者应在沟通中注意：沟通中是否提供了全部必要信息；是否根据听众的反馈回答了询问的全部问题；是否为了实现沟通的目的在需要时提供额外的信息。

这里的必要信息的含义，就是要向沟通对象提供 5W1H，即谁（Who）、什么时候（When）、什么事（What）、为什么（Why）、哪里（Where）和如何做（How）6 个方面的信息。信息的完全性，就是要求沟通者回答全部问题，以诚实、真诚取信于人。必要时提供额外信息，就是要根据沟通对象的要求，结合沟通的具体策略向沟通对象提供原来信息中不具有的信息或不完全信息。

2. 对称性原则

所谓对称性原则，是指提供的信息对于沟通双方来说应该是准确对称的。如果说完全性原则要求信息源提供全部的必要信息，那么对称性原则就是信息源提供准确的信息。沟通信息的精确性要求沟通根据环境和对象的不同采用相应的表达方式，从而帮助对方准确领会全部的信息。

首先要注意信息来源对于沟通双方来说都应该是准确和可靠的。这是对称性的基本要求。在沟通过程中，出现信息不准确现象的一个非常重要的原因是原始数据的可靠性不符合沟通的需要。这时，就必须使用双方都能够认可的信息源所提供的信息。例如，员工甲和员工乙之间有私人矛盾，如果管理者以员工甲提供的信息为依据对员工乙的怠工行为提出批评，就容易遭到乙的排斥。即使这种情况是客观的，这样的沟通也无法达到应有的效果。

对称性原则的另一要求是沟通者采用沟通双方都能接受的表达方式。其一，要采用双方都能理解的媒介手段；其二，要采用恰当的语言表达方式。所谓媒介手段包括会谈、书面报告、电子公告栏等各种各样的形式。在选择媒介时不能仅凭信息发送者的意愿，而要根据沟通对象的特征、沟通的目的及各方面的环境因素等进行综合考虑。所谓语言表达方式，包括恰当的词汇和恰当的语言风格两个方面。

3. 对事不对人的定位原则

在谈到批评的方式时，"对事不对人"是一个常见的说法。与之相应的是人们在沟通中存在两种导向：问题导向和人身导向。问题导向指的是沟通关注于问题本身，注重寻找解决问题的方法；而人身导向的沟通则更多地关注出现问题的人而不是问题本身。建设性沟通中"对事不对人"原则就要求沟通双方应针对问题本身提出看法，充分维护他人的自尊，不要轻易对人下结论，从解决问题的目的出发进行沟通。

人身导向的沟通往往会带来很多负面的影响。但是，人们在遇到问题时往往会非常直接地将问题归咎于人，甚至常常导致一定程度的人身攻击。实际上，人们可能改变他们的行为却难以改变他们固有的个性。因此，人身导向的沟通往往只是发牢骚，而不能为解决问题提出任何积极可行的措施。另外，如果你将问题归咎于人，往往会引起对方的反感和心理防卫。在这种情况下，沟通不但不能解决问题，反而会对双方的关系产生破坏性的影响。

4．责任导向的定位原则

所谓责任导向，就是在沟通中引导对方承担责任的沟通模式。与责任导向相关的沟通方式有两种：自我显性的沟通与自我隐性的沟通。典型的自我显性沟通使用第一人称的表达方式；而自我隐性的沟通则采用第三人称或第一人称复数，如"有人说""我们都认为"等。

自我隐性的沟通通过使用第三者或群体作为主体避免对信息承担责任，因而也就逃避就其自身的情况进行真正的交流。如果不能引导对方从自我隐性转向自我显性的方式，则不能实现责任导向的沟通，这样的沟通不利于实际问题的解决。如有可能，管理者可以通过连贯性的提问引导下属员工从"人们如何认为"的说法转变到"我如何认为"的说法上。这样一来，员工自然而然地开始对自己的行为承担责任。

5．事实导向的定位原则

遵循事实导向的定位原则能够帮助我们克服轻易对人下结论的倾向。事实导向的定位原则在沟通中表现为以描述事实为主要内容的沟通方式。在这种方式中，人们通过对事实的描述避免对人身的直接攻击，也能避免对双方的关系产生破坏性的作用。特别是在管理者向员工指出其缺点和错误时，更应该恪守这一原则。

在这种情况下，管理者可以遵循以下 3 个步骤进行描述性的沟通。首先，管理者应描述需要修正的情况。这种描述应基于事实或某个特定的、公认的标准。例如可以说"你在这个季度的销售额排名中处于部门最后一名的位置""这个月你受到了 3 次有关服务质量的投诉"等。这种描述能够在很大程度上避免员工的抗拒心理。其次，在描述事实之后，我们还应该对这种行为可能产生的后果作一定的描述。例如，"你的工作业绩出乎我的意料，这将对我们整个部门的销售业绩产生不良的影响"等。最后，管理者可以提出一个具体的解决方式或引导员工主动寻找可行的解决方案。

 本章要点

- 团队的含义及构成
- 团队的类型与发展阶段
- 实现有效团队管理需要的条件
- 沟通的作用
- 沟通存在的障碍及克服

 关键概念

群体　团队　团队管理　沟通　正式沟通　非正式沟通

 综合练习

一、选择题

1. 为了满足其他人的利益而不顾自己的利益。这种人做出的自我牺牲仅仅是为了维持一个良好的人际关系，这种解决冲突的做法是（　　）。

    A. 强制　　　　　　B. 共享　　　　　　C. 合作　　　　　　D. 妥协

2. 团体成员私下交换看法，朋友聚会，传播谣言和小道消息属于（　　）。

    A. 非正式沟通　　　　　　　　　　　　B. 正式沟通

    C. 轮式沟通　　　　　　　　　　　　　D. 全通道式沟通

3. 解决冲突之后，冲突双方都可以获得一定的利益，这种解决冲突的做法是（　　）。

    A. 强制　　　　　　B. 共享　　　　　　C. 合作　　　　　　D. 妥协

4. 组织与组织之间的公函来往，组织内部的文件传达属于（　　）。

    A. 非正式沟通　　　　　　　　　　　　B. 正式沟通

    C. 轮式沟通　　　　　　　　　　　　　D. 全通道式沟通

5. 团队管理在国外兴起较早，尤其以欧美为首，欧洲的团队集中于创新领域，服从组织最高管理层的命令，受到组织的特别保护，可以看出欧洲的团队是（　　）。

    A. 自由团队　　　　　B. 精英团队　　　　　C. 依附团队　　　　　D. 独立团队

6. 团队管理在国外兴起较早，尤其以欧美为首，美国企业中的团队就像是企业中的"自由分子"，拥有较大的自主权和比较全面的组织功能，可以看出美国的团队是（　　）。

    A. 自由团队　　　　　B. 精英团队　　　　　C. 依附团队　　　　　D. 独立团队

7. 冲突发生以后，冲突双方能够获得适当的但并非全部的利益，这种解决冲突的做法是（　　）。

    A. 强制　　　　　　B. 共享　　　　　　C. 合作　　　　　　D. 妥协

8. 当冲突发生时，牺牲一方利益而使另一方获利，这种解决冲突的方式是（　　）。

    A. 强制　　　　　　B. 共享　　　　　　C. 合作　　　　　　D. 妥协

9. 关于沟通，下列表述正确的是（　　）。

    A. 沟通是意义的传递，内容包括事实、情感、价值取向、意见观点

    B. 沟通网络指的是信息流动的通道，即正式沟通中媒介的选择

    C. 善于倾听，避免过早评价，这是沟通中的重要问题

    D. 正式沟通有链式、环式、Y式、轮式4种形态

10. 公司召集中层以上管理人员开会，传达上级指示，并要求与会人员向各自部门传达。在上述过程中，采用的沟通模式是（　　）。

    A. 环式沟通，Y式沟通　　　　　　　　B. 轮式沟通，链式沟通

    C. 环式沟通，链式沟通　　　　　　　　D. 轮式沟通，全通道式沟通

二、填空题

1. 一个组织若需要创造出一种高昂士气来实现组织目标时，行之有效的沟通方式是＿＿。

2. 沟通网络中，开放式的网络系统是＿＿＿。

3. 某一个居于核心位置的沟通主体分别与其他几个沟通主体进行沟通，这是_____。

4. 一般来说，组织中存在 3 种基本的群体类型是职能群体、_____和非正式群体。

5. 团队有几个重要的构成要素包括_____、人、团队的定位、权限、计划。

6. 团队的发展过程分成 4 个阶段，包括形成期、_____、规范期和绩效表现期。

7. _____是为了使冲突双方都得到满足，它的指导方针是双赢。

8. _____是指信息与思想在两个和两个以上主体与客体之间传递和交流的过程。

9. _____是指自下而上的沟通，即信息按照组织职权层次由下向上流动，如下级向上级汇报情况、反映问题等。

10. _____是指自上而下的沟通，即在组织职权层次中，信息从高层次成员向低层次成员流动，如领导者以命令或文件的方式向下级发布指示，传达政策，安排和布置计划工作等。

三、简答题

1. 团队与群体的区别是什么？

2. 团队有哪些构成要素？

3. 团队的类型有哪些？

4. 团队的发展阶段包括哪些？

5. 实现有效的团队管理需要哪些条件？

6. 冲突的结果有哪些？

7. 解决冲突的方法是什么？

8. 简述沟通的过程。

9. 沟通的作用有哪些？

10. 沟通的类型有哪些？

11. 沟通的原则有哪些？

12. 简述沟通过程中存在的障碍与应对策略。

四、案例分析题

案例 1：一个毕业生在工作中遇到的难题

小李来自北方，热情、直率，总是愿意把自己的想法说出来和大家一起讨论，正是因为这样她很受老师和同学的欢迎。小李从西安某大学的人力资源管理专业毕业，经过将近一个月的反复投简历和面试，在权衡了多种因素的情况下，小李最终选定了东莞市的一家食品添加剂公司。她之所以选择这家公司是因为该公司规模适中、发展速度很快，最重要的是该公司的人力资源管理工作还处于尝试阶段，如果加入她将是人力资源部的第一个员工，因此她认为自己施展能力的空间很大。但是到公司实习一个星期后，她就陷入了困境中。

这家公司是一个典型的小型家族企业，企业中的关键职位基本上都由老板的亲属担任，充满了各种裙带关系。尤其是老板给她安排了他的大儿子王经理做自己的临时上级，而这个人主要负责公司研发工作，根本没有管理理念，更不用说人力资源管理理念，在他的眼里，只有技术最重要，公司只要能赚钱其他的一切都无所谓。小李认为越是这样就越有自己发挥能力的空间，因此在到公司的第 5 天小李拿着自己的建议书走向了直接上级的办公室。她和王经理说，对于一个企业尤其是处于上升阶段的企业来说，要保证企业的发展必须在管理上下功夫。"据我目前对公司的了解，我认为公司主要的问题在于职责界定不清；雇员的自主权力太小致使员工觉得公司对他们缺乏信任；员工薪酬结构和水平的制定随意性较强，缺乏科学、合理的基础，因此薪酬的公平性和激励性都较低。"

王经理说："这些问题公司确实存在，但必须承认一个事实——公司在盈利，这就说明我们公司目前实行的体制有它的合理性。""可是，眼前的发展并不等于将来也可以发展，许多家族企业都是败在管理上。""好了，那你有具体方案吗？""目前还没有，这些还只是我的一点想法而已，但是如果得到了您的支持，我想方案只是时间问题。""那你先回去做方案，把你的材料放这儿，我先看看然后给你答复。"说完王经理的注意力又回到了研究报告上。

小李此时真切地感受到了不被认可的失落，她似乎已经预测到了自己第一次提建议的结局。果然，小李的建议书石沉大海，王经理好像完全不记得建议书的事。她陷入了困惑之中，她不知道自己是应该继续和上级沟通还是干脆放弃这份工作，另找一个发展空间。

思考：

1. 小李和王经理在进行沟通的时候的目标分别是什么？
2. 小李和王经理间的沟通为什么不成功？
3. 双方应该在哪些方面进行改进以获得有效的沟通？

案例 2：Gore——自我管理的团队

Gore-Tex 是许多户外品牌采用的透气防风防水织物技术。Gore 公司以技术创新知名，生产 1 000 种产品（包括吉他琴弦、心脏支架、牙线），运营分布在全球 50 多个地区，拥有 10 000 名员工。在管理学界，Gore 公司的知名在于它采用了一种与众不同的网格状（lattice）管理模式。

Gore 公司没有等级划分，没有老板，只有很少几个工作头衔。员工（所有人都是公司股东）自主选择他们的工作，在团队中通过协商确定自己的工作任务。CEO 泰瑞·凯莉（Terri Kelly）说："我们相信，让每位员工决定自己做什么比依靠老板命令来管理的效果要好得多。"在团队协商中，员工可以说"不"，然而一旦做出承诺，则不能放弃。随着业务的扩大，Gore 有了 CEO、四大事业部、一些以产品为中心的业务单位和支持性部门，但是，它仍然没有管理层级，每个团队成员的角色都是谈判的结果。

员工评议是 Gore 公司的基本管理制度，每位员工都要就 20～30 名有密切工作关系的同事对公司的贡献做出排名，当然他本人也会接受同样数量同事的排名评议。排名评议是匿名进行的，排名结果决定了员工的薪酬。在评议时，公司不会给出具体的指标，唯一的标准是看此人对公司的贡献，这当然包括此人的行为是否符合公司价值观。跨部门的公司领导者委员会将讨论排名结果，然后将同类员工按 1 到 20 进行排序，排序结果决定了员工的薪酬。尽管听上去有些残酷，这一系统可以避免薪酬偏向年资和职位的问题。有趣的是，不同员工给出的排名顺序往往是相似的。

凯莉认为，"来自同事的压力往往比来自上层的压力更有效。"我们不用打卡，因为不关心他们的工作时间，而只关心结果。也不需要像一些组织那样建立烦琐的考核制度，制度往往导致为考核而考核所产生的负面的行为，这些制度不能反映复杂的组织业务所需的各个方面。相反，Gore 公司的员工在评议时只需要关注员工对企业的总体影响，而不必拘泥于狭隘的考核指标。

在员工加入团队几个月后，公司鼓励员工用一定的时间参与到其他项目中去，只要员工的精力允许。Gore 公司的员工常常是不同团队的成员，在有些团队中，他们是领导者，而在另一些团队中则是普通成员。现任 CEO 就是由员工选举产生的，选举时并没有向员工提供候选人名单。

团队的管理依靠同事关系和委员会制度，员工间的关系建立在直接、个人间沟通的基础上。谈判和决策过程往往耗时，但有助于保持士气、吸收多样化的观点，并且执行的效率很高。凯莉说："起初，这种方式的效率不太高。""不过，一旦理顺这种组织架构……工作的配合和执行都能流畅运行。"

凯莉说："许多企业做出了决策，但是他们没有意识到，整个公司被甩在决策的后面，员工们往往不理解为什么会有这样的决策。好的决策需要得到整个组织的支持，而不仅是少数几位领导者。""我们鼓励团队花很多时间在一起来建立信任和关系，没有信任，团队工作就会陷入混乱和政治化。"为了防止员工间关系被稀释，Gore 公司运营单位的人数一般不超过 200 人。公司创始人比尔·戈尔认为，超过这一人数，决策就会从"我们决定"变成"他们决定"。

在 Gore 公司，一些最有深远影响的决策是由小型团队做出的。"我们避免将决策上交给管理中心，因为这样决策将无法由对此最有发言权的员工做出。我们希望让他们知道，他们有权做出决策并对结果负责。"作为领导者，必须在整个组织中进行寻找，将领导的责任分配给最具有相应知识的员工。

由于没有明确的报告关系，新员工刚入职时往往会不知所措。一位员工回忆说："我刚来时，完全不理解谁在做什么，这里的工作是如何完成的。"她发现许多人身兼数职，他们的工作在传统组织中是由完全不同的部门来完成的。要过很长时间（可能长达 18 个月）她才能认识这里的人，了解他们在做什么，并在此过程中获得信任和信誉，从而能够担负起自己的责任。

公司在开始时要帮助这些员工建立起初始的承诺，通常会给他们配一个赞助人。赞助人不是领导，而是对新员工的成功和成长负有责任的员工。有时，成长起来的员工可能有机会离开本团队进入一个新的团队，这对团队领导也是一种考验。在制定承诺时，员工知道自己会受到同事的评议，因此不会仅仅从自己的兴趣出发，而要更多考虑如何为公司做出贡献，在此过程中将自己的能力与机会匹配起来。

在管理实践中，自我管理的团队仍然属于少数特例，管理研究对于这类团队创造价值的能力也有不同的结论。无论如何，Gore 公司是一个成功的例子，50 多年来这家公司从未出现亏损。

思考：

1. Gore 公司采取的团队授权形式对于提高企业竞争力有何益处？
2. 在 Gore 公司这个没有层次的公司，什么类型的员工会有更好或更差的反应？
3. 从公司的角度来看，Gore 公司的团队有什么优缺点？从员工的角度呢？

五、补充阅读材料

范冰冰工作室：内聚的团队

2007 年，范冰冰离开华谊，在明星中率先成立了自己的工作室。麻雀虽小，五脏俱全。十多个人分工明确，包括宣传、经纪、财务、法务，纪律严明。范冰冰的工作室反应速度之快，一直是明星中的翘楚。经常是凌晨零点紧急开会，凌晨 4 点整理完声明，早上 6 点就发送，8 点所有人开始轮岗网络监控。

这个几乎完全由 85 后年轻人组建的团队，作为范冰冰最坚定的支持者，多年来陪伴左右，与范冰冰一起"冲锋陷阵"，立下汗马功劳。市场总监杨思维写道，"我们是员工与老板，我们也是朋友和姐妹，包括感情问题都要分享"。

2012 年，范冰冰工作室招聘员工。"……需要你不怕工作起来比杜甫还忙。我们没有超过行业标准的待遇，也没有很轻松的工作环境，我们有的只是家人一样的包容和严厉。"

参 考 文 献

[1] 哈罗德·孔茨，海因茨·韦里克．管理学．张晓君，等，编译[M]．北京：经济科学出版社，1998．

[2] F·泰罗．科学管理原理．韩放，译[M]．北京：团结出版社，1999．

[3] 陈莞，倪德玲：最经典的管理思想[M]．北京：经济科学出版社，2003．

[4] 杨文士等．管理学（第3版）[M]．北京：中国人民大学出版社，2004．

[5] 汪中求．细节决定成败[M]．北京：新华出版社，2004．

[6] 王毅捷，李爱华．管理学案例100[M]．上海：上海交通大学出版社．2004．

[7] 彼得·德鲁克．卓有成效的管理者[M]．北京：机械工业出版社，2005．

[8] 戴淑芬．管理学教程[M]．北京：北京大学出版社，2005．

[9] 周三多，陈传明．管理学（第2版）[M]．北京：高等教育出版社，2005．

[10] 王方华．企业战略管理（第2版）[M]．上海：复旦大学出版社，2005．

[11] 穆家修等．穆藕初先生年谱[M]．上海：复旦大学出版社，2006．

[12] 肖余春．管理学[M]．杭州：浙江大学出版社，2007．

[13] 郑建壮．管理学原理[M]．北京：清华大学出版社，2007．

[14] 王毅武，康星华．现代管理学教程[M]．北京：清华大学出版社，2008．

[15] 易书波．中层沟通技巧[M]．北京：北京大学出版社，2008．

[16] 刘峰．管理创新与领导艺术[M]．北京：北京大学出版社，2008．

[17] 孙班军．管理学[M]．北京：科学出版社，2008．

[18] 理查德·L·达夫特．管理学[M]．北京：清华大学出版社，2009．

[19] 翟学智等，管理学基础教程[M]．北京：清华大学出版社，北京交通大学出版社，2009．

[20] 赵丽芬．管理学概论[M]．上海：立信会计出版社，2009．

[21] 李维安，周建．管理学[M]．北京：机械工业出版社，2009．

[22] 曾坤生．管理学[M]．北京：清华大学出版社，2009．

[23] 苗雨军，赖胜才．管理学[M]．北京：清华大学出版社，2009．

[24] 高闯．管理学[M]．北京：清华大学出版社，2009．

[25] 汪洁．管理学基础[M]．北京：清华大学出版社，2009．

[26] 李蔚田，徐宗华等．管理学基础[M]．北京：北京大学出版社，中国农业大学出版社，2010．

[27] 汪克夷，刘荣等．管理学[M]．大连：大连理工大学出版社，2009．

[28] 邵喜武，林艳辉．管理学实用教程[M]．北京：北京大学出版社，中国农业大学出版社，2010．

[29] 傅国涌．大商人：影响中国的近代实业家们[M]．北京：中信出版社，2009．

[30] 单凤儒，金彦龙．管理学[M]．北京：科学出版社，2009．

[31] 周三多，陈传明，鲁明泓．管理学原理与方法（第5版）[M]．上海：复旦大学出版社，2010．

[32] 韩瑞. 管理学原理[M]. 北京：中国市场出版社，2013.

[33] 周三多，陈传明，贾良定. 管理学原理与方法（第 6 版）[M]. 上海：复旦大学出版社，2014.

[34] 白瑷峥. 管理学原理[M]. 北京：中国人民大学出版社，2014.

[35] 斯蒂芬·罗宾斯. 管理学原理与实践（第 9 版）[M]. 北京：机械工业出版社，2015.

[36] 王利平. 管理学原理（第 4 版）[M]. 北京：中国人民大学出版社，2017.

[37] 斯蒂芬·罗宾斯，玛丽·库尔特. 管理学（第 13 版）[M]. 北京：中国人民大学出版社，2017.